2023

은행, 금융공기업 등
금융권 취업대비 상식

인사이드

금융경제상식

2023
인사이드
금융경제상식

인쇄일 2023년 3월 1일 초판 1쇄 인쇄
발행일 2023년 3월 5일 초판 1쇄 발행
등 록 제17-269호
판 권 시스컴2023

발행처 시스컴 출판사
발행인 송인식
지은이 김성수

ISBN 979-11-6941-096-0 13320
정 가 17,000원

주소 서울시 금천구 가산디지털1로 225, 513호(가산포휴) | 홈페이지 www.siscom.co.kr
E-mail siscombooks@naver.com | 전화 02)866-9311 | Fax 02)866-9312

머리말

기초가 튼튼하지 못해 오래 견디지 못하는 일이나 물건을 사자성어로 '사상누각(砂上樓閣)'이라 하듯, 같은 의미의 영어 속담으로 'a castle in the air'라는 말이 있습니다. 즉, 모래 위에 집을 지은 것처럼 뿌리가 약하다는 것을 우회적으로 표현한 말입니다.

우리나라에서는 상당수의 사람들이 대학교 졸업 후 금융업계에 진출하기 위한 노력을 하고 있습니다. 매년 발표되는 통계자료나 금융업 관련 채용공고가 진행되는 상황을 보면 그 인기를 실감할 수 있습니다.

그렇다면 금융업에 종사하기 위해 먼저 무엇을 준비해야 할까요? 바로 금융이라는 것이 무엇인지 체계적이고 정확하게 알아야 합니다. 그래야 '사상누각(砂上樓閣)'이 되지 않을 수 있겠죠. 하지만 과거와 달리 인터넷과 수많은 매체들을 통해 정보가 홍수처럼 쏟아져 나오는 현대사회에서 정확하고 기본이 되는 정보를 획득하는 것은 쉽지 않을 것입니다. 또한 금융에 관련한 명확한 정보를 파악하는 기준을 세우는 것 역시 까다로운 작업이 아닐 수 없습니다.

이에 본서는 금융 및 경제에 대한 기본 지식과 국제적인 흐름, 자본시장의 본질, 조세와 재정, 은행 관련 업무, 회사의 경영과 마케팅, FTA와 관련한 무역에 대한 올바른 이해 등 금융권에서 반드시 필요로 하는 지식을 알기 쉽게 기술하였습니다. 또한 공사와 공단 및 주요 대기업에서 출제된 문제를 실어 중요한 부분이 무엇인지를 정리하여 편의를 돕고자 하였습니다.

총 7개의 큰 편제로 각 분야의 일반 이론을 기존 상식 서적의 단순한 나열식 구조에서 탈피하여 논리적인 서술형식으로 구성함으로써, 전체적인 내용을 체계적으로 정리할 수 있어 면접에서도 효과적으로 활용할 수 있을 것이라 생각합니다.

여러분이 꿈꾸는 희망을 모두 이루는 데, 본서가 일조하기를 바랍니다.

금융기관 채용 내용

※ 본서에 수록된 채용 내용은 추후 변경 가능성이 있으므로 반드시 응시 기관의 채용 홈페이지를 참고하시기 바랍니다.

우리은행

■ 기업정보

1. 비전: 오늘의 혁신으로 내일의 가치를 만드는 은행
2. 슬로건: 우리 마음속 첫 번째 금융
3. 인재상: 올바른 품성을 가진, 도전적이고 창의적인 최고의 금융전문가
4. 핵심가치
   - 고객: 우리는 고객과 이웃을 먼저 생각합니다.
   - 신뢰: 우리는 원칙을 통해 믿음을 만들어 갑니다.
   - 전문성: 우리는 시장을 선도하는 금융전문가입니다.
   - 혁신: 우리는 혁신을 통해 미래를 만들어 갑니다.
5. 홈페이지: www.woribank.com

■ 채용안내

1. 기본원칙
   - 직무특성과 지원자 인성 및 역량을 고려하여 우수인재 선발
   - 성별, 연령, 학력 등 지원자격 요건 없이 평등한 채용 지원 기회부여
2. 채용절차: 채용공고 및 지원서 접수 → 서류전형 → 필기전형 → 1차 면접 → 2차 면접 → 합격자 발표 → 건강검진
3. 인사제도
   - 핵심역량 자산화
   - 개인과 팀의 조화
   - 전문인력 양성
   - 성과평가 및 보상
   - 공정/투명 인사
   - 성장기회 부여

■ 출제영역

1. 직업기초능력평가

의사소통능력	수리능력	문제해결능력	자원관리능력	정보능력	조직이해능력
○	○	○			○

2. 직무수행능력평가

개인금융 / 기업금융 / 지역인재 / WM / IT / 디지털 / IB / 리스크 · 자금 / 글로벌직렬	일반상식 / 경제지식 / 직무역량 등

KB국민은행

■ 기업정보

1. 미션: 세상을 바꾸는 금융 고객의 행복과 더 나은 세상을 만들어 갑니다.
2. 비전: 최고의 인재와 담대한 혁신으로 가장 신뢰받는 평생금융파트너
3. 인재상: 창의적인 사고와 행동으로 변화를 선도하며 고객가치를 향상시키는 프로금융인
   - 고객우선주의
   - 자율과 책임
   - 적극적 사고와 행동
   - 다양한 가치의 존중
4. 핵심가치: 고객중심, 전문성, 혁신주도, 신뢰정직, 동반성장
5. 홈페이지: www.kbstar.com

■ 채용안내

1. 채용구분
   - 일반직원: 본점에서 상품개발, 자금운용 및 경영관리 업무 등을 수행하거나 영업점에서 마케팅, 상품판매 및 고객관리 업무 등을 수행
   - 전문직무직원: 전문성이 요구되는 특정업무를 수행
   - 기타: 퇴직직원재채용, 파트타이머
2. 채용절차 : 지원서작성 → 서류전형 → 필기전형 → 면접전형 → 신체검사 → 최종합격
3. 인사원칙
   - 성과주의 문화정립
   - 직원의 가치 극대화
   - 조직과 개인의 조화

■ 출제영역

1. 직업기초능력평가

의사소통능력	수리능력	문제해결능력	자원관리능력	정보능력	조직이해능력
○	○	○	○	○	

2. 직무수행능력평가

UB 직렬	금융영업 · 디지털 활용 / 경제 · 금융 · 일반상식
IT 직렬	IT(코딩 포함) / 정보통신 / 일반상식

신한은행

■ 기업정보

1. 미션: 금융으로 세상을 이롭게 한다.
    - 금융의 본업
    - 창조적 금융
    - 상생의 선순환 구조
2. 비전: 더 쉽고 편안한, 더 새로운 은행
3. 인재상: 따뜻한 가슴을 지닌 창의적인 열정가
    - 고객우선주의
    - 자율과 책임
    - 적극적 사고와 행동
    - 다양한 가치의 존중
4. 핵심가치: 바르게, 빠르게, 다르게
    - 바르게: 고객과 미래를 기준으로 바른 길을 선택한다.
    - 빠르게: 빠르게 실행하고 배우며 성장한다.
    - 다르게: 다름을 존중하며 남다른 결과를 만든다.
5. 홈페이지: www.shinhan.com

■ 채용절차

서류전형 → 필기전형 → 1차 면접 → 2차 면접/인성검사

■ 출제영역

1. 직업기초능력평가

의사소통능력	수리능력	문제해결능력	자원관리능력	정보능력	조직이해능력
○	○	○			

2. 직무수행능력평가

기업금융 / WM	경제일반 / 경영일반 / 금융상식

하나은행

■ 기업정보

1. 미션: 함께 성장하며 행복을 나누는 금융
2. 비전: 하나로 연결된 모두의 금융(2030)
3. 전략목표
   - 손님을 우선하는 하나만의 가치를 실현
   - 지속가능경영 실현으로 새로운 가치를 제공
   - 변화에 적극적으로 대응하여 더 나은 가치를 창출
4. 핵심가치
   - 열정: 자발적 동기부여를 통한 변화와 혁신 추구
   - 열린마음: 급변하는 환경 속에서 유연하고 개방적인 사고를 유지하고 편견없는 마음가짐으로 소통
   - 손님우선: 손님의 니즈를 앞서 파악하고 만족시키며, 손님 이익을 최우선으로 고려
   - 전문성: 차별화된 상품과 서비스를 위해 맡은 분야에서 최고가 되겠다는 자세로 전문 역량계발
   - 존중과 배려: 개개인의 가치 존중과 상대방에 대한 배려를 통해 구성원 상호간 잠재력 극대화의 여건 조성
5. 인재상: 비전 달성을 위한 전문 역량과 리더십을 겸비한 리더
6. 홈페이지: www.kebhana.com

■ 채용절차

서류전형 → 필기전형(NCS & 경영/경제 상식) → 1차 면접(기초직무 / PT / 세일즈 / Hana Value 면접) → 2차 면접(인성중심 임원 면접) → 건강검진 및 신입연수

■ 출제영역

디지털 분야	NCS 기반 객관식 + TOPICT 기반 비즈니스&기술영역 객관식 + 개인별 온라인 인성검사	금융 · 경제 분야 용어 및 시사/데이터베이스 / 전자계산기 구조 / 운영체제 / 소프트웨어 공학 / 데이터 통신
디지털 외 분야	NCS 기반 객관식 + TOPICT 기반 비즈니스 영역 객관식 + 개인별 온라인 인성검사	

IBK기업은행

■ 기업정보

1. 비전: 글로벌 경쟁력을 갖춘 초일류 금융그룹
2. 핵심가치
   - 신뢰와 책임: 신뢰와 책임으로 언제나 바쁜 길을 가겠다는 IBK의 마음가짐
   - 열정과 혁신: 열정과 창의적 사고로 혁신을 추구하는 IBK의 일하는 방식
   - 소통과 팀웍: 서로 소통하며 팀웍을 중요하게 생각하는 IBK 문화를 구현
3. 인재상: 세계인 / 책임인 / 도전인 / 창조인 / 전문인
4. 홈페이지: www.ibk.co.kr

■ 채용안내

1. 채용구분
   - 일반직원: 공채로 진행되며, 영업점 업무를 비롯한 다양한 은행 업무 담당
   - 전문인력: 특정업무 분야의 지식, 능력, 경험을 갖춘 분을 대상으로 채용하며, 전문분야 관련 직무 담당
   - 준정규직원: 창구텔러, 사무지원, 전화상담원 등의 업무를 담당
2. 채용절차: 서류전형 → 필기시험(또는 인적성검사) → 면접전형 → 신체검사

■ 출제영역

1. 직업기초능력평가

의사소통능력	수리능력	문제해결능력	자원관리능력	정보능력	조직이해능력
○	○	○	○	○	○

2. 직무수행능력평가

금융일반 직렬	경제 · 경영 · 시사 · 디지털 기초지식
디지털 직렬	IT · 디지털기초 / 응용지식

KBD산업은행

■ 기업정보

1. 미션: 대한민국 경제의 1%를 책임지는 정책금융기관
2. 비전: 대한민국과 함께 성장하는 글로벌 금융 리더, '더 큰 KDB'
3. 인재상
   - 최고의 금융전문가(Excellence)
   - 정직과 성실(Trust)
   - 창의적 사고(Creativity)
   - 변화와 도전(Challenger)
   - 고객과 사회를 위한 헌신(Client)
4. 홈페이지: www.kdb.co.kr

■ 채용절차

서류전형 → 필기시험 → 직무적합도 면접 → 최종면접 → 건강검진 및 신원조사

■ 출제영역

1. 직업기초능력평가

의사소통능력	수리능력	문제해결능력	자원관리능력	정보능력	조직이해능력
○	○	○		○	

2. 직무수행능력평가

직무지식	• 은행일반: 경영학, 경제학, 법학 중 택1 • 디지털: 전산학, 빅데이터(통계학 · 산업공학) 중 택1
논리적 사고력	일반 시사논술

NH농협은행

■ 기업정보

1. 미션: 농업인의 경제적 · 사회적 · 문화적 지위를 향상시키고, 농업의 경쟁력 강화를 통하여 농업인의 삶의 질을 높이며, 국민경제의 균형 있는 발전에 이바지함
2. 비전: 사랑받는 은행 / 일등은행 / 민족은행
3. 인재상
   - 최고의 금융전문가
   - 소통하고 협력하는 사람
   - 사회적 책임을 실천하는 사람
   - 변화를 선도하는 사람
   - 고객을 먼저 생각하는 사람
4. 핵심가치
   - 농업인과 소비자가 함께 웃는 유통 대변화
   - 미래 성장동력을 창출하는 디지털 혁신
   - 경쟁력 있는 농업, 잘 사는 농업인
   - 지역과 함께 만드는 살고 싶은 농촌
5. 홈페이지: www.nonghyup.com

■ 채용안내

1. 채용절차: 서류전형(온라인 인 · 적성평가) → 필기전형 → 면접전형(집단면접 / 토의면접 / 심층면접 / PT면접)
2. 필기전형
   - 인 · 적성 검사: 업무태도, 대인관계, 문제해결능력 등 성격특성 요인을 측정하여 채용에 적정성 여부를 판단
   - 직무능력검사: 농협의 업무능력, 채용수준 등을 감안하여 언어능력, 계산능력, 추진력, 판단력, 창의력 등 직무에 필요한 능력 측정

■ 출제영역

1. 직업기초능력평가

의사소통능력	수리능력	문제해결능력	자원관리능력	정보능력	조직이해능력
○	○	○	○	○	○

2. 직무수행능력평가

일반	금융 · 경제 분야 용어 / 시사	디지털 상식 / 농업 · 농촌 관련 시사
IT	데이터베이스 / 전자계산기 구조 / 운영체제 / 소프트웨어 공학 / 데이터 통신	

주요 금융권 필기시험

*본서에 수록된 시험 내용은 추후 변경 가능성이 있으므로 반드시 응시기관의 채용 홈페이지를 참고하시기 바랍니다.

기업	필기시험
우리은행	• 일반: 금융상식 20문항 + 직무역량 40문항 • 디지털/IT: 디지털 트렌드 40문항
KB국민은행	직업기초능력평가 40문항 + 직무심화지식 40문항 + 상식 20문항
신한은행	NCS/금융상식 + 디지털 리터러시 평가
하나은행	NCS 및 경제/경영상식 60문항 + TOPCIT 평가 40문항
IBK 기업은행	• 금융일반: 직업기초능력 6개 영역 객관식 25문항 + 직무수행능력 객관식 40문항 & 주관식 5문항 • 디지털: 직업기초능력 6개 영역 객관식 20문항 + 직무수행능력 객관식 40문항 & 주관식 10문항 • 금융일반: 경영/경제/디지털 기초/시사 • 디지털: 전산학, 블록체인, 빅데이터, AI, 시사
KDB산업은행	직무수행능력(직무지식: 경영, 경제, IT, 에너지, 토목건축, 재료 중 택1 + 일반시사논술) + NCS직업기초능력평가
NH농협은행	NCS직무능력평가 50문항 + 직무상식평가 공통 + IT상식 30문항 + 논술(5급)
지방은행(부산, 대구, 경남, 광주, 전북)	NCS직업기초능력평가 + 직무 관련 시험(통계, 일반상식, 수학, 디지털)
새마을금고	NCS직업기초능력평가 40문항 + 금융상식 20문항 + 직무전공평가
Sh수협은행	인성검사 25문항 + NCS 직업기초능력평가 50문항
한국예탁결제원	전공시험(경영 · 경제 · 법 · 전산 · 회계 · 직업기초능력 중 1) 및 논술(일반시사 및 자본시장 관련)
한국자산관리공사	전공 70문항 + 캠코 업무 상식 10문항
한국주택금융공사	금융 · 경영 · 경제 · 시사상식 40문항 + 전공시험 60문항 + 전공시험(IT) 50문항

이 책의 **구성**과 특징

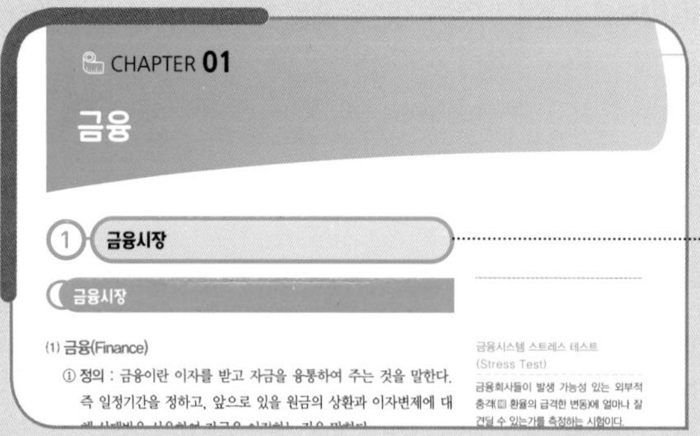

CHAPTER **01**

금융

1 **금융시장**

금융시장

(1) 금융(Finance)

① 정의 : 금융이란 이자를 받고 자금을 융통하여 주는 것을 말한다. 즉 일정기간을 정하고, 앞으로 있을 원금의 상환과 이자변제에 대

금융시스템 스트레스 테스트 (Stress Test)

금융회사들이 발생 가능성 있는 외부적 충격(예 환율의 급격한 변동)에 얼마나 잘 견딜 수 있는가를 측정하는 시험이다.

주요상식

각 장마다 알아두어야 할 기본 개념들을 체계적으로 정리하였습니다.

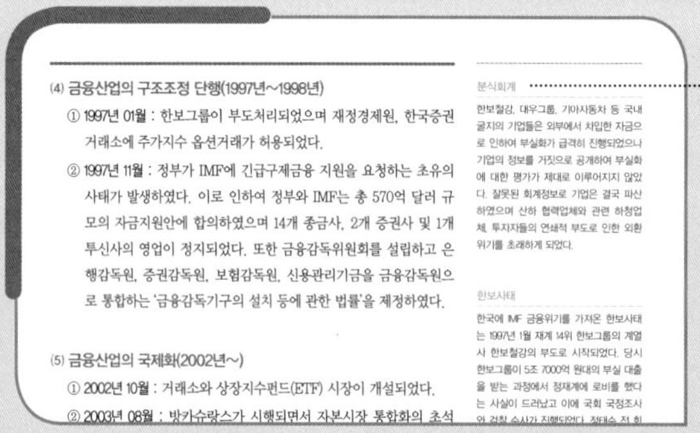

(4) 금융산업의 구조조정 단행(1997년~1998년)

① 1997년 01월 : 한보그룹이 부도처리되었으며 재정경제원, 한국증권거래소에 주가지수 옵션거래가 허용되었다.

② 1997년 11월 : 정부가 IMF에 긴급구제금융 지원을 요청하는 초유의 사태가 발생하였다. 이로 인하여 정부와 IMF는 총 570억 달러 규모의 자금지원안에 합의하였으며 14개 종금사, 2개 증권사 및 1개 투신사의 영업이 정지되었다. 또한 금융감독위원회를 설립하고 은행감독원, 증권감독원, 보험감독원, 신용관리기금을 금융감독원으로 통합하는 '금융감독기구의 설치 등에 관한 법률'을 제정하였다.

(5) 금융산업의 국제화(2002년~)

① 2002년 10월 : 거래소와 상장지수펀드(ETF) 시장이 개설되었다.

분식회계

한보철강, 대우그룹, 기아자동차 등 국내 굴지의 기업들은 외부에서 차입한 자금으로 인하여 부실화가 급격히 진행되었으나 기업의 정보를 거짓으로 공개하여 부실화에 대한 평가가 제대로 이루어지지 않았다. 잘못된 회계정보로 기업은 결국 파산하였으며 산하 협력업체와 관련 하청업체, 투자자들의 연쇄적 부도로 인한 외환위기를 초래하게 되었다.

한보사태

한국에 IMF 금융위기를 가져온 한보사태는 1997년 1월 재계 14위 한보그룹의 계열사 한보철강의 부도로 시작되었다. 당시 한보그룹이 5조 7000억 원대의 부실 대출을 받는 과정에서 정재계에 로비를 했다는 사실이 드러났고 이에 국회 국정조사

관련상식

기본 개념과 함께 알아두면 좋을 관련 상식이나 참고 사항들을 보충, 정리하였습니다.

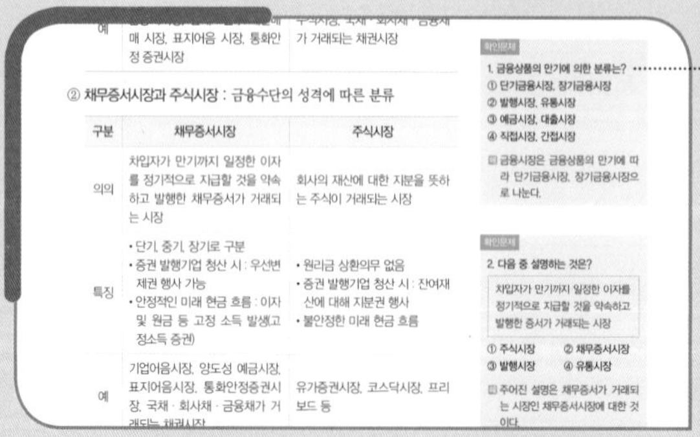

② 채무증서시장과 주식시장 : 금융수단의 성격에 따른 분류

구분	채무증서시장	주식시장
의의	차입자가 만기까지 일정한 이자를 정기적으로 지급할 것을 약속하고 발행한 채무증서가 거래되는 시장	회사의 재산에 대한 지분을 뜻하는 주식이 거래되는 시장
특징	• 단기, 중기, 장기로 구분 • 증권 발행기업 청산 시 : 우선변제권 행사 가능 • 안정적인 미래 현금 흐름 : 이자 및 원금 등 고정 소득 발생(고정소득 증권)	• 원리금 상환의무 없음 • 증권 발행기업 청산 시 : 잔여재산에 대해 지분권 행사 • 불안정한 미래 현금 흐름
예	기업어음시장, 양도성 예금시장, 표지어음시장, 통화안정증권시장, 국채 · 회사채 · 금융채가 거래되는 채권시장	유가증권시장, 코스닥시장, 프리보드 등

확인문제

1. 금융상품의 만기에 의한 분류는?
① 단기금융시장, 장기금융시장
② 발행시장, 유통시장
③ 예금시장, 대출시장
④ 직접시장, 간접시장

해 금융시장은 금융상품의 만기에 따라 단기금융시장, 장기금융시장으로 나눈다.

확인문제

2. 다음 중 설명하는 것은?

차입자가 만기까지 일정한 이자를 정기적으로 지급할 것을 약속하고 발행한 증서가 거래되는 시장

① 주식시장 ② 채무증서시장
③ 발행시장 ④ 유통시장

해 주어진 설명은 채무증서가 거래되는 시장인 채무증서시장에 대한 것이다.

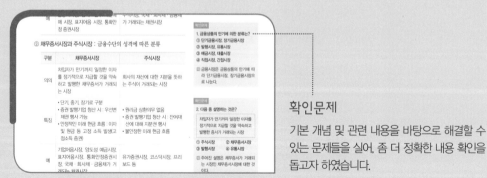

확인문제

기본 개념 및 관련 내용을 바탕으로 해결할 수 있는 문제들을 실어, 좀 더 정확한 내용 확인을 돕고자 하였습니다.

1. 금융시장 **적중문제**

01 다음 중 금융시장의 기능으로 적절하지 않은 것은?

① 위험분산　② 자원축적
③ 유동성 제공　④ 소비자 효용증진

금융시장은 흑자부분이 적자부분에 자금을 융통하는 거래가 이루어지는 시장을 의미하며 자원배분, 소비자 효용증진, 위험분산, 유동성 제공, 정보수집비용 및 시간절감, 시장 규율 등의 기능을 가진다.

적중문제

본문에서 학습했던 핵심 개념이나 필수 내용들을 다시 한 번 더 확인할 수 있도록 다양한 객관식 문제들을 구성하였습니다.

09 다음 중 한국은행의 주요 업무 관장 사항은?

① 팩터링　② 예금 · 적금의 수입
③ 파생상품 업무　④ 지급결제 업무

지급결제 업무는 한국은행에서 수행한다.

한국은행 주요업무와 기능

- 화폐(주화)의 발권 : 화폐의 발행은 한국은행만이 갖는 고유 업무이다.
- 금융기관의 예금과 예금지급준비 : 한국은행은 금융기관의 예금을 수입할 수 있다.
- 금융기관에 대한 대출 : 한국은행은 금융통화위원회가 정하는 바에 의하여 금융기관에 대한 여신업무를 할 수 있다.
- 한국은행 통화안정증권 발행 : 한국은행은 한국은행 통화안정증권을 공개시장에서 발행할 수 있다.
- 정부 및 정부대행기관과의 업무 : 국고금 취급, 정부에 속하는 증권 · 문서 기타 고가물을 보호예수, 국가사무 취급을 할 수 있다.
- 민간에 대한 업무 : 한국은행은 한국은행법이 정하는 경우를 제외하고는 정부 · 정부대행기관 또는 금융기관 외의 법인이나 개인과 예금 또는 대출의 거래를 하거나 정부 · 정부대행기관 또는 금융기관 외의 법인이나 개인의 채무를 표시하는 증권을 매입할 수 없다.
- 지급결제 업무 : 한국은행은 지급결제제도의 안전성과 효율성을 도모하기 위하여 한국은행이 운영하는 지급결제제도에 필요한 사항을 정하도록 하고 있다.

해설

본문의 내용을 바탕으로 상세한 해설을 수록하여 문제에서 다루고 있는 개념과 내용을 복습함으로써 확실하게 자신의 지식으로 만들 수 있도록 하였습니다.

목차

CHAPTER 4 증권

CHAPTER 5 은행

CHAPTER 6 경영

CHAPTER 7 무역

7DAYS STUDY PLAN

1 Day	CHAPTER 1	금융	
2 Day	CHAPTER 2	경제	
3 Day	CHAPTER 3	재정	
4 Day	CHAPTER 4	증권	
5 Day	CHAPTER 5	은행	
6 Day	CHAPTER 6	경영	
7 Day	CHAPTER 7	무역	

Preface

최신 금융경제상식

● 챗GPT

챗지피티(ChatGPT)는 OpenAI가 개발한 대화형 인공지능 챗봇으로, 사용자와 주고받는 대화에서 질문에 답하도록 설계된 언어 모델이다. ChatGPT는 대형 언어 모델 GPT-3의 개선판인 GPT-3.5를 기반으로 만들어졌으며, 지도학습과 강화학습을 모두 사용해 파인 튜닝되었다. ChatGPT는 Generative Pre-trained Transformer(GPT)와 Chat의 합성어이다. ChatGPT는 2022년 11월 프로토타입으로 시작되었으며, 다양한 지식 분야에서 상세한 응답과 정교한 답변으로 인해 집중 받았다.

● 트래블 룰

자금세탁을 방지하기 위해 기존 금융권에 구축돼 있는 '자금 이동 추적 시스템'으로, 은행들이 해외 송금 시에 국제은행간통신협회(SWIFT)가 요구하는 형식에 따라 송금자의 정보 등을 기록하는 것을 뜻한다. 2019년에는 국제자금세탁방지기구(FATF)가 트래블 룰 대상에 가상자산을 추가해 가상자산 전송 시 수신자 정보를 수집해야 하는 의무를 가상자산사업자(VASP)에 부과하고 있다.

● 칩4(Chip4)

미국 주도로 한국, 일본, 대만 4개국이 중국을 배제하고 안정적인 반도체 생산 · 공급망 형성을 목표로 추진 중인 동맹이다. 미국은 팹리스, 대만과 한국은 파운드리 분야에서 시장을 주도하고 있으며 일본은 소재 분야에서 큰 비중을 차지하고 있다.

● 디깅소비(Digging Consumption)

'파다'를 뜻하는 영어단어 'dig'에서 파생한 것으로, 디깅을 소비패턴에 접목시켜 소비자가 선호하는 특정 품목이나 영역에 파고드는 행위가 소비로 이어지면서 그들의 취향을 잘 반영한 제품들에 나타나는 특별 수요 현상을 설명한 신조어이다. 특히 디깅소비는 MZ세대에서 두각을 나타내는 소비 트렌드인데, 이들 세대는 자신들이 가치가 있다고 생각하는 부분에는 비용 지불을 망설이지 않는 소비 성향을 지니고 있다. 대표적인 예로 신발 수집을 취미로 하는 일부 마니아들이 한정판 운동화 추첨에 당첨되기 위해 시간과 비용에도 불구하고 줄을 서서 기다리는 현상을 들 수 있다.

● 다크 이코노미

코로나19 팬데믹 이후 매장에서 손님을 받는 방식의 오프라인 운영보다 온라인 주문에 집중하는 비즈니스 형태가 증가하면서 등장한 신조어이다. 실제로 2020년 초부터 전 세계로 확산된 코로나19로 유례 없는 사회적 거리두기가 시행되면서, 수많은 오프라인 매장들이 불황을 겪었다. 그러나 한편에서는 전자상거래와 배달 인프라를 활용한 유통 방식이 급증하기 시작했는데, 이러한 상황을 반영하며 등장한 말이 '불 꺼진 상점(다크 스토어, dark store)'이나 '불 꺼진 주방(다크 키친, dark kitchen)'과 같은 '다크 이코노미'이다.

● 이해충돌방지법

공직자가 직무를 수행할 때 자신의 사적 이해관계로 공정하고 청렴한 직무수행을 저해하는 것을 방지하기 위한 내용을 담은 법안이다. 이 법은 2013년 부정청탁금지법(김영란법)의 일부로 국회에 제출됐으나, 공직자의 직무 범위 등이 모호하다는 이유 등으로 8년간 표류해 왔다. 그러다 2021년 3월 한국토지주택공사(LH) 직원들의 부동산 투기 사태를 계기로 법안이 재조명을 받아 2021년 4월 29일 국회 국회를 통과하고 2022년 5월 19일부터 시행되고 있다.

● 밈 주식

밈 주식이란 온라인상에서 입소문을 타 개인투자자들이 몰리는 주식을 가리키는 신조어이다. 이는 미국 온라인 커뮤니티인 레딧(Reddit)에 개설된 주식 토론방에서 공매도에 반발하는 개인투자자들이 기관에 대응해 집중 매수하는 종목이 나타난 것이 그 시작이다. 이들은 종목과 관련된 재미있는 사진이나 동영상을 공유했고, 이는 다른 사회관계망서비스(SNS) 등으로 확산되며 해당 종목에 대한 매수를 급증시켰다. 대표적인 밈 주식으로는 게임 유통업체 '게임스톱', 영화관 체인 'AMC', 주방용품 소매업체 '베드 배스 앤드 비욘드' 등이 꼽힌다.

> *밈(Meme)
> 영국의 생물학자 리처드 도킨스가 1976년에 '이기적 유전자'란 저서를 출간하며 만들어낸 개념이다. 문화의 전달에도 유전자 같은 중간 매개물이 필요한데 이 역할을 하는 정보의 형식이 밈이다. 모방을 뜻하는 그리스어 '미메메(mimeme)'를 참고해 만든 용어다.

● 다이렉트 인덱싱(Direct Indexing)

인공지능(AI) 등을 활용해 투자자 개개인의 투자 목적, 투자 성향, 생애 주기에 적합한 포트폴리오를 설계하는 것을 말한다. 개인 맞춤형 지수를 만들고 이를 구성하는 개별 주식을 직접 보유하는 것이다. 거래소에 상장된 ETF(상장지수펀드)가 기성품이라면, 다이렉트 인덱싱은 맞춤형 제품, 즉 '나만의 ETF'인 셈이다. 다른 말로 '비스포크 인덱싱(Bespoke Indexing)'이라고도 불린다.

● BBI보험

인공지능(AI) 딥러닝 영상 분석 기술로 운전 습관을 분석해 보험료를 산출하는 3세대 자동차 보험이다. BBI 보험은 운전자의 습관을 AI 기기를 통해 분석해 점수가 높은 가입자에게는 할인해주고, 점수가 낮은 가입자에게는 할증하는 식으로 보험료를 책정한다. 즉, 차량에 거치한 카메라, 라이다(LiDar), 레이더 등을 통해 안전거리 확보, 신호 위반, 차선 급변경, 차선 유지, 중앙선 침범, 건널목 위반, 급가속 및 급감속 등을 감지하고 이를 기반으로 운전 습관을 분석해 점수를 매겨 보험료를 부과한다. 대표적으로 미국 전기차 회사인 테슬라가 BBI 보험을 통해 보험료를 20~60% 할인해 주고 있다.

● 오픈씨(OpenSea)

오픈씨는 현재 세계 최대의 종합 NFT(대체 불가능한 토큰) 거래 플랫폼으로 사용자는 플랫폼에서 NFT를 발행 · 전시 · 거래 및 경매할 수 있다. 오픈씨에서는 모든 유형의 NFT를 사고 팔 수 있다. 사람들은 오픈시 플랫폼에서 예술을 사고 팔 수 있을 뿐만 아니라 오픈마켓에서 그들의 개인 창작물이 어떻게 사고 팔리는지를 볼 수 있다. 오픈씨은 글로벌 플랫폼이라 전 세계의 투자자(아트 컬렉터)들이 모여 있기 때문에 NFT 거래에 입문하는 판매자들에게 추천하는 플랫폼이다. '열린 바다'라는 이름처럼 누구나 제한 없이

NFT를 발행 및 거래할 수 있어서 NFT 계의 이베이로 불리기도 한다.

> *NFT
> '대체 불가능한 토큰(Non-Fungible Token)'이라는 뜻으로, 희소성을 갖는 디지털 자산을 대표하는 토큰을 말한다. NFT는 블록체인 기술을 활용하지만, 기존의 가상자산과 달리 디지털 자산에 별도의 고유한 인식 값을 부여하고 있어 상호교환이 불가능하다는 특징이 있다.

● 그리드플레이션

탐욕(greed)과 물가 상승(inflation)의 합성어로, 대기업들이 탐욕으로 상품 · 서비스 가격을 과도하게 올려 물가 상승을 가중시킨다는 의미이다. 2022년 미국의 물가가 40여 년 만에 최악의 수준으로 치솟자 집권 여당인 민주당 일각에서 대기업의 탐욕이 인플레이션에 큰 영향을 미쳤다고 지적하며 해당 용어가 거론되고 있다.

● 킹 달러(King Dollar)

달러의 강세 현상을 이르는 말로, 특히 2022년 들어 미 연방준비제도(Fed · 연준)의 가파른 정책금리 인상과 글로벌 경기침체 위협으로 인한 달러 가치의 급등을 가리키는 말로 자주 사용되고 있다. 이러한 달러 가치 급등은 2022년 글로벌 인플레이션 국면에서 미국 Fed가 금리 인상을 지속적으로 단행하면서, 세계의 자금이 대표적인 안전자산인 달러로 몰려들고 있기 때문이다. 실제로 2022년 달러 가치는 20년 만에 최고로 뛰었는데, 이러한 달러 강세를 가리켜 기축통화를 넘어 '슈퍼 달러', '강 달러', '킹 달러'의 시대가 도래했다는 일각의 평가까지 나오고 있다.

● 프렌드쇼어링(Friend-shoring)

우호국이나 동맹국들과 공급망을 구축하는 것을 말한다. 코로나19 유행과 러시아의 우크라이나 침공, 코로나19로 인한 중국의 도시 봉쇄 등으로 글로벌 공급망이 위기를 겪자 미국이 중국과 러시아를 공급망에서 배제하고 유럽연합(EU), 아시아 · 태평양 지역 등 동맹국들과의 공급망 구축을 통해 상품을 안정적으로 확보하기 위해 반도체, 주요 광물 등의 분야에서 프렌드쇼어링을 추진하고 있다. 프렌드쇼어링에 대해서는 핵심 재료의 공급이 수월하게 이뤄질 수 있는 반면, 상대적으로 낮은 인건비를 포기하게 돼 생산비용이 증가하고 이것이 소비자 가격에 반영돼 인플레이션을 초래할 수 있다는 우려가 나온다.

> *리쇼어링(reshoring)
> 비용 등을 이유로 해외에 나간 자국 기업이 다시 국내로 돌아오는 현상을 말한다. 리쇼어링이 어려울 경우 인접 국가로 생산시설을 이동하는 것은 니어쇼어링(nearshoring)이라고 한다.

● CPTPP

기존에 미국과 일본이 주도하던 환태평양경제동반자협정(TPP)에서 미국이 빠지면서 일본 등 아시아 · 태평양 11개국이 새롭게 추진한 경제동맹체로, 2018년 12월 30일 발효됐다. 11개 참여국 중 6개국 이상이 비준 절차를 완료하면 60일 후 발효되는데, 멕시코를 시작으로 일본, 싱가포르, 뉴질랜드, 캐나다에 이어 호주가 2018년 10월 31일 자국 내 승인 절차를 완료하면서 그해 12월 30일 발효됐다.

● 빅스텝·자이언트스텝

국내 언론이나 증권사 리포트 등에서 미국 연방준비제도(Fed)가 물가 조정을 위해 기준금리를 인상하는 정책을 지칭하는 말로 사용하면서 널리 확산된 용어들이다. 빅스텝은 기준금리를 0.5%포인트 인상하는 것을, 자이언트 스텝은 0.75%포인트 인상하는 것을 가리키는 말로 사용되는데, 다만 이는 미국 현지 언론과 경제부처 발표에서는 사용되지 않는 우리나라에서만 통용되는 용어로 알려져 있다.

● 코요테 모멘트(Coyote Moment)

갑작스러운 경제위기나 증권시장의 붕괴를 표현하는 말로 루니툰즈 만화 주인공 코요테가 먹잇감을 쫓는데 정신이 팔려 낭떠러지로 뛰어가다가 정신을 차려보니 허공에 떠 있고 이를 알아차리는 순간 추락하는 장면에서 나왔으며 2020년에는 코로나 19 쇼크가 전형적인 코요테 모멘트라며 향후 경기침체로 전망된 적이 있다.

● 조각투자

하나의 자산에 대해 여러 투자자들이 함께 투자하고 이익을 공동으로 배분받는 형식의 투자 기법이다. 고가여서 혼자서는 구매가 어려운 미술품, 부동산을 비롯해 음악 저작권, 명품 가방 등 다양한 분야에서 활용되고 있다. 소액으로 큰 규모의 자산에 투자할 수 있는 기회를 얻을 수 있지만 해당 자산에 대한 직접 소유권을 갖는 것은 아니다.

● 서비타이제이션(Servitization)

서비타이제이션은 제품과 서비스의 결합, 서비스의 상품화, 기존 서비스와 신규 서비스의 결합 등을 아우르는 개념으로, 앞으로 전 세계 소비 시장에 적용될 '연결'과 '공유' 현상의 가장 임박한 변화 흐름이다. 기업은 제품, 서비스, 지원, 지식 셀프서비스 등을 하나의 묶음으로 고객에게 제공함으로써 부가가치를 높일 수 있다.

● 컨셔스 패션(Conscious Fashion)

'의식 있는'이라는 뜻의 단어 컨셔스(Conscious)와 패션(Fashion)의 합성어로, 소재 선정에서부터 제조 공정까지 친환경적이고 윤리적인 과정에서 생산된 의류 및 그런 의류를 소비하고자 하는 트렌드를 뜻하는 말이다. 이는 환경오염의 주범이 되는 의류 폐기물을 줄이는 데 동참함으로써 지속 가능한 가치를 추구하고, 환경을 보호한다는데 그 의의가 있다.

● 디지털 시장법

유럽연합(EU)이 아마존, 메타, 애플 등 빅테크 기업의 반경쟁 행위를 규제하기 위해 2022년 3월 24일 도입에 합의한 법이다. 이 법은 일정 규모 이상의 빅테크 기업을 게이트키퍼로 지정해 사이드로딩 허용, 인앱결제 강제 금지, 자사 우대 금지, 상호운용성 확보 등의 의무를 이행하도록 규정하고 있다.

● 와이어링 하니스(Wiring Harness)

차량 내에 장착된 전자장치 등을 연결하는 배선뭉치로, 부품에 전원을 공급하고 전기신호를 제어 · 연산장치에 전달하는 역할을 해 인체의 신경망에 비유된다. 차량 1대에는 약 1500~2000개의 전선이 필요한데, 와이어링 하니스는 이 전선들을 종류, 역할 등에 따라 구분해 묶고 연결하고 정리하는 작업이다. 차체를 조립하기 전에 필요한 위치에 와이어링 하니스를 펼쳐 놓은 후 배터리 등과 연결한다.

● 로코노미(Loconomy)

지역(local)과 경제(Economy)의 합성어로 거대 상권이 아닌 동네 중심으로 소비가 이뤄지는 것을 의미한다. 로코노미는 코로나19로 생활 반경이 좁아지고 국내와 지역, 동네에 대한 관심이 활성화되며 부각되기 시작했다. 소비자들이 지역과 동네 기반으로 뭉치며 지역만의 희소성을 담은 상품과 서비스, 콘텐츠에 관심을 갖게 된 것이다.

● 세계국채지수(WGBI)

블룸버그-버클레이즈 글로벌 종합지수와 JP모던 신흥국 국채지수와 함께 세계 3대 채권지수 중 하나로, 전 세계 투자기관들이 국채를 사들일 때 지표가 되는 지수이다. 영국 런던증권거래소(LSE) 파이낸셜타임스 스톡익스체인지(FTSE) 러셀이 발표하며 미국, 영국, 중국 등 주요 23개국의 국채가 편입돼 있다. 추종 자금은 2021년 말 기준 2조 5000억 달러에 이른다.

● 가상자산

컴퓨터 등에 정보 형태로 남아 실물 없이 사이버상으로만 거래되는 자산의 일종으로, 각국 정부나 중앙은행이 발행하는 일반 화폐와 달리 처음 고안한 사람이 정한 규칙에 따라 가치가 매겨진다. 처음 등장했을 때는 암호화폐 또는 가상화폐 등으로 불렸으나 점차 각국 정부나 국제기구에서는 화폐 대신 자산(asset)이라는 용어로 통일하고 있다. 우리 정부도 2021년 3월부터 개정된 특정금융정보법에서 암호화폐를 '가상자산'이라고 규정하며, 그 뜻을 '경제적 가치를 지닌 것으로서 전자적으로 거래 또는 이전될 수 있는 전자적 증표'라고 명시한 바 있다.

> *블록체인(Blockchain)
>
> 가상자산의 핵심 기술인 블록체인은 다보스포럼에서 제4차 산업혁명을 이끌 기반기술 중 하나로 선정되면서 전 세계적으로 주목받은 기술이다. 블록체인 기술은 비트코인 등 디지털 통화 거래 내역을 기록하기 위해 개발된 분산형 장부 기록 데이터베이스 기술로, 금융거래에서 장부 책임자가 없는 거래 시스템이다. 새로운 거래가 발생할 때마다 그 정보를 별도의 블록으로 만들고, 이 블록을 기존 장부에 연결하는 방식이다. 거래가 일어날 때마다 분산된 장부들을 서로 대조하기 때문에 장부 조작이 극히 어려워 강력한 보안을 유지할 수 있다. 그러나 블록체인으로 성사된 거래는 취소하기 어렵고, 중앙기관이라는 개념이 없어 문제 발생 시 책임 소재가 모호하다는 단점이 있다.

● 펜트업 효과

억눌렸던 수요가 급속도로 살아나는 현상으로, 보통 외부 영향으로 수요가 억제되었다가 그 요인이 해소되면서 발생한다. 특히 2020년 코로나19 확산으로 사회적 거리두기가 추진되며 경제활동이 급격히 위축됐다가, 점차 각국이 봉쇄조치를 해제하고 확진자 발생 상황이 조금씩 나아짐에 따라 펜트업 효과가 일어날 것이라는 예측이 일었다. 실제로 한국은행은 2020년 초 민간소비 등이 코로나19에 따라 위축됐으나 확산이 진정된 이후에는 빠른 회복세로 돌아설 것이라며 펜트업 효과를 전망한 바 있다.

● 이더리움(Ethereum)

러시아 이민자 출신 캐나다인 비탈리크 부테린(Vitalik Buterin)이 2014년 개발한 가상자산이다. 거래 명세가 담긴 블록이 사슬처럼 이어져 있는 블록체인(blockchain) 기술을 기반으로 하며 인터넷만 연결되어 있으면 어디서든 전송이 가능하다. 가상자산거래소에서 비트코인으로 구입하거나 비트코인처럼 컴퓨터 프로그램으로 채굴해 얻을 수 있다.

● 비트코인 도미넌스

전 세계 가상자산 가운데 비트코인 시가총액이 차지하는 비율을 이르는 말로, 비트코인 등장 이후 새로운 알트코인들이 연이어 등장하면서 하락하기 시작했다. 즉, 비트코인의 대체재가 되는 알트코인에 대한 투자가 늘면서 비트코인의 거래 비율이 자연스레 줄어든 것이다.

> *비트코인 & 알트코인
> 비트코인은 정부나 중앙은행, 금융회사의 개입 없이 온라인상에서 개인과 개인이 직접 돈을 주고받을 수 있도록 암호화된 가상자산으로, 2009년 개발되었다. 이는 컴퓨터 프로그램으로 수학문제를 풀어 직접 채굴하거나, 채굴된 비트코인을 거래하는 시장에서 구입할 수 있다. 그리고 알트코인(Altcoin) 은 비트코인을 제외한 모든 가상화폐를 일컫는 용어로 이더리움, 리플, 라이트코인 등이 이에 속한다.

● 인페션(Infession)

'인플레이션(Inflation)'과 '경기침체(Recession)'의 합성어로, 미국 예일대 교수였던 유명 경제학자 로버트 트리핀(Robert Triffin, 1911~1993)이 처음 사용한 말이다. 인플레이션(Inflation)과 경기침체(Recession)의 합성어로, 인플레이션이 먼저 나타난 뒤 경기침체가 일어난 상황을 가리킨다.

> *스테그플레이션(Stagflation)
> 침체를 의미하는 '스태그네이션(Stagnation)'과 '인플레이션(Inflation)'을 합성한 말로, 경제활동이 침체되고 있음에도 불구하고 지속적으로 물가가 상승되는 상태가 유지되는 저성장 · 고물가 상태를 뜻한다.

● 제로 트러스트(Zero Trust)

'아무것도 신뢰하지 않는다'를 전제로 한 사이버 보안 모델로, 내부에 접속한 사용자에 대해서도 무조건적으로 신뢰하지 않고 검증하는 것을 기본으로 하는 개념이다. 이는 사이버 보안 전문가이자 포레스터 리서치 수석연구원인 존 킨더버그(John Kindervag)가 2010년 제시한 개념으로, '신뢰가 곧 보안 취약점'이라는 원칙을 내세운 것이다.

● 3%룰

상장사의 감사 또는 감사위원을 선임할 경우 해당 회사의 지배주주가 의결권이 있는 주식의 최대 3%만 행사할 수 있도록 제한한 제도를 말한다. 이는 대주주의 지나친 영향력 행사를 막아 경영의 투명성을 확보하는 것은 물론 소액 주주를 보호하기 위해 1962년 상법 제정 시 도입됐다.

● 메기 효과

메기 한 마리를 미꾸라지 어항에 집어넣으면 미꾸라지들이 메기를 피해 다니느라 생기를 얻고, 미꾸라지를 장거리 운송할 때 수족관에 메기를 넣으면 죽지 않는다. 메기로 미꾸라지를 생존시키는 현상을 기업경영에 접목한 것이 메기효과다. 메기 효과를 아는 조직은 무서운 제도(다면평가제도와 진급제도, 직무심사와 성과급제도, 신진세력 투입)를 적용하여 조직의 정체 현상을 극복하고, 동기를 부여하여 생산성을 높인다.

● 코픽스

코픽스(cost of fund index)는 은행 대출금리의 기준이 되는 자금조달비용지수로 국민, 신한, 우리, KEB하나, 농협, 기업, SC제일, 씨티 등 8개 은행이 시장에서 조달하는 정기 예 · 적금, 상호부금, 주택부금, 금융채, 양도성예금증서(CD) 등 8개 수신상품 자금의 평균 비용을 가중 평균해 산출한다.

● 디지털 폐지줍기

보상형 모바일 애플리케이션(앱)을 통해서 포인트를 모아 현금화하거나 기프티콘으로 교환하는 것을 일컫는 신조어로, 스마트폰을 이용한 재테크라고 해 '앱테크'라고도 불린다. '디지털 폐지 줍기'라는 명칭은 길거리에 버려진 박스나 종이 등을 주워 이를 고물상에 판 뒤 소액의 생활비를 버는 폐지 줍기에서 비롯된 것이다. 즉, 디지털 환경에서 꾸준히 이벤트에 참여한 뒤 지급되는 포인트나 쿠폰을 챙겨 쏠쏠하게 생활비를 번다고 해서 붙은 명칭이다.

● 주크벅스

소셜네트워크서비스 페이스북의 공동설립자이자 최고경영자인 마크 저커버그의 메타(구 페이스북)가 개발하고 있는 디지털 코인이다. 메타는 새로운 사업 모델로 메타버스를 내세우고 있는데, 주크벅스는 이 메타버스 공간에서 각종 서비스와 제품에 대한 결제 수단으로 활용된다. 다만, 주크벅스는 블록체인 기술을 기반으로 한 가상자산은 아니며, 메타버스 게임사 로블록스의 앱에서 사용되는 로벅스(Robux)와 유사한 것으로 알려졌다. 이는 메타가 중앙서버에서 관리하는 인앱 토큰 방식이라는 것을 의미한다. 메타는 자사 플랫폼에서의 공헌도에 따라 사용자에게 레퓨테이션토큰, 소셜토큰 등을 발행하는 방안도 검토 중이다.

● 스타라이너(Starliner)

미국의 항공기 전문업체인 보잉이 우주인 수송용으로 개발한 우주선으로, 최대 7명까지 탑승할 수 있다. 스타라이너는 2019년 12월 첫 비행 시험을 했으나 소프트웨어 문제로 목표 궤도에 오르지 못해 실패했고, 2021년 8월에는 우주선 밸브 문제로 발사 계획이 취소된 바 있다. 이어 2022년 5월 국제우주정거장(ISS)과의 도킹에 성공, 우주 택시 서비스 투입에 한발 다가서게 됐다. 스타라이너는 2022년 말 우주인 2명이 탑승하는 시험을 하게 되는데, 이 시험에 성공하면 보잉은 스페이스X에 이어 두 번째로 유인 우주선을 운용하는 민간업체가 된다.

● 사전지정운용제

가입자가 직접 운용할 수 있는 퇴직연금이 운용 지시 없이 방치되고 있으면 회사와 근로자가 사전에 지정한 방법으로 운용되도록 하는 제도로, '디폴트 옵션'이란 이름으로도 널리 알려져 있다. 사전지정운용제는 미국, 영국, 호주 등 영미권 국가가 선제 도입해 퇴직연금의 장기 운용성과 개선에 기여하고 있다. 한국도 자산운용 활성화를 통해 퇴직연금자산의 고질적인 문제인 낮은 수익률을 끌어올리고자 도입을 결정했다.

● 코뿔소 채권

전 세계 최초의 야생동물 보호를 목적으로 한 채권으로, 세계은행이 2022년 3월 발행했다. 이 채권으로 조달된 자금은 멸종위기에 놓인 검은코뿔소 개체 수 증가를 지원하는 데 활용된다. 만기는 5년이며, 5년

간 검은코뿔소 개체가 증가하면 그에 따라 이자를 지급한다.

● 스위프트(SWIFT)

세계 200여 개국 1만1000여 개 금융회사가 돈을 지급하거나 무역대금을 결제하는 데 활용하는 전산망이다. 세계 각국의 송금망은 스위프트를 거친다. 예컨대 미국 기업이 한국에 있는 기업에 돈을 보내기 위해 미국 거래은행에 요청하면, 이 은행은 스위프트망을 통해 한국 기업의 거래은행에 메시지를 보내 결제하는 식이다. 세계 금융을 연결하는 파이프라인 역할을 한다.

● 멀티모달 인터페이스(Multi-Modal Interface)

사용자 인터페이스들인 키보드와 마우스 이외에 음성 인식, 제스처 인식, 디바이스 펜, 행동 인식, 터치 인식 등 기타 생체 인식을 활용해 특별한 장치 없이 유비쿼터스 컴퓨팅 환경을 구축하여 사용자 중심의 업무 효율을 높이는 기술이다. 인간과 컴퓨터의 접점이 인터페이스이지만, 이것은 매체가 아니라 대화 양식(modality)으로서, 복잡한 정보를 여러 가지 대화 양식의 조합으로 표현함으로써 보다 컴퓨터와 자연스럽게 접하는 것을 목적으로 하는 것이다. 가상 현실도 이것의 하나이다.

● 미퍼머족(Meformer族)

미포머족은 나(Me)라는 단어와 알리다(informer)가 합쳐진 말로, 개인의 블로그나 인스타그램, 트위터 등 각종 SNS 등을 통해 '나(me)'를 '알리는(inform)'는 데 적극적인 사람들을 뜻한다. 이는 미국 러트거스대 연구진이 트위터 유저 350명을 대상으로 조사한 결과를 발표하면서 내놓은 용어로, 당시 연구진들은 이용자의 80%가량이 '미포머'에 해당되었다고 밝힌 바 있다. 미포머족들은 해당 SNS를 이용해 자신의 생각이나 느낌, 개인적인 감정, 사생활 등 지극히 개인적인 게시물을 올리고 타인과 공유한다.

● CF100(Carbon Free 100%)

사용 전력의 100%를 풍력, 태양광, 수력, 지열, 원자력발전 등의 무탄소 에너지원으로 공급받는 캠페인으로, 전력의 탈탄소화를 목표로 한다. 공식 명칭에 들어가는 '24/7'은 24시간 일주일(7일) 내내 무탄소 전력을 이용한다는 의미이다. RE100으로는 탄소중립 달성이 어렵다는 지적에 따라 구글(Google)과 유엔 에너지(UN Energy), 지속가능에너지 기구(SE4ALL: Sustainable Energy For All) 등이 발족했다.

> *RE100
>
> RE100은 '재생에너지(Renewable Electricity) 100%'의 약자로, 기업이 사용하는 전력량의 100%를 2050년까지 풍력 · 태양광 등 재생에너지 전력으로 충당하겠다는 목표의 국제 캠페인이다. 2014년 영국 런던의 다국적 비영리기구인 '더 클라이밋 그룹'에서 발족된 것으로, 여기서 재생에너지는 석유화석연료를 대체하는 태양열, 태양광, 바이오, 풍력, 수력, 지열 등에서 발생하는 에너지를 말한다.

CHAPTER 01

금 융

1. 금융시장
2. 금융기관
3. 금융 관련 제도
4. 금리
5. 통화
6. 국제금융

CHAPTER 01

금융

1 금융시장

금융시장

(1) 금융(Finance)

① **정의** : 금융이란 이자를 받고 자금을 융통하여 주는 것을 말한다. 즉 일정기간을 정하고, 앞으로 있을 원금의 상환과 이자변제에 대해 상대방을 신용하여 자금을 이전하는 것을 말한다.

② **금융의 종류**

㉠ **일반적인 분류** : 가계, 기업, 정부, 금융기관(가계, 기업, 정부 간 금융의 중개기능)

㉡ **자금조달 주체에 의한 분류** : 기업금융, 소비자금융, 정부의 금융활동

㉢ **금융기관의 개입 여부** : 직접금융, 간접금융

㉣ **기업의 자금조달 경로에 따른 분류** : 내부자금, 외부자금

(2) 금융시장(Financial Market)

① **정의** : 금융시장이란 흑자부분이 적자부분에 자금을 융통하는 거래가 이루어지는 시장 또는 과정을 의미한다. 금융시장에서는 금리가 자금 수급의 균형을 지키는 역할을 하고, 자금의 초과수요가 있으면 이자율은 상승하며, 그 이자율의 상승은 초과수요를 소멸시킨다. 자금의 초과공급이 있으면 그 역현상이 된다.

② **기능** : 자원배분, 소비자 효용증진, 위험분산, 유동성 제공, 정보수집비용 및 시간절감, 시장 규율

금융시스템 스트레스 테스트(Stress Test)

금융회사들이 발생 가능성 있는 외부적 충격(예 환율의 급격한 변동)에 얼마나 잘 견딜 수 있는가를 측정하는 시험이다.

소매금융(Retail Bank)

은행이 소규모 금융을 제공하는 것을 나타내는 용어로 주로 개인을 대상으로 하는 업무를 뜻한다.

도매금융(Wholesale Bank)

은행, 금융회사로부터 대기업 등 기관투자가가 차입하는, 거래단위가 큰 금융자산이나 이러한 자산의 거래를 뜻하며 금융시장에서의 거래단위 및 규모가 크다는 데서 연유한 것이다.

기업금융(Investment Bank)

기업 활동상 필요한 자금 또는 그러한 자금을 유치하는 활동을 말하며 자본의 출처에 따라서 내부금융 · 외부금융으로, 자본의 용도에 따라 설비자금금융 · 운전자금금융으로 나뉜다.

(3) 금융시장의 유형

① 단기금융시장, 장기금융시장(자본시장) : 금융거래의 만기에 따른 분류

구분	단기금융시장	장기금융시장(자본시장)
의의	만기 1년 이내의 금융자산이 거래되는 시장	만기 1년 이상의 채권이나 만기가 없는 주식이 거래되는 시장
특징	• 금리변동에 따른 자본손실의 위험 낮음 • 중앙은행의 통화정책으로 인한 일차적 영향을 받음	• 금리변동에 따른 가격변동의 위험 높음 • 중앙은행의 통화정책 외에 기대인플레이션, 재정수지 등에 영향을 받음 • 투자위험이 높음
예	콜시장, 기업어음시장, 양도성 예금증서시장, 환매조건부 채권매매 시장, 표지어음 시장, 통화안정 증권시장	주식시장, 국채 · 회사채 · 금융채가 거래되는 채권시장

② 채무증서시장과 주식시장 : 금융수단의 성격에 따른 분류

구분	채무증서시장	주식시장
의의	차입자가 만기까지 일정한 이자를 정기적으로 지급할 것을 약속하고 발행한 채무증서가 거래되는 시장	회사의 재산에 대한 지분을 뜻하는 주식이 거래되는 시장
특징	• 단기, 중기, 장기로 구분 • 증권 발행기업 청산 시 : 우선변제권 행사 가능 • 안정적인 미래 현금 흐름 : 이자 및 원금 등 고정 소득 발생(고정소득 증권)	• 원리금 상환의무 없음 • 증권 발행기업 청산 시 : 잔여재산에 대해 지분권 행사 • 불안정한 미래 현금 흐름
예	기업어음시장, 양도성 예금시장, 표지어음시장, 통화안정증권시장, 국채 · 회사채 · 금융채가 거래되는 채권시장	유가증권시장, 코스닥시장, 프리보드 등

오버 나이트(O/N ; Over Night)

금융기관이 다른 금융기관으로부터 빌리는 하루짜리 초단기자금을 뜻하며 통상 콜금리는 만기가 당일이라는 뜻에서 1일물이라고 한다.

시장의 위험률

단기금융시장 < 채권시장 < 주식시장

단기금융시장과 장기금융시장의 차이점

- **거래규모** : 단기금융시장 > 장기금융시장
- **위험성** : 단기금융시장 < 장기금융시장
- **거래만기일** : 단기금융시장 < 장기금융시장

확인문제

1. 금융상품의 만기에 의한 분류는?
① 단기금융시장, 장기금융시장
② 발행시장, 유통시장
③ 예금시장, 대출시장
④ 직접시장, 간접시장

해 금융시장은 금융상품의 만기에 따라 단기금융시장, 장기금융시장으로 나눈다.

확인문제

2. 다음 중 설명하는 것은?

> 차입자가 만기까지 일정한 이자를 정기적으로 지급할 것을 약속하고 발행한 증서가 거래되는 시장

① 주식시장 ② 채무증서시장
③ 발행시장 ④ 유통시장

해 주어진 설명은 채무증서가 거래되는 시장인 채무증서시장에 대한 것이다.

답 1. ① 2. ②

③ 발행시장, 유통시장 : 금융거래의 단계에 따른 분류

구분	발행시장	유통시장
의의	장 · 단기 금융상품이 신규로 발행되는 시장	이미 발행된 장 · 단기 금융상품이 거래되는 시장
특징	• 직접발행 : 기업이나 정부부문이 증권을 직접 발행 • 간접발행 : 인수기관이 해당 증권의 발행 사무 대행, 증권을 전부 또는 일부 인수하여 발행 위험 부담, 유통시장 조성 • 국고채 전문 딜러 : 정부의 국고채 발행 시 인수기관의 역할 수행	• 금융상품의 유동성 증대 • 발행시장의 가격에 영향 : 자금 수요자의 자금 조달 비용에 영향을 미침

④ 거래소시장(장내시장), 장외시장 : 금융거래의 장소에 따른 분류

구분	거래소시장(장내시장)	장외시장
의의	시장참가자의 특정 금융상품에 대한 매수 · 매도 주문이 거래소에 집중되도록 한 다음 이를 표준화된 거래 규칙에 따라 처리하는 조직화된 시장	거래소 이외의 장소에 금융거래가 이루어지는 시장
특징	• 거래정보의 투명성 • 한국거래소 : 주식, 채권, 선물 및 옵션상품 거래	• 직접거래시장 : 매매당사자 간 개별접촉으로 거래(비효율적) • 거래정보의 불투명, 상대방의 낮은 익명성

이머징마켓(Emerging Market)

'떠오르는 시장', '신흥시장'이라고 할 수 있다. 금융시장 가운데 특히 자본시장부문에서 급성장하고 있는 시장을 가리키는데, 보통 개발도상국 가운데 상대적으로 경제성장률이 높고 산업화가 빠른 속도로 진행되고 있는 국가의 시장을 말한다.

(4) 금융시장의 구조

전통적 금융시장	단기금융시장		콜시장, 환매조건부 채권매매시장, 양도성 예금증서시장, 기업어음시장, 표지어음시장, 통화안정 증권시장
	장기 금융시장 (자본시장)	채권시장	국채시장, 지방채시장, 회사채시장, 금융채시장, 특수채시장
		주식시장	유가증권시장, 코스닥시장
		자산유동화 증권시장	부동산, 매출채권(미수금), 유가증권, 주택저당채권

직접증권(Direct securities)

직접금융시장인 주식시장과 채권시장에서 매매되는 주식과 채권을 말한다.

간접증권(Indirect securities)

간접금융기관인 은행에서 자기의 신용을 이용하여 예금증서와 대출증서 등을 발행하는데, 간접금융에 활용하기 위한 증권을 간접증권이라 한다.

외환시장 (전형적 점두시장)	은행 간 시장	금융기관, 외국환중개기관, 한국은행 등이 참여하는 대규모 도매시장
	대고객 시장	은행과 고객 간 외환매매
파생금융 상품시장	주식, 금리, 통화관련시장	선도금리계약, 선물환, 옵션, 스왑 등
	신용파생상품시장	우량기업의 외환표시 회사채
	파생결합증권시장	주가연계증권(ELS), 파생결합증권(DLS)

금융시장의 역사

(1) 금융산업의 태동(1878년~1900년)

① 1878년 06월 : (일본)제일은행이 부산에 최초의 은행지점을 개설하여 우리나라에 근대적 은행제도가 도입되었다.

② 1891년 01월 : 일본의 보험회사인 제국생명이 부산에 최초의 지점을 개설하였다.

③ 1897년 02월 : 국내 민간자본을 중심으로 조흥은행의 전신인 한성은행이 설립되었다.

④ 1899년 01월 : 상업은행의 전신인 대한천일은행이 설립되었다.

금융시장의 빅뱅(Big Bang)

1986년 영국이 국제금융의 중심지 자리가 위태롭게 되자 금융시장 규제 완화, 금융시장 완전 개방 등의 혁신을 단행한 것을 우주 탄생의 대폭발인 빅뱅(Big Bang)에 비유한 용어이다.

(2) 금융산업의 체제정비(1960년~1965년)

① 1961년 06월 : 증권의 효율적 거래를 위한 '증권거래법'을 제정하였다.

② 1962년 04월 : 기존의 은행감독부를 은행감독원으로 개편하는 등의 내용을 골자로 '한국은행법'을 개정하였다.

③ 1963년 05월 : 대한증권거래소가 한국증권거래소로 개편되었다.

금융산업의 체제정비

- 1967.1. 최초의 지방은행인 대구은행 설립
- 1976.7. 한국수출입은행 설립
- 1978.7. 여의도 증권거래소 개장

(3) 금융산업의 발전기(1980년~1985년)

① 1982년 12월 : '금융실명거래에 관한 법률'을 제정하여 시행하였다.

② 1983년 05월 : 제2금융권 예금자보호 기구인 '신용관리기금'을 설립하였다.

③ 1983년 07월 : 금융실명거래제 일부를 실시하였다.

(4) 금융산업의 구조조정 단행(1997년~1998년)

① 1997년 01월 : 한보그룹이 부도처리되었으며 재정경제원, 한국증권거래소에 주가지수 옵션거래가 허용되었다.

② 1997년 11월 : 정부가 IMF에 긴급구제금융 지원을 요청하는 초유의 사태가 발생하였다. 이로 인하여 정부와 IMF는 총 570억 달러 규모의 자금지원안에 합의하였으며 14개 종금사, 2개 증권사 및 1개 투신사의 영업이 정지되었다. 또한 금융감독위원회를 설립하고 은행감독원, 증권감독원, 보험감독원, 신용관리기금을 금융감독원으로 통합하는 '금융감독기구의 설치 등에 관한 법률'을 제정하였다.

(5) 금융산업의 국제화(2002년~)

① 2002년 10월 : 거래소와 상장지수펀드(ETF) 시장이 개설되었다.

② 2003년 08월 : 방카슈랑스가 시행되면서 자본시장 통합화의 초석을 다지게 되었다.

③ 2003년 10월 : '간접투자자산운용업법'을 제정하여 증권투자신탁업법, 증권투자회사법 및 증권거래법 중 투자자문업 관련 규정 통합 간접투자 대상 자산을 기존의 증권에서 파생상품, 부동산 및 실물자산 등으로 확대 시행하였다.

④ 2008년 03월 : 금융위원회가 설립되었다.

분식회계

한보철강, 대우그룹, 기아자동차 등 국내 굴지의 기업들은 외부에서 차입한 자금으로 인하여 부실화가 급격히 진행되었으나 기업의 정보를 거짓으로 공개하여 부실화에 대한 평가가 제대로 이루어지지 않았다. 잘못된 회계정보로 기업은 결국 파산하였으며 산하 협력업체와 관련 하청업체, 투자자들의 연쇄적 부도로 인한 외환위기를 초래하게 되었다.

한보사태

한국에 IMF 금융위기를 가져온 한보사태는 1997년 1월 재계 14위 한보그룹의 계열사 한보철강의 부도로 시작되었다. 당시 한보그룹이 5조 7000억 원대의 부실 대출을 받는 과정에서 정재계에 로비를 했다는 사실이 드러났고 이에 국회 국정조사와 검찰 수사가 진행되었다. 정태수 전 회장은 횡령, 사기, 뇌물공여 등의 혐의로 징역 15년 확정 판결을 받았으며 당시 사건에 연루된 장관, 국회의원, 은행장, 김영삼 당시 대통령의 차남 현철 씨 등이 구속되었다. 한보그룹에 돈을 대준 은행이 자금난에 시달리면서 한국 경제가 위기를 맞게 되었고 결국 한보사태는 1997년 IMF 외환위기의 발단이 되었다는 평가를 받는다.

확인문제 경기도교육청

3. 분식회계에 대해 올바르게 설명한 것은?

① 기업이 자신의 영업 실적을 줄여서 결산한 것을 말한다.

② 기업이 자신의 영업 실적을 부풀려서 결산한 것을 말한다.

③ 기업이 자신의 영업 실적을 줄이거나 부풀려 결산한 것을 말한다.

④ 기업이 자신의 회사 채권을 판매하는 것을 말한다.

해 기업들이 자신들의 영업 실적을 조작하여 실제영업보다 더 많은 이익을 낸 것처럼 결산한 것을 말한다.

답 3. ②

01 다음 중 금융시장의 기능으로 적절하지 않은 것은?

① 위험분산 ② 자원축적

③ 유동성 제공 ④ 소비자 효용증진

해 금융시장은 흑자부분이 적자부분에 자금을 융통하는 거래가 이루어지는 시장을 의미하며 자원배분, 소비자 효용증진, 위험분산, 유동성 제공, 정보수집비용 및 시간절감, 시장 규율 등의 기능을 가진다.

02 금융시장의 구조가 알맞게 짝지어진 것은?

① 단기금융시장 – 코스닥시장

② 채권시장 – 부동산

③ 주식시장 – 유가증권시장

④ 신용파생상품시장 – 주가연계증권

해 ③ 주식시장은 전통적 금융시장의 형태 중 하나로 유가증권시장과 코스닥시장이 이에 해당된다.

금융시장의 구분

전통적 금융시장	장기금융시장(자본시장)	채권시장
		주식시장
		자산유동화증권시장
	단기금융시장	콜시장, 기업어음시장, 표지어음시장 등
파생금융상품시장	주가연계증권(ELS), 파생결합증권(DLS)	
외환시장	은행 간 시장, 대고객 시장	

① 코스닥시장은 주식시장에 해당된다.

② 부동산은 자산유동화증권시장에 해당된다.

④ 주가연계증권은 파생결합증권지상에 해당된다.

답 01. ② 02. ③

03 다음 (   ) 안에 알맞은 용어는?

> (㉠)이란 은행과 같은 금융기관을 통해 자금을 차입하는 것을 말하며, (㉡)이란 최종적인 자금수요자가 금융기관을 통하지 않고 주식 · 채권을 발행하여 자금공급자, 즉 개인투자자를 통해 자금을 조달하는 것을 말한다.

	㉠	㉡
①	내부금융	외부금융
②	간접금융	직접금융
③	소비자금융	기업금융
④	장기금융	단기금융

해 직접금융과 간접금융은 금융시장을 금융상품 거래 경로에 따라 구분한 것으로, 자금을 거래하는 자 사이에 금융기관이 개입하여 금융상품을 거래하는 것을 간접금융이라 하며, 중개자가 개입하지 않는 것을 직접금융이라 한다.

04 다음 중 단기금융시장의 종류가 아닌 것은?

① 콜
② CD(양도성예금증서)
③ RP(환매조건부채권)
④ 채권

해 채권과 주식은 장기금융시장에 해당한다. 단기금융시장이란 기업, 개인 및 금융기관 등 경제주체 간의 단기자금 과부족을 조절하기 위해 통상 만기 1년 이내의 금융상품이 거래되는 시장을 말한다. 단기금융시장은 콜(Call), 기업어음(CP), 환매조건부채권(RP), 양도성예금증서(CD), 상업어음, 표지어음 등의 상품을 다룬다.

05 외환시장에서 소매시장의 성격을 갖는 시장으로 은행과 개인 및 기업 등 고객 간에 외환거래가 이루어지는 시장은?

① 대고객 시장　　② 은행간 시장
③ 장외시장　　④ 장내시장

해 외환시장의 구분

대고객 시장 (Customer Market)	소매시장의 성격을 갖는 시장으로 은행과 개인 및 기업 등 고객 간에 외환거래가 이루어지는 시장을 말한다.
은행간 시장 (Interbank Market)	좁은 의미에서의 외환시장을 의미하는 것으로 거래 당사자가 모두 은행이며, 도매시장의 성격을 특징으로 한다.

06 다음 중 금융체계를 이루는 요소가 아닌 것은?

① 금융기관　　② 금융시장
③ 금융하부구조　　④ 금융스트레스

해 금융체계는 금융기관, 금융시장, 금융하부구조로 이루어져 있다. 금융하부구조란 금융기관이 금융거래를 금융시장에서 원활히 수행할 수 있도록 하는 금융제도와 법규를 비롯해 금융기관과 금융시장을 감시 · 감독하는 금융감독기구, 예금보험공사와 같은 보조금융기관 등을 말한다.

답 03. ② 04. ④ 05. ① 06. ④

07 **국내 금융시장에서 외국 기업이 주도권을 장악하여 국내 토종 기업들이 부진을 면치 못하는 현상을 일컫는 말은?**

① 윔블던 효과
② 나비효과
③ 피그말리온 효과
④ 펠츠만 효과

해 윔블던 효과란 금융시장이 개방되어 국내 금융회사가 아니라 외국 기업들이 금융시장에서 주도권을 장악하는 현상을 말한다. 영국의 테니스 대회인 '윔블던'을 국제 경기로 전환하자 영국인 선수보다 외국 선수들이 더 많이 우승을 차지한 것에서 비유한 말이다.

08 **금융회사가 환율의 급격한 변동과 같은 외부적 충격에 얼마나 잘 견딜 수 있는가를 측정하는 실험은?**

① 준법감시 시스템 테스트
② 경영관리 테스트
③ 금융시스템 스트레스 테스트
④ 유동성 시스템 테스트

해 금융시스템 스트레스 테스트(Stress Test)란 금융회사들이 발생 가능성이 있는 외부적 충격(예 환율의 급격한 변동)에 얼마나 잘 견딜 수 있는가를 측정하는 시험이다.

09 다음 중 (   ) 안에 들어갈 용어는?

> 금융기관이 다른 금융기관으로부터 빌리는 하루짜리 초단기자금을 뜻하며 (   )(이)라고 한다.

① 오버 나이트　　② 콜금리
③ 회사채　　④ 지방채

해 오버 나이트(O/N ; Over Night)란 금융기관이 다른 금융기관으로부터 빌리는 하루짜리 초단기자금을 뜻한다.

10 장기금융시장을 자금공급 방식에 의해 구분한 것으로 옳은 것은?

① 증권시장, 채권시장
② 콜, 어음시장
③ 예금시장, 대출시장
④ 장외시장, 장내시장

해 ① 장기금융시장은 상환기간이 1년이 넘는 장기자산이 거래되는 시장을 말하며 기계나 설비의 구입 또는 공장의 건설 등에 소요되는 장기자산을 조달하는 것으로 다른 말로 자본시장이라고도 한다. 장기금융시장은 자금공급 방식에 따라 크게 증권시장과 채권시장으로 구분한다.
② 콜과 어음은 단기금융시장에서 다루는 상품이다.
③ 예금시장과 대출시장은 돈의 쓰임새에 따른 분류이다.
④ 금융거래 장소와 방법에 따라 장외시장과 장내시장으로 구분한다.

답 07. ① 08. ③ 09. ① 10. ①

2 금융기관

금융기관(Financial Institution)의 분류

(1) 통화창출 여부에 따른 분류

국제통화기금(IMF)은 국제적인 비교가 용이하게 금융기관을 통화창출기능의 유무에 따른 통화금융기관과 비통화금융기관으로 분류하고 있다.

① **통화금융기관** : 통화금융기관은 우리나라에서 유일하게 발권업무를 담당하고 있는 한국은행과, 수신 및 여신업무를 통하여 예금통화를 창출하는 예금은행으로 구성되어 있다. 예금은행은 상업은행과, 일반예금은행의 전문성이나 재원문제 등의 제약으로 인해 자금을 공급하기 어려운 특정부문으로의 원활한 자금조달을 목적으로 설립된 특수은행으로 구성되어 있다.

② **비통화금융기관** : 주로 자금의 이전과 중개를 담당하는 기관으로 취급업무의 성격 및 자금조달 방식에 따라 개발기관, 투자기관, 저축기관, 보험기관으로 분류할 수 있다.

비통화금융기관

- **개발기관** : 산업은행, 수출입은행
- **투자기관** : 종합금융회사, 투자신탁회사, 증권금융회사
- **저축기관** : 은행신탁계정, 상호신용금고, 신용협동기구(신용협동조합, 상호금융, 새마을 금고), 체신예금
- **보험기관** : 생명보험회사, 체신보험

(2) 금융기관

종류		내용
은행	일반은행	• 은행법에 의해 설립된 금융기관 • 시중은행, 지방은행, 외국은행 지점
	특수은행	• 은행법이 아닌 개별적인 특별법에 의해 설립된 금융기관 • 한국산업은행, 한국수출입은행, 중소기업은행, 농업협동조합중앙회, 수산업협동조합중앙회
비은행 예금취급기관		• 은행과 유사한 여수신업무를 취급하지만 제한적인 목적으로 설립된 금융기관 • 자금조달 및 운용 등 취급업무의 범위 제한
		• 상호저축은행, 신용협동기구(새마을금고, 상호금융, 신용협동조합), 종합금융회사, 우체국
보험회사	손해보험회사	일반적 손해보험회사, 재보험회사(재보험업무 취급), 보증보험회사

제1금융권과 제2금융권

제1금융권은 일반은행, 지방은행 등이고 제2금융권은 은행을 제외한 나머지 증권 · 보험사, 상호저축은행, 새마을금고 등을 총칭한다. 제1금융과 제2금융은 모두 제도권 금융에 속한다. 제1금융은 가장 다양한 금융상품을 취급하고 많은 점포를 가지고 있어 거래하기 편리하며 많은 사람들이 이용하기 때문에 금리가 낮다는 장점이 있지만 신용등급에 따라 이용에 제한이 있을 수 있다. 제2금융권은 제1금융에 비해 대출조건이 까다롭지 않아서 대출이 빠르고 손쉽게 차입할 수 있지만 금리가 높다는 단점이 있다.

제3금융권

신용이 낮은 서민들이나 급전이 필요한 사람들이 금융기관에서 대출을 받지 못할 경우 이자율이 높은 대부업체나 사채업체를 이용하게 된다. 이러한 대부 · 사채업체는 금융기관의 범주를 넘어선 것이라 하여 제3금융권이라 칭한다.

보험회사	생명보험회사	일반적 생명보험회사
	기타	우체국, 공제기관, 수출보험공사
증권관련기관		• 금융시장에서 유가증권의 거래와 관련된 업무가 주업무임 • 증권회사, 자산운용회사, 선물회사, 증권금융회사, 투자자문회사
기타 금융 기관	여신전문 금융회사	리스회사, 신용카드회사, 할부금융회사, 신기술사업 금융회사
	벤처캐피털회사	중소기업창업투자회사, 기업구조조정전문회사
	신탁회사	투자신탁회사, 부동산투자신탁회사
금융 보조 기관	금융하부구조 업무담당	금융감독원, 예금보험공사, 금융결제원
	기타	신용보증기금, 기술신용보증기금, 신용평가회사, 한국자산관리공사, 한국주택금융공사, 한국거래소, 자금중개회사

개인신용평가시스템 (CSS ; Credit Scoring System)

개인이 금융기관에 대출을 신청할 때 작성하는 인적사항과 소득 현황, 개인 재무상태, 금융기관 거래정보, 신용도 등의 모든 사항을 항목별로 점수화하고 이 점수에 따라 대출 가능 여부와 대출금액 및 적용금리 등을 신속하게 알려주는 자동전산시스템이다. 즉, 나이 · 직업 · 소득 등 개인신상정보와 기타 은행거래정보 등을 이용, 고객의 신용도를 컴퓨터로 자동 계산하여 돈을 빌려줄 만한 요건을 갖추고 있는지, 빌려준다면 얼마나 빌려줄 수 있는지를 컴퓨터를 통해 판단하도록 한 틀이다.

금융기관의 이점

금융기관을 통해 금융거래를 하면 혼자 직접 거래를 했을 때 발생 가능한 손실과 위험 부담을 줄일 수 있고, 자금을 안정적으로 공급받거나 공급할 수 있다는 이점이 있다.

통화금융기관

(1) 중앙은행(Central Bank)

① **설립목적** : 수익을 추구하는 것이 아니라 통화 발행, 물가 안정과 같은 경제적 목적에 따라 운영되는 국책은행이다. 중앙은행은 경제에 적절하게 통화량을 조절하여 생산과 소비, 투자의 경제흐름을 원활하게 하는 윤활유와 같은 역할을 담당한다. 세계 최초의 중앙은행은 1694년 설립된 영국은행이며 우리나라는 1950년 설립된 한국은행이 중앙은행이다.

> 중앙은행의 별칭
>
> • **은행의 은행** : 중앙은행은 정부를 대신하여 통화를 발행하며 은행의 경영을 감시하고, 은행에 자금을 대출해주기 때문에 '은행의 은행'이라고도 한다.
>
> • **정부의 은행** : 중앙은행은 정부의 잉여자금을 보관하거나 정부에 자금을 빌려 주는 역할을 하기 때문에 '정부의 은행'이라고도 한다.

각국의 중앙은행

- **영국** : 영국은행(BOE ; Bank of England)
- **미국** : 연방준비제도(FRB ; Federal Reserve Bank)
- **유럽 연합** : 유럽중앙은행(ECB ; European Central Bank)
- **캐나다** : 캐나다은행(BOC ; Bank of Canada)
- **중국** : 중국인민은행(PBC ; People's Bank of China)
- **일본** : 일본은행(BOJ ; Bank of Japan)

② 한국은행 : 한국은행법에 따라 설립된 무자본 특수법인이며, 효율적인 통화신용정책의 수립과 집행을 통하여 물가안정을 도모함으로써 국민경제의 건전한 발전에 이바지함을 목적으로 한다. 한국은행 산하에 정책결정기구로서 금융통화위원회를 두고 있다.

㉠ 주요업무와 기능

- 화폐(주화)의 발권 : 화폐의 발행은 한국은행만이 갖는 고유 업무이다.
- 금융기관의 예금과 예금지급준비 : 한국은행은 금융기관의 예금을 수입할 수 있다.
- 금융기관에 대한 대출 : 한국은행은 금융통화위원회가 정하는 바에 의하여 금융기관에 대한 여신업무를 할 수 있다.
- 공개시장에서의 증권의 매매 등 : 한국은행은 통화신용정책을 수행하기 위하여 자기계산으로 국채나 정부가 보증한 유가증권을 공개시장에서 매매할 수 있다.
- 한국은행통화안정증권 발행 : 한국은행은 한국은행통화안정증권을 공개시장에서 발행할 수 있다.
- 정부 및 정부대행기관과의 업무 : 국고금 취급, 정부에 속하는 증권 · 문서 기타 고가물을 보호예수, 국가사무 취급을 할 수 있다.
- 민간에 대한 업무 : 한국은행은 한국은행법이 정하는 경우를 제외하고는 정부 · 정부대행기관 또는 금융기관 외의 법인이나 개인과 예금 또는 대출의 거래를 하거나 정부 · 정부대행기관 또는 금융기관 외의 법인이나 개인의 채무를 표시하는 증권을 매입할 수 없다.
- 지급결제업무 : 한국은행은 지급결제제도의 안전성과 효율성을 도모하기 위하여 한국은행이 운영하는 지급결제제도에 관하여 필요한 사항을 정하도록 하고 있다.
- 외국환업무 : 한국은행은 정부의 지시에 따라 대한민국이 회원으로 가입한 국제통화기구 또는 금융기구와의 사무 · 교섭 및 거래에 있어 정부를 대표하는 자격을 갖는다.

여신업무

자금을 주는 업무를 말하는데 일반적으로 대출을 말한다. 은행이나 보험사 등 금융기관의 대출, 할부금융, 주택금융 등이 이에 해당된다.

보호예수

보호예수는 증권회사나 은행이 고객의 유가증권을 고객의 명의로 보관하는 업무이다. 은행이나 증권회사가 계약에 의해 돈을 받고 보관을 하기 때문에 유상기탁계약으로 본다.

한국은행의 분류

한국은행을 은행의 일부로 보는 견해도 있으나 한국은행은 여타 일반 시중은행에서 하는 상업적인 업무를 수행하기보다는 우리나라 금융시스템 전반을 책임지고 있으므로, 하나의 금융구조로 간주하는 편이 적절하다.

(2) 상업은행(Commercial Bank)

① 정의 : 상업은행은 가계나 기업을 상대로 예금을 받고 대출을 하면서 이익을 얻는 일반적인 은행을 말하며 예금은행이라고도 한다.

우리나라에서는 상업은행을 시중은행, 지방은행 및 외국은행 국내 지점으로 구분하고 있다.

② **주체** : 은행은 법인만이 설립할 수 있으며 법인에 해당하는지의 여부는 금융위원회가 결정하도록 하고 있다. 은행을 설립하기 위해서는 자본금이 1천억 원 이상이어야 하며 지방은행의 경우는 250억 원 이상이어야 한다.

③ **업무** : 은행법에 따르면 은행의 업무는 고유업무와 겸영업무 및 부수업무로 나뉜다.

㉠ **고유업무**

- 예금 · 적금의 수입 또는 유가증권, 그 밖의 채무증서의 발행
- 자금의 대출 또는 어음의 할인
- 내국환 · 외국환

㉡ **부수업무** : 은행이 부수업무를 운영하려는 경우에는 그 업무를 운영하려는 날의 7일 전까지 금융위원회에 신고하여야 한다. 다만 부수업무 중 다음 업무는 신고를 하지 않고 운영할 수 있다.

- 채무의 보증 또는 어음의 인수
- 상호부금
- 팩터링(기업의 판매대금 채권의 매수 · 회수 및 이와 관련된 업무)
- 보호예수
- 수납 및 지급대행
- 지방자치단체의 금고대행
- 전자상거래와 관련한 지급대행
- 은행업과 관련된 전산시스템 및 소프트웨어의 판매 및 대여
- 금융 관련 연수, 도서 및 간행물 출판업무
- 금융 관련 조사 및 연구업무

㉢ **겸영업무** : 은행은 은행업이 아닌 업무 가운데 다음의 업무를 직접 운영할 수 있다.

- 파생상품 업무
- 국채증권, 지방채증권 및 특수채증권 업무
- 집합투자업무 및 신탁업 업무
- 환매조건부매도와 매수업무
- 보험대리점업무 및 신용카드업무 등

상업은행의 설립 목적

은행법에 따라 은행의 건전한 운영을 도모하고 자금중개기능의 효율성을 높이며 예금자를 보호하고 신용질서를 유지함으로써 금융시장을 안정시키고 국민경제의 발전에 이바지하기 위해 설립한다.

팩터링(Factoring)

기업이 상품 판매로 받아야 하는 대금(외상매출채권)의 결제가 늦어질 경우 우선 금융회사가 외상매출채권을 담보로 하여 자금을 대출해주는 서비스를 말한다. 팩터링 금융의 취지는 기업이 상거래로 현금 대신 받은 매출채권을 빨리 현금화하여 기업의 경영을 돕는 데 있다.

환매조건부매도

일정기간이 경과한 후 약정된 조건에 따라 채권을 다시 매입하기로 하고 채권을 매도함으로써 만기일에 약정이자와 원금을 상환하는 단기자금 조달 수단이다.

(3) 특수은행

① 한국수출입은행(Korea Exim Bank, The Export-Import Bank of Korea)

㉠ 연혁 : 한국수출입은행법에 따라 설립된 은행으로 수출입, 해외투자 및 해외자원개발 등 대외 경제협력에 필요한 금융을 제공하기 위해 만들어졌다.

㉡ 기능 및 역할

- 남북협력기금(IKCF)에 의한 통일기반 조성에 기여
- 대외경제협력기금(EDCF)을 통한 개발도상국과의 경제협력 증진
- 공적수출신용기관으로 국가수출 지원

② 한국산업은행(Korea Development Bank)

㉠ 연혁 : 한국산업은행법을 근거로 설립된 특수은행으로 주요업무는 기업대출과 정부의 장기자금 융자업무 및 국제금융, 기업구조조정업무 등이다. 2008년 6월 정부의 산업은행 민영화방안 발표로 민영화되면서 KDB금융그룹이 출범, 그동안 한국산업은행이 수행해 온 정책금융역할을 승계하기 위해 한국정책금융공사를 설립하여 운영 중이다.

㉡ 기능 및 역할

- 신용경색 해소를 위한 기업금융 강화
- 유망중소기업 등 지원을 위한 신용여신 확대
- 기업구조조정 및 자본시장 안정화
- 지방화시대에 부응하는 지역개발 및 균형발전 유도

③ IBK기업은행(Industrial Bank of Korea)

㉠ 연혁 : 중소기업은행법에 따라 중소기업자에 대한 효율적인 신용제도를 확립함으로써 중소기업자의 자주적인 경제활동을 원활하게 하게 하기 위해 설립된 특수은행이다.

㉡ 기능 및 역할

- 중소기업자에 대한 자금의 대출과 어음의 할인
- 예금 · 적금의 수입 및 유가증권이나 그 밖의 채무증서의 발행
- 중소기업자의 주식 응모 · 인수 및 사채의 응모 · 인수 · 보증
- 내 · 외국환과 보호예수
- 국고대리점
- 정부, 한국은행 및 그 밖의 금융기관으로부터 자금 차입

④ 수협중앙회 : 수산업협동조합법에 따라 어업인과 수산물가공업자의

특수은행의 설립 근거

일반은행의 특성상 필요한 자금을 충분히 공급하지 못하는 특정부문에 자금을 원활히 공급하기 위하여 개별법에 따라 설립된 은행을 특수은행이라고 한다. 특수은행은 상업금융의 취약점을 보완하는 보완금융기관으로서의 기능과 특정부문에 대한 전문금융기관으로서의 기능을 담당한다. IBK기업은행, 한국산업은행, 한국수출입은행, 농업협동조합중앙회 및 수산업협동조합중앙회의 신용사업부문 등 5개가 특수은행이다.

산업은행의 핵심 사업

- 성장 가능성은 있으나 금융에서 소외된 유망기업에 대한 자금공급 확대
- 자동차, 철강, 조선, 전자 등 주력 기간 산업의 고부가가치화 촉진
- 개발 초기단계의 리스크가 높아 일반금융기관이 지원하기 어려운 지식기반산업, 6T 등 미래 성장동력산업의 육성
- 한국이 동북아 중심국가로 도약할 수 있도록 물류비용 절감을 위한 공항, 도로, 항만 등 물류시설의 확충
- 제조업 경쟁력 제고를 위한 R&D투자, 부품 · 소재산업 등 기반산업 육성
- 환경산업 육성 및 에너지산업의 수출전략산업화 촉진

경제적 · 사회적 · 문화적 지위 향상과 어업 및 수산물가공업의 경쟁력 강화를 도모하기 위해 설립된 은행이다. 수산업협동조합은 회원조합과 중앙회로 구성되어 있으며 수협중앙회는 어업인들이 조직하는 협동조합인 지구별 조합, 업종별 조합, 수산물가공 조합이 회원으로 구성되어 있다.

⑤ **농협중앙회** : 농업협동조합법에 의해 설립된 특수은행으로 농업인의 경제적 · 사회적 · 문화적 지위를 향상시키고, 농업의 경쟁력을 강화하기 위해 조직되었다. 중앙회는 지역조합, 품목조합 및 품목조합연합회를 회원으로 구성하고 있으며 농자재 구입과 자금의 융통, 일반 은행 업무, 회원의 경제활동 지원 사업을 하고 있다.

국고대리점

국고금 출납업무는 본래 중앙은행인 한국은행이 담당하고 있으나 납세자가 어떤 금융기관의 지점에 가더라도 세입금 등의 국고금을 납부할 수 있도록, 현재 외국은행 및 한국수출입은행을 제외한 전 금융기관의 영업점이 국고수납 대리점으로 지정되어 있다. 이와 같이 대리점 계약을 체결한 금융기관 점포를 국고대리점이라고 한다.

축산업협동조합과 인삼업협동조합

축협중앙회와 인삼업협동중앙회는 2000년 7월에 농협중앙회로 흡수 · 통합되었기 때문에 축협과 삼협은 모두 지역단위조합, 즉 신용협동기구에 속한다.

비은행 예금취급기관(비통화 금융기관)

(1) 종합금융회사

① **정의** : 종합금융회사는 지급결제업무, 보험업무, 가계대출업무 등을 제외한 대부분의 기업금융업무를 영위한다. 과거 '종합금융회사에 관한 법률'을 근거로 일반인의 예금을 받지 않고 외부에서 차입하거나 채권을 발행하여 마련한 자금으로 기업들의 어음을 할인해 주는 등 자금을 공급하는 일을 하였다. 또한 해외에서 낮은 금리에 빌린 돈을 국내에서 비교적 높은 금리로 빌려 주는 일에 치중하였다. 좁은 국내 시장에서 30개 이상의 회사가 경쟁적으로 난입하면서 도덕적 해이가 심각해졌고 해외로의 과다한 차입금 상환 부담을 가져와 외환위기를 초래한 원인 가운데 하나가 되었으며 대다수의 종합금융회사는 정리되었다. '종합금융회사에 관한 법률'은 '자본시장과 금융투자업에 관한 법률'로 흡수 · 통합되었다.

② **업무**

㉠ 1년 이내에서 대통령령으로 정하는 기간 이내에 만기가 도래하는 어음의 발행 · 할인 · 매매 · 중개 · 인수 및 보증

㉡ 설비 또는 운전자금의 투자와 융자

㉢ 증권의 인수 · 매출 또는 모집 · 매출의 중개 · 주선 · 대리

종합금융회사의 요건

- 자본금 300억 원 이상의 주식회사로 투자자 보호가 가능해야 한다.
- 충분한 전문인력과 전산설비 등 물적 시설을 갖추어야 한다.
- 주요출자자가 충분한 출자능력 · 건전한 재무상태 및 사회적 신용을 갖추어야 한다.
- 금융감독위원회의 인가를 받아야 한다.
- 종합금융회사에는 3인 이상, 이사 총수의 2분의 1 이상의 사외이사를 두어야 하고, 총위원의 3분의 2 이상을 사외이사로 구성한 감사위원회를 설치하여야 한다.
- 준법감시인을 1인 이상 두어야 한다.

운전자금

자금의 지출에 의하여 생산된 생산물 또는 매입한 상품의 매출로서 회수된다. 또한 유동적 · 단기적인 점이 특징이다.

㉣ 외자도입, 해외 투자, 그 밖의 국제금융의 주선과 외자의 차입 및 전대

㉤ 채권의 발행

㉥ 기업의 경영 상담과 기업인수 또는 합병 등에 관한 용역

㉦ 지급보증

(2) 상호저축은행

① **정의** : 서민과 소규모 점포 상인, 중소기업을 대상으로 수신과 여신업무 등을 담당하던 소규모 금융기관으로, 과거에는 '상호신용금고'로 불리다가 2002년에 '상호저축은행'으로 명칭이 바뀌었다. 상호저축은행법에 의해 운영되며, 상업은행과의 가장 큰 차이점은 금융감독원으로부터 인가받은 이수지역에서만 영업할 수 있는 지역 제한이 있다는 것이다. 또한, 상호저축은행은 '주식회사'로 운용되며 예금자보호법의 적용을 받는다.

② **업무**

㉠ 신용계 업무

㉡ 신용부금 업무

㉢ 예금 및 적금의 수입 업무

㉣ 자금의 대출 업무

㉤ 어음의 할인 업무

㉥ 내 · 외국환 업무

㉦ 보호예수 업무

㉧ 수납 및 지급대행 업무

㉨ 기업 합병 및 매수의 중개 · 주선 또는 대리 업무

㉩ 국가 · 공공단체 및 금융기관의 대리 업무

③ **특징** : 일반은행에 비해 대출요건이 까다롭지 않으며 예금의 경우 일반은행에 비해 상대적으로 금리가 높다는 장점을 갖는다. 하지만 상대적으로 적은 점포 수와 높은 대출금리, 영세한 규모의 자산수준 등은 단점으로 작용한다. 또한 대다수의 저축은행이 상장을 하지 않기 때문에 경영상태를 정확히 파악하기가 어려워 2011년 발생한 부산저축은행 사태와 같이 금융사고의 위험성이 다소 큰 편이다.

8 · 8클럽

국제결제은행(BIS) 기준 자기자본비율이 8% 이상, 고정이하 여신비율이 8% 미만인 저축은행을 가리키는 말로, 8 · 8클럽에 해당할 경우 우량저축은행으로 판단된다. 하지만 정부가 8 · 8클럽에 해당하는 우량 저축은행에 대해 대출한도를 완화해 줌으로써 저축은행의 부실을 키웠다는 비판을 받았고 자기자본비율을 10%로 강화하기로 하였다.

(3) 신용협동기구(상호금융기관)

① 정의 : 지역이나 직장, 종교, 직업 등 공통된 유대관계를 바탕으로 조합원을 구성하고 자금을 출자하여 만든 금융기관이며 각 조합원 간 금융거래를 통해 조합원에게 금융혜택을 주기 위한 취지로 설립된 비영리 금융기관이다.

② 종류 : 신용협동기구는 새마을금고, 신용협동조합, 상호금융 지역단위 농협과 수협 등으로 나뉜다.

㉠ 새마을금고 : 우리 고유의 자율적 협동조직인 계 · 향약 · 두레 등의 공동체 정신을 계승하여 조합원과 지역공동체의 발전을 위해 설립된 금융협동조합이다. 새마을금고는 지역, 직장을 단위로 한 지역단위금고를 형성하고 이러한 단위금고들이 모여 '새마을금고연합회'라는 중앙조직을 결성한다. 예금자보호법에 의하여 예금자보호를 하지 않고 '새마을금고법'에 의해 예금자보호 준비금을 마련하도록 규정되어 있다.

㉡ 신용협동조합 : '신협'으로 불리는 서민과 중산층을 위한 금융기관으로, 새마을금고처럼 직장이나 지역, 단체를 단위로 하여 결성한다. 은행처럼 예금, 대출, 보험 등의 금융거래를 하며 '신용협동조합법'에 따라 자체적으로 예금자보호를 하고 있다.

㉢ 상호금융 : 농 · 어촌 지역의 영세한 주민들을 조합원으로 구성하여 조합원을 대상으로 한 원활한 금융활동을 하기 위해 조직된 신용협동기구로서 지역단위 농협과 축협, 수협, 산림조합 등으로 구성되어 있다.

신용협동기구 예금자보호제도
신용협동기구는 자체 근거법률에 의해 예수금의 일정 비율을 예금보호기금으로 중앙회에 적립하였다가 지급사유가 발생할 경우 고객의 예금을 보호하는 방식을 채택하고 있다.

신용협동조합법
신용협동조합의 육성으로 지역주민에 대한 금융편의를 제공함으로써 지역경제 발전에 기여하기 위해 1972년 제정한 법으로 이후에도 1998년 전문 개정을 거쳐 2003년까지 14차례 개정되었다.

(4) 우체국예금

① 정의 : 체신관서에서 간편한 예금과 보험사업 등을 운영하게 하여 금융의 대중화를 기하고 국민의 저축의욕을 북돋기 위한 산업통상자원부 산하의 우정사업본부의 국영 금융기관이다.

② 특징 : 국가기관이 운영하기 때문에 예금자보호법처럼 보장금액에 한도가 있는 것이 아니고 예금한 금액 전부를 보장받으므로 예금자보호가 확실하며, 일반시중은행들이 영업하지 않는 오지 지역까지 진출하여 지역 서민 금융기관으로 자리매김하고 있다.

우체국의 자금 운용
우체국은 리스크를 최소화하기 위해 대출업무를 하지 않고 예금수취 업무만을 취급한다. 수집된 자금은 다른 금융기관에 위탁하거나 정부에 대여하는 방법으로 운용된다.

보험회사

(1) 보험(Insurance)

보험은 사고를 방지하는 목적이 아니라 미래의 우발적인 위험에 대처하기 위하여 평소에 뜻이 맞는 사람들끼리 분담금을 받아 두었다가 사고를 당한 이의 경제적인 부담을 덜어주기 위해 만들어진 상호부조 성격의 계약이다.

(2) 보험회사

① **정의** : 보험회사는 거래하는 보험의 성격과 내용에 따라 손해보험과 생명보험, 제3보험으로 구분하고 있다. 각 보험업을 영위하기 위해서는 금융위원회의 허가를 받아야 하며 보험업의 허가를 받을 수 있는 자는 주식회사, 상호회사 및 외국보험회사로 제한하고 있다.

② **종류**

생명보험	사망보험, 생사혼합보험, 생존보험, 연금보험
손해보험	화재보험, 해상보험, 자동차보험, 재보험, 보증보험
제3보험	상해보험, 질병보험, 간병보험

③ **생명보험** : 보험회사가 보험계약자로부터 보험료를 받고 피보험자의 생존 또는 사망과 관련된 우연한 사고가 발생할 경우 일정한 금액을 지급하기로 계약함으로써 효력이 생기는 인보험계약을 말한다. 생명보험은 사람의 생사를 보험사고로 보고 보험사고가 발생할 경우 손해의 유무나 다소를 불문하고 일정한 금액을 지급하는 정액보험이라는 점에서 손해보험과 차이가 있다.

④ **손해보험** : 위험보장을 목적으로 우연한 사건으로 인해 발생하는 손해에 관하여 금전 및 그 밖의 급여를 지급할 것을 약속하고 대가를 수수하는 계약으로 계약자가 자동차사고, 화재, 도난과 같은 사고로 인하여 손해가 발생한 경우 보상을 해주는 보험이다.

⑤ **제3보험** : 가입자가 질병이나 상해로 인하여 간병을 받아야 할 경우 약정한 계약에 따라 보상받는 보험으로 현행 보험업법에서는 생명보험업이나 손해보험업에 해당하는 보험종목의 전부에 관하여 금융위원회에 따른 허가를 받은 자는 제3보험업을 영위할 수 있도록 규정하고 있다.

보험의 법칙

- **대수의 법칙** : 측정 횟수가 많아지면 많아질수록 실제의 결과가 예상된 결과에 가까워진다는 보험의 원칙이다. 보험료 산정을 결정짓는 보험사고의 발생률은 대수의 법칙에 입각한 통계적 확률에 의한 것이다.
- **수지상등의 법칙** : 보험사업을 경영할 때 각 위험집단으로부터 각각 납입되는 순보험료의 총액이 그 위험집단에게 지급되는 보험금의 총액과 같아야 한다는 원칙이다.

보험용어

- **보험자** : 보험회사
- **보험계약자** : 보험료를 납부하는 자
- **보험수익자** : 보험금을 지급받는 자
- **피보험자**
  - 손해보험 : 사고발생 시 보험금을 지급받을 자
  - 생명보험 : 사고발생의 객체가 되는 자

보험의 분류

- **경영주체에 따른 구분** : 민영보험, 공영보험
- **보험사고 발생의 객체에 따른 구분** : 인보험, 손해보험
- **보험사고의 종류에 의한 구분** : 생명보험, 화재보험, 자동차보험, 해상보험, 기타 특종보험

증권 관련 기관

(1) 증권

증권을 한마디로 정의한다면 재산에 대한 소유를 인정하는 증서라고 할 수 있다. 즉, 기업의 규모가 커지고 필요로 하는 자금이 많아지게 되면 기업은 비싼 이자를 지불하며 은행에서 자금을 차입하는 것보다 주식을 발행하여 자금을 획득하는 것이 유리하다. 또한 투자자의 입장에서도 금융활동을 통해 자산을 늘리려고 하기 때문에 배당금이 나오는 기업 주식에 투자를 하는 것이다. 따라서 기업과 투자자의 이해상충관계가 맞물려 증권을 상품으로 하는 증권시장이 나타나게 되며 이러한 증권을 유통하는 증권회사가 생겨나게 된다.

한국예탁결제원

증권거래법에 따라 설립된 준정부기관으로서, 주식이나 채권 등 유가증권의 집중예탁업무를 담당하는 유가증권 중앙집중예탁기관이다. 기관투자자(외국인투자자 포함)와 개인투자자가 보유한 주식 · 채권 등의 유가증권을 종합적으로 관리한다.

(2) 종류

증권 관련 기관은 증권회사와 증권금융회사, 자산운용회사, 투자자문회사 등으로 구분된다.

① **증권회사** : 주식과 채권을 자신이 직접매매(Dealing)하거나 다른 투자자의 매매주문을 받아서 매매수수료를 받는 위탁매매(Brokerage), 또는 기업이 새로 발행하는 주식을 증권회사가 일반투자자를 모집하여 매매하는 인수 · 주선(Underwriting)을 통해 이익을 창출한다.

② **자산운용회사** : 다양한 방법으로 투자자금을 모아 투자자금(펀드)으로 증권이나 부동산, 어음 등에 투자하여 발생한 수익을 투자자에게 나누어 주고 수수료를 받아 이윤을 창출하는 금융기관이다.

③ **투자자문회사** : 투자자문회사란 금융투자상품의 가치 또는 금융투자상품의 투자판단에 관한 자문에 응함으로써 영업을 하는 회사로 '자본시장과 금융투자업에 관한 법률'상 일정 자본금과 인력을 갖추어야 하는 증권 관련 기관이다. 자산운용회사는 투자자들의 자금으로 운용하지만 투자자문회사는 투자자 개개인과의 계약을 통해 운용한다는 점에서 자산운용회사와 다르다.

④ **증권금융회사**

㉠ **정의** : 증권금융회사는 증권회사와 증권투자자를 대상으로 자금을 대출해주고 그 이자로 수익을 창출하는 금융기관이다. 우리

증권회사의 주요 업무

- 유가증권 매매
- 유가증권 위탁매매
- 유가증권 인수 · 매출 및 모집
- 유가증권 매출주선
- 유가증권 매매중개 및 매매중개 대리

자산운용회사의 분류

- **수탁회사** : 투자신탁의 수탁자로서 투자신탁 재산의 보관 및 관리
- **판매회사** : 간접투자증권의 판매
- **자산보관회사** : 투자회사의 위탁을 받아 투자회사 재산의 보관 및 관리
- **일반사무관리회사** : 투자회사의 위탁을 받아 재산운용 외 투자회사 운영 관련 업무

나라에서는 '한국증권금융'이 유일한 증권금융회사로 1955년에 설립되어 현재까지 운영되고 있다.

㉡ 역할과 기능

- 증권시장에 자금과 증권을 공급하는 고유업무(증권인수금융, 증권유통금융, 증권담보금융)
- 증권투자자를 보호하기 위한 투자자예탁금 관리, 근로자의 재산 형성과 회사에 대한 주인의식 고취를 지원하는 우리사주제도 지원
- 일반고객의 재테크를 돕는 예금 및 대출업무

만리장성(Chinese Wall)

다양한 금융 투자업을 겸업하는 금융회사 내의 계열사 간 정보 교류를 차단하는 장치를 중국 만리장성에 빗대어 표현한 용어이다. 자본시장통합법은 금융회사의 영역을 확대시키고 겸업을 허용한다. 따라서 금융회사 내의 계열사 간 이해상충으로 문제가 발생하여 고객의 피해로 이어지는 부작용이 발생할 수 있다. 예를 들어 채권 발행과 인수·판매 업무를 겸업하는 투자은행의 경우 자사의 이익을 극대화하기 위해 채권발행자와 투자자, 즉 양측 고객에게 피해를 줄 수 있다. 이런 부작용을 방지하기 위한 장치가 바로 '차이니즈 월'이다.

여신 전문 기관

(1) 정의

예금업무를 하지 않으며 대출을 통해 수익을 달성하는 기관을 말한다. 은행과 비은행 예금기관, 증권기관 및 보험회사를 제외한 나머지 기타 금융기관이 여기에 속한다고 볼 수 있다.

(2) 종류

신용카드회사, 리스회사, 신기술사업금융회사, 할부금융회사(캐피탈 회사) 등이 있다.

① **신용카드회사** : 신용카드의 발행 및 관리, 신용카드 이용과 관련된 대금결제 등의 업무를 하는 금융회사이다.

② **리스회사** : 기업이 필요로 하는 기계·설비·기기 등을 직접 구입하여 정기적으로 사용료를 받고 이를 빌려주는 임대업 회사이다.

③ **할부금융회사(캐피탈 회사)** : 일시불로 구입하기 어려운 고가의 내구재 등을 구입하고자 할 때 필요한 자금을 대여해 주고 이를 분할하여 상환토록 하는 금융회사이다.

리스회사

- **금융리스** : 기업이 필요로 하는 특정자산을 리스회사가 장기간 대여해주고, 이후에 보수와 운영 등에 관여하지 않는다. 리스 기간이 장기이며 중도 해약을 원칙적으로 인정하지 않는다.
- **운용리스** : 복사기, 컴퓨터, 의료기 등의 자산을 임차인이 필요한 기간만 이용하고 리스회사에 반환하는 비교적 단기간 리스이다. 이후 리스자산에 대한 수선 및 유지관리, 사후관리에 대한 책임은 임대인이 부담하며, 금융리스와 달리 계약기간 만료 이전이라도 사전 통지로 중도 해약할 수 있다.

적중문제

01 다음 금융기관 중 통화창출기관에 해당하지 않는 것은?

① 한국은행 ② 시중은행
③ 특수은행 ④ 생명보험회사

해 통화를 창출하는 금융기관으로, 본원통화를 공급하는 한국은행과 예금통화를 창출하는 예금은행이 있다 예금은행은 예금과 대출업무를 반복적으로 수행하는 과정에서 예금통화를 창출한다. 예금은행에는 일반은행(시중은행, 지방은행 및 외국은행 국내지점)과 특수은행(한국산업은행, 한국수출입은행, 중소기업은행, 농 · 수협중앙회의 신용사업부문)이 포함된다.

02 금융기관을 통화금융기관과 비통화금융기관으로 분류하고 있는 기관은?

① IBRD ② BIS
③ IMF ④ ADB

해 국제통화기금(IMF)은 국제적인 비교가 용이하게 금융기관을 통화창출기능의 유무에 따라 분류하고 있다.

03 금융기관을 금융서비스에 따라 분류할 경우 금융보조기관에 해당하지 않는 것은?

① 금융감독원 ② 금융결제원
③ 예금보험공사 ④ 종합금융회사

해 종합금융회사는 비은행 예금취급기관에 해당한다.

답 01. ④ 02. ③ 03. ④

04 다음 중 연결이 바르지 못한 것은?

① 은행 – 우리은행, 신한은행

② 비은행 예금취급기관 – 신용협동기구, 자산운용회사

③ 증권 관련 기관 – 증권회사, 투자자문회사

④ 보험 관련 기관 – 손해보험회사, 우체국보험

해 자산운용회사는 증권 관련 기관에 해당한다. 비은행 예금취급기관은 은행과 거의 같은 업무를 하나 특정부문에 대해 금융거래를 주 업무로 하며 은행보다 규모가 작다. 비은행 예금 관련 기관에는 종합금융회사, 신용협동기구(신용협동조합, 새마을금고, 상호금융), 상호저축은행, 우체국예금 등이 있다.

05 제1금융권과 제2금융권의 차이점을 잘못 말하고 있는 것은?

제1금융권	제2금융권
① 많은 점포 수	적은 점포 수
② 제도권 금융	비제도권 금융
③ 낮은 금리	높은 금리
④ 까다로운 대출 자격	비교적 쉬운 대출

해 제1금융권은 일반은행, 지방은행 등이며, 제2금융권은 은행을 제외한 나머지 증권 · 보험사, 상호저축은행, 새마을금고 등을 총칭한다. 제1금융과 제2금융은 모두 제도권 금융에 속한다. 제1금융은 가장 다양한 금융상품을 취급하고 있으며 많은 점포를 가지고 있어 거래하기 편리하고 많은 사람들이 이용하기 때문에 금리가 낮다는 장점이 있지만 신용등급에 따라 이용에 불편함이 있을 수 있다. 제2금융권은 대출조건이 제1금융에 비해 까다롭지 않아서 대출이 빠르고 손쉽게 차입할 수 있으나 금리가 높다는 단점이 있다. 비제도권 금융은 제3금융권이다.

06 다음 중 중앙은행에 대한 내용으로 틀린 것은?

① 통화발권 기능이 있다.

② 적정한 통화량 조절을 통한 금융안정을 목표로 한다.

③ 우리나라의 중앙은행은 한국은행이다.

④ 경제를 조절하여 생산과 소비, 투자 등 수익추구를 겸영한다.

해 중앙은행은 수익추구를 목적으로 하지 않으며 경제에 적절한 통화량을 조절하여 생산과 소비, 투자의 흐름을 원활하게 하는 윤활유와 같은 역할을 담당한다.

07 다음 (　　) 안에 들어갈 알맞은 용어는?

> • 중앙은행은 정부를 대신하여 통화를 발행하며 은행의 경영을 감시하고, 은행에 자금을 대출해주기 때문에 (㉠)이라고 한다.
> • 중앙은행은 정부의 잉여자금을 보관하거나 하며 정부에 자금을 빌려주는 역할을 하기 때문에 (㉡)이라고도 한다.

	㉠	㉡
①	은행의 은행	정부의 은행
②	정부의 은행	기업의 은행
③	은행의 은행	가계의 은행
④	정부의 은행	은행의 은행

해 **중앙은행**

• 은행의 은행 : 중앙은행은 정부를 대신하여 통화를 발행하며 은행의 경영을 감시하고, 은행에 자금을 대출해주기 때문에 '은행의 은행'이라고 한다.

• 정부의 은행 : 중앙은행은 정부의 잉여자금을 보관하거나 정부에 자금을 빌려주는 역할을 하기 때문에 '정부의 은행'이라고도 한다.

답 04. ② 05. ② 06. ④ 07. ①

08 증권 관련 기관에 대한 내용으로 잘못된 설명은?

① 증권 관련 기관에는 증권금융회사, 자산운용회사, 투자자문회사 등이 있다.

② 증권회사는 직접매매를 하기도 하고, 다른 사람의 주문을 받아 위탁매매를 하기도 한다.

③ 투자자문회사는 다양한 방법으로 여러 사람의 투자자금을 모아 투자자금으로 투자를 하여 이윤을 창출한다.

④ 우리나라에서는 한국증권금융이 유일한 증권금융회사로 운영된다.

해 다양한 방법으로 여러 사람에게 모은 투자자금으로 투자를 하여 이윤을 창출하는 것은 자산운용회사이다.

09 다음 중 한국은행의 주요 업무 관장 사항은?

① 팩터링

② 예금 · 적금의 수입

③ 파생상품 업무

④ 지급결제 업무

해 지급결제 업무는 한국은행에서 수행한다.

한국은행 주요업무와 기능

- 화폐(주화)의 발권 : 화폐의 발행은 한국은행만이 갖는 고유 업무이다.
- 금융기관의 예금과 예금지급준비 : 한국은행은 금융기관의 예금을 수입할 수 있다.
- 금융기관에 대한 대출 : 한국은행은 금융통화위원회가 정하는 바에 의하여 금융기관에 대한 여신업무를 할 수 있다.
- 한국은행 통화안정증권 발행 : 한국은행은 한국은행 통화안정증권을 공개시장에서 발행할 수 있다.
- 정부 및 정부대행기관과의 업무 : 국고금 취급, 정부에 속하는 증권 · 문서 기타 고가물을 보호예수, 국가사무 취급을 할 수 있다.
- 민간에 대한 업무 : 한국은행은 한국은행법이 정하는 경우를 제외하고는 정부 · 정부대행기관 또는 금융기관 외의 법인이나 개인과 예금 또는 대출의 거래를 하거나 정부 · 정부대행기관 또는 금융기관 외의 법인이나 개인의 채무를 표시하는 증권을 매입할 수 없다.
- 지급결제 업무 : 한국은행은 지급결제제도의 안전성과 효율성을 도모하기 위하여 한국은행이 운영하는 지급결제제도에 필요한 사항을 정하도록 하고 있다.
- 외국환업무 : 한국은행은 정부의 지시에 따라 대한민국이 회원으로 가입한 국제통화기구 또는 금융기구와의 사무 · 교섭 및 거래에 있어 정부를 대표하는 자격을 갖는다.

10 보험에 대한 설명으로 잘못된 것은?

① 생명보험이란 피보험자의 생존 또는 사망에 관하여 사고가 발생할 경우 효력이 생기는 보험이다.
② 생명보험은 사고 발생에 따라 보험금을 차등 지급한다.
③ 손해보험은 위험보장을 목적으로 하고 있다.
④ 질병으로 간병을 필요로 하는 보험을 가입하려면 제3보험을 들어야 한다.

해 생명보험은 사람의 생사를 보험사고로 하고 보험사고가 발생할 경우 손해의 유무나 다소를 불문한 일정 금액을 지급하는 정액보험이라는 점에서 손해보험계약과 차이점이 있다.

11 다음 중 은행의 자본금의 액수가 틀린 것은?

① 은행 – 1천억 원 이상
② 지방은행 – 250억 원 이상
③ 상호저축은행(본점이 특별시에 있는 경우) – 120억 원
④ 중소기업은행 – 1조 원

해 중소기업은행의 자본금은 10조 원으로 하며 주식으로 분할하도록 규정하고 있다.

금융기관 자본금

- 은행 – 1천억 원 이상
- 지방은행 – 250억 원 이상
- 상호저축은행
  - 본점이 특별시에 있는 경우 : 120억 원
  - 본점이 광역시에 있는 경우 : 80억 원
  - 본점이 도 또는 특별자치도에 있는 경우 : 40억 원
- 중소기업은행 – 10조 원
- 한국산업은행 – 20조 원
- 신용협동조합 – 조합원이 납입한 출자금의 총액

답 08. ③ 09. ④ 10. ② 11. ④

12 측정 횟수가 많아지면 많아질수록 실제의 결과가 예상된 결과에 가까워진다는 보험의 원칙은?

① 수직상등의 법칙 ② 대수의 법칙
③ 이득금지 원칙 ④ 파레토의 법칙

해 대수의 법칙(Law of Large Numbers)이란 측정 횟수가 많아지면 많아질수록 실제의 결과가 예상된 결과에 가까워진다는 보험의 원칙을 말한다. 보험료 산정을 결정짓는 보험사고의 발생률은 대수의 법칙에 입각한 통계적 확률에 의한 것이다.

13 다음 중 은행의 고유업무가 아닌 것은?

① 내국환 ② 외국환
③ 자금의 대출 ④ 상호부금

해 상호부금은 은행의 부수업무에 해당한다.

은행의 업무 구분

- 고유업무
  - 예금 · 적금의 수입 또는 유가증권, 그 밖의 채무증서의 발행
  - 자금의 대출 또는 어음의 할인
  - 내국환 · 외국환
- 부수업무 : 은행이 부수업무를 운영하려는 경우에는 그 업무를 운영하려는 날의 7일 전까지 금융위원회에 신고하여야 한다. 다만 부수업무 중 다음 업무는 신고하지 않고 운영할 수 있다.
  - 채무의 보증 또는 어음의 인수
  - 상호부금
  - 팩터링(기업의 판매대금 채권의 매수 · 회수 및 이와 관련된 업무)
  - 보호예수
  - 수납 및 지급대행
  - 지방자치단체의 금고대행
  - 전자상거래와 관련한 지급대행
  - 은행업과 관련된 전산시스템 및 소프트웨어의 판매 및 대여
  - 금융 관련 연수, 도서 및 간행물 출판업무
  - 금융 관련 조사 및 연구업무

14 다음 중 특수은행의 종류가 아닌 것은?

① 한국수출입은행 ② 중소기업은행
③ 한국산업은행 ④ 산림협동조합

해 특수은행은 IBK기업은행, 한국산업은행, 한국수출입은행, 농업협동조합중앙회 및 수산업협동조합중앙회의 신용사업부문 등 5개이다.

15 종합금융회사에 대한 내용으로 틀린 것은?

① 종합금융회사는 예금을 창출하는 통화예금기관에 해당한다.
② 과거 해외에서 낮은 금리에 돈을 빌려 높은 금리로 국내에 대출하는 업무를 주로 해왔었다.
③ 많은 종합금융회사가 난입함에 따라 도덕적 해이가 심해져 외환위기를 초래하는 원인으로 꼽히기도 했다.
④ 현재 '자본시장과 금융투자업에 관한 법률'에 의해 운용되고 있다.

해 종합금융회사는 비통화금융기관에 해당한다.

16 상호저축은행에 대한 내용으로 틀린 것은?

① 상호신용금고로 불리기도 했다.
② 서민과 소상인을 대상으로 여신업무와 수신업무를 담당해 왔다.
③ 운용지역에 관계없이 영업이 가능하다.
④ 예금자보호법의 적용을 받는다.

해 상호저축은행은 상호저축은행법에 의해 운용 중이며 상업은행(Commercial Bank)과의 가장 큰 차이점은 금융감독원으로부터 인가받은 이수지역에서만 영업을 할 수 있는 제한이 있다는 것이다.

답 12. ② 13. ④ 14. ④ 15. ① 16. ③

17 다음 (　　) 안에 들어갈 알맞은 용어는?

(　　　　)이란 BIS 기준 자기자본비율이 8% 이상, 고정이하 여신비율이 8% 미만인 저축은행을 가리키는 용어이다.

① 7 · 7클럽　　② 8 · 8클럽

③ 5 · 5클럽　　④ 4 · 4클럽

해 8 · 8클럽

국제결제은행(BIS) 기준 자기자본비율이 8% 이상, 고정이하 여신비율이 8% 미만인 저축은행을 가리키며, 8 · 8클럽에 해당할 경우 우량저축은행으로 판단한다. 하지만, 정부가 8 · 8클럽에 해당하는 우량 저축은행에 대해 대출한도를 완화해 줌으로써 저축은행의 부실을 키웠다는 비판을 받고 자기자본비율을 10%로 강화하기로 하였다.

18 다음 중 신용협동기구가 아닌 것은?

① 새마을금고　　② 상호저축은행

③ 신용협동조합　　④ 지역단위농협

해 상호저축은행은 신용협동기구 범주에 드는 금융기관이 아니다. 상호협동기구는 새마을금고, 신용협동조합, 상호금융 지역단위 농협과 수협 등으로 나뉜다.

19 우체국예금에 대한 설명으로 잘못된 것은?

① 우체국예금은 국영 금융사업 조직이다.
② 예금자보호법에 따라 1인당 5천만 원까지 보호를 받는다.
③ 다른 곳과 달리 담보대출 업무는 하지 않는다.
④ 지역 서민들이 이용하기 편리하다는 장점이 있다.

해 우체국예금은 운용 주체가 정부이기 때문에 정부가 파산을 하지 않는 이상 예금원리금 전액을 보장받을 수 있어 가장 안전한 금융이다.

20 다음 중 손해보험의 종류가 아닌 것은?

① 사망보험　　② 자동차보험
③ 해상보험　　④ 재보험

해 사망보험은 생명보험에 해당한다.

보험의 종류

생명보험	사망보험, 생사혼합보험, 생존보험, 연금보험
손해보험	화재보험, 해상보험, 자동차보험, 재보험, 보증보험
제3보험	상해보험, 질병보험, 간병보험

답 17. ② 18. ② 19. ② 20. ①

3 금융 관련 제도

금융제도

(1) 금융실명제

① 정의 : 차명이나 무기명으로 이루어지는 금융거래의 문제점을 개선하기 위해 금융기관을 통한 금융거래를 할 경우 실지명의에 의해 금융거래를 실시하고 그 비밀을 보장하여 금융거래의 정상화를 이루기 위한 제도이다. 과거 '금융실명거래 및 비밀보장에 관한 긴급재정경제명령' 대신 1997년 '금융실명거래 및 비밀보장에 관한 법률'이 대체입법으로 제정되어 운용 중이다.

② 내용

㉠ 금융기관을 이용할 경우 본인임을 확인할 수 있는 신분증을 제시하여야 하며 금융기관도 거래자 실명을 확인하여 거래를 해야 한다.

㉡ 실지명의란 주민등록표상의 명의, 사업자등록증상의 명의를 말한다.

㉢ 모든 금융거래에서 실지명의를 확인해야 하는 것은 아니며 다음과 같이 명의확인이 생략 가능한 거래가 있다.

- 실명이 확인된 계좌에 의한 계속거래
- 공과금 수납 및 100만 원 이하의 송금 등의 거래
- 외국통화의 매입
- 외국통화로 표시된 예금의 수입
- 외국통화로 표시된 채권의 매도 등의 거래
- 고용 안정과 근로자의 직업능력 향상 및 생활 안정 등을 위하여 발행되는 채권
- 외국환거래법에 따른 외국환평형기금 채권으로서 외국통화로 표시된 채권
- 중소기업의 구조조정 지원 등을 위하여 발행되는 채권
- '자본시장과 금융투자업에 관한 법률'에 따라 증권금융회사가 발행한 사채

확인문제

1. 다음 중 금융기관이 명의확인을 하지 않아도 되는 거래가 아닌 것은?
① 외국통화의 매입
② 실명이 확인된 계좌에 의한 계속거래
③ 외국통화로 표시된 채권의 매도 등의 거래
④ 1,000만 원 이하의 송금 등의 거래

해 명의확인이 생략 가능한 거래는 100만 원 이하의 거래이다.

실명법상 정보제공이 가능한 경우

- 명의인의 서면상 요구나 동의를 받은 경우
- 법원의 제출명령 또는 법관이 발부한 영장에 의한 경우
- 동일 금융기관 내부 또는 금융기관 상호 간에 업무상 필요한 정보 등을 제공하는 경우

답 1. ④

- 그 밖에 국민생활 안정과 국민경제의 건전한 발전을 위하여 발행되는 대통령령으로 정하는 채권

(2) 예금자보호제도

① **정의** : 금융기관이 파산 등의 사유로 예금 등을 지급할 수 없는 상황에 대처하기 위하여 예금보험제도 등을 효율적으로 운영함으로써 예금자 등을 보호하고 금융제도의 안정성을 유지하기 위해 '예금자보호법'을 제정하였다. 즉, 예금자보호법에 의해 설립된 예금보험공사(Korea Deposit Insurance Corporation)가 평소에 금융기관으로부터 보험료를 받아 기금을 적립한 후, 금융기관이 예금을 지급할 수 없게 되면 금융기관을 대신하여 예금을 지급하게 된다.

② **대상** : 은행, 증권회사, 보험회사, 종합금융회사, 상호저축은행, 외국은행 국내지점과 농·수협 중앙회가 예금보험대상이다. 이밖에 농·수협 지역조합, 신용협동조합, 새마을금고는 예금보험공사의 보호대상이 아니며, 이들은 관련 법률에 따른 자체 기금에 의해 보호하도록 하고 있다.

③ **보호한도** : 예금자보호법상의 금융기관이 영업 정지, 인가 취소 등의 사유로 파산할 경우를 대비하여, 원금과 소정의 이자를 합한 1인당 최고 5천만 원까지 예금을 보호하고 있다. 예금자에게도 부실금융기관을 선택한 것에 대한 책임을 부과한다는 취지에서 예금보호한도를 책정한 것이다. 예금보험공사로부터 보호받지 못한 나머지 예금은 파산한 금융기관이 선순위채권을 변제하고 남은 재산이 있는 경우 이를 다른 채권자들과 함께 채권액에 비례하여 분배함으로써 그 전부 또는 일부를 돌려받을 수 있다.

④ **보호상품** : 원칙상 보호대상은 예금자보호대상 금융기관이 취급하는 '예금'이다. 따라서 실적배당신탁이나 대다수의 금융투자상품은 보호대상에서 제외된다.

예금의 보호 여부

- **보호대상 예금** : CMA, 개인계약보험 등
- **비보호 예금** : CD, RP, 농·수협중앙회 공제상품, 실적배당상품, 예수금, 법인계약보험(퇴직보험 제외), 재보험, 변액보험 등

예금자보호법 비대상 금융기관과 예금보호 수단

- **농·수협의 단위조합** : 중앙회에서 보호
- **새마을금고** : 연합회 안전기금에서 보호
- **우체국** : 정부가 관계 법률에 따라 보호
- **신협** : 신협중앙회가 보호

구분	보호 금융상품	비보호 금융상품
은행	• 보통예금, 기업자유예금, 별단예금, 당좌예금 등 요구불예금 • 정기예금, 저축예금, 주택청약예금, 표지어음 등 저축성예금 • 정기적금, 주택청약부금, 상호부금 등 적립식예금 • 외화예금 • 원금이 보전되는 금전신탁 등 • 예금보호 대상 금융상품으로 운용되는 확정기여형 퇴직연금 및 개인퇴직계좌 적립금 등	• 양도성예금증서(CD), 환매조건부채권(RP) • 금융투자상품(수익증권, 뮤추얼펀드, MMF 등) • 특정금전신탁 등 실적배당형 신탁 • 은행발행채권, 농 · 수협 중앙회 공제상품 등
투자 매매업자 · 투자 중개업자	• 금융상품 중 증권 등의 매수에 사용되지 않고, 고객 계좌에 현금으로 남아 있는 금액 • 자기신용대주담보금, 신용거래계좌 설정보증금, 신용공여담보금 등의 현금 잔액 • 원금이 보전되는 금전신탁 등 • 예금보호 대상 금융상품으로 운용되는 확정기여형 퇴직연금 및 개인퇴직계좌 적립금 등	• 금융투자상품(수익증권, 뮤추얼펀드, MMF 등) • 청약자예수금, 제세금예수금, 선물 · 옵션거래예수금, 유통금융대주담보금 • 환매조건부채권(RP), 증권사 발행채권 • 종합자산관리계좌(CMA), 랩어카운트, 주가지수연계증권(ELS), 주식워런트증권(ELW) 등
보험	• 개인이 가입한 보험계약 • 예금보호 대상 금융상품으로 운용되는 확정기여형 퇴직연금 및 개인퇴직계좌 적립금 등	• 보험계약자 및 보험료납부자가 법인인 보험계약 • 보증보험계약, 재보험계약
종금	• 발행어음, 표지어음, 어음관리계좌(CMA) • 보통예금, 저축예금, 정기예금, 정기적금, 신용부금, 표지어음 등	• 금융투자상품(수익증권, 뮤추얼펀드, MMF 등), 환매조건부채권(RP), 양도성예금증서(CD), 기업어음(CP), 종금사 발행채권 등
상호저축은행	• 저축은행중앙회 발행 자기앞수표 등	• 저축은행 발행채권 등

확인문제

2. 상호저축은행에서 보장되지 않는 상품은?
① 저축예금
② 보통예금
③ 저축은행 발행채권
④ 정기적금

해 저축은행 발행채권은 보호상품이 아니다.

답 2. ③

(3) 자금세탁방지제도(Anti-Money Laundry)

① 정의 : 범죄(마약, 밀수, 조직범죄 등)와 관련된 의심스러운 금융거래를 분석하여 검은돈의 자금세탁과 불법적인 외화의 해외유출을 막기 위해 금융위원회 산하에 금융정보분석원(KoFIU ; Korea Financial Intelligence Unit)을 설립하였다.

② 자금세탁방지제도의 구성

㉠ 고객알기제도(KYC ; Know Your Customer) : 고객확인제도와 비슷한 개념으로 금융기관이 고객의 신원과 목적 등을 파악하여 자금세탁 등에 쓰이는 것을 방지하는 제도이다.

㉡ 고액현금보고제도(CTR ; Customer Transaction Report) : 하루 동안 2천만 원 이상의 현금을 입금하거나 출금한 경우 거래자의 신원과 거래일시, 거래금액 등의 객관적 사실이 전산으로 자동 보고되는 제도이다.

㉢ 혐의거래보고제도(STR ; Suspicious Transaction Report) : 원화 1천만 원 또는 외화 5천 달러 상당 이상의 거래로서 금융재산이 불법재산이거나 금융거래 상대방이 자금세탁 행위를 하고 있다고 의심되는 합당한 근거가 있는 거래에 대한 보고를 하는 것을 말한다.

㉣ 고객확인제도(CDD ; Customer Due Diligence) : 거래 시 고객의 성명과 실지명의 이외의 주소, 연락처 등을 추가로 확인하고, 자금세탁 등의 우려가 있는 경우 실제 당사자 여부와 금융거래 목적을 확인하는 제도로 거래를 통해 자금이 자금세탁으로 흘러드는 것을 방지하기 위한 목적이다.

㉤ 강화된 고객확인제도(EDD ; Enhanced Due Diligence) : 고위험 고객 중 범죄 목적이 뚜렷한 자에게 금융서비스를 제공하지 않도록 하는 제도이다.

③ 국제기구

㉠ FATF(Financial Action Task Force) : 1989년 G-7 정상회의에서 금융기관을 이용한 자금세탁에 대처하기 위해 출범했으며, 우리나라는 2009년 10월 정회원으로 가입하였다. 자금세탁방지 국제기준의 제정과 국제협력 강화를 위해 각국의 제도 이행 및 전 세계에 걸친 정책적 공조체제를 강화하고 있다.

㉡ APG(Asia Pacific Group on Money Laundering) : 자금세탁방지를

컴플라이언스(Compliance)

법률을 잘 준수하였는지의 여부를 감시·감독하는 업무를 수행하는 준법감시인을 말한다.

자금세탁(Money Laundering)

범죄수익 재산들을 합법적으로 취득한 것으로 가장하여 본래의 출처를 위장하는 수법을 말한다. 이탈리아 마피아들이 자신의 관할구역인 세탁소에서 현금거래가 많다는 것에 착안하여 세탁소에서 범죄수익을 합법적인 수익인 것처럼 위장한 것이 자금세탁의 유래이다.

위한 아 · 태지역 국가 간 협조를 위해 설립하였으며 우리나라는 1998년 10월부터 APG 정회원으로 활동 중이다.

ⓒ **에그몽 그룹(Egmont Group of FIUs)** : 에그몽 그룹은 각국의 금융정보분석기구(FIU ; Financial Intelligence Unit) 간 정보교환 등 국제협력을 강화하고 FIU의 신규 설립을 지원하기 위해 1995년 6월 설립되었으며, 우리나라는 2002년 6월 모나코 총회에서 정회원 가입이 승인되었다.

공중협박자금조달금지제도

금융정보분석원은 자금세탁방지제도와 더불어 '테러자금 조달의 억제를 위한 국제협약'을 이행하기 위해 공중협박자금조달금지제도도 함께 시행하고 있다. 공중협박이란 국가 · 지방자치단체 또는 외국 정부의 권한 행사를 방해하거나 의무없는 일을 하게 할 목적으로, 또는 공중에게 위해를 가하고자 하는 등 공중을 협박하는 것을 말한다.

(4) 자본시장과 금융투자업에 관한 법률(자본시장통합법)

① **제정목적** : 과거 금융시장의 규제와 간섭으로 인해 금융기관의 대외경쟁력이 약화되었으므로 국제시장에서 경쟁력을 갖추기 위해 14개로 나뉘어 있던 금융시장 관련 법률을 하나로 통합하여 은행과 보험회사를 제외한 부분의 영업장벽을 철폐하는 '자본시장통합법(자통법)'을 제정하였다.

② **특징** : 금융자유화라는 국제시장의 시류에 맞게 자본시장 내에서 규제를 완화하는 것이 가장 큰 특징이다. 자통법이 시행되기 전에는 은행법과 증권업법, 자산운용법에 따라 한정된 분야에서 자신의 업무밖에 할 수 없었으나 자통법 시행으로 인해 업무영역의 규제가 사라지게 되었다.

③ **주요 내용**

㉠ **포괄주의 방식 채택** : 금융상품을 만들기 위해 금융감독기관에 허가를 받던 것에서 탈피하여 자유롭게 상품을 만들고 판매할 수 있도록 하였다.

㉡ **증권사의 지급결제 허용** : 증권사도 은행과 동일한 입 · 출금 등 지급결제업무를 하도록 허용하였다.

ⓒ **업무영역의 확대** : 자산운용사, 증권사, 선물회사 등은 어떠한 상품도 매매할 수 있으며 상호 간의 인수 · 합병을 통해 거대 금융투자회사를 설립할 수 있게 되었다.

신용공여

금융 거래에서 자기의 재산을 타인에게 빌려 주어 일시적으로 이용하게 하는 것을 말한다. 대출, 지급보증 및 유가증권의 매입(자금 지원적 성격의 것에 한함) 기타 금융거래상의 신용위험을 수반하는 금융기관의 직접 · 간접적 거래이다.

(5) 채무자 구제제도

금융기관에 과중한 채무를 지고 있는 자의 채무를 조정하기 위해 변제기 유예, 상환기간 연장 등의 방법을 사용하여 갱생의 의지가 있는 자의 경제적 자립을 돕는 제도로, 개인워크아웃(신용회복위원회), 배드뱅크 프로그램(한마음금융), 개인회생(법원), 개인파산(법원) 제도가 있다.

① **개인워크아웃** : 변제능력이 있으나 당장 형편이 여의치 않은 자를 대상으로 하는 제도로 금융기관 공동협약에 따라 신용회복위원회가 운영하며 채무가 5억 원 이하, 연체기간이 3개월 이상인 개인이 신청할 수 있다.

② **배드뱅크 프로그램** : 대상채무자가 회사로부터 장기 · 저리로 신규 대부를 받아 채권금융기관에 대한 기존 대출채권을 상환하고 채권금융기관은 대상채무자에 대한 신용불량정보 등록을 해제하여 대상채무자의 신용회복을 활성화하는 프로그램이다.

③ **개인회생** : 상환능력이 있는 채무자의 경제적 파산을 방지하기 위해 법원이 시행하는 제도로 무담보 채무가 5억 원 이내, 담보채무가 10억 원 이내로 합이 15억 원 이내인 개인이 신청할 수 있으며 법원의 인가결정에 따라 집행하게 된다.

④ **개인파산** : 파산법에 의해 파산을 선고하고 잔여 채무에 대한 변제의무를 면제시키는 제도로 채무의 규모와 관계없이 시행할 수 있다.

(6) 서민대출제도

① **새희망홀씨대출** : 시중은행에서 실시하는 대출로 저소득자를 위한 생계지원을 목적으로 하고 있으며 2천만 원 이내에서 대출이 가능하다.

② **햇살론** : 새마을금고, 농협, 수협 등과 같은 상호금융기관이 취급하는 상품으로 생계자금과 창업자금, 사업운용자금으로 구분한다.

③ **미소금융** : 제도권 금융을 사용하기 어려운 사람을 대상으로 무담보 소액대출사업과 채무조정 지원, 취업알선 등을 통해 금융소외계층의 경제적 자립을 돕는 제도이다.

금융보조기관

(1) 정의

금융기관이 원활하게 거래할 수 있도록 보조 역할을 하는 기관을 말한다.

법정관리

기업이 도산한 경우 법원이 지정한 사람에게 그 기업의 경영을 맡기는 제도를 말한다. 회사가 도산하면 고용된 종업원과 관련된 회사 및 경제 전반에 악영향을 미치기 때문에 법정관리를 통해 회생할 수 있도록 길을 열어주기 위한 취지로 볼 수 있다.

확인문제

3. 채무자 구제제도가 아닌 것은?
① 미소금융
② 배드뱅크 프로그램
③ 개인회생
④ 개인워크아웃

해 미소금융은 서민대출제도이다.

면책제도

파산자에 대하여 파산절차에 의해 배당, 변제되지 않은 잔여채무에 관한 변제책임을 면제하는 것으로 파산자에게 새로운 출발의 기회를 주기 위해 파산절차를 통하여 변제되지 않은 잔여채무에 대한 파산자의 변제 책임을 재판으로 면제시킴으로써 파산자의 경제적 갱생을 도모하는 절차다. 파산선고 확정 후 1개월 이내에 면책신청을 해야 한다.

구제금융(Relief Loan)

기업도산이 국민경제에 큰 악영향을 끼친다고 판단될 때 이를 방지하기 위한 것으로 금융기관의 기업에 대한 특별융자를 뜻한다.

답 3. ①

(2) 종류

① 금융위원회

㉠ 목적 : 국무총리 소속하에 금융정책, 외국환업무취급기관의 건전성 감독 및 금융감독에 관한 업무를 수행하는 중앙행정기관이다. 금융위원회 안에 증권 · 선물을 따로 심의하기 위한 증권선물위원회를 두고 있으며, 증권선물위원회의 감독을 받는 금융감독원을 지도하고 있다.

㉡ 역할

- 금융 정책 및 제도에 관한 사항
- 금융기관 감독 및 검사 · 제재에 관한 사항
- 금융기관의 설립, 합병, 전환, 영업 양수 · 양도 및 경영 등의 인 · 허가에 관한 사항
- 자본시장의 관리 · 감독 및 감시 등에 관한 사항
- 금융중심지의 조성 · 발전에 관한 사항
- 금융 및 외국환업무취급기관의 건전성 감독을 위한 양자 · 다자간 협상 및 국제협력에 관한 사항
- 외국환업무취급기관의 건전성 감독에 관한 사항

② 금융감독원

㉠ 정의 : 금융기관에 대한 검사 · 감독업무 등을 수행하기 위하여 설립된 무자본 특수법인으로 금융위원회의 지도 · 감독을 받는다. 과거 은행감독원, 증권감독원, 보험감독원, 신용관리기금의 감독기관이 현재의 금융감독원으로 통합되었다.

㉡ 업무

- 대상 감독금융기관의 업무 및 재산상황에 대한 검사
- 법률과 규정에 의거한 검사결과에 따른 대상 감독금융기관의 제재
- 금융기관의 건전성 확보 및 공정한 시장질서 확립과 금융소비자 보호
- 금융위원회 및 소속기관에 대한 업무지원

㉢ 대상 감독금융기관

- 은행법에 따른 인가를 받아 설립된 은행
- 자본시장과 금융투자업에 관한 법률에 따른 금융투자업자, 증권금융회사, 종합금융회사 및 명의개서대행회사

금융위원회의 위원

위원장, 부위원장, 기획재정부 차관, 한국은행 부총재, 예금보험공사 사장, 금융감독원 원장, 금융위원장 추천 2인, 대한상공회의소 회장 추천 1인 등 총 9명으로 구성된다.

오버론(Over Loan)

예금에 대한 대출 비율을 나타낸 것으로, 비율이 100 이하면 안정적이지만 100을 넘기면 부실 위험도가 높다고 평가한다.

뱅크런(Bank-run)

은행의 부실 정도를 파악한 예금자들이 예금을 찾기 위해 해당 은행으로 몰려가는 것을 뜻한다.

- 보험업법에 의한 보험사업자
- 상호저축은행법에 의한 상호저축은행과 그 중앙회
- 신용협동조합법에 의한 신용협동조합 및 그 중앙회
- 여신전문금융업법에 의한 여신전문금융회사 및 겸영여신업자
- 농업협동조합법에 의한 농업협동조합중앙회의 신용사업부문
- 수산업협동조합법에 의한 수산업협동조합중앙회의 신용사업부문
- 다른 법령에서 금융감독원이 검사를 하도록 규정한 기관
- 기타 금융업 및 금융관련업무를 영위하는 자로서 대통령령이 정하는 자

③ **금융결제원** : 어음교환, 은행지로업무 처리센터 역할과 직불 및 신용카드 VAN서비스 등을 하고 있으며 금융결제원과 금융기관 사이에 전자시스템을 연결하여 지급결제서비스를 제공한다.

④ **예금보험공사(Korea Deposit Insurance Corporation)** : 금융기관이 파산 등의 사유로 예금 등을 지급할 수 없는 상황에 처할 경우 예금자보호법에 의해 예금의 지급을 보장하여 예금자를 보호하고 금융제도의 안정성을 확립하기 위해 설립된 금융위원회 산하 기금관리기관이다.

⑤ **한국자산관리공사(KAMCO ; Korea Asset Management Corporation)** : 예금보험공사와 마찬가지로 금융위원회 산하기관이며 금융기관 부실채권(NPL ; Non Performing Loan)의 인수, 정리 및 기업구조조정업무를 통해 금융기관의 구조조정을 단행하는 금융보조기관이다. 금융기관 부실채권이란 금융기관이 기업 등에게 대출한 자금 가운데 회수하지 못한 채권으로, 부실채권이 많아지면 금융기관의 경영이 어려워지기 때문에 금융위기가 발생할 수 있다. 따라서 자산공사가 이러한 채권을 사들여 다른 투자자들에게 되팔게 된다.

⑥ **한국거래소(KRX ; Korea Exchange)** : 한국증권거래소와 코스닥, 한국선물거래소, 코스닥위원회가 합병된 통합거래소로 2009년 2월 한국증권선물거래소에서 '한국거래소'로 개명하였다. 한국거래소는 증권 및 장내파생상품의 공정한 가격 형성과 그 매매, 그 밖의 거래의 안정성 및 효율성을 도모하기 위해 설립된 기관이다.

⑦ **한국무역보험공사(K-SURE ; Korea Trade Insurance Corporation)** : 2010년 7월 한국수출보험공사에서 새롭게 출범한 한국무역보험공사는 무역보험법에 의거해 설립된 기관으로 K-SURE는 'Korea

배드뱅크(Bad Bank)

금융기관 부실채권을 사들여 처리하는 구조조정회사로, 정부출자 기관인 '한국자산관리공사'와 민간 배드뱅크인 '유암코(UAMCO)'가 있다.

굿뱅크(Good Bank)

배드뱅크에 부실채권을 매각한 후 우량한 상태를 유지하는 금융기관을 뜻한다.

커스터디 은행 (Custodian Bank)

수탁 전문은행으로 자금과 채권 등을 대여하는 은행을 지칭한다.

한국거래소

주식, 채권, 상장지수펀드(ETF), 상장지수증권(ETN) 및 파생상품 등을 모두 거래하는 종합거래소로, 수행하는 업무는 크게 유가증권시장, 코스닥시장, 파생상품시장의 운영 및 시장감시 그리고 거래소의 전반적인 운영을 지원하는 경영지원 부문으로 나누어져 있다.

Trade Insurance Corporation' 가운데 Korea의 'K'와 Insurance의 'sure'를 합성하여 만들었다. 한국무역보험공사는 무역이나 대외거래와 관련하여 발생하는 위험을 담보하기 위한 무역보험제도를 효율적으로 운영하여 무역과 해외투자를 촉진하는 역할을 담당한다.

⑧ **한국주택금융공사(Korea Housing Finance Corporation)** : 한국주택금융공사법에 의해 설립된 기관으로 장기모기지론, 주택연금, 유동화증권, 주택금융신용보증의 4가지 업무를 통해 주택금융 등의 장기적 · 안정적 공급을 촉진하여 주택금융이 원활히 이루어지도록 정부가 만든 금융보조기관이다.

⑨ **신용평가회사** : 기업이나 금융기관을 대상으로 신용을 평가하고 그 내용을 제공하는 회사로 기업의 등급을 매겨 신용도를 평가한다. 신용평가회사가 발행한 정보는 금융기관이나 투자자들이 대출과 투자에 활용한다. 우리나라에는 한국신용정보, 한국신용평가, 한국기업평가사 등의 신용평가회사가 있다.

국제 신용평가회사

세계적인 신용평가회사로 S&P(Standard And Poor's Corporation)와 무디스(Moody's Investors Service), 피치 IBCA(Fitch IBCA Fitch International Bank Credit Analysis Inc.)가 있다.

⑩ **자금중개회사** : 금융기관 간 단기자금 대여를 통해 수수료를 챙기는 금융보조기관으로 자통법에 따라 금융위원회의 인가를 받아 설립하도록 하고 있다.

01 금융실명거래 및 비밀보장에 관한 법률의 내용으로 옳지 않은 것은?

① 금융기관에 종사하는 자는 명의인의 서면상의 요구나 동의를 받지 아니하고는 그 금융거래의 내용에 대한 정보 또는 자료를 타인에게 제공하거나 누설하여서는 안 된다.

② 실지명의란 주민등록표상의 명의, 사업자등록증상의 명의를 말한다.

③ 금융기관을 이용할 경우 본인임을 확인할 수 있는 신분증을 제시해야 한다.

④ 법원의 제출명령 또는 법관이 발부한 영장에 의한 거래정보 등을 제공할 경우에도 명의인의 동의를 받아야 한다.

해 금융기관에 종사하는 자는 명의인의 서면상의 요구나 동의를 받지 않고서는 그 금융거래의 내용에 대한 정보 또는 자료를 타인에게 제공하거나 누설하여서는 안 된다. 다만 법원의 제출명령 또는 법관이 발부한 영장에 의해 거래정보 등을 제공할 경우에는 명의인의 동의를 필요로 하지 않는다.

명의인의 동의를 필요로 하지 않는 경우(동법 제4조)

- 법원의 제출명령 또는 법관이 발부한 영장에 의한 거래정보 등의 제공
- 조세에 관한 법률에 의하여 제출의무가 있는 과세자료 등의 제공과 소관 관서의 장이 상속 · 증여 재산의 확인, 조세탈루의 혐의를 인정할 만한 명백한 자료의 확인, 체납자의 재산조회, 국세징수법에 해당하는 사유로 조세에 관한 법률에 의한 질문 · 조사를 위하여 필요로 하는 거래정보 등의 제공
- 국정감사 및 조사에 관한 법률에 의한 국정조사에 필요한 자료로서 해당 조사위원회의 의결에 의한 금융감독원장 및 예금보험공사사장의 거래정보 등의 제공
- 금융위원회, 금융감독원장 및 예금보험공사사장이 금융기관에 대한 감독 · 검사를 위하여 필요로 하는 거래정보 등의 제공으로서 다음에 해당하는 경우
  - 내부자거래 및 불공정거래행위 등의 조사에 필요한 경우
  - 고객예금횡령 · 무자원입금기표 후 현금인출 등 금융사고의 적출에 필요한 경우
  - 구속성예금 수입 · 자기앞수표선발행 등 불건전금융거래행위의 조사에 필요한 경우
  - 금융실명거래 위반과 부외거래 · 출자자대출 · 동일인 한도 초과 등 법령 위반행위의 조사에 필요한 경우
  - 예금자보호법에 의한 예금보험업무 및 금융산업의 구조개선에 관한 법률에 의해 예금보험공사사장이 예금자표의 작성업무를 수행하기 위하여 필요한 경우
- 동일한 금융기관의 내부 또는 금융기관 상호 간에 업무상 필요한 거래정보 등의 제공
- 금융위원회 및 금융감독원장이 그에 상당하는 업무를 수행하는 외국금융감독기관과 다음에 대한 업무협조를 위하여 필요로 하는 거래정보 등의 제공
  - 금융기관 및 금융기관의 해외지점 · 현지법인 등에 대한 감독 · 검사
  - 자본시장과 금융투자업에 관한 법률에 따른 정보 등의 교환 및 조사 등의 협조
- 기타 법률에 의하여 불특정다수인에게 의무적으로 공개하여야 하는 것으로서 당해 법률에 의한 거래정보 등의 제공

답 01. ④

02 다음 중 명의 생략이 가능한 거래는?

① 예금수납

② 100만 원 이하의 송금 등의 거래

③ 유가증권 매수와 매도

④ 신탁재산 양도

해 100만 원 이하의 송금 등의 거래는 생략이 가능하다.

명의확인이 생략 가능한 거래

- 실명이 확인된 계좌에 의한 계속거래
- 공과금 수납 및 100만 원 이하의 송금 등의 거래
- 외국통화의 매입
- 외국통화로 표시된 예금의 수입
- 외국통화로 표시된 채권의 매도 등의 거래
- 고용 안정과 근로자의 직업능력 향상 및 생활 안정 등을 위하여 발행되는 채권
- 외국환거래법에 따른 외국환평형기금 채권으로서 외국통화로 표시된 채권
- 중소기업의 구조조정 지원 등을 위하여 발행되는 채권
- 자본시장과 금융투자업에 관한 법률에 따라 증권금융회사가 발행한 사채
- 그 밖에 국민생활 안정과 국민경제의 건전한 발전을 위하여 발행되는 대통령령으로 정하는 채권

03 금융기관 간 단기자금 대여를 통해 수수료를 챙기는 금융보조기관은?

① 자산운용회사　　② 자금중개회사

③ 투자자산운용사　　④ 집합투자기구

해 자금중개회사에 대한 내용으로 자금중개회사는 금융기관 간 단기자금 대여를 통해 수수료를 챙기는 금융보조기관으로 자통법에 따라 금융위원회의 인가를 받아 설립하도록 하고 있다.

04 다음 중 예금자보호법의 적용 기관이 아닌 것은?

① 은행 ② 증권회사
③ 신용협동조합중앙회 ④ 종합금융회사

해 은행, 증권회사, 보험회사, 종합금융회사, 상호저축은행, 외국은행 국내지점과 농 · 수협 중앙회가 예금보험 대상이다. 이 밖에 농 · 수협 지역조합, 신용협동조합, 새마을금고는 예금보험공사의 보호대상 금융회사는 아니며, 관련 법률에 따른 자체 기금에 의해 보호하도록 하고 있다.

05 예금자보호법에 대한 내용으로 은행에서 보호받을 수 있는 상품이 아닌 것은?

① 보통예금 ② 정기적금
③ 주택청약예금 ④ 환매조건부채권

해 환매조건부채권은 비보호상품이다.

예금자 보호 은행상품	예금자 비보호 은행상품
• 요구불 예금 : 보통예금, 기업자유예금, 별단예금, 당좌예금 등 • 저축성 예금 : 정기예금, 저축예금, 주택청약예금, 표지어음 • 적립식 예금 : 정기적금, 주택청약부금, 상호부금 • 외화예금 • 원금 보전 금전신탁 • 예금보호대상상품으로 운용되는 확정기여형 퇴직연금과 개인 퇴직계좌 적립금	• 양도성예금증서(CD), 환매조건부채권(RP) • 수익증권, 뮤추얼펀드, MMF • 실적배당형 신탁 • 은행발행채권, 농협 및 수협 중앙회 공제상품

답 02. ② 03. ② 04. ③ 05. ④

06 자금세탁 방지를 위해 설립된 기관은?

① 금융정보분석원 ② 금융위원회
③ 금융감독원 ④ 금융결제원

해 범죄(마약, 밀수, 조직범죄 등)와 관련된 의심스러운 금융거래를 분석하여 검은돈의 자금세탁과 불법적인 외화의 해외유출을 막기 위해 금융위원회 산하 금융정보분석원(KoFIU ; Korea Financial Intelligence Unit)을 설립하였다.

07 범죄수익 재산들을 합법적으로 취득한 것으로 가장하여 본래 출처를 위장하는 수법을 이르는 말은?

① 환치기 ② 자금세탁
③ 공중협박 ④ 차명계좌

해 자금세탁에 대한 내용이다.

자금세탁(Money Laundering)
범죄수익 재산들을 합법적으로 취득한 것으로 가장하여 본래 출처를 위장하는 수법을 말하며 자금세탁은 이탈리아 마피아들이 자신의 관할구역인 세탁소에서 현금거래가 많이 있다는 것에 착안하여 세탁소에서 범죄수익을 합법적인 수익인 것처럼 위장한 것에서 유래한 것으로 볼 수 있다.

08 다음 중 세계적인 신용평가회사가 아닌 것은?

① S&P ② 무디스
③ 피치 IBCA ④ 포브스

해 세계적인 신용평가회사로 S&P(Standard And Poor's Corporation)와 무디스(Moody's Investors Service), 피치 IBCA(Fitch IBCA Fitch International Bank Credit Analysis Inc.)가 있다. 포브스(Forbes)는 세계적인 경제 전문지이다.

09 **다음 중 자금세탁방지제도의 구성 요소를 잘못 말하고 있는 사람은?**

① 영희 – 고액현금보고제도는 하루 동안 2천만 원 이상의 현금을 입금하거나 출금한 경우 거래자의 신원과 거래일시, 거래금액 등 객관적 사실이 전산으로 자동 보고되는 제도를 말해.

② 소연 – 고객확인제도는 고객알기제도와 유사하다고 볼 수 있지.

③ 영일 – 혐의거래보고제도는 원화 1천만 원 또는 외화 5천 달러 상당 이상의 거래일 경우 무조건 보고하도록 하고 있는 제도야.

④ 화영 – 강화된 고객확인제도는 고위험 고객 중 범죄 목적이 뚜렷한 자에게 금융서비스를 제공하지 않도록 하는 정책을 뜻하지.

해 혐의거래보고제도(STR)는 원화 1천만 원 또는 외화 5천 달러 상당 이상의 거래로서 금융재산이 불법재산이거나 금융거래 상대방이 자금세탁 행위를 하고 있다고 의심되는 합당한 근거가 있는 거래에 대한 보고를 하는 것으로, 금융기관 종사자의 주관적인 판단을 요한다고 볼 수 있다.

자금세탁방지제도의 구성

- 고객알기제도(KYC ; Know Your Customer) : 고객확인 제도와 비슷한 개념으로 금융기관이 고객의 신원과 목적 등을 파악하여 자금세탁 등에 쓰이는 것을 방지하는 제도이다.
- 고액현금보고제도(CTR ; Customer Transaction Report) : 하루 동안 2천만 원 이상의 현금을 입금하거나 출금한 경우 거래자의 신원과 거래일시, 거래금액 등 객관적 사실이 전산으로 자동 보고되는 제도이다.
- 혐의거래보고제도(STR ; Suspicious Transaction Report) : 원화 1천만 원 또는 외화 5천 달러 상당 이상의 거래로서 금융재산이 불법재산이거나 금융거래 상대방이 자금세탁행위를 하고 있다고 의심되는 합당한 근거가 있는 거래에 대한 보고를 하는 것을 말한다.
- 고객확인제도(CDD ; Customer Due Diligence) : 거래 시 고객의 성명과 실지명의 이외에 주소, 연락처 등을 추가로 확인하고, 자금세탁행위 등의 우려가 있는 경우 실제 당사자 여부 및 금융거래 목적을 확인하는 제도로 거래를 통해 자금이 자금세탁으로 흘러드는 것을 방지하기 위한 목적이 있다.
- 강화된 고객확인제도(EDD ; Enhanced Due Diligence) : 고위험 고객 중 범죄 목적이 뚜렷한 자에게 금융서비스를 제공하지 않도록 하는 정책이다.

답 06. ① 07. ② 08. ④ 09. ③

10 **각국의 금융정보분석기구(FIU) 간 정보교환 등 국제협력을 강화하고 FIU의 신규 설립을 지원하기 위해서 설립된 국제 단체는?**

① 에그몽 그룹　　② AGP

③ FATF　　④ NAFTA

해 에그몽 그룹(Egmont Group of FIUs)은 각국의 금융정보분석기구(FIU ; Financial Intelligence Unit) 간 정보교환 등 국제협력을 강화하고 FIU의 신규 설립을 지원하기 위해 1995년 6월 설립되었으며, 우리나라는 2002년 6월 모나코 총회에서 정회원 가입이 승인되었다.

11 **다음 중 자본시장통합법의 내용으로 틀린 것은?**

① 금융자유화, 국제화에 대응하기 위해 제정되었다고 볼 수 있다.

② 금융상품을 만들기 위해 금융감독기관에 허가를 받던 것에서 자유롭게 상품을 만들고 판매할 수 있도록 하였다.

③ 증권사의 지급결제가 폐지되었다.

④ 증권회사, 자산운용회사가 서로 통폐합하여 규모가 커지게 되었다.

해 증권회사도 은행과 마찬가지로 2009년 8월부터 소액결제시스템에 가입하여 종합자산관리계좌(CMA)를 통해 입급과 출금 업무, 지로 · 공과금 납부 등을 할 수 있게 되어 지급결제가 허용되었다.

12 **다음 중 채무자 구제제도와 관련 기관 간 연결이 틀린 것은?**

① 개인워크아웃 – 신용회복위원회

② 배드뱅크 프로그램 – 한마음금융

③ 개인회생제도 – 법원

④ 개인파산 – 검찰

해 개인회생제도는 개인파산과 마찬가지로 법원에서 관장하는 제도이다.

13 **다음 중 채무자 구제제도에 대해 바르게 설명한 것은?**

① 개인워크아웃 – 무담보 채무가 5억 원 이내, 담보채무가 10억 원 이내로 합이 15억 원 이내인 개인이 신청한다.

② 배드뱅크 프로그램 – 대상채무자가 회사로부터 장기 · 저리로 신규대부를 받아 채권금융기관에 대한 기존 대출채권을 상환하고 채권금융기관은 대상채무자에 대한 신용불량정보를 등록을 해제하여 대상채무자의 신용을 회복시키는 제도이다.

③ 개인회생 – 채무가 5억 원 이하, 연체기간이 3개월 이상인 개인이 신청할 수 있다.

④ 개인파산 – 채무의 규모에 따라 신청을 못할 수 있다.

해 ① 개인워크아웃 : 변제능력이 있으나 당장 형편이 여의치 않은 자를 대상으로 하는 제도로 금융기관 공동협약에 따라 신용회복위원회가 운영하며 채무가 5억 원 이하, 연체기간이 3개월 이상인 사람이 신청할 수 있다.
③ 개인회생 : 상환능력이 있는 채무자의 경제적 파산을 방지하기 위해 법원이 시행하는 제도로 무담보 채무가 5억 원 이내, 담보채무가 10억 원 이내로 합이 15억 원 이내인 개인이 신청하여 법원의 인가결정에 따라 집행하게 된다.
④ 개인파산 : 파산법에 의해 파산을 선고하고 잔여 채무에 대한 변제의무를 면제시키는 제도로 채무의 규모와 관계없이 시행할 수 있다.

답 10. ① 11. ③ 12. ④ 13. ②

14 다음 중 서민과 저소득층을 위한 대출제도가 아닌 것은?

① 햇살론 ② 새희망홀씨대출

③ 미소금융 ④ 운전자금대출

해 햇살론, 새희망홀씨대출, 미소금융 등이 서민대출제도에 해당한다.

15 금융보조기관이 아닌 것은?

① 금융위원회 ② 금융감독원

③ 예금보험공사 ④ 신용협동기구

해 금융보조기관이란 금융기관이 원활하게 거래를 할 수 있도록 보조 역할을 하는 기관을 말하며 감독기관인 금융위원회, 금융감독원과 지급결제기관인 금융결제원, 예금보험공사, 한국자산관리공사, 한국거래소, 한국수출보험공사 등이 금융보조기관에 속한다.

16 금융감독원과 금융위원회에 대한 내용으로 틀린 것은?

① 금융위원회는 국무총리 소속기관이다.

② 금융위원회는 금융에 관한 정책 및 제도에 관한 사항을 관장한다.

③ 금융위원회에 자본시장의 불공정거래 조사를 위한 증권선물위원회를 둔다.

④ 금융감독원은 금융위원회의 업무 · 운영 · 관리에 대한 지도 · 감독을 한다.

해 금융감독원은 금융기관에 대한 검사 · 감독업무 등을 수행하기 위하여 설립된 무자본 특수법인으로 금융위원회의 지도 · 감독을 받는다. 과거 은행감독원, 증권감독원, 보험감독원, 신용관리기금의 감독기관이 현재의 금융감독원으로 통합되었다.

17 **다음 보기의 역할을 맡고 있는 기관은?**

> • 어음교환과 은행지로업무 처리센터 역할
> • 직불 및 신용카드 VAN서비스
> • 금융결제원과 금융기관 사이에 전자시스템을 연결하여 지급결제서비스를 제공

① 한국예탁결제원 ② 금융결제원
③ 한국자산관리공사 ④ 한국수출보험공사

해 금융결제원(Korea Financial Telecommunications & Clearings Institute)은 효율적인 어음교환제도 및 지로제도를 확립하고 금융공동망을 구축하여 자금결제 및 정보유통을 원활하게 함으로써 건전한 금융거래의 유지발전과 금융기관 이용자의 편의를 제공하고 있다.

18 **금융기관 부실채권의 인수 · 정리 및 기업구조조정업무를 통해 금융기관의 구조조정을 단행하는 금융보조기관은?**

① 한국자산관리공사 ② 한국거래소
③ 예금보험공사 ④ 한국수출보험공사

해 한국자산관리공사(KAMCO ; Korea Asset Management Corporation) 는 예금보험공사와 마찬가지로 금융위원회 산하기관이며 금융기관 부실채권(NPL ; Non performing Loan)의 인수 · 정리 및 기업구조조정업무를 통해 금융기관의 구조조정을 단행하는 금융보조기관이다.

답 14. ④ 15. ④ 16. ④ 17. ② 18. ①

19 한국거래소의 약자는?

① KRX　　② UAMCO
③ K-SURE　　④ KAMCO

해 한국거래소(KRX ; Korea Exchange)는 한국증권거래소와 코스닥, 한국선물거래소, 코스닥위원회가 합병된 통합거래소로 2009년 2월 한국증권선물거래소에서 한국거래소로 개명하였다.

20 한국주택금융공사가 하는 업무 사항이 아닌 것은?

① 장기모기지론　　② 주택연금 공급
③ 주택금융신용보증　　④ 장내파생상품의 공정한 가격 형성

해 한국주택금융공사(Korea Housing Finance Corporation)는 한국주택금융공사법에 의해 설립된 기관으로 크게 4가지 업무인 장기모기지론, 주택연금, 유동화증권, 주택금융신용보증을 통해 주택금융 등의 장기적 · 안정적 공급을 촉진하여 주택금융이 원활히 이루어지도록 하는 금융보조기관이다.

한국주택금융공사 업무

- 장기고정금리 모기지론의 공급 : 만기 10년 이상의 장기 고정금리를 도입하여 내집마련 기회를 지원하며, 금리변동 리스크를 줄여 안정성을 확보하고 있다.
- 주택금융신용보증 공급 : 전세자금대출과 아파트중도금대출에 대한 보증서를 발급하여 주택건설을 촉진하는 역할을 한다.
- 유동화증권 발행 : 한국주택금융공사에서 금융기관으로부터 주택저당채권을 사들여 유동화증권을 발행하고 이를 투자자들에게 판매하여 안정적인 자금을 조달받아 주택대출자원으로 활용하고 있다.
- 주택연금 보증공급 : 만 60세 이상의 노인들을 대상으로 주택을 담보로 하는 주택연금을 도입하여 노인복지에 기여하고 있다.

답 19. ①　20. ④

4 금리

금리(Interest Rate)

(1) 정의

금리란 이자의 개념으로 금융시장에서 자금을 사용한 사용료에 해당하며, 자금의 수요와 공급을 조정하는 역할을 한다. 자금이라는 '상품'에 대한 수요가 많을 경우 당연히 금리는 오르게 되며, 반대로 공적자금 투입 등과 같이 자금의 공급이 많아지면 금리는 내려가게 된다.

> 이자와 금리
> - **이자** : 다른 사람에게 빌린 돈을 갚을 때 사용료를 책정하여 돌려주는 돈을 빌린 대가를 말한다.
> - **금리(이자율)** : 이자율이란 원금에 대한 이자의 비율을 나타낸 것으로 이자의 크기에 따라 금리(이자율)가 결정된다. 이자를 돈을 빌린 것에 대한 대가라고 정의한다면 금리는 대가의 크기를 결정짓는다고 할 수 있다.

순이자마진 (NIM ; Net Interest Margin)

은행 등 금융기관이 자산을 운용해 낸 수익에서 조달비용을 차감해 운용자산 총액으로 나눈 수치로, 금융기관의 수익력을 나타내는 지표이다. 순수이자 마진이라고도 한다.

(2) 금리의 종류

① 구분기준에 따른 분류

구분기준	종류	내용
계산방법에 따른 분류	단리	원금에 대한 이자를 계산
	복리	
물가변동 고려여부	명목금리	원금에 대한 이자 + 이자에 대한 이자
	실질금리	물가상승에 따른 구매력의 변화를 감안하지 않음
실제지급(부담) 여부	표면금리	명목금리 – 물가상승률
	실효금리	실제로 지급받거나 부담하는 금리
금융시장에 따른 분류	콜금리	금융기관 간 단기 자금거래가 이루어지는 콜시장의 금리
	채권수익률	채권시장에서 형성되는 금리

② **제로금리** : 기업의 투자를 늘리고 개인의 소비를 촉진하기 위한 경기부양정책 중 하나로 실질금리를 거의 0%에 가깝게 인하한 금리

프라임 레이트(Prime Rate)

은행 등 금융기관들이 경영상태나 재무구조가 우수하며 신용도가 높은 기업에 대출할 때 적용하는 우대금리를 말한다. 신용도가 제일 높은 기업은 일반 대출 금리 중 가장 싼 프라임 레이트를 적용받지만 신용등급이 낮은 기업은 여기에 일정 금리가 가산된 금리를 적용받는다.

를 말한다.

③ **자금조달비용지수(COFIX)** : 주택담보대출에 적용되는 금리로 주택담보대출 시 기존에 사용하던 양도성예금증서(CD)금리는 시중금리와 차이가 있고 은행의 자금조달비용을 정확히 반영하지 못하므로, 이를 보완하여 새롭게 도입한 대출기준금리를 말한다.

④ **코리보(KORIBOR)** : 영국 런던의 은행 간 단기자금 거래 시 적용되는 금리인 리보(LIBOR ; London Inter-bank Offered Rates)를 모태로 한 것으로 우리나라 15개의 금리제시은행에서 제시한 금리 중 기간별 금리를 통합 산출한 단기 기준금리를 말한다.

⑤ **공정금리** : 중앙은행이 금융기관에 자금대출을 하면서 적용하는 금리를 말한다.

⑥ **외평채 가산금리** : 우리나라의 대외 신인도를 나타내는 금리로 외평채란 외국환평형기금채권(Foreign Exchange Stabilization Bond)의 준말이다. 원화가치가 불안정할 경우 외환의 매매를 통해 원화가치를 안정시키는데, 이때 미리 준비해 놓은 자금을 외국환평형기금이라 하며 이 기금을 마련하기 위해 정부가 발행한 채권이 외국환평형기금채권이다.

(3) 단리와 복리

금리의 계산방법에 따라 단리법과 복리법으로 구분한다.

① **단리법** : 원금에 대해서만 약정된 이자율로 계산하는 방식을 말한다.

② **복리법** : 원금과 이자에 이자를 더하여 계산하는 방식으로 단리법보다 이자가 많아지는 특징이 있다.

(4) 금리의 기능

① **합리적 배분기능** : 여유자금은 항상 금리가 높은 곳으로 유입되므로 금리는 자금의 이동을 촉진한다고 할 수 있다. 그에 따라 자금이 많은 이익을 창출할 수 있는 산업으로 흘러들게 되므로, 전체적인 규모로 볼 경우 금리는 산업에 윤활유와 같은 역할을 담당한다고 할 수 있다.

② **자금의 공급과 수요의 조절기능** : 금리는 수요와 공급이 만나는 시점에서 결정되는데, 자금의 공급보다 수요가 많은 경우 돈을 빌리는

예대금리차 (NIS ; Net Interest Spread)

예대금리차란 예금금리와 대출금리의 차이로, 예금거래(수신업무)와 대출거래(여신업무)를 하는 금융기관에서는 예금금리를 낮게, 대출금리를 높게 책정하여 예대마진(Margin)을 낸다.

역마진(Reverse Margin) 현상

대출금리가 예금금리보다 낮아지는 현상을 뜻한다.

리보 (LIBOR ; London Inter-Bank Offered Rates)

영국 런던의 은행 사이의 금리를 말하는 것으로 신용도가 높은 은행 사이의 단기자금을 대여할 때 적용하는 금리이다.

확인문제

1. 은행 등이 새롭게 대출할 곳을 개척할 경우 사용하는 방법으로 은행이 다른 금융기관보다 훨씬 낮은 금리로 자금을 대출하는 것을 뜻하는 용어는?
① 금리인하
② 금리덤핑
③ 디커플링
④ 파밍

해 은행 등이 다른 금융기관보다 낮은 금리로 자금을 대출해주는 것을 금리덤핑이라고 한다. 산업계의 자금수요가 낮고 완만해지면 금융기관은 자금을 융자할 곳이 별로 없기 때문에 새롭게 대출을 할 곳을 개척하게 되는데 이때 사용하는 방법이다.

답 1. ②

데 많은 돈을 주어야 하므로 금리가 오르게 되고 반대로 수요가 적고 공급이 많아지면 금리는 내려가게 된다.

(5) 금리에 영향을 미치는 요인

① 기업의 투자와 생산 가계의 소비 등이 위축될 경우 시중 자금의 수요가 줄어들어 금리는 떨어지게 된다.

② 금융기관에서 하는 대출 영업에 필요한 자금은 대부분 가계의 저축 예금으로 충당하고 있는데, 경제활동이 둔화될 경우 가계소득이 줄어들어 저축을 줄이게 된다. 저축을 줄이면 금융기관의 보유자금이 줄어들기 때문에 대출을 할 수 있는 여력이 작아지므로 금리는 오르게 된다.

③ 기업이 경제전망을 낙관하여 투자를 늘리고 가계도 소비를 늘리게 되면 자금의 수요가 많아지므로 금리는 오르게 된다.

유동성 프리미엄 (Liquidity Premium)

금리를 정할 때에는 자금수급 외에도 얼마나 빨리 현금화할 수 있는지에 대한 '유동성'도 함께 감안한다. 빌려준 돈은 유동성이 낮고 돌려받지 못할 위험성이 있으므로 금리를 올리게 되는데 이를 '유동성 프리미엄'이라고 한다.

유동성의 함정

금리가 낮을 때에는 기업이 저리로 돈을 빌려 투자를 늘리고 가계도 지출이 늘어나기 마련인데, 금리를 내려도 투자와 소비심리가 살아나지 않는 현상을 '유동성의 함정'이라 한다.

금리정책

(1) 기준금리(Base Rate)

한 나라의 금리를 대표하는 정책금리로 각종 금리의 기준이 된다. 중앙은행은 기준금리를 정하여 각종 금리의 기준이 되도록 하며, 그 수준은 국내외 경제상황의 변화에 맞추어 유동적으로 조정한다.

금리역전현상

장기자금의 금리가 단기자금의 금리보다 낮아지는 현상을 말한다. 일반적으로 1년 이상의 장기자금금리는 단기자금금리보다 높기 마련인데 경기가 불황에 접어들 경우 금리역전현상이 생기게 된다.

(2) 기준금리결정

한국은행의 기준금리는 한국은행의 정책 심의기구인 '금융통화위원회'가 결정하도록 되어 있다. 즉, 금융통화위원회에서 기준금리를 정하면 한국은행이 실행에 옮기도록 되어 있는데 이러한 금융정책을 실행에 옮기기 위해 공개시장 조작, 지급준비율 조정, 재할인율 조정, 총액한도대출 조정 등의 수단을 사용한다.

① **공개시장 조작(Open Market Operation)** : 중앙은행이 금리수준을 조절하기 위한 목적으로 증권시장에서 증권을 대량으로 매매하여 시중의 통화량을 조절하는 것을 말한다.

② **지급준비율 조정** : 지급준비율이란 금융기관이 고객의 예금을 차질 없이 지급할 수 있도록 조성해 놓아야 하는 일정비율을 말한다. 중앙은행인 한국은행이 최저지급준비율을 정하며 그에 따라 금융기관이 지급준비금을 조성하도록 하고 있다. 지급준비율은 금융기관 입장에서는 부담이 되기 때문에 한국은행은 지급준비율을 조정하여 금리를 조절한다.

③ **총액한도대출** : 총액한도대출은 중소기업에 대한 육성지원을 위해 중앙은행이 은행기관에 중소기업자금을 빌려주는 제도로 금융통화위원회에서 한국은행이 대출할 수 있는 총액을 정하고 은행별로 대출가능금액의 한도를 마련하여 운영하고 있다. 총액한도대출은 다른 대출보다 금리가 낮기 때문에 기업이나 통화량에 큰 영향을 미치므로 이러한 영향력을 이용하여 금리를 조절하는 수단으로 활용한다.

④ **재할인율 조정** : 중앙은행인 한국은행이 금융기관에 빌려 주는 자금의 금리를 조정하여 통화량을 줄이거나 늘리는 금융정책 수단으로, 낮은 금리로 한국은행이 제공한 대출자금은 기업과 통화량에 큰 영향을 미치기 때문에 이를 금리조정수단으로 이용하고 있다.

마이너스 금리 (Negative interest rate)

마이너스 예금을 하거나 채권을 매입할 때 그 내가로 이사를 받는 것이 아니라 오히려 일종의 '보관료' 개념의 수수료를 내야하는 금리가 0% 이하인 상태를 말한다. 시중은행으로 하여금 적극적으로 대출을 하도록 유도해 경기를 부양하고, 인플레이션을 유인하기 위해 시행하는 정책으로 세계적인 경기침체로 인한 초저금리시대에 접어들면서 차츰 민간의 은행으로 확산되고 있다.

(3) 금리변동

① 한국은행이 금리를 올릴 경우 은행의 대출은 줄어들며 통화량도 줄어들게 되어 경기가 위축하는 단계에 들어서게 된다.

② 반대로 금리가 내려갈 경우 은행의 대출이 늘어나고 통화량도 늘어나 경기가 상승되는 효과를 가져온다.

(4) 주가와 금리

금리가 낮으면 기업이 은행에서 사업자금을 빌리는 데 드는 부담이 경감되기 때문에 자금을 많이 확보하여 이익이 늘어나게 된다. 따라서 기업의 주가는 상승하게 된다.

국제금리

(1) 국제기준금리

국제기준금리란 자금거래에 적용되고 기준이 되는 금리를 말하는 것으로, 대표적인 국제금리로는 미국의 연방준비제도 이사회(FRB ; Federal Reserve Board)에서 작성하는 연방기금금리(FFR ; Federal Funds Rate), 단기기금의 추이를 판단할 때 쓰이는 리보(LIBOR ; London Inter-Bank Offered Rates), 미국의 재무부에서 발행하는 1년 미만의 단기채권금리인 T-Bill Rate, 2~10년 사이의 중기채권인 T-Note Rate, 장기채권인 T-Bond Rate 등이 있다.

(2) 연방공개시장위원회(FOMC ; Federal Open Market Committee)

미국의 중앙은행이자 12개 연방준비은행을 총괄하는 기관인 연방준비제도이사회(FRB) 산하에 있는 단체로 공개시장조작정책의 수립과 집행을 담당하는 기구로서 위원들이 회의를 통해 기준금리를 조절하는 중요한 역할을 하고 있다.

베이시스 포인트(BP ; Basis Point)

국제금융시장에서 금리나 수익률을 나타내는 단위를 말한다.

바스켓 방식(Basket System)

여러 가지의 통화를 합성해서 새로운 합성단위의 통화를 만드는 방식으로 특별인출권(SDR)과 유럽통화(ECU) 등이 있다.

확인문제

2. 금리가 낮은 국가의 자본으로 금리가 높은 국가의 금융상품에 투자하여 차익을 노리는 것은?
① 엔 캐리 트레이드
② 스왑
③ 쿨머니
④ 핫머니

해 엔 캐리 트레이드(Yen Carry Trade)에 대한 내용으로 1980년대 일본 정부가 저금리 정책을 펼칠 때 서구의 기업들이 사용하던 투자 전략에서 유래되었다.

답 2. ①

적중문제

01 중앙은행이 통화신용정책을 펴기 위해 결정하는 금리로 공금리 또는 정책금리로도 불리는 것은?

① 기준금리　② 명목금리
③ 실질금리　④ 예대금리

해 기준금리에 대한 내용이다. 중앙은행이 통화신용정책을 펴기 위해 결정하는 금리로 공금리 또는 정책금리라고도 한다. 기준금리는 통화정책 수단으로 활용되며 경기에 대응하는 수단으로도 이용된다.

02 물가상승률을 반영하지 않은 금리는?

① 실질금리　② 명목금리
③ 실세금리　④ 제로금리

해 명목금리란 금융자산에서 액면금액에 대한 금리를 말하며 물가상승률을 반영하지 않은 금리를 말한다.

03 다음이 뜻하는 용어는?

대출금리가 예금금리보다 낮아지는 현상

① 예대마진　② 역마진 현상
③ 예대금리차　④ 연동금리차

해 금융기관의 예금금리보다 대출금리가 낮을 경우에 이를 역마진 현상이라 한다.

04 다음 중 금리에 대한 설명이 잘못 연결된 것은?

① 콜금리 – 금융기관끼리 서로 돈을 빌려 주는 것을 '콜'이라 하며 이때 적용하는 금리를 콜금리라 한다.

② 예금금리 – 고객이 맡긴 예금에 대해 금융기관이 지급해야 하는 금리를 말한다.

③ 자금조달비용지수(COFIX) – 주택담보대출에 적용되는 대출기준금리를 말한다.

④ 제로금리 – 기업의 투자를 늘리고 개인의 소비를 촉진하기 위한 경기부양정책 중 하나로 명목금리를 거의 0%에 가깝게 인하한 금리를 말한다.

해 제로금리란 기업의 투자를 늘리고 개인의 소비를 촉진하기 위한 경기부양정책 중 하나로 명목금리가 아니라 실질금리를 거의 0%에 가깝게 인하한 금리를 말한다.

05 금리에 대한 내용으로 잘못된 것은?

① 시중의 여유자금은 항상 금리가 높은 곳으로 유입되므로 자금의 이동을 촉진하는 역할을 한다.

② 자금의 공급과 수요의 조절기능을 한다.

③ 기업의 투자와 생산 가계의 소비 등이 위축될 경우 시중 자금의 수요가 늘어나 금리가 오르게 된다.

④ 금융기관에서는 대출 영업에 필요한 자금을 대부분 가계의 저축예금으로 충당하고 있는데, 경제활동이 둔화될 경우 가계소득이 줄어들게 되어 저축을 줄이게 된다.

해 기업의 투자와 생산 가계의 소비 등이 위축될 경우 시중 자금의 수요가 줄어들어 금리는 하락하게 된다.

답 01. ① 02. ② 03. ② 04. ④ 05. ③

06 다음 설명이 뜻하는 용어는?

금리가 낮을 때에는 기업이 저리로 돈을 빌려 투자를 늘리고 가계도 지출이 늘어나기 마련인데 금리가 낮아져도 투자와 소비심리가 살아나지 않는 현상

① 유동성 프리미엄
② 유동성의 함정
③ 금리역전현상
④ 역마진 현상

해 유동성의 함정이란 금리가 낮을 때에는 기업이 저리로 돈을 빌려 투자를 늘리고 가계도 지출이 늘어나기 마련인데 금리가 낮아져도 투자와 소비심리가 살아나지 않는 현상을 말한다.

07 불황기에 주로 나타나며 장기자금의 금리가 단기자금의 금리보다 낮아지는 현상은?

① 금리역전현상
② 유동성의 함정
③ 유동성 프리미엄
④ 역마진 현상

해 금리역전현상은 장기자금의 금리가 단기자금의 금리보다 낮아지는 현상을 말한다. 일반적으로 1년 이상의 장기자금금리는 단기자금금리보다 높기 마련인데 경기가 불황에 접어들 경우 금리역전현상이 발생하게 된다.

08 우리나라의 기준금리를 정하는 금융기관은?

① 금융감독원
② 금융결제원
③ 예금보험공사
④ 금융통화위원회

해 한국은행의 기준금리는 한국은행의 정책 심의기구인 '금융통화위원회'가 결정하도록 되어 있다.

09 **금융통화위원회에서 기준금리를 정하면 한국은행이 실행에 옮기도록 되어 있는데 이러한 금융정책을 실행에 옮기기 위한 수단으로 보기 어려운 것은?**

① 공개시장 조작 ② 총액한도대출 조정
③ 지급준비율 조정 ④ 고정환율제

해 금융통화위원회에서 기준금리를 정하면 한국은행이 실행에 옮기도록 되어 있는데 이러한 금융정책을 실행에 옮기기 위해 공개시장 조작, 지급준비율 조정, 재할인율 조정, 총액한도대출 조정 등의 수단을 사용한다.

10 **다음 중 설명이 잘못된 것은?**

① 총액한도대출 : 총액한도대출은 중소기업에 대한 육성지원을 위해 중앙은행이 은행기관에 중소기업자금을 빌려 주는 제도이다.
② 공개시장 조작 : 중앙은행이 금리수준을 조절하기 위한 목적으로 증권시장에서 증권을 대량으로 매매하여 시중의 통화량을 조절하는 것을 말한다.
③ 재할인율 조정 : 금융통화위원회에서 한국은행이 대출할 수 있는 총액을 정하고 은행별로 대출가능금액의 한도를 마련하여 운영하고 있다.
④ 지급준비율 조정 : 지급준비율이란 금융기관이 고객의 예금을 차질 없이 지급할 수 있도록 조성해 놓아야 하는 일정비율로, 지급준비율은 금융기관 입장에서는 부담이 되기 때문에 한국은행은 지급준비율을 조정하여 금리를 조절한다.

해 재할인율 조정이란 중앙은행인 한국은행이 금융기관에 빌려 주는 자금의 금리를 조정하여 통화량을 줄이거나 늘리는 금융정책 수단으로, 낮은 금리로 한국은행이 제공한 대출자금은 기업과 통화량에 큰 영향을 미치기 때문에 이를 금리조정 수단으로 이용하고 있다.

답 06. ② 07. ① 08. ④ 09. ④ 10. ③

5 통화

화폐

(1) 화폐

인간의 농경생활을 통해 잉여재산이 발생함에 따라 서로에게 필요한 물건을 교환하고 부를 축적하기 위한 수단으로 화폐가 등장하였다. 이로 인해 물건과 물건의 직접교환이 아니라 물건과 화폐의 간접교환이 이루어지게 되었다.

(2) 화폐의 기능

① **교환수단** : 원시사회에서는 직접적인 물물교환을 통해 거래를 하는 불편함이 있었지만, 화폐를 이용하면서부터 쉽게 거래할 수 있게 되었다.

② **보관수단** : 화폐는 언제든지 교환이 가능한 수단으로 부를 축적하는 기능을 가지고 있다.

③ **지불수단** : 원하는 물건의 값을 치르는 지불기능과 거래로 인하여 발생한 채무를 결제할 수 있는 기능을 가지고 있다.

(3) 화폐의 종류

화폐는 시대에 따라 여러 가지 재료와 모양으로 사용되어 왔는데 화폐의 종류를 살펴 보면 화폐의 발전과정을 알 수 있다. 화폐는 시대의 흐름에 따라 상품화폐 → 금속화폐 → 지폐 → 신용화폐 → 전자화폐로 발전해 왔다.

① **상품화폐(Commodity Money)** : 원시사회에서는 물물교환 시 발생하는 불편을 줄이고자 물품을 사용하였는데, 이를 상품화폐(실물화폐)라고 한다. 조개, 곡물, 무기, 소금 등 누구나 수용 가능한 물품을 화폐로 이용하였다.

② **금속화폐(Metallic Money)** : 금 · 은으로 주조된 화폐로 상품화폐보다 휴대와 보관이 용이하나 만들 수 있는 금과 은의 양이 부족하기 때문에 지폐가 출현하게 되었다.

소재가치와 액면가치에 의한 분류

- **명목화폐** : 액면에 표시된 가치가 소재가치보다 큰 화폐를 말한다.
(예 지폐, 동전 등)
- **실질화폐** : 화폐에 표시된 액면가치와 소재가치가 동일한 것을 말한다.
(예 가축, 소금 등)

은병화폐

금속화폐들 중에는 화폐라고 믿기지 않을 정도로 형태가 특이한 것들이 많았는데 대표적인 것으로 농기구와 칼 모양을 본떠 만든 중국의 포전과 도전, 말발굽처럼 생긴 마제은과 우리나라의 은병 등이 있다. 이 중에서도 은병은 전 세계에서 유례를 찾아보기 어려운 독특한 형태를 지니고 있다. 일명 활구라고도 불린 은병은 소은병과 대은병으로 구분되며, 고려시대에 유통된 화폐이다.

조선시대 화폐의 변천

조선통보 → 팔방통보 → 상평통보 → 당백전 → 대동전 → 당오전

확인문제 김포시시설관리공단

1. 화폐의 기능이 아닌 것은?
① 교환기능 ② 가치척도
③ 지불기능 ④ 가치증대

해 화폐는 가치척도와 교환 수단, 지불과 지급 수단 기능이 있다.

답 1. ④

③ **지폐(Paper Money)** : 금속화폐의 단점인 휴대성과 마모성을 보완한 화폐이다. 지폐는 국가가 신용을 보장한다.

④ **신용화폐(Credit Money)** : 돈을 대신하여 쓸 수 있도록 은행에서 발행한 수표, 어음, 예금화폐 등으로 은행화폐라고도 한다.

⑤ **전자화폐(Electronic Cash)** : 정보통신사업의 발달로 등장한 것으로 현금의 성질을 전자적인 정보로 변형시킨 새로운 형태의 화폐이다.

⑥ **암호화폐(Crypto-currrency)** : 지폐, 동전 등의 실물 없이 온라인에서 거래되는 화폐를 말한다.

통화

(1) 통화

통화는 유통화폐의 준말로, 특정한 시대에 유통수단 내지 지불수단으로 통용되고 있는 화폐의 구체적인 형태를 말한다. 즉, 통화라는 것은 국가 또는 국가가 발행권한을 부여한 기관에 의하여 금액이 표시된 지불수단으로서 강제통용력이 인정되는 것을 말하므로, 금액이 표시되지 않았거나 강제통용력이 인정되지 않는 것은 통화로 보기 어렵다.

(2) 통화의 종류

형법에서는 통화를 화폐와 지폐, 은행권의 세 가지로 구분하고 있다.

① **화폐** : 금화나 은화, 니켈화처럼 금속화폐인 경화(Hard Currency)를 말한다. 우리나라에서 통용되는 화폐는 주화이다.

② **지폐** : 정부나 기타 발행권자에 의해 발행된 화폐대용증권을 말한다.

③ **은행권** : 지폐의 일종으로 정부의 인가를 받은 특정 은행이 발행하는 화폐대용증권을 말하며, 우리나라에서는 한국은행만이 은행권을 발행할 수 있으므로 현재 대한민국의 통화는 한국은행권과 주화가 있다고 할 수 있다.

(3) 수표와 어음

① 수표(Check)

㉠ **정의** : 수표란 발행인이 수취인에게 소정의 금액(정해진 금액)을

전자화폐의 종류

네트워크형 전자화폐, IC카드형 전자화폐, 계좌형 전자화폐, 현금형전자화폐, 전자수표형 전자화폐, 신용카드형 전자화폐 등이 있다.

비트코인(Bitcoin)

정부나 중앙은행, 금융회사의 개입 없이 온라인상에서 개인과 개인이 직접 돈을 주고받을 수 있도록 암호화된 가상화폐(암호화폐)로, 2009년 개발되었다.

스테이블 코인(Stable Coin)

비변동성 암호화폐를 뜻하며 법정화폐 혹은 실물자산을 기준으로 가격이 연동되는 암호화폐이다.

통화량(Money Supply)

금융기관 이외의 민간부문이 보유하는 현금통화, 예금통화의 총칭으로 통화공급량이라고도 한다. 이때 현금통화는 민간이 지급수단으로 보유하는 화폐를 말하며, 이는 중앙은행이 발행한 화폐발행액에서 중앙은행을 제외한 그 밖의 금융기관이 보유하는 시세금을 공제한 잔액이다.

그레셤의 법칙(Greshem's Law)

16세기 영국의 금융가 그레셤이 제창한 화폐유통에 관한 법칙으로 흔히 '악화(惡貨)가 양화(良貨)를 몰아낸다(Bad money drives out good money).'라는 말로 표현된다. 예를 들어 금화와 은화가 동일하게 유통되던 가치가 작은 은화로 인해 금화의 큰 가치를 유통으로부터 배제시킨다는 뜻이다.

통화위조죄

① 우리나라에서 통용하는 대한민국의 화폐, 지폐, 은행권, ② 우리나라에서 유통되는 외국의 화폐, 지폐, 은행권, ③ 외국에서 통용하는 외국의 지폐, 화폐, 은행권을 위·변조할 경우 형법에 의해 처벌하고 있다.

지급할 것을 약정한 증권이다. 수표는 수표법상의 요건을 구비해야 한다.

㉡ 종류

- **자기앞수표(Cashier's Check)** : 은행과 같은 금융기관이 발행하는 수표로 발행인이 자신을 지급인으로 지정하여 발행하는 수표라 하여 자기지시수표라고도 한다.
- **당좌수표** : 은행과의 신용을 통해 당좌계좌를 개설하여 당좌예금을 개설한 자가 발행인이 되고 은행이 지급인이 되는 수표이다. 신용을 바탕으로 거래하기 때문에 당좌계좌가 부도날 수도 있으며, 발행하거나 작성한 자가 발행한 후에 예금 부족, 거래정지처분이나 수표계약의 해제 또는 해지로 인하여 제시기일에 금액이 지급되지 아니한 경우 부정수표단속법에 따라 형사처분을 받을 수 있다.
- **가계수표** : 가계수표란 영세 자영업자가 은행에 가계종합예금계좌를 개설하여 발행하는 수표로, 은행이 지급을 보증하는 은행보증가계수표와 일반가계수표로 구분한다.

② 어음(Bill)

㉠ **정의** : 약정해 놓은 금액을 미래의 특정한 날짜에 무조건 지급해야 하는 유가증권이다. 주로 외상거래 시에 현금 대신 이용하며, 은행과 당좌거래계좌를 개설하여 당좌은행으로부터 지급받은 어음액지급지를 사용해야 한다.

㉡ 종류

- **약속어음** : 발행인이 수취인에게 직접 지급금액을 지급한다는 어음으로 어음에 지급받을 자 또는 지급받을 자를 지시할 자의 명칭을 표시하도록 되어있다.
- **환어음** : 어음을 발행한 자가 수취인에게 직접 지급액을 주지 않고 제3자를 통해 주는 어음을 말한다. 환어음은 주로 국제거래에서 추심이나 송금할 경우 사용한다.
- **백지어음** : 일반적인 어음의 형식적 요건인 만기나 발행일자를 기재하지 않은 어음으로 어음법상 효력이 있다.
- **융통어음** : 상품거래를 바탕으로 한 어음이 아니라 어음 발행자가 일시적으로 자금을 빌리기 위해 사용하는 어음을 말한다.
- **기승어음** : 기승어음이란 발행인과 수취인 상호 간의 신용을 이

통화대용증권 (Currency Equivalents)

은행권과 같은 법정통화가 아니라 자기앞수표, 송금수표, 우편환증서, 대체저금출급증서, 공사채의 만기이자표, 기한이 도래한 약속어음과 환어음, 관청의 지급통지서, 배당금지급통지서 등 언제든지 현금과 교환할 수 있는 것을 말한다.

수표 · 어음

수표와 어음은 통화대용증권으로서 중요한 역할을 담당하고 있다. 수표는 수표법에 의해서, 어음은 어음법에 의해서 규제하고 있다.

수표의 기재요건

- 증권의 본문 중에 그 증권을 작성할 때 사용하는 국어로 수표임을 표시하는 글자
- 조건 없이 일정한 금액을 지급할 것을 위탁하는 뜻
- 지급인의 명칭
- 지급지
- 발행일과 발행지
- 발행인의 기명날인 또는 서명

어음의 기재요건

환어음은 약속어음과 달리 '지급인의 명칭'을 부가해서 작성한다.

- 증권의 본문 중에 그 증권을 작성할 때 사용하는 국어로 환어음임을 표시하는 글자
- 조건 없이 일정한 금액을 지급할 것을 위탁하는 뜻
- 지급인의 명칭
- 만기
- 지급지
- 지급받을 자 또는 지급받을 자를 지시할 자의 명칭
- 발행일과 발행지
- 발행인의 기명날인 또는 서명

용하여 금융을 받기 위해 금액, 만기일을 같게 한 어음을 작성하여 교환하는 것을 말하며 민법상 사회질서를 위반한 사항에 해당하여 무효이다.

- 전자어음 : 전자어음의 발행 및 유통에 관한 법률에 따라 2005년부터 사용된 것으로 발행인이나 수취인 등의 요건을 전자형태로 나타낸 어음이다.

전자어음의 특징

- 전자어음관리기관에 등록되어야 하고, 약속어음에 한정되어 있다.
- 백지 어음의 발행 · 배서는 불가능하다.
- 지급지는 금융기관(은행)으로 한정되어 있다.
- 만기는 발행일로부터 1년을 초과할 수 없고, 배서 횟수는 20회로 제한되어 있다.

(4) 통화제도

① **금본위제도(Gold Standard)** : 통화의 표준단위가 금으로 정해져 있거나 일정량의 금 가치에 연계되어 있는 화폐제도로 정부에서 비축한 금에 따라 통화량을 결정하는 것을 뜻한다. 즉, 금으로 화폐의 가치를 나타낸 것을 말하며 금본위제도하에서 언제라도 금으로 교환이 가능한 화폐를 태환화폐라 한다.

② **관리통화제도(Managed Currency System)** : 통화관리기관에 의해서 통화량을 조절하는 제도를 뜻한다.

③ **금환본위제도(Gold Exchange Standard)** : 금본위제도를 시행하는 다른 국가의 통화를 보유하여 자국 통화의 안정을 도모하려는 제도를 말한다.

④ **금핵본위제도** : 국내에서는 은행권이나 지폐처럼 경제적이고 유통이 편리한 화폐를 유통시키고 금은 중앙에 집중 보유하는 제도를 말한다.

유럽통화동맹 (EMU ; Economic and Monetary Union)

유럽연합(EU) 소속 국가들이 결성한 통화 통합을 말한다. EU 회원국들은 1999년 1월 유럽통화동맹(EMU)을 출범시키고 단일통화의 명칭을 '유로(EURO)'로 하는 데 합의하였다. EU 15개 회원국 중 영국, 스웨덴, 덴마크를 제외한 12개국(벨기에, 프랑스, 독일, 이탈리아, 룩셈부르크, 네덜란드, 아일랜드, 그리스, 포르투갈, 스페인, 핀란드, 오스트리아)이 EMU에 가입하여 2002년부터 유로화를 사용하고 있다. 2007년 슬로베니아가 가입하였고, 2008년에는 사이프러스와 몰타가 가입하였다. 2014년 기준 유로화를 쓰는 국가는 총 18개국이다.

(5) 본원통화(High-Powered Money, Money Base)

① **정의** : 중앙은행인 한국은행이 지폐와 동전 등 화폐발행의 독점적 권한을 통해 공급한 통화를 말한다. 한국은행이 예금은행에 대해 대출을 하거나, 외환을 매입하거나, 또는 정부가 중앙은행에 보유하고 있는 정부예금을 인출할 경우 본원통화가 공급된다. 본원통화를 조절하면 시중통화량이 조절되기 때문에 통화관리수단으로 이용하고 있다.

② **구성**

본원통화 = 현금통화 + 지급준비금

본원통화 = 현금통화 + (시재금 + 지준예치금)

지준예치금과 시재금

지급준비금을 적립해야 하는 의무가 있는 예금은행은 지급준비금의 대부분을 한국은행에 예치하고 나머지는 은행금고에 현금의 형태로 보관한다. 예금은행이 지급준비금으로 한국은행에 맡겨놓은 예치금을 지준예치금이라 하며, 은행금고 내에 보관하고 있는 현금을 시재금이라 한다.

본원통화 = (현금통화 + 시재금) + 지준예치금
본원통화 = 화폐발행액 + 지준예치금

지급결제(Payment and Settlement System)

(1) 정의

① 경제주체 사이의 거래에서 현금보다는 어음이나 수표, 계좌이체, 각종 카드 및 전자화폐 등 현금 이외의 수단이 거래 규모나 거래의 성격에 따라 다양하게 사용되고 있다. 현금 이외의 비현금수단을 사용할 경우 채권과 채무관계가 발생하게 되는데, 거래 당사자들 사이에서 발생하는 채권 · 채무관계를 경제주체들이 각종 경제활동에 따라 지급수단을 이용하여 해소하는 행위를 지급결제라고 한다.

② 지급결제가 원활히 이루어지지 않을 경우 금융안정을 도모하기 어렵기 때문에 각국의 중앙은행과 금융기관이 참가하여 지급결제제도를 운영하고 있다.

③ 우리나라는 한국은행의 '지급결제제도 운영 · 관리규정'에 의거하여 지급결제제도를 운영하고 있다.

지급결제의 단계

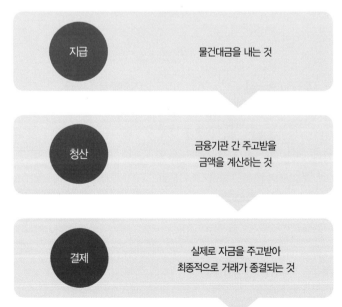

- 지급: 물건대금을 내는 것
- 청산: 금융기관 간 주고받을 금액을 계산하는 것
- 결제: 실제로 자금을 주고받아 최종적으로 거래가 종결되는 것

디노미네이션(Denomination)

채권, 어음 등 유가증권이나 주화, 지폐 등 화폐의 액면가액(Face Value)을 말한다. 디노미네이션은 통화의 가치를 절하하는 평가절하와는 다른 의미이며 화폐단위로 표시하는 물가 · 임금 · 채무 채권액 등의 경제제량간의 관계는 변하지 않지만 모든 금액의 단위가 일률적으로 바뀌는 데 불과하다. 따라서 심리적인 영향을 다소 제외하면 실질적으로 아무런 영향도 없다. 일부 선진국의 경우 경제의 안정적 성장 기반 위에 자국통화의 대외적 위상을 제고할 목적으로도 디노미네이션을 실시하고 있으며 과거 중남미 나라들의 급격한 인플레이션 과정에서 국민들의 인플레이션 기대심리를 억제할 목적으로 실시됐었다.

리디노미네이션(Redenomination)

화폐의 단위를 변경하는 것을 말한다. 예를 들어 100원을 10원으로 바꾸는 것을 말하는데, 이러한 정책을 시행하게 될 경우 일상거래나 회계장부 기재 시 '0'을 덜 쓰게 되어 기장처리가 간편해지며 자국통화의 위상이 제고되는 장점이 있다. 반면에 국민들의 불안감이 가중될 수 있고 체계를 바꾸는 데 사회적 비용이 든다는 단점도 있다.

(2) 구성

① **거액결제시스템** : 거액결제시스템은 금융기관 사이에서 자금거래 등을 결제하는 시스템으로 한국은행이 구축한 신한국은행금융결제망(BOK-Wire)이 있으며 은행, 금융투자회사, 보험회사 등 대다수 금융기관이 참가하고 있다.

② **소액결제시스템** : 기업과 가계, 금융회사의 소액거래를 결제하는 시스템으로 금융결제원이 구축한 소액결제시스템이 있다. 이 시스템은 소액대량을 처리하는 구조로 어음교환시스템, 지로시스템, 은행공동망, 전자상거래 지급결제시스템 등이 있다. 일반은행과 저축은행, 신용협동기구가 고객과 거래할 경우에 주로 이용한다.

※ 자통법 시행에 따라 증권회사도 소액결제시스템 서비스를 시작하게 되면서 증권사 상품인 '종합자산관리계좌(CMA ; Cash Management Account)'를 통해 은행기관처럼 입 · 출금 거래와 공과금 납부, 지로 사용 등을 할 수 있게 되었다.

③ **증권결제시스템** : 한국예탁결제원이 구축한 시스템으로, 유가증권인 주식 등의 거래 시 사용한다.

④ **외환결제시스템** : 외환시장에서 외환의 매도기관과 매입기관 사이에 사고판 통화를 서로 교환 · 지급함으로써 채권 · 채무관계를 종결시키는 지급결제시스템이다.

결제위험(Settlement Risk)

자금결제를 하는 금융기관에 예기치 못한 사고가 발생하여 자금결제를 제때 하지 못하여 발생한 손실을 말하며 크게 금융위험과 비금융위험으로 구분할 수 있다.

- **금융위험** : 유동성 위험, 시스템 위험, 신용위험
- **비금융위험** : 법률위험, 위조와 변조의 위험, 운영위험

화폐착각(Money Illusion)

화폐착각이란 화폐의 가치가 고정적이라고 착각하는 것으로, 인플레이션 같은 물가 상승을 인식하지 못한 채 화폐의 가치가 일정하다고 간주하는 것을 말한다.

통화정책

(1) 금융통화위원회(Monetary Board)

① **정의** : 한국은행법에 따라 조직된 위원회로 한국은행의 통화정책에 관한 주요 사항을 심의 · 의결하는 정책결정기구로서 한국은행 총재 및 부총재를 포함하여 총 7인의 위원으로 구성된다. 한국은행법 제정과정에 미국의 연방준비이사회(FRB ; Federal Reserve Board) 제도를 도입함으로써 한국은행법에 금융통화위원회가 등장하게 되었다.

② **업무**

㉠ 한국은행권 발행에 관한 기본적인 사항

연방준비이사회

FRS의 운영기관이며 의장 이하 7명의 이사로 구성되며, 공정할인율, 예금준비율의 변경 및 공개시장조작, 연방준비권의 발행과 회수를 감독한다.

㉡ 금융기관이 유지하여야 하는 최저지급준비율

㉢ 한국은행의 금융기관에 대한 재할인 기타 여신업무의 기준 및 이자율

㉣ 한국은행의 금융기관에 대한 긴급여신의 기본적인 사항

㉤ 한국은행이 여신을 거부할 수 있는 금융기관의 지정

㉥ 공개시장에서의 한국은행의 국채 또는 정부보증증권 등의 매매에 관한 기본적인 사항

㉦ 한국은행통화안정증권의 발행 · 매출 · 환매 및 상환 등에 관한 기본적인 사항

㉧ 한국은행통화안정계정의 설치 및 운용에 관한 기본적인 사항

㉨ 극심한 통화수축기에 있어서의 금융기관 외의 영리기업에 대한 여신의 기본적인 사항

㉩ 지급결제제도의 운영 · 관리에 대한 기본적인 사항

㉪ 금융기관 및 지급결제제도 운영기관에 대한 자료제출 요구

㉫ 금융감독원에 대한 금융기관 검사 및 공동검사 요구

㉬ 금융기관의 각종 예금에 대한 이자 기타 지급금의 최고율

㉭ 금융기관의 각종 대출 등 여신업무에 대한 이자 기타 요금의 최고율

통화안정증권

한국은행에서 승권통화 공급 수축을 위해 금융기관과 일반인을 대상으로 발행하는 증권이다.

(2) 통화정책

중앙은행의 통화정책수단은 금리정책수단과 일맥상통하며 공개시장조작, 지급준비율 조정, 재할인율 조정, 총액한도대출 조정 등의 수단을 사용한다.

① **공개시장 조작** : 중앙은행이 물가를 안정시키기 위한 공적인 목적으로 채권을 매매하는 것을 말한다. 채권은 만기일이 도래할 경우 반드시 이자를 지급받는 투자수단으로 활용되기 때문에 중앙은행은 금융기관이나 투자자를 상대로 '공개시장'에 채권을 매매하여 시중의 통화량과 금리를 조절하려 한다.

② **총액한도대출** : 총액한도대출은 중소기업에 대한 육성지원을 위해 중앙은행이 은행기관에 중소기업자금을 빌려주는 제도로 금융통화위원회에서 한국은행이 대출할 수 있는 총액을 정하고 은행별로 대출가능금액의 한도를 마련하여 운영하고 있다. 총액한도대출은 다른 금리보다 싸기 때문에 기업이나 통화량에 큰 영향을 미치므로

중앙은행의 통화정책 목표

- 통화신용정책의 수립과 집행을 통하여 물가안정을 도모하는 것이 제1의 목적이다.
- 지속 가능한 경제발전을 위해 금융시장의 안정을 추구한다.

이러한 영향력을 이용하여 금리를 조절하는 수단으로 활용한다.

③ **재할인율 조정** : 중앙은행인 한국은행이 금융기관에 빌려주는 자금의 금리를 조정하여 통화량을 줄이거나 늘리는 금융정책 수단으로, 한국은행이 낮은 금리로 제공한 대출자금은 기업과 통화량에 큰 영향을 미치기 때문에 이를 금리조정수단으로 이용하고 있다.

④ **지급준비율 조정** : 지급준비율이란 금융기관이 고객의 예금을 차질없이 지급할 수 있도록 조성해 놓아야 하는 일정비율을 말한다. 중앙은행인 한국은행이 최저지급준비율을 정하며 그에 따라 금융기관이 지급준비금을 조성하도록 하고 있다. 지급준비율은 금융기관 입장에서는 부담이 되기 때문에 지급준비율을 조정하여 금리와 통화량을 조절한다.

(3) 통화지표 및 유동성 지표

① **정의** : 통화지표란 통화량 측정의 기준이 되는 지표를 말하며 2006년 IMF의 권고와 돈의 흐름에 대한 보다 현실적인 지표의 필요성으로 인해 한국은행이 새로운 통화지표를 발표하였다. 기존의 M1(협의통화), M2(광의통화)는 그대로 두고, M3를 개편하여 Lf(금융기관유동성)로 만들고 L(광의유동성)을 새로 포함시켰다.

② **구성**

㉠ M1(협의통화) = 결제성예금 + 현금통화

㉡ M2(광의통화) = M1 + 2년 미만 정기예 · 적금, MMF, 기타 수익증권, 시장형상품(CD, RP, 표지어음), 2년 미만 금융채, 2년 미만 금전신탁, 기타(CMA, 2년 미만 외화예수금, 자발어음 등)

㉢ Lf(금융기관 유동성) = M2 + 2년 이상 장기금융상품 등, 생명보험 계약준비금 및 증권금융예수금

㉣ L(광의 유동성) = Lf + 기타 금융기관상품(손해보험사 장기저축성 보험계약준비금, 증권사 RP, 예금보험공사채, 자산관리공사채, 여신전문기관 발행채 등), 국채, 지방채, 회사채

확인문제 경기도교육청

2. 통화량을 바르게 기술한 것은?
① 민간보유 화폐액 + 요구불예금
② 시중은행 발행 화폐액 + 중앙은행 보유 화폐액
③ 시재금 + 준비금
④ 민간보유 화폐액 + 시재금

해 통화량이란 금융기관 이외의 민간이 보유한 현금통화와 예금통화를 합친 것을 말한다.

확인문제 안산교육지원청

3. 요구불예금이 10억, 저축성예금이 3억, 현금통화가 14억이 있을 경우 통화량은?
① 13억 ② 17억
③ 24억 ④ 27억

해 통화량은 요구불예금과 현금통화를 합친 것으로 요구불예금 10억과 현금통화 14억을 합친 24억이 통화량이다. 저축성예금은 총통화 범주에는 들어가지만 통화량에는 포함되지 않는다.

통화스와프 (Currency Swap)

통화를 교환(Swap)한다는 뜻으로, 두 거래 당사자가 약정된 환율에 따라 일정한 시점에서 통화를 서로 교환하는 외환거래를 가리킨다. 상대국 통화를 사용하여 환시세의 안정을 도모하는 것이 목적인데, 단기적 환헤지보다는 주로 중장기적 환헤지의 수단으로 이용된다. 자국 통화를 맡겨놓고 상대국 통화를 빌려오는 것이므로 내용상으로는 차입이지만 형식상으로는 통화교환이다. 국가 간의 통화스와프 협정은 두 나라가 자국 통화를 상대국 통화와 맞교환하는 방식으로 이루어지며, 어느 한쪽에 외환위기가 발생하면 상대국이 외화를 즉각 융통해줌으로써 유동성 위기를 넘기고 환시세의 안정을 꾀할 수 있다. 변제할 때는 최초 계약 때 정한 환율을 적용함으로써 시세변동의 위험을 피할 수 있다.

답 2. ① 3. ③

적중문제

01 **화폐에 대한 내용으로 잘못된 것은?**

① 필요한 물건을 교환하고 부를 축척하기 위한 수단으로 화폐가 등장하였다.
② 화폐는 교환수단으로 기능한다.
③ 화폐는 언제든지 교환가능한 수단이기 때문에 화폐를 통해 부를 축적할 수 있다.
④ 화폐는 가치를 증대시키는 기능을 한다.

해 화폐는 가치를 나타내는 척도일 뿐 화폐 자체를 보유하고 있다고 해서 가치가 증대되는 것은 아니다.

02 **화폐가 발전해온 순서를 올바르게 나타낸 것은?**

① 금속화폐 → 상품화폐 → 지폐 → 신용화폐 → 전자화폐
② 상품화폐 → 지폐 → 금속화폐 → 신용화폐 → 전자화폐
③ 상품화폐 → 금속화폐 → 신용화폐 → 지폐 → 전자화폐
④ 상품화폐 → 금속화폐 → 지폐 → 신용화폐 → 전자화폐

해 화폐는 시대에 따라 여러 가지 재료와 모양으로 사용되어 왔으며 화폐의 종류를 살펴 보면 화폐의 발전과정을 알 수 있다. 화폐는 시대에 흐름에 따라 상품화폐 → 금속화폐 → 지폐 → 신용화폐 → 전자화폐의 순으로 발전해 왔다.

03 물물교환 시 발생하는 불편을 줄이기 위해 조개, 곡물, 무기, 소금 등의 물품을 이용한 원시사회의 화폐는?

① 상품화폐 ② 금속화폐
③ 지폐 ④ 신용화폐

해 상품화폐(Commodity Money)란 원시사회에서 물물교환 시 발생하는 불편을 줄이고자 사용한 조개, 곡물, 무기, 소금 등의 물품을 말한다. 누구나 수용 가능한 물품을 이용하였으며 실물화폐라고도 한다.

04 다음 중 전자화폐의 종류가 아닌 것은?

① 네트워크형 전자화폐 ② 금속화폐
③ 계좌형 전자화폐 ④ 전자수표형 전자화폐

해 **전자화폐의 종류**
네트워크형 전자화폐, IC카드형 전자화폐, 계좌형 전자화폐, 현금형전자화폐, 전자수표형 전자화폐, 신용카드형 전자화폐

05 다음 중 통화에 대한 내용으로 틀린 것은?

① 통화란 특정한 시대에 유통수단 내지 지불수단으로 통용되고 있는 화폐의 구체적인 형태를 뜻하는 용어이다.
② 통화는 국가에 의해 강제통용력이 인정되는 것을 말한다.
③ 형법에서는 통화를 화폐와 지폐, 은행권의 세 가지로 구별하고 있다.
④ 금액으로 표시되지 않았지만 강제통용력이 있는 것은 통화로 볼 수 있다.

해 통화는 유통화폐의 준말로 특정한 시대에 유통수단 내지 지불수단으로 통용되고 있는 화폐의 구체적인 형태를 말한다. 즉, 통화라는 것은 국가 또는 국가가 발행권한을 부여한 기관에 의하여 금액이 표시된 지불수단으로서 강제통용력이 인정된 것을 말하므로, 금액이 표시되지 않았거나 강제통용력이 인정되지 않는 것은 통화로 보기 어렵다.

답 01. ④ 02. ④ 03. ① 04. ② 05. ④

06 통화대용증권에 해당하는 것이 아닌 것은?

① 은행권
② 자기앞수표
③ 어음
④ 관청의 지급통지서

해 은행권은 법정통화에 해당한다. 통화대용증권이란 은행권과 같은 법정통화가 아니라 자기앞수표, 송금수표, 우편환증서, 대체저금출급증서, 공사채의 만기이자표, 기한이 도래한 약속어음과 환어음, 관청의 지급통지서, 배당금지급통지서 등 언제나 현금과 교환할 수 있는 것을 말한다.

07 수표에 대한 설명으로 옳은 것은?

① 수표는 수표법상의 요건을 구비하지 않아도 강제력이 인정된다.
② 자기앞수표는 은행과 같은 금융기관이 발행하는 수표로 발행인이 자신을 지급인으로 지정하여 발행하는 수표라 하여 자기지시수표라고도 불린다.
③ 당좌수표는 은행보증가계수표와 일반가계수표로 구분한다.
④ 가계수표는 은행과의 신용을 통해 당좌계좌를 개설하고 당좌예금을 개설한 자가 발행인이 되며 은행이 지급인이 되는 수표이다.

해 ① 수표는 수표법상의 형식적인 요건을 구비하여야 한다.
③ 은행보증가계수표와 일반가계수표로 구분하는 것은 가계수표이다.
④ 은행과의 신용을 통해 당좌계좌를 개설하고 당좌예금을 개설한 자가 발행인이 되며 은행이 지급인이 되는 수표는 당좌수표이다.

08 수표의 기재요건에 해당하는 것이 아닌 것은?

① 조건 없이 일정한 금액을 지급할 것을 위탁하는 뜻

② 지급인의 명칭

③ 지급지

④ 위탁인 명칭

해 **수표의 기재요건**

- 증권의 본문 중에 그 증권을 작성할 때 사용하는 국어로 수표임을 표시하는 글자
- 조건 없이 일정한 금액을 지급할 것을 위탁하는 뜻
- 지급인의 명칭
- 지급지
- 발행일과 발행지
- 발행인의 기명날인 또는 서명

09 어음의 한 종류로 발행인과 수취인 상호 간의 신용을 이용하여 금융을 받기 위해 금액, 만기일을 동일하게 어음을 작성하여 교환하는 것은?

① 기승어음 ② 백지어음

③ 약속어음 ④ 환어음

해 기승어음이란 발행인과 수취인 상호 간의 신용을 이용하여 금융을 받기 위해 금액, 만기일을 동일하게 어음을 작성하고 교환하는 것을 말하며 민법상 사회질서를 위반한 사항에 해당하여 무효이다.

답 06. ① 07. ② 08. ④ 09. ①

10 **약속어음과 환어음의 형식적인 기재요건을 비교할 경우 환어음에 추가하여 작성해야 하는 요소는?**

① 발행지 ② 발행일
③ 지급인의 명칭 ④ 만기

해 약속어음과 달리 환어음은 '지급인의 명칭'을 부가해서 작성한다.

어음의 기재요건
- 증권의 본문 중에 그 증권을 작성할 때 사용하는 국어로 환어음임을 표시하는 글자
- 조건 없이 일정한 금액을 지급할 것을 위탁하는 뜻
- 지급인의 명칭
- 만기
- 지급지
- 지급받을 자 또는 지급받을 자를 지시할 자의 명칭
- 발행일과 발행지
- 발행인의 기명날인 또는 서명

11 **금본위제도하에서 언제라도 금으로 교환이 가능한 화폐는?**

① 태환화폐 ② 불환화폐
③ 주조화폐 ④ 보조화폐

해 금본위제도하에서 언제라도 금으로 교환이 가능한 화폐를 태환화폐, 그렇지 않은 화폐를 불환화폐라 한다.

12 다음 중 통화제도에 대한 설명이 바르지 못한 것은?

① 금본위제도(Gold Standard) – 통화의 표준 단위가 금으로 정해져 있거나 일정량의 금 가치에 연계되어 있는 화폐제도

② 관리통화제도(Managed Currency System) – 통화관리기관에 의해서 통화량을 조절하는 제도

③ 금환본위제도(Gold Exchange Standard) – 금본위제도를 시행하는 다른 국가의 통화를 보유하여 자국 통화의 안정을 도모하려는 제도

④ 금핵본위제도 – 국내에서는 금을 유통시키고 중앙에 은행권이나 지폐 등을 집중 보유하는 제도

해 국내에서 금핵본위제도는 은행권이나 지폐처럼 경제적이고 유통이 편리한 화폐를 유통시키고 금은 중앙에 집중 보유하는 제도를 말한다.

13 본원통화를 구성하는 방법이 잘못된 것은?

① 현금통화 + 지급준비금

② 현금통화 + (시재금 + 지준예치금)

③ (현금통화 + 시재금) + 지준예치금

④ 화폐발행액 + 지급준비금

해 본원통화란 중앙은행인 한국은행이 지폐와 동전 등 화폐발행의 독점적 권한을 통해 공급한 통화를 말한다. 한국은행이 예금은행에 대해 대출을 하거나, 외환을 매입하거나, 또는 정부가 중앙은행에 보유하고 있는 정부예금을 인출할 경우 본원통화가 공급된다.

본원통화 = 현금통화 + 지급준비금
= 현금통화 + (시재금 + 지준예치금)
= (현금통화 + 시재금) + 지준예치금
= 화폐발행액 + 지준예치금

답 10. ③ 11. ① 12. ④ 13. ④

14 다음 중 지급결제시스템의 종류에 대한 설명이 잘못된 것은?

① 거액결제시스템은 금융기관 사이에서 자금거래 등을 결제하는 시스템으로 한국은행이 구축한 신한국은행금융결제망(BOK-Wire)이 있다.

② 소액결제시스템은 기업과 가계, 금융회사의 소액거래를 결제하는 시스템으로 금융결제원이 구축한 소액결제시스템이 있다.

③ 증권회사는 소액결제시스템의 이용이 불가능하다.

④ 증권결제시스템이란 한국예탁결제원이 구축한 것으로 유가증권인 주식 등의 거래를 이용할 경우에 사용한다.

해 자통법 시행에 따라 증권회사도 소액결제시스템 서비스를 시작하게 되면서 증권사 상품인 '종합자산관리계좌(CMA ; Cash Management Account)'를 통해 입 · 출금 거래와 공과금 납부, 지로 사용 등이 가능해졌다.

15 우리나라 금융통화위원회의 설립에 중요한 모태가 된 것은?

① 미국 연방준비이사회

② 바젤위원회

③ G-7 정상회의

④ 지급결제제도위원회

해 금융통화위원회는 한국은행법에 따라 조직된 위원회로 한국은행의 통화정책에 관한 주요 사항을 심의 · 의결하는 정책 결정기구로서 한국은행 총재 및 부총재를 포함하여 총 7인의 위원으로 구성된다. 본래 한국은행법 제정과정에 미국의 연방준비이사회(FRB ; Federal Reserve Board) 제도를 도입함으로써 한국은행법에 금융통화위원회가 등장하게 되었다.

16 금융통화위원회의 업무 관장사항이 아닌 것은?

① 한국은행이 여신을 거부할 수 있는 금융기관을 지정
② 한국은행권 발행에 관한 기본적인 사항
③ 금융기관 및 지급결제제도 운영기관에 대한 자료제출 요구
④ 예금보험기금의 관리 및 운용

해 예금보험기금의 관리 및 운용은 예금보험공사 업무이다.

17 한국은행이 시행하는 통화정책의 궁극적인 목표는?

① 물가안정 ② 경제발전
③ 사회안정 ④ 무역증대

해 한국은행법상 한국은행은 통화신용정책의 수립과 집행을 통하여 물가안정을 도모함으로써 국민경제의 건전한 발전에 이바지함을 목적으로 하고 있다고 규정되어 있다. 따라서 한국은행의 통화정책이 추구하는 최우선 목표는 무엇보다도 물가를 안정시키는 것이라고 해석할 수 있다.

18 중앙은행인 한국은행이 금융기관에 빌려 주는 자금의 금리를 조정하여 통화량을 줄이거나 늘리는 금융정책 수단으로, 낮은 금리로 한국은행이 제공한 대출자금이 기업과 통화량에 큰 영향을 미치기 때문에 금리조정수단으로 이용되는 통화정책 수단은?

① 재할인율 조정 ② 지급준비율 조정
③ 총액한도대출 ④ 공개시장 조작

해 재할인율 조정에 대한 내용이다.

답 14. ③ 15. ① 16. ④ 17. ① 18. ①

19 (　　) 안에 들어갈 용어는?

M1 = 결제성예금 + (　　　　)

① 지급준지금　　② 현금통화
③ 수익증권　　④ 표지어음

해 M1(협의통화) = 결제성예금 + 현금통화

20 통화지표에 대한 내용으로 틀린 것은?

① M1(협의통화) = 결제성예금 + 현금통화
② M2(광의통화) = M1 + 6개월 미만 정기예 · 적금
③ Lf(금융기관유동성) = M2 + 2년 이상 장기금융상품
④ L(광의유동성) = Lf + 기타 금융기관상품, 국채

해 M2(광의통화) = M1 + 2년 미만 정기예 · 적금, MMF, 기타 수익증권, 시장형상품(CD, RP, 표지어음), 2년 미만 금융채, 2년 미만 금전신탁, 기타(CMA, 2년 미만 외화예수금, 자발어음 등)

답 19. ② 20. ②

6 국제금융

국제금융기구

(1) 정의

국제금융기구는 우리에게 친숙한 국제통화기금(IMF)과 같은 국제통화기구와, 국제금융공사(IFC)와 같은 세계은행그룹기구 등을 지칭하는 것으로 금융에 대한 전문적인 역할에 따라 분류한다. 국제금융기구는 각 국가 간에 협력관계를 구축하고 금융기능을 통합하는 것을 목적으로 한다.

국제금융공사(IFC)의 특징

- 정부의 보증 없이 민간기업에 투자한다.
- 대출 이외에 자본 투자를 병행한다.

(2) 국제금융기구의 역할과 기능

① 시장안정을 위한 선진국과 개발도상국 간의 협조
② IMF, 세계은행 등의 국제금융시스템에 대한 개혁
③ 통화위기에 대한 정책 방향

(3) 국제금융기구의 분류

기구	부속기관
국제통화기금(IMF)	–
상품공동기금(CFC)	–
세계은행그룹(World Bank Group)	• 국제부흥개발은행(IBRD) • 국제금융공사(IFC) • 국제개발협회(IDA) • 국제투자분쟁해결본부(ICSID) • 국제투자보증기구(MIGA)
국제결제은행(BIS)	• 바젤은행감독위원회(BCBS) • 지급결제제도위원회(CPSS) • 세계금융제도위원회(CGFS) • 시장위원회(MC)
지역개발금융기구	• 유럽부흥개발은행(EBRD) • 미주개발은행(IADB) • 아시아개발은행(ADB) • 아프리카개발은행(AfDB)

국제금융기구에의 가입조치에 관한 법률

(1) 목적

우리나라의 경우 국제금융기구에 가입하여 각 국제금융기구의 협정 이행에 필요한 조치를 할 수 있도록 '국제금융기구에의 가입조치에 관한 법률'을 제정하여 시행하고 있다.

임치소

한국은행은 각 국제금융기구의 협정에 의하여 각 국제금융기구가 보유하는 내국통화 또는 기타 자산의 임치소로 운영된다.

(2) 운영

① 기획재정부장관은 각 국제금융기구가 내는 출자금 전부 또는 일부를 한국은행으로 하여금 출자하게 할 수 있다.

② 기획재정부장관은 출자를 할 때 국무회의의 심의를 거치고 대통령의 승인을 얻어 각 국제금융기구의 협정이 규정하는 바에 따라 미합중국통화 기타 자유교환성 통화나 금 · 지금 또는 내국통화로 출자금 전액을 납입하거나 분할하여 납입할 수 있도록 하고 있다.

③ 기획재정부장관은 각 국제금융기구의 대한민국의 정위원이 되며, 한국은행 총재는 그 대리위원이 된다. 다만, 국제결제은행의 경우에는 한국은행 총재가 정위원이 된다.

④ 한국은행 총재는 기획재정부장관의 지시를 받아 각 국제금융기구와의 사무 · 교섭 및 거래에서 정부를 대표한다.

기획재정부의 업무

- 중 · 장기 경제사회 발전방향 및 연차별 경제정책 방향의 수립과 총괄 조정
- 전략적인 재원 배분과 배분된 예산의 성과 평가
- 조세정책 및 제도의 기획 · 입안 및 총괄 · 조정
- 국고, 국유재산, 정부회계, 국가채무에 관한 정책의 수립과 관리 총괄
- 외국환 및 국제금융에 관한 정책의 총괄
- 대외협력 및 남북경제 교류협력 증진
- 공공기관 운영에 관한 관리 · 감독

(3) 출자대상 기구

① 국제통화기금
② 국제부흥개발은행
③ 국제개발협회
④ 국제금융공사
⑤ 아시아개발은행
⑥ 아프리카개발기금
⑦ 아프리카개발은행
⑧ 상품공동기금
⑨ 국제투자보증기구
⑩ 유럽부흥개발은행
⑪ 국제결제은행
⑫ 미주개발은행

⑬ 미주투자공사
⑭ 다자투자기구

국제통화기금(IMF ; International Monetary Fund)

(1) 설립배경

통화정책의 국제협력, 국제무역의 균형 성장, 환율의 안정을 목표로 설립되었으며 우리나라는 1955년에 가입하였다.

(2) 기능

① 가맹국의 환율정책 및 외환제도 관련 규제에 대한 감시
② 가맹국의 국제수지조정 지원

(3) 특징

돈을 출자한 액수(쿼타, quota)에 따라 의결권이 작용하기 때문에 가장 많은 돈을 투자한 미국이 강력한 권한을 갖는다. 우리나라는 1997년 외환위기 당시 기금에 구제신청을 하여 IMF의 관리체계에 따라 부실 금융기관과 기업의 퇴출 등의 개혁과정을 거쳤다.

**특별인출권
(SDR ; Special Drawing Rights)**

국제통화기금(IMF)의 운영을 보완하기 위한 제3의 세계화폐로 '국제금융기구에의 가입조치에 관한 법률'에 구체적인 특별인출권 출자액을 정하고 있다.

브레튼우즈 체제

1944년 미국 뉴햄프셔주 브레튼우즈에서 45개국의 대표들이 참가한 연합국 통화금융회의에서 정한 체제로 이 체제에 의해 국제통화기금(IMF)과 국제부흥개발은행(IBRD)이 설립되었다. 주요 협정 내용은 미국 달러화를 기축통화(Key Currency)로 하는 금환본위제도를 실시하는 것과 금 1온스를 35달러로 고정시키고, 그 외에 다른 나라의 통화는 달러에 고정시키는 것이었다.

세계은행(WB ; World Bank)

(1) 설립배경

제2차 세계대전 후 전후복구자금 지원과 개발도상국에 대한 경제개발자금 지원을 위해 1945년 국제부흥개발은행(IBRD ; International Bank for Reconstruction and Development)이 설립되었고, 최빈국들에게 개발자금을 지원하기 위해 1960년 국제개발협회(IDA ; International Development Association)가 설립되었다.

(2) 세계은행그룹(World Bank Group) 구성

세계은행그룹은 국제부흥개발은행(IBRD), 국제개발협회(IDA), 국제금융공사(IFC), 국제투자보증기구(MIGA), 국제투자분쟁해결본부(ICSID)로 구성되어 있다.

① 국제부흥개발은행(IBRD ; International Bank for Reconstruction and Development)

㉠ 설립목적 : 전쟁복구와 개발도상국의 경제개발 지원을 위하여 설립하였으며 우리나라는 1955년에 가입하였다. IMF 가입국에 한하여 가입자격이 부여되는 것이 특징이다.

㉡ 기능 및 역할 : 개발도상국의 개발자금 융자와 기술지원 개발계획 자문역할을 한다.

② 국제개발협회(IDA ; International Development Association)

㉠ 설립목적 : 최빈국의 경제개발 지원과 생활수준 향상을 목적으로 창설된 기구로 우리나라는 1961년 창설회원국으로 가입하였다. 국제개발부흥은행(IBRD) 회원국에 한하여 가입자격을 부여하며 국제개발부흥은행(IBRD)의 총재가 국제개발협회의 직책을 겸임한다.

㉡ 기능 및 역할 : 저소득 개발도상 가맹국가에 대한 장기 자금 융자를 담당한다.

③ 국제금융공사(IFC ; International Finance Corporation)

㉠ 설립목적 : 개발도상 가맹국가의 민간기업과 자본시장 육성을 통해 민간경제부문의 활성화 및 경제발전 지원을 위해 설립하였다. 우리나라는 1964년에 가입하였으며, 국제개발협회(IDA)처럼 IBRD 가맹국만이 가입자격을 갖고 있다.

㉡ 기능 및 역할 : 가맹국 민간부문에 대한 투자와 융자를 담당하고 있다.

④ 국제투자보증기구(MIGA ; Multilateral Investment Guarantee Agency) : 광범위한 투자진흥활동을 통해 위험 가능성이 많은 개발도상국에 대한 투자를 촉진하려는 목적에서 설립된 기구로 다자간투자기구라고도 한다. 민간기업 및 상업기업은행에 송금, 몰수, 전쟁 등의 비상업적 위험이 발생하는 경우에 위험을 보증한다.

⑤ 국제투자분쟁해결본부(ICSID ; International Center for Settlement of Investment Disputes) : '국가와 다른 국가의 국민 간에 일어난 투자분쟁에 관한 협약(워싱턴협약)'에 의하여 설립된 기구로 투자자와 투자유치국 간의 투자로부터 발생한 법률상의 분쟁을 중재로 처리하는 기관이다. 우리나라에서는 '대한상사중재원'이 분쟁조정업무를 수행하고 있다.

확인문제 서울시교육청

1. 우리나라의 1997년 외환위기와 관련이 없는 국제기구는?

① IMF ② IBRD
③ ADB ④ BRICS

해 BRICS란 미국 증권회사인 골드먼삭스그룹 보고서에 처음 등장한 용어로 브라질(Brazil), 러시아(Russia), 인도(India), 중국(China), 남아프리카공화국(South Africa)의 앞글자를 따서 만든 용어이다. 1990년대 말부터 빠른 성장을 거듭하여 새로운 경제대국으로 주목을 받기 시작하였다. 앞으로의 경제 성장을 미루어볼 때 잠재 가능성이 크다는 뜻에서 하나의 경제권으로 묶은 개념이다.

확인문제 경기도교육청

2. 세계금융그룹(World Bank Group)에 속하며 IBRD의 자매기관이며 제2의 세계은행으로 불리는 기구는?

① ICC ② IMP
③ ADB ④ IDA

해 국제개발협회(IDA ; International Development Association)에 대한 설명이다.

ICSID의 규제

ICSID는 회원 국가들과 다른 회원국가의 국민자격 투자자들 간 일어나는 투자분쟁에 대한 조정과 중재의 기본적 · 절차적 틀을 제공한다. 이 틀은 ICSID 행정의회를 통한 자세한 규제와 규칙들에 의해 보충된다.

답 1. ④ 2. ④

상품공동기금(CFC ; Common Fund for Commodities)

(1) 설립배경

개발도상국들의 자원개발과 1차 산업 육성을 지원하기 위해 1980년 6월 국제무역연합협의회(UNCTAD) 총회의 결의로 창설된 정부 간 국제기구이다.

(2) 기능 및 역할

① 국제상품협정상의 완충재고 유지를 위한 금융지원
② 1차 산품(전혀 가공되지 않은 원료형태의 생산품)의 개발 촉진 및 교역조건 개선을 위한 연구개발지원
③ 1차 산품 분야에 관한 가맹국 간 정보교환 및 정책협의 촉진

국제결제은행(BIS ; Bank for International Settlements)

(1) 설립목적

중앙은행 간 협력 증진과 원활한 국제금융결제를 목적으로 1930년 1월 20일 설립된 기구로 금융정책의 조정, 국제통화문제에 관한 토의 · 결정 등에 중요한 역할을 수행하고 있다. 우리나라는 1997년에 가입하였다.

(2) 구성

① 바젤은행감독위원회(BCBS ; Basel Committee on Banking Supervision)
② 지급결제제도위원회(CPSS ; Committee on Payment and Settlement Systems)
③ 세계금융제도위원회(CGFS ; Committee on the Global Financial System)
④ 시장위원회(MC ; Market Committee)

BIS 자기자본비율

국제결제은행(BIS ; Bank for International Settlements)이 정한 은행의 위험자산 대비 자기자본비율로 각국 은행의 건전성과 안정성 확보를 위해 최소 자기자본비율에 대한 국제적 기준을 말한다. 자기자본비율이란 위험자산을 자기자본으로 나눈 값을 말한다.

(3) 기능 및 역할

① '중앙은행의 은행'으로 역할을 하고 있다.
② 국제적인 신용질서유지를 위한 기능도 맡고 있다.

③ 은행들의 리스크 증대에 대처하기 위해 은행의 자기자본규제에 대한 국제적 통일기준을 설정했다.

지역개발금융기구

(1) 아시아개발은행(ADB ; Asian Development Bank)

① **설립목적** : 아시아와 태평양 지역 개발도상국가의 경제개발 지원을 목적으로 설립된 기구로 본부는 필리핀의 수도 마닐라에 있으며, 우리나라는 설립 당시 가맹국으로 가입하였다.

② 기능 및 역할

㉠ 가맹국의 융자 및 투자, 협조융자 사업을 전개하고 있다.

㉡ 사업계획 수립과 집행 및 자문용역 등을 지원하기 위한 기술지원 등을 펼치고 있다.

(2) 아프리카개발은행(AfDB ; African Development Bank)

① **설립목적** : 아프리카 지역 낙후된 국가의 경제 활성화를 지원하기 위해 설립된 기구로 1964년에 설립되었으며 우리나라는 1982년 12월에 가입하였다.

② 기능 및 역할

㉠ 아프리카의 경제와 사회개발사업을 지원하고 있으며, 개발재원의 조달과 공공 및 민간투자의 촉진을 유도하고 있다.

㉡ 국가 개발 프로젝트와 참가기업에 대한 조사연구 및 선정 개발 사업계획의 작성, 자금조달 및 집행에 필요한 기술지원 등을 하고 있다.

(3) 유럽부흥개발은행(EBRD ; European Bank for Reconstruction and Development)

① **설립목적** : 러시아 및 동부 유럽국가들의 경제개발을 지원하기 위해 1991년 창설된 국제금융기관으로, 중동부 유럽 국가들의 시장경제체제 전환을 지원하여 이들 국가의 경제발전과 부흥에 기여하는 것이 주된 목적이다.

② 기능 및 역할

㉠ 지원대상 국가들에 대한 기술지원 개발계획 수립 · 진행 및 체제 전환 자문을 담당한다.

㉡ 동유럽의 경제개혁에 따른 합작사업이나 사회간접자본 정비사업 등에 장기자금을 제공하는 것을 주 업무로 하고 있다.

(4) 미주개발은행그룹(IDB ; Inter-American Development Bank)

① 설립목적 : 중남미 지역 개발도상국가의 경제발전과 사회개발 촉진 및 중남미 지역 경제 통합을 위해 설립된 기구로 미국과 캐나다를 비롯하여 아르헨티나, 베네수엘라 등의 나라가 가입국이며 우리나라는 2005년에 승인을 받아 가입국이 되었으나 의결권은 미미한 상태이다.

② 기능 및 역할 : 중남미와 카리브해 지역의 경제 · 사회 개발을 지원하는 역할을 하고 있다.

금융안정위원회 (FSB ; Financial Stability Board)

2009년 4월 'G-20 런던 정상회의' 합의에 따라 기존 'G-7' 중심의 FSF(FSF ; Financial Stability Forum)를 확대 개편한 회의체이다. 회원국의 금융정책당국과 IMF, OECD, 바젤은행감독위원회(BCBS) 등이 참석하여 G-20 정상들이 합의한 금융개혁 권고안의 이행 상황을 검토하며, 금융시스템의 안정을 저해하는 취약성에 대응하며 관련 규제 · 감독 정책을 개발하고 이행하기 위해 설립되었다. 우리나라는 2009년도에 신규회원으로 가입하였다.

국제금융관련 회의

(1) G-20 정상회의

① 설립배경 : 세계경제체제에 있어 경제 및 금융정책 현안에 관한 대화를 확대하고 세계경제가 안정적이며 지속 가능한 성장을 할 수 있도록 중요 국가 간의 협력을 증대하기 위해 창설되었다. 'G-20'의 'G'는 Group의 머리글자를 따온 것이고 '20'은 참가국의 수를 의미한다.

② 참가국

분류	국가
G-7	미국, 일본, 영국, 프랑스, 독일, 캐나다, 이탈리아
아시아	한국, 중국, 인도, 인도네시아
중남미	아르헨티나, 브라질, 멕시코
유럽 등	러시아, 터키, 호주 , EU 의장국
아프리카, 중동	사우디아라비아, 남아프리카공화국

제5차 G-20 정상회의

G-20 주요 경제국의 정상들의 다섯 번째 모임은 2010년 11월 11일, 12일 한국의 서울에서 개최되었다. 이때 주제는 금융시장, 세계 경제와 관련된 것을 다뤘다.

※ 국제기구로는 IMF(국제통화기금), IBRD(세계은행), ECB(유럽중앙은행)이 참가하고 있다.

③ **기능 및 역할** : 지난 30년간 신흥개발도상국가들이 세계경제에서 차지하는 비중이나 역할이 확대되었으나 국제금융체계가 이러한 여건의 변화를 제대로 반영하지 못하고 있다는 것을 인식하고 세계경제의 새로운 패러다임을 구축하는 역할을 수행할 것으로 기대하고 있다.

(2) ASEAN+3

① **정의** : 동남아시아 국가연합(ASEAN ; Association of South East Asian Nations)과 대한민국, 일본, 중화인민공화국의 3개 국가를 포함한 협동 포럼을 말한다.

② **참가국**

분류	국가
아세안국가(10)	미얀마, 라오스, 타이, 캄보디아, 베트남, 필리핀, 말레이시아, 브루나이, 싱가폴, 인도네시아
동아시아 국가	한국, 일본, 중국

③ **기능 및 역할** : 국가 간의 대외협력을 통하여 평화와 번영의 동북아 시대를 지향하는 것을 목표로 하고 있으며 입지경쟁력을 확보하여 산업경쟁력을 증강하고 외국인 투자를 유치하여 동아시아 통합에 대비하고자 한다.

신(新)남방정책

문재인 대통령이 2017년 11월 9일 열린 '한-인도네시아 비즈니스포럼' 기조연설을 통해 공식 천명한 정책으로 사람(People) · 평화(Peace) · 상생번영(Prosperity) 공동체 등 이른바 '3P'를 핵심으로 하는 개념이며, 아세안 국가들과의 협력 수준을 높여 미국 · 중국 · 일본 · 러시아 등 주변 4강국 수준으로 끌어올린다는 것이 핵심이다. 여기에는 상품 교역 중심에서 기술, 문화예술, 인적 교류로 그 영역을 확대하는 내용도 포함돼 있는데, 특히 중국 중심의 교역에서 벗어나 시장을 다변화하는 등 한반도 경제 영역을 확장한다는 의미도 담고 있다. 문재인 정부는 이를 통해 아세안 국가와의 협력을 강화하고, 안보 차원에선 북한과 외교관계를 맺고 있는 아세안과의 북핵 대응 공조와 협력을 이끈다는 구상이다.

(3) 경제협력개발기구 (OECD ; Organization for Economic Cooperation and Development)

경제협력과 발전을 위한 조직으로서 민주정부와 시장경제에 헌신하는 34개 회원국가로 구성되어 사회 · 경제적인 문제에 대해 공동으로 대안을 모색하기 위한 선진국 중심의 국제기구이다. 프랑스 파리에 본부를 두고 있다.

(4) 세계경제포럼(WEF ; World Economic Forum)

매년 1~2월 스위스 다보스에서 열리는 국제민간회의로 개최지의 이름을 따 다보스포럼(Davos Forum)이라고도 불린다. 전 세계의 저명한 기업인 · 경제학자 · 저널리스트 · 정치인 등이 모여 세계 경제에 대해 토론하고 연구하며 전 세계의 경제상황을 개선하기 위해 각국의 사업을 연결하여, 지역사회의 산업 의제를 결정하는 독립적 비영리재단 형태로 운영된다. 본부는 스위스 제네바에 위치해있고 글로벌 경쟁력 보고서를 공식 발표하고 있으며 연차총회 외에도 지역별, 산업별 회의를 운영함으로써 세계무역기구(WTO)나 G7 등과 함께 국제 경제에 큰 영향력을 미친다.

(5) 국제자금세탁방지기구(FATF ; Financial Action Task Force on Money Laundering)

자금세탁 방지를 위한 불법자금 모니터링 및 국제 간 협력체제 지원을 위해 설립된 국제기구로 1989년 OECD 산하기구로 출범했다. 세계 각 지역에서의 자금세탁 방지 조직을 개발하고 회원국을 확대하여 국제 조직과 협력을 구축해 전 세계적으로 자금세탁 방지 및 테러자금 조달 차단을 위한 네트워크를 확립하도록 노력하고 있다. 또한 이행하도록 권고한 사항에 대한 회원국의 행동을 감시하고, 매년 자금세탁의 진행 추세와 대응조치를 검토하는 유형분석을 실시하고 있다.

적중문제

01 세계금융그룹(World Bank Group)의 부속기관이 아닌 것은?

① 국제부흥개발은행(IBRD)　　② 국제금융공사(IFC)

③ 세계금융제도위원회(CGFS)　　④ 국제투자분쟁해결본부(ICSID)

해 세계금융제도위원회(CGFS)는 국제결제은행(BIS)의 한 종류이다.

국제금융기구의 분류

기구	부속기관	
국제통화기금(IMF)	–	
상품공동기금(CFC)	–	
세계은행그룹(World Bank Group)	• 국제부흥개발은행(IBRD) • 국제개발협회(IDA) • 국제투자보증기구(MIGA)	• 국제금융공사(IFC) • 국제투자분쟁해결본부(ICSID)
국제결제은행(BIS)	• 바젤은행감독위원회(BCBS) • 세계금융제도위원회(CGFS)	• 지급결제제도위원회(CPSS) • 시장위원회(MC)
지역개발금융기구	• 유럽부흥개발은행(EBRD) • 아시아개발은행(ADB)	• 미주개발은행(IADB) • 아프리카개발은행(AfDB)

02 지역개발금융기구의 부속기관이 아닌 것은?

① 미주개발은행(IADB)

② 유럽부흥개발은행(EBRD)

③ 아프리카개발은행(AfDB)

④ 국제부흥개발은행(IBRD)

해 국제부흥개발은행(IBRD)은 세계금융그룹(World Bank Group)에 속한다.

03 다음 중 국제금융기구의 역할에 해당하지 않는 것은?

① 시장안정을 위한 선진국과 개발도상국 간의 협조
② 예금지급준비금 준비
③ IMF, 세계은행 등의 국제금융시스템에 대한 개혁
④ 통화위기에 대한 정책 방향

해 국제금융기구의 역할과 기능
- 시장안정을 위한 선진국과 개발도상국 간의 협조
- IMF, 세계은행 등의 국제금융시스템에 대한 개혁
- 통화위기에 대한 정책 방향

04 국제금융기구로의 가입조치에 관한 법률에 대한 내용으로 틀린 것은?

① 국제금융기구 협정의 이행에 필요한 조치를 할 수 있도록 제정된 법률이다.
② 기획재정부장관은 각 국제금융기구의 대한민국 정위원이 되며, 한국은행 총재는 그 대리위원이 된다.
③ 기획재정부장관은 각 국제금융기구가 내는 출자금의 전부 또는 일부를 한국은행으로 하여금 출자하게 할 수 있다.
④ 외교부장관은 각 국제금융기구와의 사무 · 교섭 및 거래에 있어서 정부를 대표한다.

해 한국은행 총재는 기획재정부장관의 지시를 받아 각 국제금융기구와의 사무 · 교섭 및 거래에 있어서 정부를 대표한다.

답 01. ③ 02. ④ 03. ② 04. ④

05 브레튼우즈 체제에 의해 설립된 국제금융기구로 외환위기 당시 우리나라가 구제금융을 신청한 이 기금은?

① IMF

② IBRD

③ ADB

④ EBRD

해 국제통화기금(IMF ; International Monetary Fund)에 대한 내용으로 통화정책의 국제협력, 국제무역의 균형 성장, 환율의 안정을 목표로 설립되었으며 우리나라는 1955년에 가입하였다. 우리나라는 외환위기 당시 기금에 구제신청을 하여 IMF의 관리체계에 따라 부실 금융기관과 기업의 퇴출 등의 개혁과정을 거쳤다.

06 투자자와 투자유치국 간의 투자로부터 발생한 법률상의 분쟁을 중재로 처리하는 국제기구는?

① 국제투자분쟁해결본부

② 국제금융공사

③ 국제투자보증기구

④ 국제개발협회

해 국제투자분쟁해결본부(ICSID ; International Center for Settlement of Investment Disputes)에 대한 내용이다.

07 **1차 산품 분야에 관한 가맹국 간 정보교환 및 정책협의 촉진과 개발도상국들의 자원개발과 1차 산업 육성을 지원하기 위해 설립된 국제금융기구는?**

① 국제결제은행
② 국제투자보증기구
③ 상품공동기금
④ 국제금융공사

해 상품공동기금(CFC ; Common Fund for Commodities)에 대한 내용으로 개발도상국들의 자원개발과 1차 산업 육성을 지원하기 위해 1980년 6월 국제무역연합협의회(UNCTAD) 총회의 결의로 창설된 정부 간 국제기구이다.

08 **다음의 보기에서 설명하고 있는 국제금융기구는?**

- 중앙은행의 은행으로 역할
- 국제적인 신용질서유지를 위한 역할
- 은행의 자기자본규제에 대한 국제적 통일기준을 설정

① 국제결제은행　② 국제금융공사
③ 국제투자보증기금　④ 상품공동기금

해 국제결제은행(BIS ; Bank for International Settlements)은 중앙은행 간 협력 증진과 원활한 국제금융결제를 목적으로 1930년 1월 20일 설립된 기구로 금융정책의 조정, 국제통화문제에 관한 토의 · 결정 등에 중요한 역할을 수행하고 있다. 우리나라는 1997년에 가입하였다. 산하에 바젤은행감독위원회(BCBS ; Basel Committee on Banking Supervision), 지급결제제도위원회(CPSS ; Committee on Payment and Settlement Systems), 세계금융제도위원회(CGFS ; Committee on the Global Financial System), 시장위원회(MC ; Market Committee)가 있다.

답 05. ① 06. ① 07. ③ 08. ①

09 중남미 지역 개발도상국가의 경제발전과 사회개발 촉진 및 중남미 지역 경제 통합을 위해 설립된 기구로 우리나라가 2005년에 가입한 기구는?

① 아시아개발은행

② 아프리카개발은행

③ 유럽부흥개발은행

④ 미주개발은행그룹

해 미주개발은행그룹(IDB ; Inter-American Development Bank)은 중남미 지역 개발도상국가의 경제발전과 사회개발 촉진 및 중남미 지역 경제 통합을 위해 설립된 기구로 미국과 캐나다를 비롯하여 아르헨티나, 베네수엘라 등의 나라가 가입국이며 우리나라는 2005년에 승인을 받아 가입국이 되었으나 의결권은 미미한 상태이다.

10 G-20 정상회의의 G-7에 해당하지 않는 국가는?

① 미국, 일본
② 일본, 영국
③ 독일, 캐나다
④ 이탈리아, 중국

해 미국, 일본, 영국, 프랑스, 독일, 캐나다, 이탈리아가 G-7이다.

G-20 정상회의

분류	국가
G-7	미국, 일본, 영국, 프랑스, 독일, 캐나다, 이탈리아
아시아	한국, 중국, 인도, 인도네시아
중남미	아르헨티나, 브라질, 멕시코
유럽 등	러시아, 터키, 호주 , EU 의장국
아프리카, 중동	사우디아라비아, 남아프리카공화국

답 09. ④ 10. ④

CHAPTER 02

경 제

1. 경제
2. 경기
3. 물가

CHAPTER 02

경제

1 경제

경제

(1) 경제

① **정의** : 경제란 세상을 바르게 다스려 환난에서 백성을 구한다는 '경세제민(經世濟民)'에서 유래된 용어이다. 사람은 욕망을 채우기 위해 재화를 얻으려고 노력한다. 재화를 얻으려면 돈이 필요하므로 기업과 가계 등의 경제 주체들은 돈을 얻기 위해 생산과 판매, 고용, 투자, 소비 등의 활동을 벌인다. 이렇게 인간생활에 필요한 재화와 용역을 생산 · 소비하는 활동을 통틀어 경제라고 한다.

② **경제 주체** : 경제행위를 독자적으로 수행하는 대상으로 가계, 기업, 정부, 외국 등이 있다.

㉠ 가계 + 기업 = 민간경제

㉡ 가계 + 기업 + 정부 = 국민경제

㉢ 가계 + 기업 + 정부 + 외국 = 국제경제

③ **경제의 원칙** : 최소의 비용으로 최대의 효과를 얻으려는 원칙으로 다음과 같이 구분한다.

㉠ **최대잉여 원칙** : 비용과 효과의 차를 최대로 하려는 원칙이다.

㉡ **최대효과 원칙** : 일정한 비용으로 최대의 효과를 얻으려는 원칙이다.

㉢ **최소비용의 원칙** : 일정한 효과를 얻는 데 최소의 비용을 지불하려는 원칙이다.

(2) 경제의 종류

① **거시경제(Macro Economy)** : 경제는 경제 현상을 바라보는 관점의 크기에 따라 거시경제와 미시경제로 나누어진다. 나무가 아닌 숲을 보는 것처럼, 경제 현상을 전체적인 관점에서 파악하는 것을 거시경제라 한다. 예를 들어, 미시경제에서 다루는 세부적인 내용인 생필품가격, 외식가격 등을 합쳐 '물가'라는 개념으로 파악하는 것이

재화(Goods)

재화란 인간 욕망의 대상이 되는 물질적 수단을 말한다. 즉, 사용과 소비를 통해 사람들의 효용을 증가시킬 수 있는 형태를 가진 모든 것으로 옷과 음식처럼 가시적인 형태의 것과 공기나 전기 등의 비가시적인 것을 포함한다.

용역(Service)

대학에서 강사가 하는 강의나 미용사가 하는 네일케어처럼 우리 눈에 보이지는 않지만 필요에 의해서 행해지는 일을 용역이라 한다.

희소성의 원칙

인간의 욕망은 무한하지만 이를 충족시킬 재화와 용역은 한정되어 있다는 원칙이다. 희소성 때문에 '경제문제'가 발생하며, 부족한 자원을 효율적으로 이용하기 위해서 주어진 비용으로 최대의 효과를 얻거나 최소의 비용이 들도록 해야 하는 '경제원칙'이 필요한 것이다.

확인문제 국민연금공단

1. 경제의 원칙이란 무엇인가?
① 최소의 비용을 들인다.
② 최대 다수의 최대 행복을 얻는다.
③ 합리적으로 수지 균형을 이룬다.
④ 최소의 비용으로 최대의 효과를 누린다.

해 경제의 원칙이란 최소의 비용으로 최대의 효과를 얻으려는 원칙을 말한다.

답 1. ④

다. 거시경제에서는 여러 경제 주체들의 활동을 큰 범위에서 진행되는 경제 현상들, 즉 인플레이션, 실업, 경제성장 등의 측면에서 다룬다. 따라서 거시경제는 정부가 경제정책을 수립할 때 정책방향을 제시하는 역할을 한다.

② **미시경제(Micro Economy)** : 경제 현상을 좁게 해석하고 작게 파악하는 것으로, 미시경제에서는 경제 현상을 이루는 요소들, 즉 버스나 택시 요금, 생필품 가격, 외식비용 등을 파악한다.

③ **디지털경제(Digital Economy)** : 인터넷을 비롯한 정보통신산업을 기반으로 이루어지는 모든 경제활동을 일컫는 용어로 인터넷 쇼핑, 전자상거래 등이 대표적이다. 디지털경제는 인터넷의 확산에 의해 촉발되어 구체화되기 시작한 새로운 경제 패러다임으로 디지털기술의 발전과 이를 활용한 기술혁신에 기초를 두고 있다.

④ **신경제(New Economy)** : 신경제란 1990년대 미국 경제가 이전에는 보기 힘들었던 '고성장 속 저물가' 현상을 보이며 장기호황이 지속되었던 것에서 비롯된 용어로, 미국 경제가 과거와는 다른 새로운 경제가 되었다는 것을 의미한다. 일반적으로 고성장과 저실업이 지속되는 경기호황은 거의 예외없이 높은 물가상승을 수반하게 되므로 성장과 물가의 상충관계로 인해 경기호황이 장기간 지속되기 어렵다. 그러나 미국 경제는 1991년에 경기확장을 시작해 연 4%에 가까운 높은 성장세를 지속하면서도 물가는 2%대를 유지하는 매우 건전한 모습을 보였다.

⑤ **블러경제(Blur Economicy)** : 블러(Blur)란 '흐릿하다'는 뜻으로, 네트워크의 발달에 의해 상거래에서 판매자와 고객의 위치가 혼돈되는 상황을 블러경제라고 한다.

(3) 가계경제

① **최저임금제** : 근로자에 대한 임금의 최저수준을 보장하여 근로자의 생활안정과 노동력의 질적 향상을 꾀하기 위해 도입한 것으로 '최저임금법'을 도입하여 시행하고 있는 제도이다. 최저임금은 근로자의 생계비, 유사 근로자의 임금, 노동생산성 및 소득분배율 등을 고려하여 정하는데, 사업의 종류별로 구분하여 고용노동부장관이 정하고 있다. 따라서 사용자는 최저임금의 적용을 받는 근로자에게 최저임금액 이상의 임금을 지급하여야 하며 최저임금의 적용을 받

재화의 종류

- **경제재** : 존재량이 희소하여 일정한 대가를 통해서만 얻을 수 있는 재화로, 일반적으로 재화는 경제재를 말한다.
- **자유재** : 아무 대가를 지불하지 않고 사용할 수 있는 재화로, 햇빛과 공기 같은 절대적 자유재와 물과 같은 상대적 자유재로 구분한다.
- **단용재** : 한 번 사용하면 없어지는 재화로, 식료품, 연료, 원료 등이 있다.
- **대체재** : 쌀과 빵, 버터와 마가린, 커피와 홍차처럼 한쪽을 소비하면 다른 쪽은 그만큼 덜 소비되어 상호 대체할 수 있는 재화를 말한다.
- **보완재** : 펜과 잉크, 커피와 설탕, 카메라와 필름처럼 상호 보완적인 관계에 있어 두 재화를 함께 사용할 경우 효용이 큰 재화를 말한다.
- **기펜재** : 그 재화의 가격이 하락할 경우 오히려 수요가 감소하는 특수한 열등재를 말한다.

골디락스(Goldilocks)

골디락스란 경제가 높은 성장을 이루고 있더라도 물가상승이 없는 상태를 뜻하는 경제 용어로, 미국이 수년간 고성장을 유지하면서도 낮은 실업률과 인플레이션 상태를 유지하는 이례적인 호경기를 누린 시기를 표현한 말이다.

확인문제 포스코, 한국토지주택공사, 신한은행

2. 사용가치는 크지만 존재량이 무한하여 경제행위의 대상이 되지 않는 재화는?

① 보완재 ② 자유재
③ 독립재 ④ 대체재

해 자유재란 아무 대가를 지불하지 않고 사용할 수 있는 재화로 햇빛, 공기와 같은 절대적 자유재와 물과 같은 상대적 자유재로 구분한다.

답 2. ②

는 근로자와 사용자 사이의 근로계약 중 최저임금액에 미치지 못하는 금액을 임금으로 정한 부분은 무효로 한다. 이 경우 무효로 된 부분은 이 법으로 정한 최저임금액과 동일한 임금을 지급하기로 한 것으로 의제된다.

② 최저생계비 : 최저생계비란 국민기초생활보장법에 따라 국민이 건강하고 문화적인 생활을 유지하는 데 소요되는 최소한의 비용으로 보건복지부가 정하여 고시하고 있다. 보건복지부장관은 국민의 소득 · 지출수준과 수급권자의 가구유형 등 생활실태, 물가상승률 등을 고려하여 최저생계비를 결정하여야 하며 중앙생활보장위원회의 심의 · 의결을 거쳐 다음 연도의 최저생계비를 공표하여야 한다. 최저생계비는 다음 해 기초생활보장 수급자 선정 및 급여 기준으로 활용되며 최저생계비를 결정하기 위하여 필요한 계측조사를 3년마다 실시하도록 하고 있다.

③ 현금영수증제도 : 현금영수증제도는 조세특례제한법에 규정된 것으로, 현금영수증가맹점이 재화 또는 용역을 공급하고 그 대금을 현금으로 받는 경우 해당 재화 또는 용역을 공급받는 자에게 현금영수증 발급장치에 의해 발급하는 것이다. 현금영수증은 거래일시 · 금액 등 결제내용이 기재된 영수증을 뜻하며, 2005년 1월 1일부터 현금영수증제도가 시행되고 있다. 소비자가 현금과 함께 카드(적립식 카드, 신용카드 등), 휴대전화번호 등을 제시하면, 가맹점은 현금영수증 발급장치를 통해 현금영수증을 발급하고 현금결제 건별 내역이 국세청에 통보되는 제도로 근로소득자이거나 근로소득자의 부양가족인 경우에는 총급여액의 25%를 초과하는 현금영수증 사용금액의 30%를 연말정산 시 소득공제받을 수 있다.

④ 고용보험제도 : 우리나라에서 1993년 법이 제정되어 1995년 처음 시행된 고용보험제도는 전통적인 의미의 실업보험사업으로 고용안정사업과 직업능력사업 등 노동시장 정책과의 적극적인 연계를 통한 사회보장보험이다. 고용보험은 실업 예방, 고용 촉진 및 근로자의 직업능력 개발과 향상을 꾀하고, 국가의 직업지도와 직업소개 기능을 강화하며, 근로자가 실업한 경우에 생활에 필요한 급여를 지급하여 근로자의 생활안정과 구직활동 촉진을 목적으로 한다.

최저임금의 결정

- **결정시기** : 매년 8월 5일
- **결정주체** : 고용노동부장관
- **효력발생** : 다음 연도 1월 1일
- **결정방식** : 고용노동부장관은 최저임금위원회에 심의를 요청하고, 최저임금위원회가 심의하여 의결한 최저임금안에 따라 최저임금을 결정한다.
- **주지의무** : 최저임금의 적용을 받는 사용자는 해당 최저임금을 그 사업의 근로자가 쉽게 볼 수 있는 장소에 게시하여 주지시킬 의무가 있다.

최저임금 영향률

임금근로자 중 최저임금 변화에 직접 영향을 받는 근로자 비율의 추정치를 말하며 현재 임금이 차년도 최저임금에 못 미치는 임금근로자의 비율을 가리킨다. 최저임금위원회는 매년 최저임금 인상의 파급력을 평가하기 위해 최저임금 영향률을 추정해 발표하고 있는데 예를 들어 2019년 최저임금 영향률은 2017년 8월 기준 시간당 임금총액에 2018년 임금상승률 예측치(3.8%)를 결합해 2018년 전체 임금근로자의 시간당 임금과 근로자 수 분포를 추정한 후, 2019년 최저임금액(시간당 8350원)에 맞춰 2019년 임금인상이 필요한 근로자 수의 비율을 추정한 것이다.

파레토 최적(Pareto Optimum)

다른 사람의 후생을 감소시키지 않고서는 어떤 사람의 후생을 증대시킬 수 없는 상태를 뜻한다. 파레토 최적을 위해서는 교환의 최적성, 생산의 최적성뿐만 아니라 생산물 구성의 최적성도 충족되어야 한다. 반면 타인의 후생을 감소함이 없이 어떤 사람의 후생을 증대하는 것을 '파레토 개선'이라 한다.

황견계약(Yellow-Dog Contract)

차별대우를 교환조건으로 노동자가 사용자와 개별적으로 맺는 고용계약으로, 노동조합에 가입하지 않고 쟁의에도 참가하지 않는다는 내용을 담고 있다. 이는 노동자의 노동3권을 침해하는 것으로 위법 행위이다.

고용보험

① **보험의 관장** : 고용노동부장관

② **고용보험 사업 범위** : 고용안정, 직업능력개발, 실업급여, 육아휴직 급여 및 출산전후 휴가급여

③ **실업** : 근로의 의사와 능력이 있음에도 불구하고 취업하지 못한 상태

④ **실업급여** : 구직급여와 취업촉진수당, 연장급여, 상병급여로 구분

- **취업촉진수당** : 조기재취업 수당, 직업능력개발 수당, 광역구직 활동비, 이주비
- **구직급여 수급요건**
  - 이직일 이전 18개월간 피보험 단위기간이 통산하여 180일 이상일 것
  - 근로의 의사와 능력이 있음에도 불구하고 취업하지 못한 상태에 있을 것
  - 이직사유가 수급자격의 제한 사유에 해당되지 아니할 것
  - 재취업을 위한 노력을 적극적으로 할 것
  - 수급자격 인정 신청일 이전 1개월 동안의 근로일 수가 10일 미만일 것

⑤ **지니계수** : 빈부격차와 계층 간 소득분포의 불균형 정도를 나타내는 수치로, 소득이 얼마나 균등하게 분배되는지를 보여주는 척도이다. 0에서 1까지의 수치로 나타나며, 값이 커질수록 불평등함을 나타낸다. 통계청은 매월 실시하는 가계동향조사에서 수집된 표본 가구의 가계부 작성결과를 통한 가구별 연간소득을 기초로 매년 지니계수를 작성·공표한다.

⑥ **상대적 빈곤율** : 소득이 중위소득(인구를 소득순으로 나열했을 때 한가운데 있는 사람의 소득)의 50% 미만인 계층이 전체 인구에서 차지하는 비율을 말한다. 상대적 빈곤율은 소득이 빈곤선(중위소득의 절반)에도 못 미치는 빈곤층이 전체 인구에서 차지하는 비율로, 상대적 빈곤율이 높다는 것은 그만큼 상대적으로 가난한 국민이 많다는 것을 의미한다.

⑦ **3면 등가의 법칙** : 국민 경제의 전체 활동은 생산, 분배, 지출의 어느 측면에서 측정하더라도 같은 금액이 된다. 이를 3면 등가의 법칙이라 한다.

⑧ **기펜의 역설(Giffen's Paradox)** : 발견자인 영국의 경제학자 R.기펜에게서 유래한 명칭으로 한 재화의 가격하락이 도리어 그 재화의 수요를 감소시키거나 가격상승이 그 재화의 수요를 증가시키는 현상을 말한다. 보통 한 재화에 대한 가격이 하락하면 소비자의 실질소

풍요 속의 빈곤 (Poverty in the Midst of Plenty)

영국의 경제학자 케인스(Keynes)가 비유한 말로, 충분한 생산능력이 있음에도 완전고용을 유지할 정도의 유효수요가 존재하지 않아 대량의 실업과 유휴설비가 발생하고 국민들이 빈곤에 허덕이는 선진국의 경제상태를 의미한다.

유효수요

단순한 욕망에서 그치는 것이 아니라 현실적인 구매력을 가진 금전적 지출을 수반한 수요를 뜻한다. 구매력과 관계없이 물건을 갖고자 하는 욕구인 절대수요에 반대되는 개념으로, 유효수요를 증가시키려면 국민소득을 높여야 한다. 케인스는 유효수요가 경제회복, 완전고용 실현, 국민소득의 증가를 위한 핵심 요소라고 하였다.

잠재수요

가격이 비싸 당장은 구매가 어렵지만 가격을 내리거나 소득이 늘면 살 수 있는 경우, 또는 구매력은 있지만 어떠한 사정들로 인해 가시적인 수요가 없는 것을 말한다. 소득의 증가나 가격 하락으로 인해 유효수요가 된다.

확인문제 서울메트로

3. 풍요 속의 빈곤(Poverty in the Midst of Plenty)이라는 말로 선진국의 상태를 표현한 경제학자는?

① 로스토 ② 케인스
③ 스미스 ④ 도마르

해 영국의 경제학자 케인스가 한 말이다.

승수이론(Theory of Multiplier)

특정한 경제변수의 변화가 다른 경제변수의 변화에 미치는 파급효과를 분석한 이론체계로 칸(Kahn, R. F.)이 고용승수 분석을 통해 창안하였고 케인즈가 계승하여 투자증가와 소득증가 사이의 투자승수 분석을 통해 정립하였다.

답 3. ②

득이 높아진 것과 같은 효과가 나타나 그 재화의 수요를 증가시키나 마가린과 같은 특수한 재화, 즉 열등재 또는 하급재에서는 소비자가 부유해짐에 따라 마가린의 수요는 감소하고 마가린보다 우등재·상급재의 관계에 있는 버터로 대체되어 버터의 수요가 증가한다. 이때 마가린의 가격이 하락하면 소득효과가 양으로 나타나기 때문에 마가린 수요는 감소하며 마가린과 같은 재화를 기펜재(Giffen's Goods)라고 한다. 즉 기펜의 역설은 재화의 가격이 하락하여 그 재화의 수요가 증가한다는 법칙의 예외 현상이라 할 수 있다.

⑨ **세이의 법칙(Say's Law)** : '공급은 스스로 수요를 창조한다.'는 경제학 법칙으로 프랑스 경제학자 세이가 주장한 이론이다. 재화의 생산에 참가한 생산요소 제공자에겐 생산된 재화의 가치와 동등한 소득이 따라오며 그 소득은 모두 생산물에 대한 수요가 되므로, 재화의 공급은 그 재화에 대한 수요를 만들어낸다. 따라서 이 법칙에 의하면 경제 전반에 걸쳐 생산의 불균형에 의한 부분적 과잉생산은 있어도, 일반적인 과잉생산은 있을 수 없다.

⑩ **한계효용체감의 법칙** : 일정한 기간에 소비되는 재화의 수량이 증가함에 따라 그 추가분에서 얻을 수 있는 한계효용이 점차 감소한다는 법칙으로 한계효용은 욕망의 강도에 정비례하고 재화의 존재량에 반비례한다는 이론이다. 독일의 경제학자 고센이 처음 밝혀낸 데서 '고센의 법칙'이라고도 한다.

⑪ **피구효과(Pigou Effect)** : 임금과 물가가 내려가면 사람들이 가지고 있는 화폐 자산의 실질가치는 올라가고, 그 증가가 소비를 늘려서 궁극적으로 고용을 증대시킨다는 이론. 주창자인 영국의 경제학자 아서 피구의 이름에서 유래하였다.

⑫ **베블렌효과(Veblen Effect)** : 미국의 경제학자 베블렌이 ≪유한계급론≫에서 고소득 유한계급의 과시하는 소비 행태를 논한 데서 비롯된 것으로 허영심에 의해 수요가 발생하는 효과를 말한다.

⑬ **의존효과(Dependence Effect)** : 미국의 경제학자 갤브레이스가 그의 저서 ≪풍요로운 사회≫에서 전통적 소비자주권과 대립되는 개념으로 사용한 것으로 소비재에 대한 소비자의 수요가 소비자 자신의 자주적 욕망에 의존하는 것이 아닌 생산자의 광고, 선전 등에 의존하여 이루어지는 현상을 나타낸다.

공급의 탄력성

가격의 변동에 의하여 일어나는 공급변동의 정도를 말하며 일반적으로 필수품에 가까운 농산물은 탄력성이 작고 공산품은 탄력성이 크다. 또한 골동품처럼 희소가치가 높은 물건은 완전독점의 경우와 같이 공급의 탄력성이 없다.

$$\text{공급의 탄력성} = \frac{\text{공급변동률}}{\text{가격변동률}}$$

$$= \frac{\text{공급변동분}}{\text{원래의 공급}} \div \frac{\text{가격변동분}}{\text{원래의 가격}}$$

수요의 탄력성

상품의 수요량이 가격변동에 의해 변하는 민감도를 나타내는 지표로 가격이 1% 변할 때 수요량이 몇 % 변하는가를 나타내며 수요의 탄력성이 1보다 크면 탄력적이고, 작으면 비탄력적이다.

$$\text{수요의 탄력성} = \frac{\text{수요변동률}}{\text{가격변동률}}$$

$$= \frac{\text{수요변동분}}{\text{원래의 수요}} \div \frac{\text{가격변동분}}{\text{원래의 가격}}$$

기회비용

한 가지를 선택함으로써 포기하게 되는 가치를 의미하며 A를 얻기 위해 B를 포기했다면 B를 A의 기회비용이라고 한다. 예를 들어 기업가가 자기 사업에 투자한 경우 그 돈을 은행이나 다른 금융기관에 투자하여 얻을 수 있는 이자를 희생한 것이므로 이때의 이자가 기회비용이 되므로 이 이자는 투자함으로써 희생된 생산비의 일종으로 간주한다.

수요법칙의 예외

- 기펜의 역설
- 가수요
- 베블렌효과

생산의 3요소

생산 활동에 필요한 장소, 원료, 동력 등을 제공하는 토지, 인간의 지적, 육체적 노동과 영리를 목적으로 생산에 투여하는 자본 등 이 세 가지를 생산의 3요소라고 하며 근래에는 경영을 추가해서 4요소라고 한다.

⑭ **래칫효과(Ratchet Effect)** : 소득이 높을 때의 소비행동은 소득이 다소 낮아져도 곧 변하기 어려운데 이처럼 소득이 늘지 않아도 그 소득과 균형 잡힌 상태로 소비가 곧 줄지 않는 현상을 말하며 관성효과라고도 한다.

⑮ **외부효과(External Effect)** : 어떤 사람의 행위가 다른 사람에게 영향을 미치지만 보상을 지급하거나 지급받지 않는 것으로 다시 외부불경제(External Diseconomy)와 외부경제(External Economy)로 구분되는데 외부불경제는 행동의 당사자가 아닌 사람에게 비용을 발생시키는 것으로, 음의 외부성(Negative Externality)이라고도 하며 외부경제(External Economy)는 행동의 당사자가 아닌 사람에게 편익을 유발하는 것으로, 양의 외부성(Positive Externality)이라고도 한다.

경제지표(Economic Indicator)

(1) 국민소득

① **정의** : 한 나라 안의 가계, 기업, 정부 등 모든 경제 주체가 일정기간 동안 새로이 생산한 재화와 서비스의 가치를 금액으로 평가하여 합산한 것으로, 한 나라의 경제수준을 종합적으로 나타내는 대표적인 거시경제지표이다. 포괄범위나 평가방법 등에 따라 국내총생산(GDP), 국민총소득(GNI), 국민순소득(NNI), 국민처분가능소득(NDI), 국민소득(NI), 개인처분가능소득(PDI) 등으로 구분할 수 있다.

② **GDP(국내총생산, Gross Domestic Product)** : 국민경제의 규모를 파악하기 위한 지표로, 국민경제를 구성하는 가계, 기업, 정부 등 경제활동 주체가 일정기간 동안 생산하고 판매한 재화의 총액을 나타낸다. 국내의 내국인과 외국인의 차별을 두지 않고 국내에서 생산한 모든 것을 포함한다.

③ **GNP(국민총생산, Gross National Product)** : 국민이 일정기간 동안(보통 1년) 생산한 재화와 용역을 시장가격으로 평가하고 여기서 중간생산물을 차감한 총액을 의미한다. 내국인이라면 국내와 외국에서 생산한 모든 것을 총생산에 포함시키지만 외국인은 제외된다. 과거

우회생산

생산재를 먼저 만든 다음에 이를 이용하여 소비재를 만드는 것으로 대량 생산이 단기간에 능률적으로 이루어지므로 오늘날 자본주의 사회에서는 거의 이 같은 생산방식을 따르고 있다.

재생산

생산 과정이 끊임없이 되풀이되는 것으로 단순재생산, 확대재생산, 축소재생산으로 나뉜다.

경제활동인구 (Economically Active Population)

만 15세 이상인 사람들 중에서 재화나 용역을 생산하기 위해 노동을 제공할 의사와 능력이 있는 사람을 뜻하며 취업할 의사와 능력은 있어도 현실적으로 취업이 불가능한 교도소에 수감 중인 기결수나 현역군인, 공익근무요원 등은 제외한다.

- 취업률
  = 취업자 ÷ 경제활동인구 × 100
- 실업률
  = 실업자 ÷ 경제활동인구 × 100
- 경제활동참가율
  = 경제활동인구(취업자 + 실업자) ÷ 만 15세 이상 인구 × 100

GPI (Genuine Progress Indicator)

기존의 GNP나 GDP 개념의 대안으로 새롭게 등장한 경제지표이며 개인소비 등 시장가치로 나타낼 수 있는 경제적 활동 외에 가사노동 등에서 유발되는 긍정적 가치와 범죄, 환경오염, 자원고갈 등의 부정적 비용 등 모두 26개 요소의 비용과 편익을 포괄하는 개념이다.

에는 GNP가 국민경제의 지표로 쓰였지만 세계화 시대에 외국인이 국내에서 벌어들이는 돈을 차감하여 정확한 규모를 파악하기가 어렵기 때문에 내국인과 외국인을 가리지 않고 국경을 단위로 생산한 것을 집계한 GDP가 국가경제를 나타내는 지표로 GNP를 대체하고 있다.

GDP와 GNP

- GDP(국내총생산) = GNP + 해외로 지불하는 요소소득 − 해외에서 수취하는 요소소득)
- GNP(국민총생산) = 최종생산량의 총량
  = 총생산물 − 중간생산물
  = 국민순생산(NNP) + 감가상각비
  = GDP + 자국민의 해외생산 − 외국인의 국내생산
- 비교

GDP	GNP
• 국내총생산 • 영토를 기준으로 파악	• 국민총생산 • 거주성을 중심으로 파악

④ **GNI(국민총소득, Gross National Income)** : 생산활동을 통해 획득한 소득의 실질구매력을 반영한 지표로 '국민소득'으로 줄여 부르기도 한다. 전 국민이 일정기간 동안 올린 소득의 총합으로 GDP가 국민소득의 실질적인 구매력을 표현하지 못하기 때문에 GNI를 사용한다. 국민소득의 실질 구매력이란 GDP(국내총생산)로 상품을 소비할 수 있는 능력을 뜻한다.

⑤ **경제성장률(Economic Growth Rate)** : 경제활동부문이 만들어낸 부가가치가 전년에 비해 얼마나 증가하였는가를 보기 위해 이용하는 지표로, 흔히 경제성장률이라 하면 물가요인을 제거한 실질 GDP 성장률을 의미한다.

⑥ **GDP 디플레이터(GDP Deflator)** : 명목 GDP를 실질 GDP에 대비한 지수로 경제 전반에서 가장 종합적인 지표로 활용된다. GDP 디플레이터 수치는 명목 GDP 값과 실질 GDP 값 사이의 물가변동분이다. 따라서 GDP 디플레이터를 구하면 물가의 변화를 파악할 수 있다.

⑦ **국민순소득(Net National Income)** : 국민총소득(GNI)에서 고정자본소모를 제외한 것을 말한다. 고정자본소모란 공장이나 기계설비 등이 생산활동과정에서 마모되는 것처럼 생산활동에서 이용된 자산의

거시지표와 미시지표

경제지표는 경제의 변화를 수치로 나타낸 것으로 거시지표와 미시지표로 구분한다. 거시지표는 실업률, 통화증가율, 이자율처럼 경제 환경을 반영하며, 미시지표는 개별 경제 주체의 성장률이나 매출 증가율을 다룬다. 정부는 경제정책을 만들 경우 주로 거시지표를 참조하여 변화시킨다.

경제성장률

금년도 실질 GDP − 전년도 실질 GDP ÷ 전년도 실질 GDP ×100

GDP 디플레이터(GDP Deflator)

명목 GDP ÷ 실질 GDP × 100

GRDP(지역 내 총생산, Gross Regional Domestic Product)

시 · 도 단위별 생산액, 물가 등 기초통계를 바탕으로 일정 기간 동안 해당지역의 총생산액을 추계하는 시 · 도 단위의 종합경제지표를 말하며 각 시 · 도의 경제규모, 생산수준, 산업구조 등을 파악하여 지역경제 분석 및 정책수립에 필요한 기초자료로 제공된다. GDP과 마찬가지로 UN이 권고한 국민계정체계(SNA)에 따라 추계하는 공통점이 있으나, 추계 시 이용하는 기초자료가 일부 상이하고 자료이용방법에도 다소 차이가 있으므로, GDP와 반드시 일치하지는 않는다.

실질 GDP와 명목 GDP

실질 GDP는 재화와 서비스 가격을 기준연도의 가격으로 계산한 것으로 기준 연도 가격에 해당 연도의 생산량을 곱해 생산량 변동을 구한 값으로, 가격 변동에는 영향을 받지 않는다. 반면, 명목 GDP는 재화와 서비스 가격을 현재의 가격으로 계산한 것으로 해당 연도의 재화와 서비스 가격에 현재의 생산량을 곱해 구한 값으로, 가격도 변하고 생산량에도 변동이 있다.

가치가 감소하는 것을 뜻한다. 고정자본소모를 제외하는 이유는 일정기간 동안 생산된 생산물의 순수한 가치를 평가하기 위해 현재의 생산능력이 저하되지 않고 그대로 유지된 상태에서 생산이 이루어지는 것으로 파악해야 하기 때문이다.

⑧ **국민소득(NI ; National Income)** : 한 나라 안에 있는 가계, 기업, 정부 등의 모든 경제주체가 일정기간에 새로이 생산한 재화와 서비스의 가치를 금액으로 평가하여 합산한 것으로, 한 나라의 경제수준을 종합적으로 나타내는 대표적인 지표라 할 수 있다

⑨ **국민처분가능소득(NDI ; National Disposable Income)** : 국민경제 전체가 소비나 저축으로 자유로이 처분할 수 있는 소득의 규모를 의미한다. 즉, 처분가능소득이란 소득에서 세금이나 사회보장부담금, 비영리단체로의 이전, 타 가구로의 이전 등 비소비지출을 공제하고 남은 소득, 즉 가구에서 이전되는 부분을 제외하고 자유롭게 소비지출할 수 있는 소득을 말한다.

⑩ **개인처분가능소득(PDI ; Personal Disposable Income)** : 개인이 임의로 소비와 저축으로 처분할 수 있는 소득의 크기를 나타내는 것으로, 국민소득을 분배 면에서 볼 때 제도부문별 분류 중 개인 부문의 처분가능소득이 해당된다. 제도부문별 소득계정에서 개인부문에 표시된 소비와 저축을 합산하여 구하며 이는 투자를 위한 자금조달의 원천이 된다.

⑪ **소득** : 가구의 실질적인 재산의 증가를 가져온 일체의 현금 및 현물의 수입을 말하며 경상소득과 비경상소득으로 구성된다.

㉠ **경상소득** : 일상적인 경제활동을 통해 정기적으로 얻는 소득으로서 가구가 근로제공의 대가로 받은 근로소득, 자영사업으로부터의 사업소득, 자산으로부터의 이자, 배당금 등의 재산소득, 정부, 타 가구, 비영리단체 등으로부터 이전되는 이전소득 등 경상적으로 발생하는 소득을 말한다.

㉡ **비경상소득** : 경조소득, 퇴직수당 등 일정하지 않고 확실하지 않으며 일시적으로 발생하는 소득을 말한다.

보이지 않는 손(Invisible Hand)

애덤 스미스(Adam Smith)가 시장가격의 자동조절 기능, 가격 매개변수적 기능을 가리켜 붙인 이름이다. 애덤 스미스는 '국부론'에서 모든 사람이 자신의 처지를 개선하려고 하는 자연스런 노력인 이기심에 따라 행동하면 이른바 '보이지 않는 손'에 의하여 모든 경제활동이 조정되고 개인과 사회의 조화가 실현된다고 하였다. 즉, 가격의 능동적인 자동 조절 기능에 의해 경쟁시장에서 수요와 공급의 균형이 부지불식간에 이루어 진다고 주장하였다.

시장실패(Market Failure)

시장에서 효율적으로 자원배분이 일어나지 못하거나 형평성을 달성하지 못하는 상태를 말한다. 시장실패에는 여러 가지 원인이 있는데 독과점과 같은 불완전경쟁과 공공재의 존재, 경기의 불안정 등을 원인으로 꼽을 수 있다. 시장의 기능은 '완전경쟁시장'을 가정하고 있지만 현실에서는 진입장벽 등의 반완전경쟁적 요소가 있으며, 시장자체가 이론처럼 완전하지 못하기 때문에 시장실패가 일어난다.

빈곤의 악순환

미국의 경제학자 넉시가 저개발국이 용이하게 지속적인 경제발전 궤도에 오르지 못하는 저해요인으로 지적한 것으로, 저개발국은 자본형성의 부족으로 빈곤해지고 그 빈곤 때문에 자본이 형성되지 않아 가난에서 빠져나올 수 없다는 이론이다. 이를 탈피하려면 낮은 생산성을 높여야 하며 동시에 낮은 실질소득 수준을 올려야 하는데 다시 말해 열심히 일해 저축을 해야 한다는 이론이다.

적중문제

01 다음 중 경제에 대한 내용으로 잘못된 것은?

① 경제란 '경세제민(經世濟民)'에서 유래된 용어이다.
② 용역(Service)이란 인간 욕망의 대상이 되는 물질적 수단을 말한다.
③ 인간생활에 필요한 재화와 용역을 생산 · 소비하는 활동을 통틀어 경제라 한다.
④ 재화(Goods)란 옷과 음식처럼 가시적인 형태의 것과 공기나 전기처럼 비가시적인 형태의 것을 말하는 것이다.

해 대학에서 강사가 하는 강의나 미용사가 하는 네일케어처럼 우리 눈에 보이지는 않지만 필요에 의해서 행해지는 일을 용역이라 한다. 인간 욕망의 대상이 되는 물질적 수단은 재화(Goods)이다.

재화(Goods)
재화란 인간 욕망의 대상이 되는 물질적 수단을 말한다. 즉, 사용과 소비를 통해 사람들의 효용을 증가시킬 수 있는 모든 것으로 옷과 음식처럼 가시적인 형태의 것과 공기나 전기 등 비가시적인 것을 포함한다.

용역(Service)
대학에서 강사가 하는 강의나 미용사가 하는 네일케어처럼 우리 눈에 보이지는 않지만 필요에 의해서 행해지는 일을 용역이라 한다.

02 경제행위를 수행하는 경제 주체에 대한 내용으로 틀린 것은?

① 정부 = 국가경제
② 가계 + 기업 = 민간 경제
③ 가계 + 기업 + 정부 = 국민 경제
④ 가계 + 기업 + 정부 + 외국 = 국제경제

해 경제 주체란 경제행위를 독자적으로 수행하는 대상으로 가계, 기업, 정부, 외국 등이 있다.
② 가계 + 기업 = 민간 경제
③ 가계 + 기업 + 정부 = 국민 경제
④ 가계 + 기업 + 정부 + 외국 = 국제경제

03 경제 원칙에 대해 바르게 설명한 것은?

① 사회 전체 이익에 반해서 소유권을 행사할 수 없다는 원칙이다.

② 사회 질서에 반하거나 공정성을 잃은 계약은 보호받지 못한다는 원칙이다.

③ 일정한 효과를 얻는 데 최소의 비용을 지불하려는 원칙이다.

④ 고의나 과실이 없어도 남에게 피해를 줄 경우 보상해야 한다는 원칙이다.

해 ③ 최소비용의 원칙에 대한 설명이다. 경제 원칙이란 최소의 비용으로 최대의 효과를 얻으려는 원칙으로 최대잉여 원칙과 최대효과 원칙, 최소비용의 원칙이 있다.

① 현대 민법의 원칙 중 소유권 공공의 원칙이다.

② 계약공정의 원칙이다.

④ 무과실 책임의 원칙에 대한 내용이다.

경제원칙

- 최대잉여 원칙 : 비용과 효과의 차를 최대로 하려는 원칙이다.
- 최대효과 원칙 : 일정한 비용으로 최대의 효과를 얻으려는 원칙이다.
- 최소비용의 원칙 : 일정한 효과를 얻는 데 최소의 비용을 지불하려는 원칙이다.

현대 민법의 3원칙

- 소유권 공공의 원칙 : 사회 전체 이익에 반해서 소유권을 행사할 수 없다는 원칙이다.
- 계약 공정의 원칙 : 사회 질서에 반하거나 공정성을 잃은 계약은 보호받지 못한다는 원칙이다.
- 무과실 책임의 원칙 : 고의나 과실이 없어도 남에게 피해를 줄 경우 보상해야 한다는 원칙이다.

04 경제의 종류에 대해 잘못 설명한 것은?

① 거시경제란 나무가 아닌 숲을 보는 것처럼 경제를 크게 바라보는 것을 말한다.

② 디지털경제란 인터넷을 비롯한 정보통신산업을 기반으로 이루어지는 모든 경제활동을 일컫는 용어로 인터넷 쇼핑, 전자상거래 등이 대표적이다.

③ 미시경제에서는 경제 현상을 이루는 요소들 즉, 버스나 택시 요금, 생필품 가격, 외식비용 등을 파악한다.

④ 블러경제란 1990년대 미국 경제의 장기호황이 이전에는 보기 힘들었던 '고성장 속 저물가' 현상을 보인 것을 뜻하는 용어이다.

해 블러경제(Blur Economicy)에서 블러(Blur)란 '흐릿하다'는 뜻으로 블러경제란 네트워크의 발달에 의해 상거래에서 판매자와 고객의 위치가 혼돈되는 상황을 말한다.

답 01. ② 02. ① 03. ③ 04. ④

05 다음 보기에서 설명하고 있는 용어는?

경제가 높은 성장을 이루고 있더라도 물가상승이 없는 상태로, 국민들의 삶의 여건이 가장 이상적인 경제 상태를 의미한다.

① 골디락스 ② 스톡리치
③ 그린 노마드 ④ 니트

해 ① 골디락스(Goldilocks)란 경제가 높은 성장을 이루고 있더라도 물가상승이 없는 상태를 뜻하는 경제 용어로, 미국이 수년간 고성장을 유지하면서도 낮은 실업률과 인플레이션 상태를 유지하는 이례적인 호경기를 누린 시기를 표현한 말이다.
② 스톡리치(Stock-rich)란 IMF 이후 기형적으로 팽창한 주식시장에서 부를 축적한 신흥부자를 일컫는 말이다.
③ 그린 노마드(Green Nomad)란 도심 속에서 살면서 자연을 추구하는 사람들로 현재 살고 있는 집과 사무실을 친환경적인 공간으로 만드는 자연주의자를 뜻하는 용어이다.
④ 니트(NEET)란 'Not in Education, Employment, or Training'의 머리글자를 딴 신조어로 교육을 받는 학생도 아니면서 구직활동도 하지 않는 사람들을 지칭하는 단어이다.

06 최저임금제에 대한 내용으로 적절하지 못한 것은?

① 최저임금제는 근로자의 생활안정과 노동력의 질적 향상을 위해 도입되었다.
② 최저임금은 근로자의 생계비, 유사 근로자의 임금, 노동생산성 및 소득분배율 등을 고려하여 보건복지부 장관이 정한다.
③ 최저임금의 적용을 받는 사용자는 해당 최저임금을 그 사업의 근로자가 쉽게 볼 수 있는 장소에 게시하여 주지시킬 의무가 있다.
④ 최저임금의 적용을 받는 근로자와 사용자 사이의 근로계약 중 최저임금액에 미치지 못하는 금액을 임금으로 정한 부분은 무효이다.

해 최저임금은 근로자의 생계비, 유사 근로자의 임금, 노동생산성 및 소득분배율 등을 고려하여 정하는데, 사업의 종류별로 구분하여 고용노동부장관이 정하고 있다.

07 최저생계비에 대한 설명으로 잘못된 것은?

① 국민기초생활보장법에 따라 보장받는 비용이다.

② 보건복지부가 정하여 고시한다.

③ 보건복지부 장관은 수급권자의 가구유형 등 생활실태, 물가상승률 등을 고려하여 최저생계비를 결정한다.

④ 최저생계비는 다음 해 기초생활보장 수급자 선정 및 급여 기준으로 활용되며 최저생계비를 결정하기 위하여 필요한 계측조사를 5년마다 실시하도록 하고 있다.

해 최저생계비는 다음 해 기초생활보장 수급자 선정 및 급여 기준으로 활용되며 최저생계비를 결정하기 위하여 필요한 계측조사를 3년마다 실시하도록 하고 있다.

08 현금영수증에 대한 내용으로 틀린 것은?

① 현금영수증이란 현금영수증가맹점이 재화 또는 용역을 공급하고 그 대금을 현금으로 받는 경우 해당 재화 또는 용역을 공급받는 자에게 현금영수증 발급장치에 의해 발급하는 것을 말한다.

② 현금영수증을 받기 위해서는 반드시 현금영수증 카드를 제시해야만 한다.

③ 우리나라에서는 2005년 1월 1일부터 현금영수증제도가 시행되고 있다.

④ 근로소득자이거나 근로소득자의 부양가족인 경우에는 총급여액의 25%를 초과하는 현금영수증 사용금액의 30%를 연말정산 시 소득공제 받을 수 있다.

해 현금과 함께 카드, 휴대전화번호 등을 제시하면, 가맹점은 현금영수증 발급장치를 통해 현금영수증을 발급하므로 현금영수증카드뿐만 아니라 휴대전화번호를 통해서도 발급받을 수 있다.

현금영수증제도

현금영수증이란 조세특례제한법에 규정된 현금영수증가맹점이 재화 또는 용역을 공급하고 그 대금을 현금으로 받는 경우 해당 재화 또는 용역을 현금영수증 발급장치를 통해 공급받는 자에게 발급하는 것으로, 거래일시 · 금액 등 결제내용이 기재된 영수증을 뜻하며 2005년 1월 1일부터 시행되고 있다. 소비자가 현금과 함께 카드(적립식카드, 신용카드 등), 휴대전화번호 등을 제시하면, 가맹점은 현금영수증 발급장치를 통해 현금영수증을 발급하고 현금결제 건별 내역이 국세청에 통보되는 제도로 근로소득자이거나 근로소득자의 부양가족인 경우에는 총급여액의 25%를 초과하는 현금영수증 사용금액의 30%를 연말정산 시 소득공제 받을 수 있다.

답 05. ① 06. ② 07. ④ 08. ②

09 **빈부격차와 계층 간 소득분포의 불균형 정도를 나타내는 수치로, 소득이 얼마나 균등하게 분배되는지를 보여주는 척도는?**

① 지니계수 ② 국내총생산(GDP)
③ 국민순소득(NNI) ④ 개인처분가능소득(PDI)

해 지니계수에 대한 설명으로 0에서 1까지의 수치로 나타나며, 값이 커질수록 불평등함을 나타낸다.

10 **다음 (　　) 안에 들어갈 알맞은 용어는?**

국민 경제의 전체 활동은 생산, 분배, 지출의 어느 측면에서 측정하더라도 같은 금액이 되는데 이를 (　　　　)이라 한다.

① 무어의 법칙 ② 메트칼프 법칙
③ 3면 등가의 법칙 ④ 거래비용 법칙

해 3면 등가의 법칙에 대한 내용으로 국민 경제의 전체 활동은 생산, 분배, 지출의 어느 측면에서 측정하더라도 같은 금액이 되는 것을 말한다.

[한국환경공단]

11 **소득불평등지표 중 하나로 저소득층과 고소득층 간의 소득분배를 나타내는 지표는?**

① 로렌츠 곡선 ② 지니계수
③ 파레토계수 ④ 10분의 분배율

해 10분의 분배율(Deciles Distribution Ratio)이란 소득분배정도 판별법으로 소득분배의 정도를 나타내는 것들 가운데 빈부의 격차를 나타내는 지표인데 최하위 40% 계층의 소득이 최상위 20% 계층 소득에 대해 차지하는 비율을 말한다.

[국가정보원]

12 **다음 중 거시경제지표에 해당하지 않는 것은?**

① 국민소득 ② 환율

③ 매출액 ④ 이자율

해 거시경제지표란 국민소득, 물가상승률, 실업률, 환율, 이자율 등 국가차원의 경제상황을 판단하는 지표를 가리킨다.

13 **GDP(국내총생산)와 GNP(국민총생산)에 대한 내용으로 올바르지 못한 것은?**

① GDP는 국민경제를 구성하는 가계, 기업, 정부 등 경제활동 주체가 일정 기간 동안 생산하고 판매한 재화의 총액을 나타낸다.

② GDP는 국내의 내국인과 외국인의 차별을 두지 않고 국내에서 생산한 것을 포함한다.

③ 현재에는 GNP가 국민경제의 지표로 많이 이용되고 있다.

④ GNP는 내국인이면 국내에서 생산한 것이든 외국에서 생산한 것이든 모두 총생산에 들어가지만 외국인은 총생산에서 제외된다.

해 과거에는 GNP가 국민경제의 지표로 쓰였지만 세계화 시대에 외국인이 국내에서 벌어들이는 돈을 차감하여 정확한 규모를 파악하기가 어렵기 때문에 내국인과 외국인을 가리지 않고 국경을 단위로 생산한 것을 집계한 GDP가 국가경제를 나타내는 지표로 GNP를 대체하고 있다.

GDP	GNP
• 국내총생산 • 영토를 기준으로 파악	• 국민총생산 • 거주성을 중심으로 파악

답 09. ① 10. ③ 11. ④ 12. ③ 13. ③

14 **생산활동을 통해 획득한 소득의 실질구매력을 반영한 지표로 '국민소득'으로 부르기도 하는 것은?**

① GNI

② GDP

③ NNI

④ GDP 디플레이터

해 GNI(국민총소득 ; Gross National Income)란 생산활동을 통해 획득한 소득의 실질구매력을 반영한 지표로 '국민소득'으로 줄여 부르기도 한다. GNI는 전 국민이 일정기간 동안 올린 소득의 총합으로, GDP가 국민경제의 크기를 나타내는 데 쓰이고 있으나 국민소득의 실질적인 구매력을 표현하지 못하기 때문에 GNI를 사용한다.

[한국전력공사]

15 **경제생활에서 "무엇을, 어떻게, 누구를 위하여 생산할 것인가?"라는 기본 문제들이 발생하는 근본적인 이유는?**

① 경제체제의 다양성

② 국민생활 수준의 차이

③ 자원의 희소성

④ 재화에 대한 기호의 차이

해 인간의 욕구를 충족하는 수단인 자원의 희소성이 근본적인 경제 문제를 낳는다고 볼 수 있다.

답 14. ① 15. ③

2 경기

경기

(1) 경기(Business Condition)

① 정의 : 경기란 경제상태를 나타내는 용어이다. 경제상태가 좋은 경우 즉, 투자와 고용 및 소비 등의 경제활동이 활발한 상태를 호경기(Boom)라고 하며, 반대로 경기가 침체일 경우에는 불경기(Business Slump)라고 한다.

② 경기 변동(Business Cycle) : 경제활동이 시간에 따라 상승과 하강, 확대와 축소가 반복되는 현상을 일컬어 경기 변동이라 한다. 일반적으로 경기 변동은 호황을 지나 후퇴를 거쳐 불황에 접어들게 되고 불황기를 지나 회복되는 구조를 보인다.

㉠ 호경기 : 경제활동이 가장 활발하며 투자와 고용이 증대되고 수요와 생산이 증가하여 국민 소득이 전반적으로 향상되는 시기이다.

㉡ 후퇴기 : 경제활동이 둔화를 보이기 시작하는 시기로 호경기의 과잉 투자와 고용으로 인해 경기가 위축되는 시기이다.

㉢ 불경기 : 모든 경제활동이 쇠퇴하는 시기로 기업의 이윤이 감소하고 기업이 도산하기도 하며 비자발적인 실업자가 늘어난다. 또한 갑자기 심한 불황이 닥칠 경우 보통의 불황과 구별하기 위해 공황(Panic)으로 부르기도 한다. 공황 중에서 강도가 강한 것은 대공황(The Great Depression)으로 칭한다.

㉣ 회복기 : 불경기 이후 투자와 생산 등 모든 경제활동이 다시 활발해지는 시기로 전반적인 경제 수준이 향상되는 시기이다.

③ 경기 파동 : 경기 변동의 주기는 기간에 따라 크게 다음과 같이 분류한다.

㉠ 키친 파동(Kitchen Cycle) : 3~4년을 주기로 하는 단기 파동으로 수요와 생산잉여의 차이인 재고 변동에 의해 발생한다.

㉡ 주글라 파동(Juglar Cycle) : 약 10~12년을 주기로 하는 파동으로 프랑스 경제학자 주글라에 의해 명명된 파동이다. 주글라 파동의 원인은 기업의 설비투자의 변동에 있다.

㉢ 크즈네츠 파동(Kuznets Cycle) : 약 20년을 주기로 하는 파동으로

트리클 업(Trickle Up)

부유층의 부를 늘려주면 중소기업과 서민에게 혜택이 돌아간다는 트리클 다운의 반대로, 오히려 부유층에 대한 세금은 늘리고 저소득층에 대한 복지정책 지원을 증대시켜야 한다는 주장이다. 저소득층에 대한 직접 지원을 늘리면 소비 증가를 가져올 것이고, 소비가 증가되면 생산투자로 이어지므로 이를 통해 경기를 부양시킬 수 있다는 논리이다.

마냐냐 경제관

경재정책 및 집행자 등 정부 경제관료들의 지나치게 낙관적인 경제관을 일컫는 말로 마냐냐(Manana)는 스페인어로 '내일'이라는 뜻을 가지고 있어서 '내일은 내일의 태양이 뜬다'는 식으로 미래 경제의 앞날을 밝게만 보는 것이다.

로스토의 경제발전 5단계설

미국의 경제학자 로스토(Rostow)가 주장한 이론으로 각국의 경제는 그 나라의 자원과 국민성, 역사에 따라 여러 가지 특징을 가지고 있지만 일반적으로 '전통적 사회의 단계 → 도약 준비 단계 → 도약의 단계 → 성숙 사회의 단계 → 대중적 대량소비의 단계'의 5단계를 거쳐 성장한다는 이론이다. 로스토는 도약기를 성공적으로 거칠 경우 전근대사회가 자본주의 사회로 발전하게 된다고 주장한다.

미국의 경제학자 크즈네츠가 발견한 것이다. 주요 원인으로는 인구증가율과 경제성장률의 변동을 들 수 있다.

㉣ **콘트라티예프 파동(Kontratiev Cycle)** : 약 50년을 주기로 하는 장기파동으로 기술의 혁신과 전쟁, 생산량 증감, 식량 과부족 등에 의해 발생한다.

(2) 경기지표(Business Cycle Indicator)

① **경기종합지수(CI ; Composite Indexes of Business Indicators)** : 경기 흐름을 파악하고 예측할 때 쓰이는 지표로 선행종합지수와 동행종합지수, 후행종합지수로 구분되어 있다. 통계청에서 작성하고 발표한다.

㉠ **선행종합지수(Composite Leading Index)** : 투자 관련 건설 · 기계 수주지표나 재고순환, 금리 등의 지표처럼 실제 경기순환에 앞서 변동하는 개별지표를 가공 · 종합하여 만든 지수로 향후 경기변동의 단기 예측에 이용하는 지수이다. 선행지수는 말 그대로 실제 경기 움직임보다 보통 3~10개월 정도 앞서 변하는 9가지 경제지표를 종합해서 나타낸 것으로 선행지수를 보면 경기를 예측할 수 있다.

㉡ **동행종합지수(Composite Coincident Index)** : 동행지수는 경기 움직임과 같이 움직이는 산업생산지수, 수입액 등의 7가지 경제지표를 종합한 지수이다. 동행종합지수는 현재의 경기를 파악하는 데 이용한다.

㉢ **후행종합지수(Composite Lagging Index)** : 재고, 소비지출 등 실제 경기순환에 후행하여 변동하는 개별지표를 가공 · 종합하여 만든 지표로 현재 경기의 사후 확인에 이용한다.

㉣ 경기종합지수 경제지표 요소

선행종합지수	재고순환지표, 소비자기대지수, 기계류내수출하지수(선박제외), 건설수주액(실질), 수출입물가비율, 국제원자재가격지수, 구인구직비율, 코스피지수, 장단기금리차
동행종합지수	광공업생산지수, 건설기성액, 서비스업생산지수(도소매업제외), 소매판매액지수, 내수출하지수, 수입액, 비농림어업취업자 수
후행종합지수	생산자제품재고지수, 도시가계소비지출(실질), 소비재수입액(실질), 상용근로자 수, 회사채유통수익률

크즈네츠의 U자형 가설

전통사회는 국민 모두가 저소득층에 머물러 비교적 평등한 소득 분배가 이루어지는 반면, 경제 발전 초중기에는 경제 발전 대열에 참여한 사람은 소득이 높고 그렇지 못한 사람은 소득이 낮아 소득 불평등이 점차 확대되다가 경제 발전이 성숙되면 전반적으로 임금 수준이 향상되고 각종 사회보장제도, 최저임금제, 누진세 제도 등이 실시되면서 소득불평등이 크게 완화된다는 것이다.

연착륙(Soft Landing)

본래 비행기나 우주선이 기체에 무리가 가지 않도록 착륙하거나 궤도에 진입하는 기법을 뜻하는 말로, 경기가 고성장에서 급격한 경기침체나 실업증가를 야기하지 않으면서 경제성장률을 서서히 낮추는 것을 의미한다.

경기와 금리

경기가 좋아지면 금리(원금에 대한 이자의 비율)가 오르게 된다. 호경기가 되면 기업은 더 많은 이익을 창출하기 위해 투자를 늘리게 된다. 따라서 금융기관에서 자금을 차입하게 되고 시중에 자금 수요가 많아지기 때문에 은행은 자금에 대한 이용료인 금리를 올리게 되는 것이다.

경기정책

경기를 조절하는 정책에는 금리와 통화량을 조절하는 금리정책과 정부의 수입과 지출을 조절하여 통제하는 재정정책이 있다.

ⓜ 경기지수의 선행 · 동행 · 후행 관계

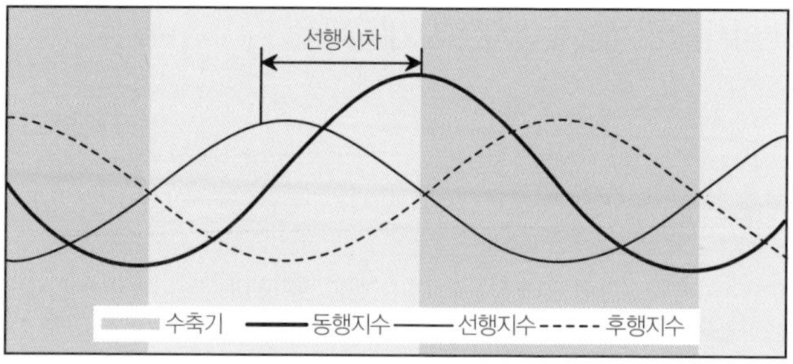

② 소비자심리지수(CSI ; Consumer Survey Index) : 경제지표와의 상관성 및 선행성이 우수한 6개의 주요 구성지수들인 현재생활형편, 생활형편전망, 가계수입전망, 소비지출전망, 현재경기판단, 향후경기전망을 종합한 지수이다.

③ 기업업황지수(BSI ; Business Survey Index) : 기업주를 대상으로 회사 경영과 실적, 계획, 경기 판단 등에 대한 조사를 통해 만든 지표이다. 기업주를 대상으로 조사한 것이기 때문에 주관적인 평가일 수 있으나 체감경기를 파악하는 데 유용하게 쓰이므로 단기적 경기지표로 주로 이용된다. BSI 지수 100은 주로 전분기 대비 경기가 불변임을 나타내고, 100보다 크면 호전적임을, 작으면 경기의 악화를 의미한다.

④ 경기동향지수(DI ; Diffusion Index) : 경기동향지수는 경기종합지수와 달리 경기진동의 진폭이나 속도는 측정하지 않고 변화나 방향만을 파악하는 것으로, 경기의 국면 및 전환점을 판단할 경우 이용한다. 경기확산지수라고도 한다.

⑤ 소비자기대지수(CEI ; Consumer Expectation Index) : 현재와 비교하여 6개월 후의 경기, 생활형편, 소비지출 등에 대한 소비자들의 기대심리를 나타내는 지표이다. 조사문항은 경기, 생활형편, 소비지출, 자산평가 등 15개 문항으로 구성되어 있다. 주요 기대지수는 경기, 가계생활, 소비지출, 내구소비재, 외식 · 오락 · 문화 등이며, 이는 다시 소득계층과 연령대별로 분석해 작성하고, 지수는 100을 기준으로 한다.

더블딥(Double Dip)

경기침체 후 잠시 회복기를 보이다가 다시 침체에 빠지는 이중침체 현상을 의미한다. 즉, 경제가 불황으로부터 벗어나 짧은 기간의 성장을 기록한 뒤, 얼마 지나지 않아 다시 불황에 빠지는 현상을 말한다.

소프트패치(Soft Patch)

경기가 상승되기 전에 일시적인 어려움을 겪는 현상을 말한다. 경기가 하강국면에서 벗어나 회복세로 돌아섰다가 다시 내리막길을 보이는 경우 더블딥과 소프트패치 현상 두 가지가 모두 나타날 수 있다. 소프트패치는 경기 후퇴가 더블딥만큼 심각한 것은 아니고 잠시 숨을 고르며 쉬어가는 정도로, 회복 국면에서 일시적으로 후퇴하는 것을 의미한다.

기업업황지수 (BSI ; Business Survey Index)

업종별 BSI = (긍정적인 업체 수 − 부정적인 업체 수) ÷ 전체 응답 기업 수 × 100 + 100

확인문제 MBC

1. 단순히 과거의 경기 전환점을 표시하는 경기동향 지수는?

① CI ② DI
③ GSP ④ BWI

해 경기동향지수(DI ; Diffusion Index)에 대한 설명이다.

답 1. ②

적중문제

01 다음 중 경기변동 국면에서 이자율이 가장 높아지는 시기는?

① 호경기　　② 후퇴기
③ 침체기　　④ 회복기

해 호경기는 경제활동이 가장 활발하여 투자와 고용이 증대되고 수요와 생산이 증가하여 국민 소득이 전반적으로 향상되는 시기이기 때문에, 이자율은 호경기에서 최고가 되고 불경기에서 최저가 된다.

경기 변동(Business Cycle)
경제활동이 시간에 따라 상승과 하강, 확대와 축소가 반복되는 현상을 일컬어 경기변동이라 한다. 일반적으로 경기변동은 호황을 지나 후퇴를 거쳐 불황에 접어들게 되고 불황기를 지나 회복되는 구조를 보인다.

- 호경기 : 경제활동이 가장 활발하여 투자와 고용이 증대되고 수요와 생산이 증가하여 국민 소득이 전반적으로 향상되는 시기이다.
- 후퇴기 : 경제활동이 둔화를 보이기 시작하는 시기로 호경기의 과잉 투자와 고용으로 인해 경기가 위축되는 시기이다.
- 불경기 : 모든 경제활동이 쇠퇴되는 시기로 기업의 이윤이 감소되고 기업이 도산하기도 하며 비자발적인 실업자가 늘어난다. 또한 갑자기 심한 불황이 닥칠 경우 보통의 불황과 구별하기 위해 공황(Panic)으로 부르기도 한다. 공황 중에서 강도가 강한 것은 대공황(The Great Depression)으로 칭한다.
- 회복기 : 불경기 이후 투자와 생산 등 모든 경제활동이 다시 활발해지는 시기로 전반적인 경제 수준이 향상되는 시기이다.

02 다음 중 경기변동에 대한 설명이 잘못된 것은?

① 호경기 – 경제활동이 가장 활발하여 투자와 고용이 증대되는 시기이다.
② 후퇴기 – 경제활동이 둔화를 보이기 시작하고 호경기의 과잉 투자와 고용으로 인해 경기가 위축되는 시기로 대공황이 일어나는 시기이다.
③ 불경기 – 모든 경제활동이 쇠퇴되는 시기로 기업의 이윤이 감소되고 기업이 도산하기도 하며 비자발적인 실업자가 늘어난다.
④ 회복기 – 불경기 이후 투자와 생산 등 모든 경제활동이 다시 활발해지는 시기로 전반적인 경제 수준이 향상되는 시기이다.

해 공황이 일어나는 시기는 불경기이다.

Chapter 02 경제

03 투자증대 등으로 대기업의 성장을 촉진하면 중소기업과 소비자에게도 그 혜택이 돌아가 경기 전체가 부양된다는 것을 뜻하는 용어는?

① 빅브라더 ② 트리클 다운
③ 페이퍼 컴퍼니 ④ 콘체른

해 트리클 다운(Trickle Down)에 대한 내용이다. 트리클 다운이란 '넘쳐흐르는 물이 바닥을 적신다'는 뜻으로 연쇄적인 경제 혜택현상을 뜻한다.

트리클 다운(Trickle Down)
정부가 투자증대 등으로 대기업의 성장을 촉진하면 중소기업과 소비자에게도 그 혜택이 돌아가 경기 전체가 부양된다는 것을 뜻한다. 즉, 대기업이나 부유층의 부를 먼저 늘려주면 물방울이 아래로 떨어지듯이 중소기업과 서민에게도 혜택이 돌아가 경기 전체가 부양될 것이라는 논리이다.

04 경기 파동의 주기가 잘못된 것은?

① 키친 파동 : 3~4년 주기
② 주글라 파동 : 10~12년 주기
③ 크즈네츠 파동 : 20년 주기
④ 콘트라티예프 파동 : 30년 주기

해 ④ 콘트라티예프 파동(Kontratiev Cycle) : 약 50년을 주기로 하는 장기파동으로 기술의 혁신과 전쟁, 생산량 증감, 식량 과부족 등에 의해 발생한다.
① 키친 파동(Kitchen Cycle) : 3~4년을 주기로 하는 단기 파동으로 수요와 생산잉여의 차이인 재고 변동에 의해 발생한다.
② 주글라 파동(Juglar Cycle) : 약 10~12년을 주기로 하는 파동으로 프랑스 경제학자 주글라에 의해 명명된 파동이다. 주글라 파동의 원인은 기업의 설비투자의 변동에 있다.
③ 크즈네츠 파동(Kuznets Cycle) : 약 20년을 주기로 하는 파동으로 미국의 경제학자 크즈네츠가 발견한 것이다. 주요 원인으로 인구증가율과 경제성장률의 변동을 들 수 있다.

답 01. ① 02. ② 03. ② 04. ④

05 경기 순환의 한 국면으로 호황이 중단되어 생산활동의 저하, 실업률 상승 등이 발생하는 현상은?

① 콜로니(Colony)
② 리세션(Recession)
③ 크라우딩 아웃(Crowding Out)
④ 스탬피드현상(Stampede Phenomenon)

해 리세션(Recession)이란 경기후퇴, 즉 경기 순환의 한 국면으로 호황이 중단되어 생산활동의 저하, 실업률 상승 등이 생기는 현상이다. 이러한 상태가 지속되면 불황이 나타난다.

06 경기지표(Business Cycle Indicator) 중에서 경기종합지수(CI ; Composite Indexes of Business Indicators)에 해당하지 않는 것은?

① 선행종합지수
② 동행종합지수
③ 후행종합지수
④ 역행종합지수

해 경기종합지수(CI ; Composite Indexes of Business Indicators)란 경기흐름을 파악하고 예측할 때 쓰이는 지표로 선행종합지수와 동행종합지수, 후행종합지수로 구분되어 있다. 우리나라의 통계청에서 작성하고 발표한다.

07 다음 보기에서 설명하고 있는 지수는?

투자관련 건설 · 기계수주지표나 재고순환, 금리 등의 지표처럼 실제 경기순환에 앞서 변동하는 개별지표를 가공 · 종합하여 만든 지수

① 엥겔계수
② 선행종합지수
③ 동행종합지수
④ 후행종합지수

해 선행종합지수(Composite Leading Index)에 대한 내용으로, 투자 관련 건설 · 기계수주지표나 재고순환, 금리 등의 지표처럼 실제 경기순환에 앞서 변동하는 개별지표를 가공 · 종합하여 만든 지수이자 향후 경기변동의 단기 예측에 이용하는 지수이다. 선행지수는 말 그대로 실제 경기 움직임보다 보통 3~10개월 정도 앞서 변하는 9가지 경제지표를 종합해서 나타낸 것으로 선행지수를 보면 경기를 예측할 수 있다.

08 **기업주를 대상으로 회사 경영과 실적, 계획, 경기 판단 등에 대한 조사를 통해 만든 지표는?**

① 기업업황지수
② 조업가동률지수
③ 소비자심리지수
④ 서비스업생산지수

해 기업업황지수(BSI ; Business Survey Index)에 대한 내용으로, 기업업황지수는 기업주를 대상으로 회사 경영과 실적, 계획, 경기 판단 등에 대한 조사를 통해 만든 지표이다. 기업주를 대상으로 조사를 한 것이기 때문에 주관적인 평가일 수 있으나 체감경기를 파악하는 데 유용하게 쓰이기 때문에 단기적 경기지표로 주로 이용된다.

09 **경기진동의 진폭이나 속도는 측정하지 않고 변화나 방향만을 파악하는 것으로 경기의 국면 및 전환점을 판단할 경우 이용하는 지수는?**

① 기업업황지수
② 조업가동률지수
③ 경기동향지수
④ 서비스업생산지수

해 경기동향지수(DI ; Diffusion Index)는 경기종합지수와 달리 경기진동의 진폭이나 속도는 측정하지 않고 변화나 방향만을 파악하는 것으로, 경기의 국면 및 전환점을 판단할 경우 이용한다. 경기확산지수라고도 한다.

답 05. ② 06. ④ 07. ② 08. ① 09. ③

3 물가

물가정책

(1) 물가

① **정의** : 물가란 개별 상품 가격의 평균값을 말한다. 가격은 수요와 공급에 의해 결정되는데, 예를 들어 작년에는 배추가 작황이 좋아 김장을 하기 위한 수요보다 공급이 더 많았다면 배추 가격은 떨어질 것이고, 올해에는 기상 등이 좋지 않아 작황이 별로라면 공급이 수요보다 적기 때문에 가격은 오르게 된다. 물가는 물가지수로 표시하는데 현재 시점의 물가와 다른 시점의 물가를 지수로 표시하여 비교하게 된다.

② **인플레이션(Inflation)** : 통화량의 지나친 팽창, 즉 상품거래량에 비하여 통화량이 과잉 증가함으로써 물가가 오르고 화폐가치가 떨어지는 현상을 말한다. 원인으로는 과잉투자, 과소생산, 화폐남발, 극도의 수출초과, 생산비 증가 등을 들 수 있다. 인플레이션에서는 산업자본가, 물건소지자, 금전채무자, 수입업자가 유리한 반면 금전채권자, 금융자본가, 은행예금자, 수출업자 등은 불리하다. 인플레이션은 발생원인에 따라 두 가지로 구분되는데, 원가와 임금 등이 올라 발생하는 비용 인플레이션과 경기가 과열되어 수요가 공급을 압도할 때 발생하는 수요 인플레이션이 있다.

> 인플레이션의 종류
>
> - **보틀넥 인플레이션(Bottleneck Inflation)** : 수요 증가를 따르지 못하여 가격이 급등하는 일
> - **스톡 인플레이션(Stock Inflation)** : 토지, 주식, 주택, 귀금속 같은 자산의 가격 상승으로 생기는 인플레이션
> - **재정 인플레이션(Inflation Caused by Budgetary Deficit)** : 정부의 재정 지출이 민간의 자금 수급 밸런스를 깨뜨릴 정도로 지나치게 증가해 필요 이상으로 정부자금이 민간에 유출되는 인플레이션
> - **코스트 인플레이션(Cost Inflation)** : 생산비용의 상승을 기업이 가격에 전가하면서 발생하는 물가상승
> - **수입 인플레이션(Imported Inflation)** : 일반적으로 여러 나라로부터 수입된 수입품 가격이 상승해 국내물가가 상승하는 것을 말한다.

가수요(Imaginary Demand)

인플레이션이 지속되면 사람들 사이에는 당장 필요하지 않은 물건이더라도 가격이 더 오르기 전에 미리 사두려는 심리가 발생한다. 이로 인한 예상 수요를 가수요라고 한다.

확인문제 서울메트로

1. 인플레이션일 경우 가장 유리한 자는?

① 채무자 ② 봉급자
③ 채권자 ④ 예금자

해 인플레이션에서는 산업자본가, 물건소지자, 금전채무자, 수입업자가 유리한 반면 금전채권자, 금융자본가, 은행예금자, 수출업자 등은 불리하다.

절약의 역설(Paradox of Thrift)

경기침체가 왔을 때 모든 사람이 저축을 늘리고 소비를 줄이면 오히려 총수요가 감소해 국민소득이 줄어드는 현상으로 영국의 경제학자 케인스가 주장한 이론이다. 정상적으로 저축을 하게 되면 나중에 생활이 윤택해지지만 디플레이션이 발생한 경우 가계가 돈을 절약할수록 상품의 가격은 하락하고 기업의 판매와 고용이 나빠지기 때문에 국민경제는 더욱 침체된다는 것을 말한다.

답 1. ①

- 진정 인플레이션(True Inflation) : 완전 고용이 달성되면 생산성은 향상되지 않고 물가만 올라간다는 케인즈의 이론
- 크리핑 인플레이션(Creeping Inflation) : 물가가 서서히 오르는 인플레이션
- 하이퍼 인플레이션(Hyper Inflation) : 단기간에 발생하는 심한 물가 상승 현상으로 초(超)인플레이션이라고도 불리며 전쟁이나 자연재난 후에 생산이 수요를 따라가지 못하여 생기는 현상

③ **스태그플레이션(Stagflation)** : 스태그네이션(Stagnation)과 인플레이션(Inflation)의 합성어로 경제활동이 침체되고 있음에도 물가상승이 계속되는 '저성장 고물가' 상태를 말한다. 원인으로는 일반적으로 전후의 완전고용과 경제성장의 달성을 위한 팽창위주의 경제정책과 독과점기업에 의해 주도되는 물가상승 및 물가하방경직성 그리고 자원공급의 인위, 자연적인 문제 등을 들 수 있으며 이를 벗어나기 위한 가장 좋은 길은 기술혁신을 통해 생산성을 증대시키고 상품 생산원가를 감소시켜 상품 가격의 인하를 가져오는 것이다. 이후엔 수요가 증대하고 상품의 재고가 줄어들어 공장이 다시 돌아가면서 일자리가 늘어나기 때문에 상품 생산과 경기가 회복된다.

④ **디플레이션(Deflation)** : 상품거래량에 비해 통화량이 지나치게 적어 물가는 떨어지고 화폐가치가 올라 경제활동이 침체되는 현상이다. 즉, 인플레이션과 반대로 수요가 공급에 훨씬 미치지 못해 물가가 계속 떨어지는 상태를 말한다. 디플레이션은 광범위한 초과공급이 존재하는 상태이며 일반적으로 공급이 수요보다 많으면 물가는 내려가고 기업의 수익은 감소하거나 결손을 내기 때문에 불황이 일어나게 된다. 디플레이션이 발생하면 정부에서는 경기 활성화 정책을 펴게 되는데 주로 부동산과 주식을 활성화하기 위한 정책을 발표한다.

⑤ **리플레이션(Reflation)** : 디플레이션에서 벗어나 아직 심각한 인플레이션까지 이르지 않은 상태를 말한다. 불황의 결과로 생산이나 이윤이 저하되어 실업이 증가하는 경우 정상 수준에 미달되는 물가수준을 어느 정도 인상시켜 인플레이션에 이르지 않을 정도까지 경기를 회복시키기 위해 통화를 팽창시키는 금융정책을 '리플레이션 정책'이라 한다.

⑥ **디스인플레이션(Disinflation)** : 인플레이션을 극복하기 위해 통화증발 억제와 재정 · 금융긴축을 주축으로 하는 경제조정정책을 말한다.

확인문제 국민연금공단

2. 인플레이션을 극복하기 위한 재정 · 금융을 긴축하는 경제조정정책은?
① 조정 인플레이션
② 재정 인플레이션
③ 디스인플레이션
④ 디노미네이션

해 디스인플레이션이란 인플레이션을 극복하기 위해 통화증발 억제와 재정 · 금융긴축을 주축으로 하는 경제조정정책이다. 인플레이션을 갑자기 수습할 경우 발생하는 여러 가지 폐단을 방지하기 위한 정책이다.

조정 인플레이션 (Adjustment Inflation)

국제수지에서 발생하는 흑자의 초과분이나 세수의 부족분을 바로잡기 위해 외국과의 인플레이션 조정을 목적으로 국내에서 취하는 인플레이션 정책으로, 물가 상승을 통해 국제경쟁력을 약화시켜 국제수지의 균형을 잡는 정책을 뜻한다.

최고가격제도

금리규제, 전세금규제, 아파트 분양가 규제처럼 소비자 보호, 물가 안정을 위해 최고가격을 설정하고 최고가격 이상으로 판매하는 것을 금지하는 제도이다. 가격 안정에 따른 소비자 보호 효과가 있는 반면 암시장 형성이라는 역효과가 발생할 수 있다.

답 3. ③

인플레이션을 갑자기 수습하려고 하면 반대로 디플레이션이 되어 여러 가지 폐단을 낳게 되므로, 통화량이나 물가수준을 유지하면서 안정을 꾀하고 디플레이션을 초래하지 않는 범위 안에서 인플레이션을 수습하는 것이 목적이다.

⑦ 인플레션(Inflession) : 인플레이션(Inflation)과 리세션(Recession)의 합성어로 벨기에의 경제학자 토리핀이 쓴 말이다. 스태그플레이션이 불황과 물가고의 단순한 병존상태를 설명하는 데 비해 토리핀은 이 말로 불황과 물가의 인과관계를 명확히 제시했다.

⑧ 애그플레이션(Agflation) : 농업(Agriculture)과 인플레이션(Inflation)의 합성어로 곡물가격이 상승하면서 물가가 급등하는 현상이다. 곡물의 수요와 공급의 변화로 인해 발생하며 곡물을 에너지로 사용하는 바이오연료 산업의 발달과 바이오연료에 대한 수요 급증으로 더욱 심화되었고 이러한 상황이 지속될 경우 저개발국가의 저소득층 국민과 곡물자급률이 낮은 국가는 큰 위기를 겪을 수 있다.

⑨ 물가 관련 효과

㉠ 부의 효과(Wealth Effect) : 주식이나 부동산 등 자산가격이 뛰면 소비도 늘어나는 현상을 설명한 것으로, 자산의 가격이 뛰어 이득을 본 사람들의 소비의욕이 높아져 실제 소비가 다시 늘어난다는 것을 의미한다.

㉡ 밴드왜건 효과(Band-Wagon Effect) : 재화에 대한 수요가 많아지면 다른 사람들도 그 경향에 편중하여 수요가 늘어나게 된다는 것으로, 타인의 사용 여부에 따라 구매도가 증가하는 현상을 말한다. 밴드왜건 효과는 다양한 방면에서 사용되기도 하는데 정치학에서 밴드왜건 효과는 선거운동에서 우세를 보이는 후보 쪽으로 투표자가 가담하는 현상을 말하기도 한다.

㉢ 언더독 효과(Underdog Effect) : 절대적인 강자가 존재할 경우 상대적 약자가 강자를 이겨주기를 바라는 현상으로 밴드왜건 효과에 반대되는 개념이다.

㉣ 스노브 효과(Snob Effect) : 백로 효과라고도 하며 다수의 소비자가 구매하는 제품을 꺼리는 구매심리 효과로, 자신은 다른 사람과 다르다는 것을 과시하고자 할 때 나타난다. 예를 들어 뿔테 안경이 대중에게 일반화되어 누구나 착용하게 되면 뿔테 안경은 격이 낮다고 생각하고 착용하지 않는 경우가 이에 해당한다.

패리티 지수(Parity Index)

물가상승과 연동하여 농산물 가격을 산출하는 방법으로 기준연도의 농가 총 구입 가격을 100으로 산정한 후 비교연도의 가격등락률을 지수로 표시한 것이다.

패리티 가격(Parity Price)

정부가 농산물 가격을 결정함에 있어서 소요된 생산비로부터 산출하는 것이 아니라 일정한 시기의 물가에 맞추어 결정한 농산물 가격을 말한다. 패리티 가격은 패리티 지수를 기준 연도의 농산물 가격에 곱하여 구한다. 패리티 가격의 목적은 생산자인 농민을 보호하는 데 있다.

확인문제 KBS

3. 패리티 가격을 실시하는 목적은?
① 생산자 보호 ② 소비자 보호
③ 근로자 보호 ④ 정부의 보호

해 패리티 가격의 목적은 생산자인 농민을 보호하는 데 목적이 있다.

답 3. ①

㉤ **가격효과(Price Effect)** : 물가변동에 영향을 받는 명목소득이 일정할 때 상품의 가격이 변화함에 따라 상품의 구매량이 변화하는 것을 말한다. 이는 다시 대체효과와 소득효과로 구분되는데, 상대가격의 변화가 각 상품의 수요 변화에 영향을 미칠 경우, 그 효과를 대체효과라고 하며 소득효과는 상품의 가격변화에 따라 실질소득이 변화하고 이로 인해 상품의 소비량에도 일어나는 변화를 말한다.

(2) 물가정책

① **한국은행** : 앞서 '금융편'에서 기술한 한국은행은 금융하부구조로서 금융안정과 물가정책을 제1의 목표로 운영하는 기관이다. 물가가 안정되지 못하면 미래에 대한 불확실성이 높아져 전반적인 경제활동이 위축되고 소득과 자원 배분이 왜곡될 수 있을 뿐 아니라 특히 서민생활의 안정을 해치게 되기 때문에 한국은행은 물가안정을 위한 정책을 펴게 된다.

② **공정거래위원회(Fair Trade Commission)** : 재화가 몇 개의 기업에서만 공급되는 독점시장이 있다면 공급자 측에서 가격을 쉽게 조정할 수 있으므로 이를 규제하기 위한 제도가 있어야 한다. 국무총리실 직속 기관인 공정거래위원회는 '독점규제 및 공정거래에 관한 법률'에 따라 독과점 시장을 감시 · 감독하여 가격을 조절하는 역할을 한다.

> 공정거래위원회의 역할
>
> • **경쟁촉진**
> – 각종 진입장벽 및 영업활동을 제한하는 반경쟁적 규제를 개혁하고 경쟁제한적 기업결합을 규율함으로써 경쟁적 시장환경을 조성한다.
> – 시장지배적 지위남용행위, 부당한 공동행위, 기타 각종 불공정거래행위를 금지함으로써 시장에서의 공정한 경쟁질서를 확립한다.
>
> • **경제력 집중 억제** : 대기업집단 계열사 간 상호출자와 채무보증 금지, 부당내부거래 억제 제도 등을 운영함으로써 선단식 경영체제의 문제점을 시정한다.
>
> • **소비자 주권 확립**
> – 소비자에게 일방적으로 불리하게 만들어진 약관조항을 시정하고 표준약관을 보급함으로써 불공정 약관으로 인한 소비자 피해를 방지한다.

확인문제 한국환경공단

4. 사람들 중에는 평소에 소비하던 물건도 바겐세일을 하면 소비하지 않는 사람이 있다. 이처럼 남이 구매하지만 자신은 구매하지 않는 소비패턴과 관련 있는 것은?
① Demonstration 효과
② Verblen 효과
③ Snob 효과
④ Band-Wagon 효과

解 백로 효과라고도 불리는 스노브 효과에 대한 내용이다.
① Demonstration 효과는 전시효과라고도 하며 타인의 소비행동을 모방하려는 소비성향을 나타내는 용어이다.
② Verblen 효과란 미국의 사회학자 베블런(Veblen)이 자신의 저서에서 제시한 용어로, 어떤 재화나 용역의 가격이 오르는데도 일부 계층의 과시욕이나 허영심 등으로 인해 수요가 줄어들지 않는 현상을 말한다.

답 4. ③

– 허위 · 과장의 표시광고를 시정하고 소비자 선택에 꼭 필요한 중요 정보를 공개하도록 함으로써 소비자가 정확한 정보를 바탕으로 합리적인 선택을 할 수 있게 한다.
– 할부거래, 방문판매, 전자상거래 등 특수한 거래분야에서 나타날 수 있는 특수한 유형의 소비자피해를 방지한다.

③ **물가안정에 관한 법률** : 물가를 안정시킴으로써 소비자의 권익을 보호하고 국민생활과 국민경제를 안정시키며 발전시키기 위해 제정되었다. 주요 내용으로는 국민생활의 안정을 위하여 필요하다고 인정하는 중요한 물품의 가격, 부동산 등의 임대료 또는 용역의 대가에 대하여 최고가액을 지정하며, 공공요금을 정하거나 변경하고 매점매석 행위를 금지하는 것을 규정하고 있다.

④ **농수산물 유통 및 가격안정에 관한 법률** : 농수산물의 유통을 원활하게 하고 적정한 가격을 유지하게 함으로써 생산자와 소비자의 이익을 보호하기 위해 제정한 법률로, 농수산물의 생산조정 및 출하조절 등을 통해 농수산물의 물가안정을 도모하고 있다. 또한 농산물과 축산물 및 임산물의 원활한 수급과 가격안정을 도모하고 유통구조의 개선을 촉진하는 재원을 확보하기 위하여 농림축산식품부장관이 '농산물가격안정기금'을 운영한다.

물가지수

(1) 물가지수(Price Index)

① **정의** : 물가의 동향을 파악하기 위해 일정시점의 연평균 물가를 100으로 잡고 백분율을 이용해 가격변화 추이를 수치로 나타낸 것을 말한다. 물가의 변동은 그 나라의 투자와 생산, 소비 등을 모두 반영하는 것으로 경제정책 수립에 반드시 필요한 지표이다.

② 종류

㉠ **소비자물가지수(CPI ; Consumer Price Index)** : 도시가구가 소비생활을 영위하기 위하여 구입하는 일정량의 상품과 서비스의 가격변동을 종합적으로 파악하기 위하여 작성하는 지수로, 소비자가 일정한 생활수준을 유지하는 데 필요한 소비금액의 변동을 나타내므로 소비자의 구매력 측정에 사용한다.

인플레이션 타게팅(Inflation Targeting)

물가안정목표제를 뜻하는 것으로 통화정책의 궁극적인 목표를 물가안정에 두고, 중앙은행이 명시적인 인플레이션 목표를 사전에 설정하여 이를 대외적으로 천명한 후, 중간목표 없이 각종 통화정책수단을 통해 목표에 도달하려는 통화정책 운용방식을 말한다.

물가연동제(Indexation)

임금, 금리 등을 결정할 때에 일정한 방식에 따라 물가에 맞춰 연동시키는 정책을 말한다. 인플레이션의 진행에 의하여 생기는 명목가치와 실질가치의 차를 조정하여 인플레이션이 현실경제에 미치는 악영향을 중화하는 정책을 일반적으로 인플레이션 중립화정책이라 하지만 물가연동제는 좀 더 구체적인 것이다.

필립스 곡선(Phillip's Curve)

실업률과 화폐임금상승률 사이에는 매우 안정적인 함수관계가 있음을 나타내는 모델로서, 영국의 경제학자 필립스에 의해 발표된 것이다. 원래는 화폐임금상승률과 실업률 사이의 관계로 표시되지만, 물가상승률과 실업률 사이의 관계로 표시되기도 한다. 실업률이 낮을수록 화폐임금상승률 또는 물가상승률이 높으며, 반대로 화폐임금상승률이 낮을수록 실업률은 높다.

엥겔법칙(Engel's Law)

독일의 경제학자인 엥겔이 벨기에 노동자들의 가계조사를 통해 발견한 법칙으로, 저소득 가계일수록 가계 지출 총액 중 식료품비가 차지하는 비중이 높다는 법칙이다. 소득수준이 높아지면 엥겔계수는 점차 낮아진다.

엥겔계수 = 식료품비 ÷ (총수입액 − 저축액) × 100

ⓛ **수출입 물가지수(Export and Import Price Index)** : 수출입상품의 가격변동을 파악하고 그 가격변동이 국내물가에 미치는 영향을 사전에 측정하기 위하여 작성되는 지수로서, 수출입 관련 업체들의 수출채산성 변동 및 수입원가부담 등을 파악하는 한편 수출입물가지수의 상호비교를 통하여 가격측면에서의 교역조건을 측정하는 데에 이용한다.

ⓒ **생산자물가지수(PPI ; Producer Price Index)** : 국내시장의 제1차 거래단계에서 기업상호 간에 거래되는 상품과 서비스의 평균적인 가격변동을 측정하기 위하여 작성되는 물가지수이다. 그 대상품목의 포괄범위가 넓어 전반적인 상품과 서비스의 수급 동향이 반영된 일반적인 물가수준의 변동을 측정할 수 있기 때문에 일반목적지수로서의 성격을 갖는다. 지수작성에 이용되는 가격은 제1차 거래단계의 가격, 즉 국내생산품의 경우 부가가치세를 제외한 생산자 판매가격을 원칙으로 한다.

ⓔ **생활물가지수(CPI for Living ; Consumer Price Index for Living Necessaries)** : 생활물가지수(CPI for Living)는 소비자물가지수 조사 품목 중 소비자가 자주 이용하는 생활필수 품목만을 골라 해당 상품의 판매가격을 종합한 값을 말한다.

ⓜ **신선식품지수** : 생활물가지수에서 가공식품을 제외한 채소, 생선, 과일 등 기상과 계절 조건에 따라 변동폭이 큰 상품의 가격을 합해 계산한 지수이다. 생활물가지수와 신선식품지수는 소비자가 자주 이용하는 상품만을 반영하므로 체감물가지수라고 한다.

엔젤계수(Angel Coefficient)

가계총지출에서 자녀 교육비가 차지하는 비중을 나타낸 비율로, 엥겔계수에 빗대어 표현한 것이다. 과외비, 교습비, 장난감 구입비 등을 포함하며 엥겔계수와 함께 가계생활의 패턴을 반영하는 지수로 쓰이고 있다.

슈바베 법칙(Schwabe's Law)

독일의 통계학자인 슈바베가 베를린 가계조사를 통해 발견한 법칙으로, 가계 소득이 증가함에 따라 가계의 소비지출 중 주거비에 대한 절대 지출액은 증가하지만 상대적 지출액 즉, 지출비율은 오히려 감소한다는 이론이다.

확인문제 한국지역난방공사

5. 가계지출 중 식료품비가 차지하는 비율을 엥겔계수라 한다. 그렇다면 가계총지출에서 교육비가 차지하는 비율을 나타내는 것은?

① 엔젤계수 ② 슈바베지수
③ 텔레콤지수 ④ 에듀계수

해 가계총지출에서 자녀 교육비가 차지하는 비중을 나타낸 비율을 엥겔계수에 빗대어 표현하여 엔젤계수(Angel Coefficient)라 한다.

(2) 물가의 변동

① **원유와 물가** : 현대 경제생활에 필수불가결한 요소인 원유는 자동차, 비행기, 공업원료 등 사용범위가 넓기 때문에 물가에 많은 영향을 미친다. 또한 우리나라는 자원의존도가 해외에 치중되어 있기 때문에 다른 어느 나라보다 유가가 물가에 미치는 영향이 크다고 볼 수 있다. 우리나라는 대부분의 원유를 중동에서 수입하기 때문에 두바이유의 시세가 물가에 큰 영향을 미친다. 하지만 중동은 국제분쟁의 중심인 곳으로 다른 원유들에 비해 원유가격의 변동차가 매우 크다. 따라서 원유 수급에 빨간불이 켜지면 물가가 올라 국민경제가 타격을 받게 된다.

원유의 종류와 품질

미국산 WTI유 · 북해산 브렌트유 · 중동산 두바이유

※ 중동산 두바이유는 다른 원유들에 비해 유독성 황이 많이 함유되어 불순물 함량이 높다.

답 5. ①

② **유가 정치경제학** : 미국이 9 · 11 테러 배후국가를 이라크로 지목하고 세계평화를 위협하는 대량살상무기를 제거하기 위해 전쟁을 일으켰지만 사실은 석유를 둘러싼 이권을 지키기 위한 수단으로 전쟁을 일으킨 것임을 표현한 말이다. 전 연방준비제도이사회(FRB ; Federal Reserve Board) 의장인 앨런 그린스펀(Alan Green-span)도 이라크와 미국이 벌인 전쟁을 '석유를 둘러싼 이권 전쟁'이라고 언급하기도 했다.

③ **환율** : 환율이 오르면 물가도 오르게 되는데 특히 제조업 관련 기업은 큰 타격을 받게 된다. 밀가루와 같은 원재료를 수입하는 기업의 경우 환율이 올라 수입재료 가격이 상승하면 국내 완제품 가격이 동반 상승하게 되어 물가에 영향을 미치게 된다.

석유수출기구
(OPEC ; Organization of Petroleum Exporting Countries)

1960년 사우디아라비아, 이란, 이라크, 쿠웨이트, 베네수엘라 등의 산유국이 미국, 영국 등의 국제석유자본에 대항하기 위해 결성한 일종의 석유 카르텔 기구로 본부는 오스트리아 빈에 있으며 산유국 간의 석유정책협조와 이를 위한 정보수집, 의견교환 등에 목적을 두고 있다.

아랍석유수출기구
(OAPEC : Organization of Arab Petroleum Exporting Countries)

사우디아라비아, 쿠웨이트, 리비아 3개 산유국이 아랍 산유국의 이권을 보호하기 위해 1968년 설립한 기구로 본부는 쿠웨이트에 위치해 있다.

아람코(Aramco)

사우디아라비아의 국영석유기업으로, 공식 명칭은 'Saudi Arabian Oil Company'이다. 미국 정부의 지원으로 캘리포니아 스탠더드오일이 사우디아라비아와 합작해 1933년 설립한 회사인 캘리포니아 아라비아 스탠더드오일이 전신이다. 1944년 아람코로 명칭을 바꿨고, 중동전쟁으로 자원민족주의가 나타나면서 사우디 왕실이 지분 인수를 시작해 1980년 지분 100%를 인수, 국유화됐다. 본사는 사우디 다란에 위치하고 있으며, 2018년 기준 아람코의 1일 원유 생산량은 1360만 배럴로 전 세계 생산량의 12%를 차지한다. 아람코가 내는 배당금과 세금이 사우디 정부 재정의 87%를 차지할 만큼 사우디 경제는 아람코에 의존하고 있으며 세계 최대 규모의 석유 기업으로서 기업 가치가 최대 10조 달러에 달하는 것으로 추정되고 2018년 기준 순이익은 1111억 달러로 세계 2,3위인 애플과 중국공상은행의 순이익을 합친 것보다 많았다.

01 인플레이션에 대한 내용으로 틀린 것은?

① 인플레이션이란 물가가 오르고 화폐가치가 떨어지는 현상을 말한다.
② 과잉투자, 과소생산, 화폐남발, 극도의 수출초과, 생산비 증가 등에 의해 발생한다.
③ 원가와 임금 등이 올라 발생하는 비용 인플레이션과 경기가 과열되어 수요가 공급을 압도할 때 발생하는 수요 인플레이션이 있다.
④ 인플레이션에서는 은행예금자, 수출업자가 유리하다.

해 인플레이션에서는 산업자본가, 물건소지자, 금전채무자, 수입업자가 유리하고, 금전채권자, 금융자본가, 은행예금자, 수출업자 등은 불리하다.

인플레이션(Inflation)
통화량의 지나친 팽창, 즉 상품거래량에 비하여 통화량이 과잉 증가함으로써 물가가 오르고 화폐가치가 떨어지는 현상을 말한다. 원인으로는 과잉투자, 과소생산, 화폐남발, 극도의 수출초과, 생산비 증가 등을 들 수 있다. 인플레이션에서는 산업자본가, 물건소지자, 금전채무자, 수입업자가 유리한 반면 금전채권자, 금융자본가, 은행예금자, 수출업자 등은 불리하다. 인플레이션은 발생원인에 따라 두 가지로 구분되는데, 원가와 임금 등이 올라 발생하는 비용 인플레이션과 경기가 과열되어 수요가 공급을 압도할 때 발생하는 수요 인플레이션이 있다.

02 다음 보기가 의미하는 현상은?

상품거래량에 비해 통화량이 지나치게 적어 물가는 떨어지고 화폐가치가 올라 경제활동이 침체되는 현상

① 인플레이션 ② 스태그플레이션
③ 디플레이션 ④ 디스인플레이션

해 디플레이션(Deflation)에 대한 내용이다. 디플레이션이란 인플레이션과 반대로 수요가 공급에 훨씬 미치지 못해 물가가 계속 떨어지는 상태를 말한다. 디플레이션은 광범위한 초과공급이 존재하는 상태이며 일반적으로 공급이 수요보다 많으면 물가는 내리고 기업의 수익은 감소하거나 결손을 내기 때문에 불황이 일어나게 된다. 디플레이션이 발생하면 정부에서는 경기 활성화 정책을 펴게 되는데 주로 부동산과 주식을 활성화하기 위한 정책을 발표한다.

답 01. ④ 02. ③

03 다음 중 연결이 바르지 못한 것은?

① 인플레이션(Inflation) – 통화량의 지나친 팽창, 즉 상품거래량에 비하여 통화량이 과잉 증가함으로써 물가가 오르고 화폐가치가 떨어지는 현상

② 디플레이션(Deflation) – 상품거래량에 비해 통화량이 지나치게 적어져 물가는 떨어지고 화폐가치가 올라 경제활동이 침체되는 현상

③ 스태그플레이션(Stagflation) – 경제활동이 침체되고 있음에도 물가상승이 계속되는 저성장 고물가인 상태

④ 디스인플레이션(Disinflation) – 디플레이션에서 벗어나 아직 심각한 인플레이션까지 이르지 않은 상태

해 디스인플레이션(Disinflation)이란 인플레이션을 극복하기 위한 정책으로 통화증발 억제와 재정 · 금융긴축을 주축으로 하는 경제조정정책을 말한다.

04 중앙은행이 명시적인 인플레이션 목표를 사전에 설정한 후 각종 통화정책수단을 통해 목표에 도달하려는 통화정책 운용방식으로 '물가안정목표제'라고도 부르는 것은?

① 인플레이션 타게팅 ② 더블딥 리세션

③ 그로스 리세션 ④ 앵킨슨 지수

해 인플레이션 타게팅에 대한 내용이다.

인플레이션 타게팅(Inflation Targeting)

물가안정목표제를 뜻하는 것으로 통화정책의 궁극적인 목표를 물가안정에 두고, 중앙은행이 명시적인 인플레이션 목표를 사전에 설정하여 이를 대외적으로 천명한 후, 중간목표 없이 각종 통화정책수단을 통해 목표에 도달하려는 통화정책 운용방식을 말한다.

05 물가정책에 있어 공정거래위원회의 역할과 거리가 먼 것은?

① 각종 진입장벽 및 영업활동을 제한하는 반경쟁적 규제를 개혁하는 역할을 한다.

② 시장지배적 지위남용행위, 부당한 공동행위를 억제하는 역할을 하고 있다.

③ 증권 및 장내파생상품의 공정한 가격 형성과 그 매매, 그 밖의 거래의 안정성 및 효율성을 도모하는 역할을 한다.

④ 소비자에게 일방적으로 불리하게 만들어진 약관조항을 시정하고 표준약관을 보급함으로써 불공정 약관으로 인한 소비자 피해를 방지한다.

해 증권 및 장내파생상품의 공정한 가격 형성과 그 매매, 그 밖의 거래의 안정성 및 효율성을 도모하는 것은 한국거래소(KRX)이다.

공정거래위원회 역할

- 경쟁촉진
  - 각종 진입장벽 및 영업활동을 제한하는 반경쟁적 규제를 개혁하고 경쟁제한적 기업결합을 규율함으로써 경쟁적 시장환경을 조성한다.
  - 시장지배적 지위남용행위, 부당한 공동행위, 기타 각종 불공정거래행위를 금지함으로써 시장에서의 공정한 경쟁질서를 확립한다.
- 경제력 집중 억제 : 대기업집단 계열사 간 상호출자와 채무보증 금지, 부당내부거래 억제 제도 등을 운영함으로써 선단식 경영체제의 문제점을 시정한다.
- 소비자 주권 확립
  - 소비자에게 일방적으로 불리하게 만들어진 약관조항을 시정하고 표준약관을 보급함으로써 불공정 약관으로 인한 소비자 피해를 방지한다.
  - 허위 · 과장의 표시광고를 시정하고 소비자 선택에 꼭 필요한 중요정보를 공개하도록 함으로써 소비자가 정확한 정보를 바탕으로 합리적인 선택을 할 수 있게 한다.
  - 할부거래, 방문판매, 전자상거래 등 특수한 거래분야에서 나타날 수 있는 특수한 유형의 소비자피해를 방지한다.

답 03. ④ 04. ① 05. ③

06 **도시가구가 소비생활을 영위하기 위하여 구입하는 일정량의 상품과 서비스의 가격변동을 종합적으로 파악하기 위하여 작성하는 지수는?**

① 소비자물가지수 ② 수출입물가지수
③ 생산자물가지수 ④ 생활물가지수

해 소비자물가지수(CPI ; Consumer Price Index)에 대한 내용으로 도시가구가 소비생활을 영위하기 위하여 구입하는 일정량의 상품과 서비스의 가격변동을 종합적으로 파악하기 위하여 작성하는 지수로, 소비자가 일정한 생활수준을 유지하는 데 필요한 소비금액의 변동을 나타내므로 소비자의 구매력 측정에 사용한다.

07 **다음 중 연결이 올바르지 못한 것은?**

① 소비자물가지수(CPI ; Consumer Price Index) – 도시가구가 소비생활을 영위하기 위하여 구입하는 일정량의 상품과 서비스의 가격변동을 종합적으로 파악하기 위하여 작성하는 지수
② 수출입물가지수(Export and Import Price Index) – 수출입상품의 가격변동을 파악하고 그 가격변동이 국내물가에 미치는 영향을 사전에 측정하기 위하여 작성되는 지수
③ 생산자물가지수(PPI ; Producer Price Index) – 국내시장의 제1차 거래단계에서 기업상호 간에 거래되는 상품과 서비스의 평균적인 가격변동을 측정하기 위하여 작성되는 물가지수
④ 생활물가지수(CPI for living ; Consumer Price Index for Living Necessaries) – 가공식품을 제외한 채소, 생선, 과일 등 기상과 계절 조건에 따라 변동폭이 큰 상품의 가격을 합해 계산한 지수

해 생활물가지수(CPI for Living ; Consumer Price Index for Living Necessaries)는 소비자물가지수 조사 품목 중 소비자가 자주 이용하는 생활필수 품목만을 골라 해당 상품의 판매가격을 종합한 값을 말한다.

08 물가 변동에 대한 내용으로 틀린 것은?

① 원유는 자동차, 비행기, 공업원료 등 사용범위가 넓기 때문에 물가에 많은 영향을 주는 요소이다.

② 앨런 그린스펀(Alan Greenspan)은 이라크와 미국이 벌인 전쟁은 "석유를 둘러싼 이권 전쟁"이라고 언급했다.

③ 환율이 오르면 물가는 내려가는데 특히 제조업과 관련한 기업은 큰 타격을 받는다.

④ 중동은 국제분쟁의 중심인 곳으로 다른 원유들에 비해 원유가격의 변동차가 매우 크기 때문에 원유 수급에 빨간불이 켜지면 물가가 올라 국민경제에 타격을 준다.

해 환율이 오르면 물가도 오르게 되는데, 특히 제조업과 관련한 기업은 큰 타격을 받는다. 밀가루와 같은 원재료를 수입하는 기업은 환율이 올라 수입재료 가격이 상승하면 국내 완제품 가격이 동반 상승하게 되어 물가에 영향을 미친다.

[부산교통공사]

09 수입이 월 150만 원인 가계에서 50만 원을 저축하고 20만 원을 식비로 지출하였다면 엥겔계수는?

① 20 ② 30

③ 40 ④ 50

해 엥겔계수 = 식료품 비 ÷ (총수입액 − 저축액) × 100이므로 답은 20이다.

답 06. ① 07. ④ 08. ③ 09. ①

10 다음의 현상을 주장한 학자는?

> 경기침체가 왔을 때 모든 사람이 저축을 늘리고 소비를 줄이면 오히려 총수요가 감소해 국민소득이 줄어드는 현상으로, 정상적인 저축을 하게 되면 나중에 생활이 윤택해지지만 디플레이션이 발생한 경우 가계가 돈을 절약할수록 상품의 가격은 하락하고 기업의 판매와 고용이 나빠지기 때문에 국민경제는 더 침체된다는 것을 말한다.

① 케인스
② 스미스
③ 로렌츠
④ 앳킨슨

해 보기의 내용은 절약의 역설(Paradox of Thrift)에 대한 내용으로 영국의 경제학자 케인스(Keynes)가 주장한 이론이다.

절약의 역설(Paradox of Thrift)

경기침체가 왔을 때 모든 사람이 저축을 늘리고 소비를 줄이면 오히려 총수요가 감소해 국민소득이 줄어드는 현상으로 영국의 경제학자 케인스가 주장한 이론이다. 정상적으로 저축을 하게 되면 나중에 생활이 윤택해지지만 디플레이션이 발생한 경우 가계가 돈을 절약할수록 상품의 가격은 하락하고 기업의 판매와 고용이 나빠지기 때문에 국민경제는 더욱 침체된다는 것을 말한다.

답 10. ①

CHAPTER 03

재 정

CHAPTER 03

재정

1 재정

재정정책

(1) 재정(Public Finance)

① 정의 : 국가 및 지방공공단체가 맡은 일을 수행하기 위해 하는 경제 활동을 뜻하며 국가의 예산 · 기금 · 결산 · 성과관리 및 국가채무 등을 포함한다. 우리나라의 국가 재정은 기획재정부에서 총괄하며 공공재정의 기본인 '국가재정법'을 제정하여 운영하고 있다.

② 재정정책 : 재정정책이란 국민들의 욕구를 충족시키는 동시에 나라를 유지 · 발전시키기 위해 필요로 하는 재화나 서비스를 획득하고 관리 · 처분함으로써 국가적 정책목표를 달성하는 수단이나 조치를 말한다. 정부가 달성하려는 정책목표는 나라와 시대에 따라 다르다. 현대에 와서는 정부가 국방, 치안, 사법, 교육, 의료 등과 같은 공공서비스를 우선적으로 공급하면서도 시장실패 요인의 문제를 해결함으로써 국민경제의 자원배분의 효율성을 높이고자 한다. 또한 경제 성장, 물가 안정, 고용 증대, 국제수지의 균형 등과 관련된 경제 안정을 달성하고자 하면서도 소득 재분배 및 사회보장제도의 도입을 통해 경제의 형평성을 제고하고자 한다. 재정정책은 정부가 수립한 예산에 의거하여 정부지출, 조세, 국공채 등의 재정정책수단을 동원함으로써 정책목표를 달성한다.

③ 재정정책 목표 : 재정정책을 통해 물가 안정, 경제 발전, 소득의 공평한 분배, 효율적인 자원의 배분을 추구한다.

④ 공공재정 법률 구조

구분	기본법	세입	회계관리	감사
국가	• 국가재정법 • 지방재정법	• 국세기본법 • 국세징수법	• 국가회계법 • 국유재산법 • 물품관리법 • 특별회계법	감사원법
지방		• 지방세법 • 지방교부세법		

건전재정(Sound Finance)

세출이 세입의 범위를 넘지 않고 공채 발행이나 차입이 없는 재정 상태를 지칭하는 용어이다.

재정적자

회계연도 동안 나라살림에서 정부의 지출 규모가 거두어들인 세금수입보다 많을 때 발생하는 적자를 가리키는 용어이다. 한국은행에서 차입하거나 국공채를 매도하여 적자를 채우고 있다.

재정분권

중앙정부에서 지방정부로 재정책임을 이양하는 것을 뜻한다. 재정분권이 시행될 경우 중앙정부와 지방의 견제와 균형으로 권한남용을 방지할 수 있고, 지역의 실정에 적합한 지방 공공재의 공급이 가능하며 공공재의 양과 질에 대해 지역주민들의 목소리가 반영될 수 있다.

세계잉여금

재정을 운용한 후의 결과에서 세입이 예산보다 초과되어 징수되었거나 세출예산보다 지출의 집행이 적어 불용액이 발생된 경우 초과징수에 세입과 사용하지 않은 세출불용액을 합한 것을 말한다. 즉, 정부가 1년 동안 징수하여 사용하고 남은 금액으로 국회 동의 없이 집행되며 일반적으로 예산회계법에 근거해 정부의 지출은 모두 예산에 계상되어야만 집행하는 것이 가능하나 세계잉여금의 경우는 예산에 계상하지 않고 국채원리금 또는 차입금 상환의 용도로 사용하는 것을 허용하고 있다.

(2) 재정 원칙

① **수지균형 원칙** : 재정을 운영하는 데 있어서 지나친 흑자나 적자를 내지 않고 적절한 수지균형을 유지하도록 재원을 효과적으로 운영하여야 한다는 것을 뜻한다. 지방자치법상 지방자치단체는 "재정을 수지균형의 원칙에 따라 건전하게 운영하여야 한다."라고 규정하여 수지균형 원칙을 명문으로 규정하고 있다.

② **양출제입 원칙** : 양출제입(量出制入)이란 "나가는 것을 헤아려 들어오는 것을 정한다."라는 뜻의 한자성어로 국가재정은 세출계획에 맞춰 세입 규모를 결정해야 한다는 것을 의미한다. 이와는 반대로 가계에서는 수입이 일정하기 때문에 수입규모에 맞춰 지출을 결정하는 양입제출의 원칙이 적용된다.

③ **능력강제 원칙** : 세금 부담 능력에 따라 세금의 규모가 결정되어야 한다는 원칙이다.

(3) 국가재정법의 특징

① **회계연도** : 매년 1월 1일에 시작하여 12월 31일에 종료한다.

② **회계의 구분** : 국가의 회계는 일반회계와 특별회계로 구분하며 일반회계는 조세수입 등을 주요 세입으로 하여 국가의 일반적인 세출에 충당하기 위하여 설치한다. 특별회계는 국가에서 특정한 사업을 운영하고자 할 경우나 특정한 자금을 보유하여 운용하고자 할 경우, 특정한 세입으로 특정한 세출에 충당함으로써 일반회계와 구분하여 계리할 필요가 있을 경우에 법률로서 설치하도록 규정되어 있다.

③ **성과관리제도 도입** : 중앙관서의 장과 기금관리주체에게 예산 요구 시 성과계획서와 성과보고서 제출을 의무화하여 성과관리제도를 적극 도입하였다.

④ **재정정보 공표** : 정부는 예산, 기금, 결산, 국채, 차입금, 국유재산의 현재액 및 통합재정수지와 지방자치단체의 재정에 관한 중요한 사항을 매년 1회 이상 정보통신매체 · 인쇄물 등 적당한 방법으로 알기 쉽고 투명하게 공표하도록 하고 있다.

⑤ **성인지예산서 작성** : 2010년부터 예산이 남성과 여성에게 미치는 효과를 분석하도록 규정하여 예산이 남녀 성차별을 개선하도록 성인지예산제도를 명문으로 도입하였다.

재정민주주의 (Fiscal Democracy)

좁은 의미로 해석할 경우 국가의 재정활동은 국민의 대표기관인 의회에 의해 통제되어야 한다는 것을 말하며, 넓은 의미로 해석할 경우 재정주권이 납세자인 국민에게 있다는 것을 말한다.

기획재정부

기획재정부는 중장기 국가발전전략수립과 경제 · 재정정책의 수립 · 총괄 · 조정, 예산 · 기금의 편성 · 집행 · 성과관리, 화폐 · 외환 · 국고 · 정부회계 · 내국세제 · 관세 · 국제금융, 공공기관 관리, 경제협력 · 국유재산 · 민간투자 및 국가채무에 관한 사무를 관장한다. 재정과 관련하여 기획재정부 안에 예산실과 세제실을 두어 예산 · 기금이 수반되는 국가정책의 기획 · 조정과 조세정책 및 제도의 기획 · 입안 및 총괄 · 조정을 하고 있다. 2008년 2월 정부조직법 개정에 따라 재정경제부와 기획예산처가 통합, 기획재정부로 개편되었다.

국가재정법상 예산의 원칙

- 정부는 재정 건전성 확보를 위하여 최선을 다하여야 한다.
- 정부는 국민부담의 최소화를 위하여 최선을 다하여야 한다.
- 정부는 재정을 운용함에 있어 재정지출 및 조세지출의 성과를 제고해야 한다.
- 정부는 예산과정의 투명성과 예산과정에의 국민참여를 제고하기 위하여 노력하여야 한다.
- 정부는 예산이 여성과 남성에게 미치는 효과를 평가하고, 그 결과를 정부의 예산편성에 반영하기 위하여 노력하여야 한다.

예산

(1) 예산(Budget)

① **예산의 개념** : 예산이란 일정기간 동안 국가의 수입과 지출에 관한 계획을 말한다. 즉, 예산은 국가의 재정수요와 이에 충당할 재원을 비교하여 배정한 1회계연도 동안의 세입과 세출을 예정적으로 계산한 것이다. 따라서 정부가 달성하고자 하는 목표를 설정하고 달성하기 위한 최적의 수단을 선택하여 예산을 세워야 한다. 현재 기획재정부에서 국가재정운용 계획을 구성하며 예산을 편성하고 있다.

② **예산의 기능** : 예산은 고소득층으로부터 누진소득세를 징수하고 사회보장적 지출을 통해 소득재분배의 기능을 한다. 또한 재정정책의 도구로 물가가 불안정한 경우 경제를 안정시키는 기능을 수행한다. 국회는 예산의 결산과 심의를 통해 행정부를 견제하기도 하며 국가에서 시행하는 경제발전정책을 촉진하기도 한다.

③ **예산의 원칙**

㉠ **행정부 계획의 원칙** : 행정부의 재량을 인정하여 행정부의 사업계획을 충실히 반영해야 한다는 원칙이다.

㉡ **적절한 수단의 원칙** : 예산안의 편성지침이나 예비비와 같은 재정통제와 신축성을 위해 적절한 제도와 수단을 구비해야 한다는 원칙이다.

㉢ **행정부 재량의 원칙** : 예산의 집행에서 행정부의 재량을 인정하여 집행상의 재량으로 행정부의 결정을 최대한 존중해야 한다는 원칙이다.

㉣ **공개성의 원칙** : 예산의 편성과 심의, 집행의 전 과정을 국민에게 공개해야 한다는 원칙이다.

㉤ **명료성의 원칙** : 세입과 세출 내역을 명확하게 나타내고 예산을 합리적으로 분류하여 누구나 쉽게 이해하도록 명료하게 작성해야 한다는 원칙이다.

예산(Budget)의 어원

영국의 의회에서 재무상이 연설을 하기 위해 재정계획서를 넣고 다니던 가죽가방에서 유래하였다. 가죽가방은 프랑스어로 'Bougette'이다.

조상충용(繰上充用)

해당 연도의 세입으로 세출을 충당함에 있어 부족할 경우 다음 연도의 세입을 앞당겨 충당하는 것을 말한다.

(2) 예산의 분류

① **세입과 세출에 따른 분류**

㉠ **일반회계** : 조세수입 등을 주요 세입으로 하여 국가의 일반적인

세출에 충당하기 위한 것으로 중앙정부예산의 중심회계이다. 치안과 국방 등 국가의 안녕과 사회보장, 보건의료, 교육 등과 과학기술, 국토개발, 경제개발사업 등은 모두 일반회계에서 이루어진다. 행정부의 일반행정기관과 사법부, 헌법재판소와 같은 국가기관은 모두 일반회계의 적용을 받는다.

㉡ **특별회계** : 국가에서 특정한 사업을 운영하고자 하거나 특정한 자금을 보유하여 운용하고자 할 때, 특정한 세입으로 특정한 세출에 충당함으로써 일반회계와 구분하여 계리할 필요가 있을 때 법률로서 설치하는 회계이다. 특별회계는 원칙적으로 소관 부서가 관리하며 기획재정부의 통제를 받지 않는다.

② 예산제도의 종류

㉠ **품목별예산(LIBS ; Line Item Budgeting System)** : 품목별예산이란 지출의 대상과 성질에 따라 세부항목별로 편성한 것으로 현재 우리나라가 채택하고 있는 예산제도이다. 즉 급여, 물품구입비, 복리후생비, 장비구입비처럼 지출대상을 기준으로 예산을 편성하는 방법이다. 품목별예산의 경우 회계책임을 명확하게 할 수 있고 운영방법이 간단하여 통제지향적이라는 장점이 있으나 계획과 지출의 불일치가 일어날 수 있고 기능의 중복을 피하기 어렵다는 단점이 있다.

㉡ **성과주의예산(PBS ; Performance Budgeting System)** : 사업계획을 세부사업으로 분류하고 각 세부사업을 '업무량 × 단위원가 = 예산액'으로 편성하는 예산이다. 즉, 주요사업을 몇 개의 세부사업으로 나누고 세부사업별로 단위원가와 업무량을 산출하여 예산을 편성하는 것으로 정부가 수행하는 업무에 중심을 두는 관리지향적 예산제도이다. 성과주의예산은 국민의 입장에서 볼 경우 정부사업의 목적을 용이하게 이해할 수 있어서 재정의 투명성이 확보될 수 있지만, 업무단위 선정이 어렵고 단위원가를 정확히 계산하기 어렵다.

㉢ **계획예산(PPBS ; Planning Programming Budgeting System)** : 장기적인 계획과 단기적인 예산편성을 프로그램을 통해 유기적으로 연결하여 자원배분에 관한 의사결정을 합리화하려는 예산이다. 계획예산은 수행해야 하는 정부사업계획을 체계적으로 검토하여 장기적인 안목을 확보하는 계획지향적인 제도이다.

기금(Fund)

국가가 특정한 목적을 위하여 특정한 자금을 신축적으로 운용할 필요가 있는 경우 법률로 설치하는 자금을 뜻한다. 기금은 국가재정법상 세입세출예산에 의하지 않고 운용할 수 있기 때문에 예산 외에 운용되는 제3의 예산으로 보기도 한다. 기금은 일반회계나 특별회계로 사업을 수행하는 것보다 효율적일 경우 사용되며 수익성과 유동성 및 안정성을 고려하여 투명하게 운용해야 한다.

톱다운제도(Top Down System)

기획재정부가 예산의 총액 한도를 결정하면 각 부처가 자율적으로 예산을 편성하는 제도이다. 즉, 기획재정부가 가용한 예산을 정해주면 해당 부처에서 스스로 한도 내에서 예산을 기획하는 방식으로, 예산 편성과정에서 각 부처의 자율성을 강화한 제도이다.

㉣ **영기준예산(ZBB ; Zero-Based Budgeting)** : 백지상태예산이라고도 하며 예산을 편성함에 있어 과거의 예산 편성을 고려하지 않고 조직체의 모든 사업활동을 분석 · 평가하여 우선순위를 결정한 후 합리적으로 배분하여 편성하는 예산이다. 이러한 영기준예산은 우선순위 결정이 곤란하고 업무량이 과중되어 시간이 오래 걸리고 비용이 많이 드는 단점이 있다.

㉤ **자본예산(CBS ; Capital Budgeting System)** : 자본예산은 스웨덴에서 처음 도입한 예산제도로 정부예산을 자본지출과 경상지출로 구분하고 경상지출은 조세로 충당하여 균형을 유지하며, 자본지출은 공채발행과 적자재정으로 그 수입에 충당하게 하여 불균형 예산을 편성하는 제도이다.

㉥ **일몰법예산(Sunset Law)** : 특정 사업이 일정기간이 지나 국회의 재신임을 얻지 못할 경우 예산이 자동적으로 폐지되는 것을 말한다.

③ **예산 성립시기에 따른 분류**

㉠ **본예산(Main Budget)** : 정상적으로 편성을 거쳐 최초로 성립된 예산으로 국회의 의결을 얻어 확정된 예산이다.

㉡ **수정예산(Budget Reversions)** : 정부가 예산안을 편성하여 국회에 제출한 후 예산이 확정되기 전에 예산안의 내용을 수정편성하여 제출하는 것을 말한다.

㉢ **추가경정예산(Supplementary Budget)** : 예산이 국회를 확정통과한 이후 추가적으로 발생한 부득이한 사유로 추가 · 변경을 하는 예산을 말한다.

㉣ **준예산(Provisional Budget)** : 회계연도가 개시되기 전까지 예산을 성립하지 못했을 경우 전년도 예산에 준하여 지출하는 예산이다. 예산의 신축성과 예산의 불성립으로 인한 행정공백을 방지하는 데 목적이 있다.

> **헌법에 규정된 준예산제도(제54조 3항)**
>
> 새로운 회계연도가 개시될 때까지 예산안이 의결되지 못한 때에 정부는 국회에서 예산안이 의결될 때까지 다음의 목적을 위한 경비를 전년도 예산에 준하여 집행할 수 있다.
> - 헌법이나 법률에 의하여 설치된 기관 또는 시설의 유지 · 운영
> - 법률상 지출의무의 이행
> - 이미 예산으로 승인된 사업의 계속

자본계정

철도, 도로, 항만 등 사회간접자본처럼 지출의 효과가 장기간에 걸쳐 나타나는 계정

경상계정

인건비나 물건비처럼 국가에서 매년 정기적으로 필요로 하는 재화, 서비스 구입에 사용되는 단기적인 계정

(3) 정부실패

① **디폴트(Default)** : 공사채나 은행융자 등에 있어서 계약상 원금의 변제시기, 이율 및 이자의 지불시기 등이 확정되어 있으나 채무자가 사정에 의하여 원리금 지불채무를 계약에 정해진 대로 이행할 수 없는 상황에 빠지는 것을 말하는데, 채권자가 디폴트가 발생했다고 판단하여 채무자나 제3자에게 통보하는 것을 '디폴트 선언'이라고 한다. 한 나라의 정부가 외국에서 빌려온 빚을 상환기간 내에 갚지 못한 경우가 디폴트에 해당한다.

② **모라토리엄(Moratorium)** : 국가나 지방자치단체가 외부에서 빌린 자금에 대해 일방적으로 만기 상환을 미루는 행위를 말한다. 모라토리엄은 라틴어의 '지체하다'라는 말에서 유래된 용어로 신용의 붕괴로 인한 채권의 추심이 강제될 경우 경제상황에 악영향을 미칠 수 있기 때문에 국가의 법적인 지불정지를 선언한 것으로, 독일이 제1차 세계대전에 패하면서 엄청난 전쟁배상금을 갚을 능력이 없어 모라토리엄을 선언한 바 있다.

적중문제

01 우리나라에서 가장 큰 비중을 차지하는 재정정책 기본법은?

① 국가재정법　② 감사원법
③ 지방세법　④ 국가회계법

해 재정(Public Finance)이란 국가 및 지방공공단체가 맡은 일을 수행하기 위해 하는 경제 활동을 뜻하며 국가의 예산 · 기금 · 결산 · 성과관리 및 국가채무 등을 포함한다. 우리나라의 국가 재정은 기획재정부에서 총괄하며 공공재정의 기본인 '국가재정법'을 제정하여 운영하고 있다.

02 재정정책의 목표로 보기 어려운 것은?

① 물가 안정　② 경제 발전
③ 남북 통일　④ 효율적인 자원 배분

해 재정정책을 통해 물가 안정, 경제 발전, 소득의 공평한 분배, 효율적인 자원의 배분을 추구한다.

03 다음 중 재정 원칙이 아닌 것은?

① 수지균형 원칙　② 양출제입 원칙
③ 능력강제 원칙　④ 근거과세 원칙

해 근거과세 원칙은 국세 부과원칙에 해당한다.

① 수지균형 원칙 : 재정을 운영하는 데 있어서 지나친 흑자나 적자를 내지 않고 적절한 수지균형을 유지하도록 재원을 효과적으로 운영하여야 한다는 것을 뜻한다. 지방자치법상 "지방자치단체는 재정을 수지균형의 원칙에 따라 건전하게 운영하여야 한다."라고 규정하여 수지균형 원칙을 명문으로 규정하고 있다.

② 양출제입 원칙 : 양출제입(量出制入)이란 "나가는 것을 헤아려 들어오는 것을 정한다."라는 뜻의 한자성어로 국가재정은 세출계획에 맞춰 세입 규모를 결정해야 한다는 것을 말한다. 이와는 반대로 가계에서는 수입이 일정하기 때문에 수입규모에 맞춰 지출을 결정하는 양입제출의 원칙이 적용된다.

③ 능력강제 원칙 : 세금 부담 능력에 따라 세금의 규모가 결정되어야 한다는 원칙이다.

04 국가재정법의 특징으로 올바르지 않은 것은?

① 국가의 회계는 일반회계와 특별회계로 구분하여 운영하도록 하고 있다.

② 국가 회계 연도는 매년 1월 1일에 시작하여 12월 31일에 종료한다.

③ 예산이 남녀 성차별을 개선하도록 성인지예산제도를 폐지하여 실질적인 양성평등을 주장하고 있다.

④ 중앙관서의 장과 기금관리주체에게 예산 요구 시 성과계획서와 성과보고서 제출을 의무화하여 성과관리제도를 적극 도입하였다.

해 2010년부터 예산이 남성과 여성에게 미치는 효과를 분석하도록 규정하여 예산이 남녀 성차별을 개선하도록 성인지예산제도를 명문으로 도입하였다.

국가재정법의 특징

- 회계연도 : 매년 1월 1일에 시작하여 12월 31일에 종료한다.
- 회계의 구분 : 국가의 회계는 일반회계와 특별회계로 구분하며 일반회계는 조세수입 등을 주요 세입으로 하여 국가의 일반적인 세출에 충당하기 위하여 설치한다. 특별회계는 국가에서 특정한 사업을 운영하고자 하거나 특정한 자금을 보유하여 운용하고자 할 경우, 특정한 세입으로 특정한 세출에 충당함으로써 일반회계와 구분하여 계리할 필요가 있을 때에 법률로써 설치하도록 규정되어 있다.
- 성과관리제도 도입 : 중앙관서의 장과 기금관리주체에게 예산 요구 시 성과계획서와 성과보고서 제출을 의무화하여 성과관리제도를 적극 도입하였다.
- 재정정보 공표 : 정부는 예산, 기금, 결산, 국채, 차입금, 국유재산의 현재액 및 통합재정수지와 지방자치단체의 재정에 관한 중요한 사항을 매년 1회 이상 정보통신매체 · 인쇄물 등 적당한 방법으로 알기 쉽고 투명하게 공표하도록 하고 있다.
- 성인지예산서 작성 : 2010년부터 예산이 남성과 여성에게 미치는 효과를 분석하도록 규정하여 예산이 남녀 성차별을 개선하도록 성인지예산제도를 명문으로 도입하였다.

답 01. ① 02. ③ 03. ④ 04. ③

05 다음 보기가 뜻하는 용어는?

> 일정기간 동안의 국가 수입과 지출에 관한 계획으로 국가의 재정수요와 이에 충당할 재원을 비교하여 배정한 1회계연도 동안의 세입과 세출을 예정적으로 계산한 것을 의미한다.

① 예산 ② 제정
③ 재정 ④ 수입

해 예산(Budget)에 대한 내용이다. 정부는 달성하고자 하는 목표를 설정하고 그 목표를 달성하기 위한 최적의 수단을 선택하여 예산을 세워야 하는데, 현재 우리나라는 기획재정부에서 국가재정운용 계획을 구성하며 예산을 편성하고 있다.

06 다음 중 예산의 원칙이 바르게 연결된 것은?

① 행정부 계획의 원칙 – 예산안의 편성지침이나 예비비와 같이 재정통제와 신축성을 위한 적절한 제도와 수단을 구비해야 한다는 원칙이다.
② 적절한 수단의 원칙 – 행정부의 재량을 인정하여 행정부의 사업계획을 충실히 반영해야 한다는 원칙이다.
③ 행정부 재량의 원칙 – 예산의 편성과 심의, 집행의 전 과정을 국민에게 공개해야 한다는 원칙이다.
④ 명료성의 원칙 – 세입과 세출 내역을 명확하게 나타내고 예산을 합리적으로 분류하여 누구나 쉽게 이해하도록 명료하게 작성해야 한다는 원칙이다.

해 ① 행정부 계획의 원칙 : 행정부의 재량을 인정하여 행정부의 사업계획을 충실히 반영해야 한다는 원칙이다.
② 적절한 수단의 원칙 : 예산안의 편성지침이나 예비비와 같이 재정통제와 신축성을 위한 적절한 제도와 수단을 구비해야 한다는 원칙이다.
③ 행정부 재량의 원칙 : 예산의 집행에서 행정부의 재량을 인정하여 집행상의 재량으로 행정부의 결정을 최대한 존중해야 한다는 원칙이다.

07 다음 중 일반회계와 특별회계에 대한 내용으로 잘못된 것은?

① 일반회계란 조세수입 등을 주요 세입으로 하는 중앙정부예산의 중심회계이다.

② 국가의 안녕과 사회보장, 보건의료와 같이 국가에서 특정한 사업을 운영하고자 할 경우 특별회계를 편성한다.

③ 특별회계는 원칙적으로 소관 부서가 관리하여 기획재정부의 통제를 받지 않는다.

④ 헌법재판소와 같은 국가기관은 모두 일반회계의 적용을 받는다.

해 치안과 국방 등 국가의 안녕과 사회보장, 보건의료, 교육 등과 과학기술, 국토개발, 경제개발사업 등은 모두 일반회계에서 이루어진다.

08 기획예산처가 예산의 총액 한도를 결정하면 각 부처가 자율적으로 예산을 편성하는 제도는?

① 톱다운제도 ② 엠바고
③ 파레토 최적 ④ 그린 메일

해 톱다운제도(Top Down System) : 기획재정부가 예산의 총액 한도를 결정하면 각 부처가 자율적으로 예산을 편성하는 제도이다. 즉, 기획재정부가 가용한 예산을 정해주면 해당 부처 스스로 한도 내에서 예산을 기획하는 방식으로, 예산 편성 과정에서 각 부처의 자율성이 강화된 제도이다.

답 05. ① 06. ④ 07. ② 08. ①

09 다음 ( ) 안에 들어갈 알맞은 예산 제도는?

> (   )이란 사업계획을 세부사업으로 분류하고 각 세부사업을 '업무량 × 단위원가 = 예산액'으로 편성하는 예산이다. 즉, 주요사업을 몇 개의 세부사업으로 나눈 다음 세부사업별로 단위원가와 업무량을 산출하여 예산을 편성하는 것으로, 정부가 수행하는 업무에 중심을 두는 관리지향적 예산제도이다.

① 성과주의예산(PBS ; Performance Budgeting System)
② 품목별예산(LIBS ; Line Item Budgeting System)
③ 계획예산(PPBS ; Planning Programming Budgeting System)
④ 영기준예산(ZBB ; Zero-Based Budgeting)

해 성과주의예산(PBS)에 대한 설명이다. 성과주의예산은 국민의 입장에서 볼 경우 정부사업의 목적을 용이하게 이해할 수 있어서 재정의 투명성이 확보될 수 있지만, 업무단위 선정이 어렵고 단위원가를 정확히 계산하기 어렵다.

10 예산제도가 잘못 연결된 것은?

① 품목별예산 – 지출의 대상과 성질에 따라 세부항목별로 편성한 현재 우리나라의 예산제도
② 성과주의예산 – 사업계획을 세부사업으로 분류하고 각 세부사업을 '업무량 × 단위원가 = 예산액'으로 편성하는 예산제도
③ 일몰법예산 – 예산을 편성함에 있어 과거의 예산 편성을 고려하지 않고 조직체의 모든 사업활동을 분석 · 평가하여 우선 순위를 결정하는 예산제도
④ 계획예산 – 장기적인 계획과 단기적인 예산편성을 프로그램을 통해 유기적으로 연결하여 자원배분에 관한 의사결정을 합리화하려는 예산제도

해 일몰법예산(Sunset Law)이란 특정 사업이 일정기간이 지나 국회의 재신임을 얻지 못할 경우 예산이 자동적으로 폐지되는 것을 말한다.

예산제도의 종류

- 품목별예산(LIBS ; Line Item Budgeting System) : 품목별 예산이란 지출의 대상과 성질에 따라 세부항목별로 편성한 것으로 현재 우리나라의 예산제도이다. 즉, 급여, 물품구입비, 복리후생비, 장비구입비처럼 지출대상을 기준으로 편성하는 방법이다. 품목별 예산의 경우 회계책임을 명확하게 할 수 있고 운영방법이 간단하여 통제지향적이라는 장점이 있으나 계획과 지출의 불일치가 일어날 수 있고 기능의 중복을 피하기 어려운 단점이 있다.

• 성과주의예산(PBS ; Performance Budgeting System) : 사업계획을 세부사업으로 분류하고 각 세부사업을 '업무량 × 단위원가 = 예산액'으로 편성하는 예산이다. 즉, 주요사업을 몇 개의 세부사업으로 나눈 다음 세부사업별로 단위원가와 업무량을 산출하여 예산을 편성하는 것으로 정부가 수행하는 업무에 중심을 두는 관리지향적 예산제도이다. 성과주의예산은 국민의 입장에서 볼 경우 정부사업의 목적을 용이하게 이해할 수 있어서 재정의 투명성이 확보될 수 있지만, 업무단위 선정이 어렵고 단위원가를 정확히 계산하기 어렵다.
• 계획예산(PPBS ; Planning Programming Budgeting System) : 장기적인 계획과 단기적인 예산편성을 프로그램을 통해 유기적으로 연결하여 자원배분에 관한 의사결정을 합리화하려는 예산이다. 계획예산은 수행해야 하는 정부사업계획을 체계적으로 검토하여 장기적인 안목을 확보하는 계획지향적인 제도이다.
• 영기준예산(ZBB ; Zero-Based Budgeting) : 백지상태예산이라고도 하며 예산을 편성함에 있어 과거의 예산 편성을 고려하지 않고 조직체의 모든 사업활동을 분석 · 평가하여 우선 순위를 결정한 후 합리적으로 배분하여 편성하는 예산이다. 영기준예산은 우선순위 결정이 곤란하며 업무량이 과중하여 시간이 오래 걸리고 비용이 많이 드는 단점이 있다.
• 자본예산(CBS ; Capital Budgeting system) : 자본예산은 스웨덴에서 처음 도입한 예산제도로 정부예산을 자본지출과 경상지출로 구분하고 경상지출은 조세로 충당하여 균형을 유지하며 자본지출은 공채발행과 적자재정으로 그 수입에 충당하게 하여 불균형예산을 편성하는 제도이다.
• 일몰법예산(Sunset Law) : 특정 사업이 일정기간이 지나 국회의 재신임을 얻지 못할 경우 자동적으로 폐지되는 것을 말한다.

답 09. ① 10. ③

2 조세

조세의 개요

(1) 조세(Tax)

① **정의** : 조세란 국가와 지방자치단체가 운영에 필요한 경비 마련을 위해 국민으로부터 징수한 돈을 말한다. 헌법상 조세의 종목과 세율은 법률로 정하도록 하는 '조세법정주의'를 정하고 있다.

② **조세체계**

국세	내국세	직접세	소득세, 법인세, 상속세와 증여세, 종합부동산세
		간접세	부가가치세, 주세, 인지세, 증권거래세, 개별소비세, 교통 · 에너지 · 환경세
		목적세	교육세, 농어촌특별세
	관세		
지방세	도세	보통세	취득세, 등록면허세, 레저세, 지방소비세
		목적세	지역자원시설세, 지방교육세
	시군세	보통세	주민세, 재산세, 자동차세, 지방소득세, 담배소비세

③ **국세부과원칙** : 국세기본법에 국세를 부과하기 위해 규정된 원칙으로 실질과세 원칙, 신의성실 원칙, 근거과세 원칙, 조세감면 사후관리가 있다.

㉠ **실질과세 원칙** : 과세의 대상이 되는 소득, 수익, 재산, 행위 또는 거래의 귀속이 명의일 뿐이고 사실상 귀속되는 자가 따로 있을 때에는 사실상 귀속되는 자에게 국세를 부과해야 한다는 것을 말한다.

㉡ **신의성실 원칙** : 국민이 세금을 납부하는 경우 성실하게 납부해야 하며 관련 세무 공무원도 마찬가지로 성실한 태도로 수행해야 한다는 것이다.

㉢ **근거과세 원칙** : 세금을 내야 하는 자가 장부를 갖추어 기록하고 있는 경우 해당 국세 결정은 그 장부와 관계되는 증거자료에 의한다는 원칙이다. 따라서 장부가 다르게 작성되었다면 국가와 지방자치단체가 조사한 사실에 따라 세금을 징수할 수 있다.

과세표준(Base Tax)

세금을 부과하는 데 기준이 되는 수량과 용적, 금액 등을 말한다.

인세

담세능력이 있는 납세의무자인 사람이나 법인에 대해 부과하는 조세로 법인세, 상속 · 증여세, 소득세를 말한다.

물세

납세의무자의 인적사항을 고려하지 않고 재산이나 수익에 대해 과세를 하는 것으로 부가가치세나 재산세가 이에 속한다.

준조세(Quasi-tax)

세금은 아니지만 세금처럼 납부해야 하는 부담금을 뜻하며 그 범위에 대해서는 통일된 개념이 정립되어 있지 않다. 광의의 준조세는 법령상 근거를 두고 부과되는 법정부담금과 법령상의 부담의무는 없으나 사실상 부담이 강제되는 기부금 · 성금 등의 비자발적 부담을 포함한다.

조세피난처(Tax Heaven)

법인에서 실제로 얻은 소득의 전부나 일정 부분에 대한 조세의 부과가 이루어지지 않는 국가나 지역으로, 세제상에서 우대를 받을 뿐만 아니라, 외환거래 등 금융거래의 전반적인 부분에 대해 철저하게 비밀이 보장되며, 국가 간에 이루어지는 조세정보의 교류에 굉장히 소극적이다.

㉣ **조세감면 사후관리** : 정부가 국세를 감면한 경우에 그 감면의 취지를 성취하거나 국가정책을 수행하기 위하여 필요하다고 인정하면 세법에서 정하는 바에 따라 감면한 세액에 상응하는 자금 또는 자산의 운용 범위를 정할 수 있도록 한 원칙으로, 운용 범위를 벗어난 자금 또는 자산에 상응하는 감면세액은 세법에서 정하는 바에 따라 감면을 취소하고 징수할 수 있다.

④ **관련 기관** : 조세는 크게 국세와 지방세로 나누어진다. 국세는 국세청에서 관장하며 지방세는 지방세기본법에 따라 지방자치단체가 과세권을 갖게 되어 있다.

㉠ **국세청** : 국세청은 국세청 본청과 하부 기관인 지방국세청(서울, 인천, 대전, 광주, 대구, 부산)과 산하의 세무서로 구성된 국가기관이다. 정부조직법에서 내국세의 부과 · 감면 및 징수에 관한 사무를 관장하기 위하여 국세청을 둔다는 규정에 따라 설립되었으며 국방과 사회간접자본 건설 등에 필요한 재원 조달을 위하여 국세를 징수한다.

㉡ **지방자치단체** : 지방자치단체는 지방자치를 위해 필요한 재원을 충당하기 위해 지방세를 부과한다. 각 자치단체의 규모와 세입, 세출 비중이 다르기 때문에 자신이 직접 징수한 자주재원 이외에 국가에서 지원하는 의존재원(보조금, 교부세 등)이 있어 국가로부터 제한과 감독을 받고 있다.

(2) 관세

① **관세(Tariff)** : 관세란 무역정책 수단 중 하나로 국가경제적인 관념에서 살펴보면 재정수입의 확보와 자국 산업의 보호, 무역적자 해소를 위한 정책적 수단으로 볼 수 있다. 관세는 국세에 해당하는 조세로 국가 재정 수입에 큰 몫을 차지하며, 소비세적인 성격으로서 명품이나 고가물품의 경우에는 고율의 관세를 부과하도록 하고 있다.

② **관세청**

㉠ **목적** : 관세법은 수입되는 물품에 관세를 부과 · 징수하여 국가 재정 수입을 확보하고, 수출입물품의 통관 등이 적법하게 이루어지도록 함으로써 대외무역 질서를 확립하는 것이라고 할 수 있다. 관세청은 이러한 제반 임무를 수행하기 위해 설립되었지만 국가의 경제발전, 개방화, 세계무역의 자유화 등 관세행정

근로장려세제

일은 하지만 소득이 적어 생활이 어려운 근로자가구에 대하여 장려금을 지급함으로써 근로유인을 제고하고 실질소득을 지원하기 위한 근로연계형 소득지원제도이다.

자녀장려세제

출산을 장려하고 저소득 가구의 자녀 양육 부담을 경감하기 위해 부양 자녀수에 따라 장려금을 주는 제도이다.

홈택스(Home Tax)

세무서를 방문하지 않고 집에서 세무업무를 처리할 수 있는 시스템으로, 세금신고 및 납부, 민원증명발급 등을 집이나 사무실에서 처리함으로써 시간과 비용의 낭비를 줄일 수 있다.

현금영수증제도

소비자가 현금과 함께 카드, 휴대전화번호 등을 제시하면 가맹점은 현금영수증 발급장치를 통해 현금영수증을 발급하고 현금결제 건별 내역이 국세청에 통보되는 제도로, 2005년 1월 1일부터 시행되었다.

전자세금계산서제도

국세청에서 실시하는 제도로 종이세금계산서 이용에 따른 사업자의 납세협력비용을 절감하고 사업자 간 거래의 투명성을 제고하기 위해 2010년 1월 1일부터 시행하고 있는 제도이다. 2011년 1월 1일부터 의무화되어 모든 법인사업자는 반드시 전자세금계산서를 발급해야 한다.

근로소득보전세제 (EITC ; Earned Income Tax Credit)

일정 소득 이하 근로 소득자의 소득에 비례한 세액공제액이 소득세액보다 많은 경우 그 차액을 환급해 주는 제도로, 마이너스 소득세로 불린다. 현재 미국, 영국, 호주, 뉴질랜드 등의 선진국에서 시행되고 있으며, 정부에 의한 급여보조금의 성격을 갖고 있다.

환경변화에 따라 역할과 임무가 새로운 분야로 확대되고 있다.

㉡ 주요 역할

- 급증하는 수출입물량과 여행자에 대한 통관관리
- 수입물품에 대한 관세 및 내국세 부과로 재정수입확보
- 밀수단속을 통한 국내산업 보호기능 수행
- 사회안전과 국민건강 보호를 위한 마약, 총기류 및 유해식품 불법반입 단속
- 환경보호를 위한 유해화학물질, 희귀동식물 불법반입 단속
- 공정한 경쟁을 위한 원산지 허위표시, 지적재산권 침해물품의 단속
- 불법외환거래 및 자금세탁방지를 위한 새로운 대외거래 종합단속 등

지방재정 조정제도

지방자치단체는 중앙정부에 비해 재원확보가 취약하고 재정불균형이 크기 때문에 보조금이나 교부세와 같은 지방재정조정제도를 도입하여 운영한다.

비과세 종합저축 조세특례

만 65세 이상의 노인 또는 장애인, 생활보호대상자 등 취약계층의 생계형 저축을 대상으로 1인당 5,000만 원까지 이자와 배당소득과세를 면제하는 제도이다

조세의 종류

(1) 과세주체에 따른 분류

① 국세

㉠ 부가가치세(VAT ; Value Added Tax) : 부가가치세란 소비에 의해 발생한 부가가치에 부과하는 일반소비세로 생산 및 유통과정에서 발생하는 상품이나 서비스를 소비할 경우 소비자가 부담하게 하는 세금이다. 부가가치란 생산과 유통을 통해 창출된 새로운 가치의 증가액을 말하는 것으로 이렇게 창출된 부가가치에 과세를 한다. 예를 들어 1,000원짜리 목재를 가공하여 1,500원짜리 의자를 만들고 이것을 소비자에게 2,000원에 판매한다고 할 때, 각 단계에서 증가한 부가가치를 과세대상으로 하는 세금이 부가가치세이다. 매출의 10%가 비례세율로 과세되며 납세의무자의 인적사항을 고려하지 않는 물세이다.

전단계매입 세액공제법

부가가치세의 과세방법으로 매출액에 세율을 적용하여 계산한 매출세액에서 매입에 징수당한 매입세액을 공제한 금액으로 납부세액을 계산하는 방법이다. 즉, 말 그대로 전 단계에 매입한 금액을 공제하여 계산한다는 뜻이다.

㉡ 소득세(Income Tax) : 개인이 벌어들인 소득에 부과하는 세금을 말하며 개인의 부담능력에 따라 부과되는 세금으로 소득공제를 통해 세금부담능력에 차등을 두어 과세형평을 실현하고 있다. 소득세는 일정기간 동안 꾸준하게 벌어들인 소득에 대해 부과하도록 되어 있어 소득세법에 소득의 근원이 되는 과세대상소득을

열거하고 있다. 크게 종합소득(이자소득, 배당소득, 사업소득, 근로소득, 연금소득, 기타소득)과, 퇴직소득, 양도소득으로 구분한다. 우리나라는 1월 1일부터 12월 31일까지를 과세기간으로 하여 이 기간 동안 발생한 소득에 소득세를 부과하고 있다.

ⓒ 법인세(Corporation Tax) : 법인이 사업으로 얻은 소득에 대해 과세하는 세금으로 내국법인과 외국법인에 납세의무를 다르게 지우고 있다. 내국법인의 경우 국내외 모든 소득에 대해 납세의무를 부가하고 있으며 외국법인의 경우 국내의 원천소득에 대해서만 법인세를 부과하고 있다.

ⓓ 상속 · 증여세 : 상속으로 인한 재산에 대하여 세금을 부과하고 재산을 증여하는 데 세금을 과세하기 위한 것으로 1950년에 제정된 상속세법은 소득세제에 대한 보완세로서 상속세제를 규정하고 세수확보와 아울러 실질적 평등의 원칙을 실현하기 위해 도입되었다. 상속과 증여는 따로 과세하지만 현행 법률에는 '상속세 및 증여세법'에 상속과 증여에 대한 내용을 모두 포함하여 규정하고 있다.

ⓔ 종합부동산세(Comprehensive Real Estate Holding Tax) : 고액의 부동산 보유자에게 종합부동산세를 부과하여 부동산보유에 대한 조세부담의 형평성을 제고하고, 부동산의 가격 안정을 도모하기 위해 2005년에 제정되었다. 크게 토지와 주택에 대한 과세로 이루어져 있으며 토지와 주택 소유자에 대해서 누진세율을 적용해 국세를 부과하는 제도이다.

② 지방세

㉠ 주민세(Local Inhabitants Tax) : 지방자치단체에 주소를 두고 있으면서 소득을 얻은 개인이나 법인에게 지방자치단체가 부과하는 세금을 말한다.

㉡ 등록세(Registration Tax) : 부동산과 같은 자산의 소유권을 거래를 통해 이전받은 경우 이를 법적으로 인정받기 위해 지방자치단체에 등록할 때 부과되는 세금을 말한다. 2011년부터 취득을 원인으로 하지 않는 등록세(법인등기, 기타등록세 등)와 면허세는 등록면허세로 통합되었다.

㉢ 재산세(Property Tax) : 토지, 건축물, 주택, 항공기 및 선박을 과세대상으로 하며 과세기준일 현재 재산을 사실상 소유하고 있는

면세(Tax Exemption)

부가가치세의 납세의무를 부과하지 않는 것으로 일정 요건에 합당한 경우 수입물품 또는 여행자의 휴대품에 대하여 세금부과를 면제하는 것을 뜻한다.

영세율(Zero Tax Rate)

세액을 산출하기 위하여 과세표준에 곱하는 세율이 '0'인 것을 말한다. 영세율은 외국과 거래한 수출과 용역에 적용되는데 우리나라에서 수출하는 상품에 대해 부가가치세를 과세하고 수입하는 나라에서도 부가가치세를 과세한다면 이중과세가 되는 불합리한 현상이 발생할 수 있어 이를 시정하기 위한 것으로, 우리나라에서 소비되지 않는 재화와 용역에 대해서는 세율을 부과하지 않는 방법이다.

순자산 증가설

소득세를 계산하기 위해 과세를 어떻게 할 것인지를 구하기 위한 학설로, 일정한 기간 동안 발생된 재산 증가의 총액에서 재산 감소의 총액을 뺀 나머지를 소득으로 보며, 원칙적으로 모든 순자산 증가액을 과세소득으로 봐야 한다는 학설이다.

소득 원천설

소득세를 구하기 위한 학설로 고정된 수입을 과세소득으로 보고, 그 외의 일시적이고 지속적이지 않은 우발된 발생소득은 원천을 알 수 없기 때문에 과세소득으로 보지 않는다는 학설이다.

래퍼곡선(Laffer Curve)

세수와 세율 사이의 역설적 관계를 그림으로 나타낸 곡선으로 보통은 세율이 높아질수록 세수가 늘어나는데 세율이 일정 수준을 넘으면 반대로 세수가 줄어드는 모습을 나타내며 미국의 경제학자 래퍼가 주장하였다.

자는 재산세를 납부할 의무가 있다.

㉣ 레저세(Leisure Tax) : 경마 · 경륜 · 경정 등은 관련 법률에 의하여 승자투표권을 발매하고 투표적중자에게 환급금 등을 교부하는데 이 사업을 하는 사업자에게 원천징수하여 납부하는 세금이다. 과거 '경주 · 마권세'에 해당하는 세금이다.

㉤ 지방교육세(Local Education Tax) : 지방교육세란 지방교육의 질적 향상에 필요한 지방교육재정 확충에 드는 재원을 확보하기 위하여 부과하는 세금으로 부동산, 기계장비, 항공기 및 선박의 취득에 대한 취득세의 납세의무자와 등록면허세의 납세의무자, 레저세의 납세의무자, 담배소비세의 납세의무자, 주민세 균등분의 납세의무자 등이 납부대상이다.

> 재정조정제도
>
> - 교부세(Shared Tax) : 중앙정부(국가)가 재정이 부족한 지방자치단체에 금전을 교부하는 것으로 지방자치단체는 중앙정부에 비해 재원 확보가 어렵고 취약하기 때문에 이를 시정하기 위한 제도 중 하나이다. 즉, 교부세는 지역 간의 불균형 시정이 목적이다.
> - 보조금(Grants in Aid) : 지방자치단체가 필요한 경우 예산의 범위 안에서 경비의 일부 또는 전부를 충당하기 위해 용도를 정하여 교부하는 자금을 말한다. 보조금은 국가와 지방자치단체 간의 수직적 조정으로, 중앙정부의 소관예산이 보조금의 재원이 되어 국가의 통제와 감시를 받는다.

(2) 조세의 전가가 가능한지 여부에 의한 분류

① 직접세(Direct Tax) : 직접세란 조세를 부담하는 자와 납부하는 자가 동일한 조세를 말한다. 직접세는 소득세와 법인세, 상속세, 증여세 등이며 소득이 많은 사람에게 누진세율 등을 적용할 수 있어 소득 재분배 효과가 있고 조세능력에 따른 공평한 과세가 가능하지만 조세저항이 커지는 단점이 있다.

② 간접세(Indirect Tax) : 조세를 부담하는 자와 납부하는 자가 일치하지 않는 조세로 부가가치세, 특별소비세, 개별소비세 등이 있다. 간접세는 소비와 지출에 대해 부과하는 것으로 조세에 대한 저항이 적어 징수가 용이한 반면 부유한 사람이나 가난한 사람이나 똑같이 징수하기 때문에 빈부 격차를 심화시키며, 간접세를 많이 부과하게 되면 물가가 오르는 단점이 있다.

누진세

소득이 높을수록 높은 세율을 적용하는 것으로 과세표준액에 따라 다른 세율을 적용하는 세금을 말한다.

비례세(Proportional Tax)

모든 과세표준에 대해 동일한 세율을 적용하는 세금을 말한다.

(3) 원천징수(Tax Withholding)

① **정의** : 소득금액 또는 수입금액을 지급할 때, 지급받는 자가 부담할 세액을 지급자가 국가를 대신하여 미리 징수하는 것이다. 예를 들어 은행에 돈을 예치하고 일정기간이 지나 이자가 붙게 됐을 때 이자를 전부 지급하는 것이 아니라 일정비율을 공제하고 나머지 금액을 지급하도록 하는 것이다. 즉, 이자를 지급하는 은행이 그 이자에 대한 원천징수액을 차감한 뒤 잔액을 예금자에게 지급하고 원천징수한 세액을 정부에 납부하는 것이 원천징수이다. 이때 은행은 공제한 금액을 징수하여 국가에 납부를 하는 원천징수의무자가 되고 예금자는 납세의무자가 된다.

② **원천징수의 장점** : 원천징수의무자가 정부를 대신하여 징수를 하게 되면 징수비용이 절약되고, 납세자의 입장에서도 세금의 부담이 줄어들며 미리 징수를 하기 때문에 탈세를 방지할 수 있다.

③ **원천징수의 단점** : 원천징수의무자의 비용을 가중시킨다.

목적세(Objective Tax)

특정한 경비에 충당할 것을 목적으로 부과되는 세금으로, 세수입의 용도와 납세의무자나 과세대상 사이에 일정한 수익관계가 있을 것을 전제로 한다. 보통 정부의 세입과 세출은 곧바로 연결시키지 않고 세입을 일단 국고에 집중시켰다가 우선순위에 따라 지출하는 것이 원칙이다. 그러나 특정 사업부문을 지원하기 위한 재원을 장기 안정적으로 확보해야 할 필요가 있을 때에는 세원별로 지출처를 미리 정해 놓는 경우가 있다. 이러한 세금을 목적세라고 부른다.

개별소비세(Special Excise Tax)

사치성 상품이나 서비스의 소비에 대해 별도의 높은 세율로 과세하는 것으로, 국세인 동시에 간접세이다. 부가가치세를 포함한 일반 매출세는 모든 재화 또는 용역 일반을 소비하는 데 부과하는 일반소비세인 반면 특별한 물품이나 용역에 대해서만 특별히 높은 세율로 과세하는 소비세다.

원천과세(Witholding Tax)

소득이 흘러들어오는 원천에서 세금을 부과하는 과세방법으로서, 특정한 소득의 지급자가 소득을 지급할 때 소정의 세율을 적용하고 계산한 소득세 등을 징수하여 국가에 납부하는 제도를 말한다. 조세채권의 일실을 방지하고 납세자의 자금부담의 분산을 도모하는 등의 장점이 있다.

적중문제

[안산교육지원청]

01 다음 중 국가 재정 수입에서 가장 많은 부분을 차지하는 것은 무엇인가?

① 조세 ② 각종 수수료

③ 이자 수입 ④ 국채 매각 비용

해 조세란 국가와 지방자치단체가 운영에 필요한 경비 마련을 위해 국민으로부터 징수한 돈으로 국가 재정의 가장 많은 부분을 차지한다.

02 다음 중 국세가 아닌 것은?

① 소득세 ② 부가가치세

③ 주민세 ④ 증권거래세

해 주민세는 지방세이다.

국세	내국세	직접세	소득세, 법인세, 상속세와 증여세, 종합부동산세
		간접세	부가가치세, 주세, 인지세, 증권거래세, 개별소비세, 교통 · 에너지 · 환경세
		목적세	교육세, 농어촌특별세
	관세		
지방세	도세	보통세	취득세, 등록면허세, 레저세, 지방소비세
		목적세	지역자원시설세, 지방교육세
	시군세	보통세	주민세, 재산세, 자동차세, 지방소득세, 담배소비세

03 다음 중 직접세에 해당하는 국세는?

① 부가가치세
② 주세
③ 증권거래세
④ 법인세

해 직접세란 조세를 부담하는 자와 납부하는 자가 동일한 조세로, 국세에서 법인세가 직접세에 해당한다. 나머지는 간접세에 해당하는 것들이다.

내국세	직접세	소득세, 법인세, 상속세와 증여세, 종합부동산세
	간접세	부가가치세, 주세, 인지세, 증권거래세, 개별소비세, 교통 · 에너지 · 환경세
	목적세	교육세, 농어촌특별세

04 다음 중 국세 부과원칙에 해당하지 않는 것은?

① 실질과세 원칙
② 신의성실 원칙
③ 근거과세 원칙
④ 의존재원 원칙

해 국세부과원칙은 국세기본법에 국세를 부과하기 위해 규정된 원칙으로 실질과세 원칙, 신의성실 원칙, 근거과세 원칙, 조세감면 사후관리가 있다.

답 01. ① 02. ③ 03. ④ 04. ④

05 다음 중 연결이 바르게 된 것은?

① 실질과세 원칙 – 국민이 세금을 납부하는 경우 성실하게 납부해야 하며 관련 세무 공무원도 마찬가지로 성실한 태도로 수행해야 한다.

② 신의성실 원칙 – 과세의 대상이 되는 소득, 수익, 재산, 행위 또는 거래의 귀속이 명의일 뿐이고 사실상 귀속되는 자가 따로 있을 때에는 사실상 귀속되는 자에게 과세를 부과해야 한다.

③ 근거과세 원칙 – 세금을 내야 하는 자가 장부를 갖추어 기록하고 있는 경우에는 해당 국세 결정은 그 장부와 관계되는 증거자료에 의하여야 한다.

④ 조세감면 사후관리 – 운용 범위를 벗어난 자금 또는 자산에 상당하는 감면세액은 세법에서 정하는 바에 따라 감면을 취소하고 징수할 수 없다.

해 ① 실질과세 원칙이란 과세의 대상이 되는 소득, 수익, 재산, 행위 또는 거래의 귀속이 명의일 뿐이고 사실상 귀속되는 자가 따로 있을 때에는 사실상 귀속되는 자에게 과세를 부과해야 한다는 것을 말한다.

② 신의성실 원칙은 국민이 세금을 납부하는 경우 성실하게 납부해야 하며 관련 세무 공무원도 마찬가지로 성실한 태도로 수행해야 한다는 것이다.

④ 조세감면 사후관리는 정부가 국세를 감면한 경우에 그 감면의 취지를 성취하거나 국가정책을 수행하기 위하여 필요하다고 인정하면 세법에서 정하는 바에 따라 감면한 세액에 상당하는 자금 또는 자산의 운용 범위를 정할 수 있도록 한 원칙으로 운용 범위를 벗어난 자금 또는 자산에 상당하는 감면세액은 세법에서 정하는 바에 따라 감면을 취소하고 징수할 수 있다.

06 다음 중 물세에 해당하는 것은?

① 부가가치세 ② 상속세

③ 증여세 ④ 법인세

해 물세란 납세의무자의 인적사항을 고려하지 않고 재산이나 수익에 대해 과세를 하는 것으로 부가가치세나 재산세가 이에 속한다.

인세와 물세

- 인세 : 담세능력이 있는 납세의무자인 사람이나 법인에 대해 부과하는 조세로 법인세, 상속 · 증여세, 소득세를 말한다.
- 물세 : 납세의무자의 인적사항을 고려하지 않고 재산이나 수익에 대해 과세를 하는 것으로 부가가치세나 재산세가 이에 속한다.

07 부가가치세에 대한 내용으로 틀린 것은?

① 소비에 의해 발생한 부가가치에 대해 부과하는 일반소비세이다.
② 즉, 생산 및 유통과정에서 발생하는 상품이나 서비스를 소비할 경우 그 소비자에게 부담하게 하는 세금을 의미한다.
③ 매출의 10%가 비례세율로 과세가 된다.
④ 납세의무자의 인적사항을 고려하는 인세이다.

해 부가가치세는 부가가치를 과세대상으로 하는 세금으로서 매출의 10%가 비례세율로 과세가 되며 납세의무자의 인적사항을 고려하지 않는 물세이다.

부가가치세(VAT ; Value Added Tax)
부가가치세란 소비에 의해 발생한 부가가치에 대해 부과하는 일반소비세로 생산 및 유통과정에서 발생하는 상품이나 서비스를 소비할 경우 소비자에게 부담하게 하는 세금이다. 부가가치란 생산과 유통을 통해 창출된 새로운 가치의 증가액을 말하는 것으로 이렇게 창출된 부가가치에 대해 과세가 된다. 예를 들어 1,000원짜리 목재를 가공하여 1,500원짜리 의자를 만들고 이것을 소비자에게 2,000원에 판매한다고 할 때, 각 단계에서 증가한 부가가치를 과세대상으로 하는 세금을 부가가치세라 한다. 매출의 10%가 비례세율로 과세가 되며 납세의무자의 인적사항을 고려하지 않는 물세이다.

08 조세의 부담이 전가되어 납세의무자와 담세자가 일치하지 않는 조세는?

① 직접세
② 목적세
③ 간접세
④ 보통세

해 간접세는 조세부담이 전가되어 납세의무자와 담세자가 일치하지 않는 조세이다. 부가가치세, 특별소비세, 주세, 인지세 등이 여기에 포함되며 간접세는 직접세에 비해 조세저항이 적고 조세징수가 편리한 반면 저소득층에 대한 과세부담이 증가되고 물가를 자극한다는 단점이 있다.

답 05. ③ 06. ① 07. ④ 08. ③

09 다음 보기에 해당하는 용어는?

> 예를 들어 은행에 돈을 예치하고 일정기간이 지나 이자가 붙게 됐을 때 이자를 전부 지급하는 것이 아니라 일정비율을 공제하고 나머지 금액을 지급하는 것으로, 탈세를 방지하는 역할을 하는 조세방법이다.

① 전단계매입세액공제법 ② 원천징수
③ 간접세 ④ 할당제

해 원천징수(Tax Withholding)에 대한 내용이다.

원천징수(Tax Withholding)
이자를 지급하는 은행이 그 이자에 대한 원천징수액을 차감한 뒤 잔액을 예금자에게 지급하고 원천징수한 세액을 정부에 납부하는 것을 원천징수라 한다. 이때 은행은 공제한 금액을 징수하여 국가에 납부를 하는 원천징수의무자가 되고 예금자는 납세의무자가 된다.

10 간접세에 대한 내용으로 틀린 것은?

① 간접세는 조세에 대한 저항이 적다.
② 간접세는 빈부의 격차를 심화시키는 단점이 있다.
③ 간접세는 납세의무자와 담세자가 일치하는 조세이다.
④ 개발도상국에서는 주로 간접세가 주요 재정 수입의 구조를 이룬다.

해 직접세란 납세의무자에게 직접 부과하는 조세로 납세의무자가 담세자가 되는 것이 원칙이며 간접세란 조세 부담이 제3자에게 전가되는 조세로 납세의무자와 담세자가 다른 조세이다.

답 09. ② 10. ③

CHAPTER 04

증 권

CHAPTER 04

증권

1 자본시장

자본시장

(1) 자본시장

① **자본시장(Capital Market)** : 상환기간이 1년을 넘은 장기자산이 거래되는 시장으로 기계 · 설비의 구입이나 공장 건설 등 기업이 필요로 하는 자본을 조달하기 위한 시장을 말한다. 기업이 이윤을 늘리기 위해 투자를 필요로 하는 반면, 여유자금이 있는 사람은 투자를 함으로써 이익을 늘리고자 하는데 이러한 수요와 공급이 만나 금융거래가 이루어지는 시장을 자본시장이라 한다. 자본시장은 장기금융시장이라고도 하며 자금공급방식에 따라 크게 증권시장과 채권시장으로 구분된다. 증권시장은 유가증권을 발행, 인수, 모집하는 단계의 '발행시장'과 일단 발행한 증권을 매매하는 단계의 '유통시장'으로 나눌 수 있다. 유통시장은 증권거래소와 같이 눈에 보이는 시장이지만, 발행시장은 거래가 이루어지기 전의 추상적 개념의 시장이다.

㉠ **직접금융** : 기업이 금융기관을 중개하지 않고 주식과 채권 등을 발행하여 개인투자자들로부터 자금을 직접 조달받는 것을 말한다.

㉡ **간접금융** : 기업이 금융기관을 통해 자금을 차입하는 것으로 금융기관이 일반 대중으로부터 예금을 받아 자신의 명의로 필요한 기업에게 대출해주는 방식을 말한다.

② **증권** : 증권이란 '유가증권'의 줄임말로 재산권이 화체된 증서를 말한다. 즉, 돈으로 바꿀 수 있는 권리를 표시한 증서로 주식과 채권, 수표와 어음 등을 말한다. 이 중에서 주식과 채권은 자본시장에서 많은 비중을 차지하는 상품으로 다수의 투자자 사이에서 거래되어 쉽게 사고팔 수 있으며 매매차익을 남길 수 있기 때문에 증권시장과 채권시장이 형성된다.

㉠ **주식(Stock)** : 주식회사가 자본금을 마련할 목적으로 여러 투자자로부터 자금을 모집하고 일정한 형식을 기재한 증서를 발행하

핫머니(Hot Money)

국가 간 환율과 단기금리의 차이로 차익을 취하기 위해 국경을 넘나들며 이동하는 단기적인 거대자금으로 투기적 이익을 좇아 국제 시장에서 움직이는 단기 부동자금이다. 별다른 이유 없이 주가가 급등하거나 반등할 경우 핫머니가 유입되거나 빠져 나간 것으로 볼 수 있다. 핫머니는 자금 이동이 일시에 대량으로 이루어지며 유동적인 형태를 취하는 특징 때문에 외환의 수급관계를 크게 동요시켜 국제금융시장의 안정을 저해한다.

쿨머니(Cool Money)

투기적 단기자금인 핫머니(Hot Money)에 대비되는 '멋진 돈'으로, 가난구제나 빈민층 교육 및 도시빈민촌 환경개선 같은 공익적 사업으로 사적 이윤을 추구하는 미래지향적 자본을 뜻한다. 여기에는 법인으로서의 기업뿐만 아니라, 자연인으로서의 기업인과 개인 부자 등이 모두 포함된다.

스마트머니(Smart Money)

고수익을 노려 단기 추세흐름에 신속하게 대응하는 노련한 투자를 말한다.

증권거래세 (Securities transaction tax)

주식이나 지분의 소유권이 유상 이전될 때 당해 주권이나 지분의 양도자에게 양도가액을 기준으로 부과하는 세금을 말한다. 국내에서는 세수 증대와 자본시장에서의 단기성 투기행위를 억제하기 위해 시행하고 있는데, 소득이 있는 곳에 과세한다는 조세의 기본원칙에 맞지 않는다는 지적에 따라 인하 또는 폐지 논란이 있다.

는데 이를 주식이라 한다. 기업의 규모가 커지고 필요로 하는 자금이 많아지게 되면 기업은 비싼 이자를 지불하며 은행에서 자금을 차입하는 것보다 쉽게 자금을 차입하기 위한 방법으로 주식을 발행하게 된다. 투자자도 금융활동을 통해 자산을 늘리려고 하기 때문에 배당금이 나오는 기업 주식에 투자를 하게 된다. 이러한 기업과 투자자의 이해상충관계가 맞물려 주식을 상품으로 하는 주식시장이 나타나게 되며 주식을 유통하는 증권회사가 생기게 된다.

㉡ 채권(Bond) : 채권이란 국가나 지방자치단체, 기업 등이 사업을 시행하는 데 필요한 막대한 자금을 확보하기 위해 발행하는 증서이다. 채권에는 이행기한이 일정한 기간으로 명시되어 있으며 채권을 소유한 자에게 만기에 정해진 이율에 따라 이자를 지급하도록 되어 있다.

㉢ 파생금융상품(Financial Derivatives) : 파생상품은 근원이 되는 어떠한 기초자산(예 주식, 채권, 금, 유가 등)으로부터 갈려 나와 생긴 상품으로 새로운 현금 흐름을 가져다주는 증권을 의미한다. 주식과 채권 등은 주가와 환율, 물가, 경제에 크게 영향을 받기 때문에 위험도가 높으므로 이러한 위험을 회피하기 위한 파생상품이 나타나게 된 것이다. 즉, 파생금융상품이란 주식과 채권 등 현물금융자산에 옵션과 선물, 스왑이라는 조건을 만들어 수익을 창출하는 것을 말한다.

(2) 한국거래소(KRX)

① 정의 : 한국거래소는 증권거래소, 선물거래소, 코스닥위원회, ㈜코스닥증권시장 등 기존 4개 기관이 통합되어 2005년 1월 27일에 설립되었으며 자본시장과 금융투자업에 관한 법률에 의거해 증권 및 장내파생상품, 채권 등의 공정한 가격 형성과 그 매매, 그 밖의 거래의 안정성 및 효율성을 도모하는 것을 설립 목적으로 하고 있다.

② 기능과 역할

㉠ 유가증권시장(코스피시장) · 코스닥시장 및 파생상품시장의 개설 · 운영에 관한 업무

㉡ 증권 및 장내파생상품의 매매에 관한 업무

블루칩(Blue Chip)

주식시장에서 재무구조가 건실하고 경기 변동에 강한 대형우량주이자 오랜 기간 안정적인 이익창출과 배당지급을 실행해 수익성 · 성장성 · 안정성이 높은 종목으로 비교적 고가(高價)이며 시장점유율이 높은 업종대표주이다. 카지노에서 돈 대신 쓰이는 하양, 빨강, 파랑 세 종류 칩 가운데 가장 가치가 높은 것이 블루칩인 것에서 유래했다.

옐로칩(Yellow Chip)

준(準)우량주를 이르는 주가가 아주 높은 블루칩 수준이 되지 않지만 황금 빛깔이 돈다 하여 붙여진 용어로, '중가 블루칩'으로도 불린다. 실제 가치보다 낮게 평가되어 장래에 인기주가 될 가능성이 높은 주식을 뜻한다.

레드칩(Red Chip)

중국 정부와 국영기업들이 최대주주로 참여해 홍콩에 설립, 홍콩 증시에 상장돼 있는 우량기업주를 지칭하는 말이다. 1990년대 전후로 중국의 개혁 · 개방과 맞물려 영향력 또한 커지게 되었는데, 이들 기업주들을 홍콩의 주식 투자자들이 블루칩에 빗대어 부르면서 일반화된 용어이다.

블랙칩(Black Chip)

탄광이나 석유 등과 관련된 종목을 말한다. 석탄이나 금광을 개발하는 종목 또는 석유를 원자재로 쓰거나 탐사하는 업체가 해당되며, 최근에는 개념을 확대해 에너지 관련 종목들도 통칭된다.

키코 (KIKO ; Knock-In Knock-Out)

환율하락으로 인한 환차손해 위험을 줄이기 위해 수출기업과 은행 간 맺는 일종의 계약인 파생상품을 말한다. 즉, 기업과 은행이 환율의 상한과 하한선을 정해 지정된 환율로만 거래를 하는 것이다. 우리나라의 경우 미국발 금융위기로 환율이 폭등하여 가입자인 중소기업들이 막대한 손해를 입은 경험이 있다.

㉢ 증권의 매매거래 및 파생상품거래에 따른 청산 및 결제에 관한 업무
㉣ 증권의 상장에 관한 업무
㉤ 장내파생상품 매매의 유형 및 품목의 결정에 관한 업무
㉥ 상장법인의 신고 · 공시에 관한 업무
㉦ 시장감시, 이상거래 심리 및 회원의 감리에 관한 업무
㉧ 증권의 경매업무
㉨ 유가증권시장 · 코스닥시장 및 파생상품시장 등에서의 매매거래와 관련된 분쟁의 자율조정에 관한 업무
㉩ 시장정보의 제공 및 판매에 관한 업무
㉪ 시장과 관련된 전산시스템의 개발 및 운영에 관한 업무
㉫ 부동산 및 전산장비 임대업무
㉬ 외국거래소 및 증권파생상품관련기관과의 제휴 · 연계 · 협력 등에 관한 업무
㉭ 외국거래소 및 증권파생상품관련기관 등에 대한 시스템 수출 · 업무자문 등에 관한 업무

증권의 종류

(1) 주식

① 발행시장

㉠ 정의 : 주식회사가 처음으로 주식을 발행하는 시장이다. 주식회사는 설립할 당시 자본금을 마련하기 위해 주식을 발행하며, 이미 설립된 회사의 자본금을 확충하여 사업을 확장하기 위한 방법으로 추가 주식을 발행하기도 한다.

㉡ 기능과 역할

- 투자자들로부터 기업에 필요한 장기적인 자금을 조달하여 기업자금의 대규모화를 가능하게 한다.
- 투자자들에게 유리한 투자대상을 제공하여 소득분배를 촉진하는 역할을 한다.
- 공개시장 조작과 같이 정부의 경기 · 금융안정정책을 시행하는 역할을 한다.

주가지수(Stock Price Index)

증권시장에서 거래되는 주식의 가격을 일정한 방법으로 계산한 값으로, 주가지수가 올랐다는 것은 주가가 오른 주식이 많다는 뜻이고, 반대로 주가지수가 내렸다는 것은 주가가 내린 주식이 많다는 의미이다. 주가지수의 등락 상황은 한 국가의 경제 상태를 보여 주기 때문에 증권시장뿐 아니라 국가 경제지표로서도 중요한 역할을 한다.

시가발행(Issue at Market Price)

회사가 신주를 발행할 때 액면금액에 상관없이 주식시장의 시가를 기준으로 발행가격을 결정하는 방법. 이때 발행가격을 시가에 가까운 수준에서 정하는 완전시가발행과 액면과 시가의 중간정도에서 정하는 중간발행이 있다.

어닝시즌(Earning Season)

기업들이 반기 또는 분기별로 영업실적을 발표하는 시기를 지칭하는 말로서 기업들은 그동안의 기업 영업실적발표가 주식시장에서 그 기업의 주가와 직결되기 때문에 투자자는 상당한 관심을 가지게 된다. 특히 주식시장이 무기력하고 불투명한 장세에서는 기업의 성장보다는 실적이 중시되어 주가의 움직임이 더욱 커진다.

발행시장과 유통시장

- **발행시장** : 1차적 시장, 추상적 시장
- **유통시장** : 2차적 시장, 구체적 시장

직접발행과 간접발행

발행시장에서 금융상품을 발행하는 방식은 발행위험에 따라 직접발행과 간접발행으로 구분한다. 직접발행이란 발행자가 금융상품 발행을 위한 위험성을 전부 떠안는 방식이며, 간접발행이란 금융상품 발행에 증권발행 전문기관과 같은 인수기관을 이용하는 것이다.

② 유통시장

㉠ 정의 : 발행시장을 통해 발행한 증권을 투자자들이 상호 간에 매매하는 시장을 말하며 2차 시장이라고도 한다. 유통시장에서는 투자자 상호 간에 직접적인 거래가 이루어지기도 하며, 중개자의 개입으로 매매가 이루어지기도 하는 등 복잡한 구조를 보이는 것이 특징이다. 우리나라에서는 공인중개소인 한국거래소(KRX)가 운영하는 코스피(KOSPI)시장과 코스닥(KOSDAQ)시장이 있으며 장외시장인 프리보드(Freeboard)가 있다.

㉡ 기능 및 역할

- 다수의 투자자가 참가하기 때문에 유가증권의 가격이 안정적으로 유지된다.
- 이미 발행된 유가증권의 시장성과 유통성을 유통시장에서 보장하기 때문에 일반투자자가 투자를 용이하게 할 수 있어 기업이 필요로 하는 장기자본을 원활하게 조달한다.
- 유통시장에서 발행된 가격을 발행시장에서 결정한다.

③ 프리보드(Freeboard)

㉠ 정의 : 유가증권시장(코스피시장)이나 코스닥시장처럼 정규 증시에 상장되지 않은 비상장주권의 매매거래를 하기 위해 금융투자협회가 운영하는 장외시장을 말한다. 벤처기업 등 대다수 비상장 혁신형 기업의 자본시장을 이용한 장기 · 안정적 자금조달 지원을 도모하고, 프리보드 중심의 거래 집중을 통한 거래의 편의성과 가격의 공정성을 제고하며, 기존 장외주식거래를 통해 발생할 수 있었던 불공정거래나 사기행위로부터 투자자를 보호하는 것을 목적으로 한다.

㉡ 특징

- 증권 유통에 필요한 최소한의 형식적 요건만 갖추면 진입이 가능하여 재무요건 등의 질적 요건이 간편하다.
- 규제를 최소화하는 시장이기 때문에 투자자의 철저한 자기 판단과 책임이 중요하다.
- 정기공시 및 주요 경영사항 신고 등을 최소로 운영하여 회계비용 및 공시비용이 저렴하다.

④ 상장(Listing)

㉠ 정의 : 기업이 증권을 발행하여 유가증권시장이나 코스닥시장에

코스피시장
(KOSPI ; KOrea composite Stock Price Index)

증권거래소에 상장된 우량 상장기업의 주식시장을 말한다. 과거 종합주가지수라고 하였으나 2005년 11월 1일부터 코스피시장이라고 부른다.

코스닥시장
(KOSDAQ ; KOrea Securities Dealers Automated Quotation)

첨단기술주 중심인 미국의 나스닥(NASDAQ)시장을 본떠 만든 것으로 첨단기술을 가지고 벤처기술을 연구하고 생산하는 기업군들을 상장시킨 시장을 말한다.

주가수익비율
(PER ; Price Earning Ratio)

주가가 그 회사 1주당 수익의 몇 배가 되는지를 나타내는 지표이자 주가를 1주당 순이익(EPS : 당기순이익을 주식수로 나눈 값)으로 나눈 것으로 어떤 기업의 주식가격이 10000원이고 1주당 수익이 1000원이면 PER은 10이 된다.

PER = 주가/1주당 당기순이익(납세 후)
= 주가/EPS

국민주(People's Stock)

국민의 소득향상을 도모하고 국민경제발전에 기여하기 위해 정부가 보유하고 있는 주식을 국민에게 매각하는 것을 말한다. 국민주의 조건은 정부가 출자한 초대형 회사로 적정이익과 배당이 가능한 우량기업이어야 한다는 것이다.

로우볼 전략(Low Volatility)

증시의 상승 · 하락 폭이 확대되면서 변화가 심할 때 상대적으로 주가의 변동성이 낮은 종목(안정적인 주식)으로 이뤄진 상품에 분산 투자하는 전략을 말한다. 변동성이 낮은 주식의 수익률이 장기적으로 봤을 때 시장 수익률을 앞선다는 연구 결과에 따라 마련되었으며 여기서 로우볼은 '낮은 변동성'을 뜻한다.

서 매매를 할 수 있도록 자격을 부여하는 것을 말한다. 주식회사라고 해서 모든 회사가 주식을 공매해 자본금을 마련할 수 있는 것이 아니라 건실한 기업만이 상장할 수 있도록 자격요건이 까다롭다. 이는 유통시장의 건전성과 안정성을 위해서이며 한국거래소(KRX)에서 심사를 하고 있다.

ⓛ 유가증권시장 상장종목 분류

일반종목	발행회사 업종별로 구분하며 광업, 어업, 섬유, 자동차 등으로 되어 있다.
관리종목	발행사의 경영상 하자로 인하여 한국거래소가 따로 지정한 종목을 말한다.
투자회사	투자사업을 하는 회사가 발행한 종목을 따로 분류해 놓은 것을 말한다.

ⓒ 코스닥시장 상장종목 분류

벤처기업	정부로부터 벤처인증을 받은 기업이 상장한 종목을 말한다.
일반기업	일반적 기업이 발행한 종목을 말한다.
관리종목	유가증권 관리종목처럼 경영상의 하자로 인하여 따로 분류된 항목을 말한다.
투자유의종목	투자 시 유의가 필요한 종목으로 벤처기업과 일반기업으로 분류한 것을 말한다.
뮤추얼펀드	뮤추얼펀드 형태의 투자회사가 발행한 종목을 말한다.

ⓡ 상장규정 : 거래소(KRX)는 증권시장에 상장할 증권의 심사 및 상장증권의 관리를 위하여 증권상장규정을 정하도록 하고 있는데, 유가증권시장과 코스닥시장에 대하여 별도의 상장규정을 정할 수 있다. 상장규정에는 다음의 사항이 포함되어야 한다.

- 증권의 상장기준 및 상장심사에 관한 사항
- 증권의 상장폐지기준 및 상장폐지에 관한 사항
- 증권의 매매거래정지와 그 해제에 관한 사항
- 그 밖에 상장법인 및 상장증권의 관리에 필요한 사항

(2) 채권(Bond)

① 정의 : 채권이란 국가나 지방자치단체 및 기업 등이 사업을 시행하

시가총액(Aggregate Value Of Listed Stock)

주식시장이 어느 정도의 규모를 가지고 있는지를 나타내는 지표이다. 따라서 다른 금융자산과의 비교, 주식시장의 국제비교에도 유용하다. 시가총액의 증감과 다른 주가지수를 비교함으로써 주가변동의 내용을 알 수 있다.

기업공개 (IPO ; Initial Public Offering)

비공개된 주식회사가 발행한 주식을 일반 투자자에게 균일한 조건으로 공모하거나, 이미 발행된 대주주 소유의 주식 일부를 다수의 주주에게 매출하여 주식이 분산되는 것을 뜻한다. 주식회사는 기업공개를 통해 새로운 주식을 발행하고 투자자들을 끌어모아 자본금을 늘릴 수 있어 시장에서의 신용도와 영향력이 높아지는 효과를 가져온다.

상장회사(Listed Company)

유가증권이 증권거래소에 상장되어 있는 기업을 말한다. 유가증권이 상장되기 위해서는 그 기업이 일정요건을 갖추고 있어야 한다. 따라서 상장기업은 비상장기업에 비해 여러가지 면에서 신뢰할 만하다고 할 수 있다. 상장기업은 증권거래소에 상장수수료 등을 제공해야 한다.

상장주(Listed Stock)

증권거래소에서 거래품목으로서 상장이 인정된 주식. 주식의 상장은 상장희망회사가 거래소에 소정의 서류를 첨부하여 신청하면 거래소가 정하는 상장심사기준을 바탕으로 그 주식의 상장이 적당한지의 여부를 판정한다.

는 데 필요한 막대한 자금을 확보하기 위해 발행하는 증서이다. 채권에는 이행기한이 일정 기간 명시되어 있으며 채권을 소유한 자에게 만기에 정해진 이율에 따라 이자를 지급하도록 되어 있다.

② **종류** : 채권은 발행 주체에 따라 국채와 지방채, 특수법인이 발행하는 특수채, 상업회사가 발행하는 회사채와 금융기관이 발행하는 금융채 등으로 구분된다.

㉠ **국채(Government Bond)** : 국채란 공공자금관리기금법에 따른 공공자금관리기금의 부담으로 기획재정부장관이 발행하는 것으로서 국민주택채권과 외국환평형기금채권, 양곡채 등이 있다.

- **외국환평형기금채권(Foreign Exchange Stabilization Bond)** : 줄임말로 '외평채'라고도 한다. 외국환평형기금이란 자국 통화가치의 안정과 투기적인 외화유출입에 따른 외환시장의 혼란을 방지하려는 목적으로 정부가 외환시장에 개입하는 데 사용하는 기금을 말하며 이 기금을 마련하기 위해 정부가 발행한 채권을 외국환평형기금채권이라 한다.
- **양곡채** : 정부는 양곡의 효율적인 수급관리와 안정적인 식량 확보를 위해 양곡증권정리기금을 발행하는데, 이에 필요한 자금을 모으기 위해 발행한 채권을 양곡채라 한다. 양곡관리법에 의해 농림축산식품부장관이 관장하는 채권이다.
- **국민주택채권(Housing Bond)** : 국민주택채권이란 주택법에 의해 정부가 국민주택사업에 필요한 자금을 조달하기 위하여 발행한 채권으로 국토교통부장관의 요청에 따라 기획재정부장관이 발행한다.

㉡ **지방채(Municipal Bond)** : 지방자치단체와 공공기관이 발행한 채권을 말하며 상수도채권, 도시철도채권, 지역개발공채 등이 있다. 지방채는 지방자치단체의 과세권을 담보로 채권을 발행한다는 점에서 회사채와 다르며, 지방자치법과 지방공기업법 등에서 지방채의 발행을 규정하고 있다.

- **도시철도채권** : 지방자치단체 및 도시철도공사는 도시철도 건설·운영에 소요되는 재원의 일부를 조달하기 위하여 도시철도법에 따라 도시철도채권을 발행할 수 있다. 도시철도공사가 도시철도채권을 발행하려면 관련 지방자치단체의 장 및 국토교통부장관과 협의해야 하며 도시철도채권의 원금 및 이자의 소멸시효

상장폐지(Delisting)

거래소시장에 상장된 유가증권이 일정요건을 충족하지 못할 경우 상장자격이 취소되는 것을 말한다. 발행회사가 도산이나 지속적인 재무상의 손실을 입었거나 일정수준 이상의 회계감사 의견을 받지 못하는 등 폐지 기준에 해당될 때 금융감독원의 승인을 얻어 조치가 취해진다.

신종자본증권(Hybrid Bond)

주식처럼 만기가 없거나 매우 길고, 채권처럼 매년 일정한 이자나 배당을 주는 금융상품으로 주식과 채권의 성격을 동시에 가졌다고 해서 하이브리드(hybrid)라고 부른다. 만기에 재연장이 가능하고 반영구적 성격을 띤다는 점에서 주식과 비슷하며, 확정된 금리와 보통주나 우선주보다 변제순위가 우선이라는 점에서 채권의 성격을 가지고 있다.

이자지급 방식에 따른 분류

- **할인채** : 할인 발행 후 만기에 채권의 액면금액을 지급하는 채권을 뜻한다.
- **복리채** : 만기에 원리금을 일시 지급하는 것으로 개월마다 복리로 계산하는 것이다.
- **이표채** : 일정기간(1개월/3개월)마다 이자를 지급하고 만기에 원금을 지급하는 것을 말한다.

는 상환일부터 5년으로 하도록 하고 있다.

- **지역개발채권** : 각 지방자치단체가 상하수도 시설이나 도로공사, 환경사업, 사방공사처럼 공사를 해야 할 경우 예산의 부족으로 인한 자금을 모으기 위해 발행하는 채권을 말한다.

ⓒ **특수채(Specific Laws Bond)** : 예금보험공사와 한국전력공사처럼 특별법에 의해 설립된 법인이 발행하는 채권으로 한국가스공사채권, 한국도로공사채권, 한국전력공사채권 등이 있으며 여신전문기관이 발행하는 리스채, 신용카드채 등도 특수채에 해당한다.

ⓔ **금융채(Financial Bond)** : 금융채란 금융기관이 발행하는 채권으로 한국은행이 발행하는 통화안정증권(Monetary Stabilization Bond)이 대표적이며 일반은행이 발행하는 금융채와 특수은행인 KDB산업은행이 발행하는 산업금융채권, IBK중소기업은행이 발행하는 중소기업금융채권 등이 있다.

ⓜ **회사채(Corporate Bonds)** : 일반 주식회사가 발행하는 채권으로 사채라고도 한다. 주로 사업자금의 조달을 목적으로 발행하며 회사가 채무자임을 표시하여 발행하는 유가증권이다. 회사채에는 보증사채, 무보증사채, 담보부사채, 옵션부사채, 신주인수권부사채, 전환사채, 자산유동화사채 등이 있다.

<table>
<tr><td rowspan="3">일반사채
(보통사채)</td><td colspan="2">보증사채</td></tr>
<tr><td colspan="2">무보증사채</td></tr>
<tr><td colspan="2">담보부사채</td></tr>
<tr><td rowspan="6">특수사채</td><td rowspan="4">주식연계사채</td><td>전환사채</td></tr>
<tr><td>교환사채</td></tr>
<tr><td>신주인수권부사채</td></tr>
<tr><td>이익참가부사채</td></tr>
<tr><td rowspan="2">비주식연계사채</td><td>자산유동화사채</td></tr>
<tr><td>옵션부사채</td></tr>
</table>

- **전환사채(CB ; Convertable Bond)** : 일단 채권으로 발행되었으나 일정기간이 지난 경우 주식으로 바뀌는 것을 약정하는 권리를 포함한 채권이다.

자본조달 순위이론 (Pecking Order Theory)

기업이 사업에 필요한 자본을 조달할 때의 우선순위는 내부자금–부채–전환사채–주식 순이며, 조달비용이 적게 드는 순으로 선호하는데 그 이유는 자본 조달에도 정보 비대칭이 존재하여 외부 투자자들의 경우 주식투자를 권유받으면 그 기업의 내부 사정을 모르기 때문에 약정 발행주식에 알파를 요구할 것이고, 결국 알파만큼의 비용이 늘어나기 때문이다. 이는 채권시장에서도 마찬가지로 나타나는데 주식은 채권에 비해 정보 비대칭으로 발생하는 위험이 더 크다고 볼 수 있다. 즉, 주식은 내부 사정을 자세히 알아야 투자 의사결정을 내릴 수 있지만 채권은 이자만 받으면 되기 때문에 그 기업의 내부 사정을 알 필요가 없으므로 주식 투자자는 더 많은 정보 비대칭 프리미엄을 요구할 것이고 이는 결국 기업의 자금조달 비용을 증가시킨다.

통화안정증권 (Monetary Stabilization Bond)

- **정의** : 공개시장 조작을 위해 한국은행이 금융기관에 발행하는 채권으로 통화안정채권이라고도 한다. 시중의 통화량을 늘리려 할 경우 금융기관으로부터 다시 통화안정채권을 사들이며, 반대로 통화량을 줄이려 할 경우 통화안정채권을 발행하여 금융기관이 가지고 있는 시중의 통화를 흡수하여 조절한다.
- **주체** : 한국은행은 한국은행통화안정증권을 공개시장에서 발행할 수 있으며 통화안정증권의 이율 · 만기일 및 상환조건에 관한 사항은 금융통화위원회가 정하도록 하고 있다. 통화안정증권의 소멸시효는 만기상환일이 지난 날부터 3년이다.
- **근거** : 한국은행법, 한국은행 통화안정증권법

- **신주인수권부사채(BW ; Bond with Subscription Warrant)** : 주식회사 자본금을 늘리기 위해 새로운 주식을 발행하는 경우 다른 투자자들보다 선취득을 할 수 있게 하는 채권을 말하며 이 채권을 가진 사람은 일정기간이 지나면 신주배정을 청구할 수 있는 권리를 갖게 된다.
- **교환사채(EB ; Exchange Bond)** : 주식 등 유가증권으로 교환할 수 있는 사채로 채권발행사가 가진 다른 증권과 교환할 수 있는 권리를 가진 사채를 말한다.
- **이익참가부사채(PB ; Participating Bond)** : 채권을 가진 자가 회사채 이율에 따른 이자 외에 주식과 같은 이익배당을 요구할 수 있는 권리를 포함한 사채를 말한다.
- **옵션부사채(BO ; Bond with Imbedded Option)** : 채권 만기일 이전에 원금을 상환할 수 있는 조건이 붙은 전환사채로 상환조건에 따라 콜옵션(Call Option)과 풋옵션(Put Option)으로 나뉜다.
- **자산유동화사채(ABS ; Asset-Backed Security)** : 금융기관이 보유하고 있는 자산을 담보로 발행된 증권을 가리키는 용어이나 최근에는 대출채권이나 외상매출채권 등과 관련된 금융자산을 기반으로 발행되는 증권을 주로 지칭한다.

③ **채권지수** : 종합국고채지수(KEBI ; Korea Economic Daily Bond Index)가 있으며, 국내에서 발행, 유통되고 있는 국고채 전체 종목을 실시간으로 반영해 채권시장의 흐름을 한눈에 확인할 수 있어 기관투자가들은 물론, 개인의 소액채권 투자를 늘려 자본시장의 활성화를 견인하는 역할을 한다.

(3) 파생금융상품

① **정의** : 파생상품은 근원이 되는 어떠한 기초자산(예 주식, 채권, 금, 유가 등)으로부터 갈려 나와 생긴 상품으로 새로운 현금흐름을 가져다주는 증권을 의미한다. 주식과 채권 등은 주가와 환율, 물가, 경제에 크게 영향을 받기 때문에 위험도가 높으므로 이러한 위험을 회피하기 위한 목적으로 파생상품이 나타나게 된 것이다. 즉, 파생금융상품이란 주식과 채권 등 현물금융자산에 옵션과 선물, 스왑, 선도라는 조건을 만들어 수익을 창출하는 것을 말한다. 파생상품은 증권과 달리 원금보다 추가로 손실을 입을 가능성이 있다.

확인문제

1. 통화안정증권에 대한 내용으로 틀린 것은?
① 한국은행법에 따라 금융위원회가 발행한다.
② 공개시장 조작을 목적으로 한국은행이 금융기관을 대상으로 발행하는 채권이다.
③ 통화안정증권의 소멸시효는 만기상환일이 지난 날부터 3년이다.
④ 시중의 통화량을 늘리려 할 경우 금융기관으로부터 다시 통화안정채권을 사들이는 정책을 편다.

해 한국은행은 한국은행통화안정증권을 공개시장에서 발행할 수 있으며 통화안정증권의 이율 · 만기일 및 상환조건에 관한 사항은 금융통화위원회가 정하도록 하고 있다.

환매조건부채권 (RP ; Repurchase Agreement)

환매란 다시 사들인다는 뜻으로, 환매조건부채권이란 금융기관이 일정기간 후에 다시 사는 조건으로 채권을 팔고 경과기간에 따라 소정의 이자를 붙여 되사는 채권으로서 어떠한 종류의 채권이라도 환매조건을 붙여 발행하게 되면 환매조건부채권이 된다. 환매조건부채권은 만기가 1~3개월로 주로 단기자금의 융통을 위해 발행한다.

금융투자상품

자본시장통합법상 금융투자상품은 "이익을 얻거나 손실을 회피할 목적으로 현재 또는 장래의 특정 시점에 금전, 그 밖의 재산적 가치가 있는 것을 지급하기로 약정함으로써 취득하는 권리로서 그 권리를 취득하기 위해 지급하였거나 지급해야 할 금전 등의 총액이 그 권리로부터 회수하였거나 회수할 수 있는 금전 등의 총액을 초과하게 될 위험이 있는 것"으로 정의되어 있으며, 증권과 파생상품으로 구성되어 있다. 증권은 원금손실의 가능성이 있는 금융투자상품이며, 파생상품은 원금을 초과해서 손실을 입을 수 있는 가능성이 있는 금융투자상품이다.

답 1. ①

② 파생상품의 기본 구조

㉠ 선도(Forward) : 선도거래는 어떤 상품을 현재 정해진 가격으로 미래의 정해진 시점(만기)에 매매하기로 하는 계약으로, 현재시점은 계약시점이고 만기시점은 계약의 집행시점이 되는 것을 말한다.

㉡ 선물(Future) : 선물거래란 표준화된 선도거래로서 거래소를 통한 거래를 말한다. 즉, 선도거래와 비슷한 개념으로 어떤 자산을 현재 정한 가격으로 미래시점에 매매하기로 하는 계약을 선물거래라고 한다. 예를 들어 지금 밀가루를 사는 것은 현물거래이지만, 추후 기후의 변동으로 인해 밀의 수확량이 감소하여 밀가루 가격이 치솟을 것이라고 예측하고 미리 밀가루를 사들이는 것은 선물거래라고 할 수 있다.

> **일본 도지마 쌀 거래소**
>
> 17세기 일본의 도쿠가와 막부 시절, 지방세력이 커지는 것을 막기 위해 지방 영주들을 수도인 에도(江戸)에 1년마다 6개월 이상 강제로 머무르도록 하였다. 이렇게 에도에 묶여 지내던 지방세력의 일부가 가을에 수확 예정인 쌀을 담보로 물표를 발행하여 부족한 경비를 조달해 사용하였는데, 이 물표는 상인들 사이에서 활발하게 거래되었다. 이러한 물표 거래로 거상이 된 '요도야'라는 상인의 집은 오사카 근교의 도지마에 있었는데 그의 집은 항상 많은 상인이 몰려들어 정보를 교환하고 거래를 성사시키는 거래소 역할을 했다. '도지마 쌀 거래소'로 이름이 알려진 일본 최초의 상품거래소는 선물거래와 똑같지는 않지만 매우 유사한 기능을 갖추고 있었던 것으로 보인다.

㉢ 옵션(Option) : 옵션이란 미리 정한 가격으로 특정자산을 사거나 팔 수 있는 권리를 말하는데 이 중 살 수 있는 권리가 부여된 옵션을 콜옵션(Call Option)이라 하며, 팔 수 있는 권리가 부여된 옵션을 풋옵션(Put Option)이라 한다. 옵션은 미래 일정시점에 정해진 가격으로 특정자산을 거래하기로 한 계약이라는 점에서 선도 및 선물과 유사한 성격을 가진다고 볼 수 있지만 옵션은 자신에게 유리할 경우에만 계약을 이행한다는 점에서 큰 차이가 있다.

㉣ 스왑(Swap) : 교환이란 의미를 가지고 있는 스왑거래는 두 명의 당사자가 따로 지니고 있는 미래의 서로 다른 자금 흐름을 일정

주가연계 파생상품

- **주가연계예금(ELD ; Equity Linked Deposit)** : 만기해제할 경우 원금은 보장되면서 주가지수 등에 따라 금리가 결정되는 예금으로 은행에서 취급하는 상품이다. 정기예금처럼 가입 시에 금리가 확정되는 것이 아니라, 지수변동에 따라 금리가 결정되는 특징이 있으며 예금자 보호대상이 된다.
- **주가연계증권(ELS ; Equity Linked Securities)** : 증권회사가 발행하는 상품으로 특정한 주권의 가격이나 주가지수의 변동에 따라 투자수익률을 배분하는 증권을 말한다. ELS는 예금자 보호대상이 되지 않으며 원금손실의 가능성이 있기 때문에 신중한 판단을 요한다.
- **주식워런트증권(ELW ; Equity Linked Warrant)** : 장외 파생상품의 거래를 인가받은 증권회사가 특정주식이나 주가지수를 기초자산으로 하는 옵션을 뜻한다. 즉, 특정한 주식을 미리 정해놓은 시기에 미리 정해놓은 가격으로 사거나 팔 수 있는 권리를 뜻한다.
- **주가연계펀드(ELF ; Equity Linked Fund)** : 자산운용회사가 운용하는 상품으로 채권과 주식 등 기초자산과 옵션(Warrant)을 조합하여 다양한 형태의 수익이 가능한 금융상품을 말한다. ELF는 이자 또는 원금이 주가등락에 연동되며 주가지수에 연계하여 고수익을 추구하는 상품이다.

파생결합증권(DLS ; Derivative Linked Securities)

주가, 주가지수뿐만 아니라 이자율, 통화, 실물자산 등을 기초자산으로 해서 정해진 조건을 충족하면 약정한 수익률을 지급하는 상품을 일컫는다. 사전에 정해진 방식으로 수익률이 결정되기 때문에 기초자산이 일정기간에 정해진 구간을 벗어나지 않으면 약정 수익률을 지급하고, 구간을 벗어나게 되면 원금 손실을 보게 되는 구조이다.

기간 동안 서로 교환하기로 계약하는 것이다. 이 경우 교환되는 현금흐름의 종류 및 방식에 따라 크게 금리스왑(Interest Rate Swap)과 통화스왑(Cross Currency Swap)의 두 가지 유형으로 구분한다.

③ **파생상품의 분류** : 파생상품은 거래 장소에 따라 장외파생상품과 장내파생상품으로 구분한다.

㉠ **장내파생상품** : 파생상품으로서 거래소(KRX)인 파생상품시장에서 거래되는 것과 해외 파생상품시장에서 거래되는 것을 말한다.

㉡ **장외파생상품** : 장외파생상품이란 파생상품으로서 장내파생상품이 아닌 것을 말하는데 선도와 옵션 및 스왑 등이 있으며, 거래에 대한 정해진 규정 없이 당사자 간의 협의에 의해 만기일 등 계약 내용을 정할 수 있어 장내거래상품보다 훨씬 많이 이용된다.

해외 장내파생상품 시장

- 런던금속거래소의 규정에 따라 장외에서 이루어지는 금속거래
- 런던귀금속시장협회의 규정에 따라 이루어지는 귀금속거래
- 미국선물협회의 규정에 따라 장외에서 이루어지는 외국환거래
- 일본의 상품거래소법에 따라 장외에서 이루어지는 외국환거래
- 선박운임선도거래업자협회의 규정에 따라 이루어지는 선박운임거래
- 그 밖에 국제적으로 표준화된 조건이나 절차에 따라 이루어지는 거래로서 대륙간 거래소의 규정에 따라 장외에서 이루어지는 에너지거래

집합투자기구(펀드)

(1) 집합투자기구

① **정의** : 법률상 집합투자를 수행하기 위한 기구를 말하는데, 통상적으로 이 집합투자기구를 펀드라 칭한다. 펀드는 투자자로부터 모은 자금을 자산운용회사가 주식 및 채권 등에 대신 투자하여 운용한 후 그 결과를 투자자에게 돌려주는 간접투자상품을 말한다.

② **투자의 분류**

㉠ **직접투자** : 투자자가 직접 투자 대상을 선택하여 투자하는 것을 말한다.

㉡ **간접투자** : 투자자가 투자를 전문으로 하는 회사를 통해 투자하고 투자수익을 챙기는 형태를 말한다. 간접투자는 '펀드'가 대표적이며 투자전문가가 운용하기 때문에 신뢰가 높고 단독으로 운용을 하는 경우보다 수익률이 좋다.

③ **집합투자기구의 분류** : 집합투자재산의 운용대상에 따라 증권 집합투자기구와 부동산 집합투자기구, 특별자산 집합투자기구, 혼합자산 집합투자기구, 단기금융 집합투자기구로 구분하고 있다.

㉠ **증권 집합투자기구** : 집합투자재산의 100분의 50의 비율을 초과

파생결합펀드(DLF ; Derivative Linked Fund)

주가 및 주가지수를 비롯해 실물자산 등을 기초자산으로 하는 파생결합증권(DLS)을 편입한 펀드들을 말한다. 이 상품은 사전에 정해진 방식에 의해 수익률이 결정되는 특징을 가지고 있다. 국내에서는 독일, 영국, 미국의 채권 금리 등을 기초자산으로 한 DLF가 대규모로 판매됐는데, 국제 금융시장 상황의 급변으로 해당 국가들의 장단기 금리차가 불안해져 원금 손실이 불가피해지면서 제2의 키코 사태와 같은 피해가 발생할 수 있다는 우려가 나오고 있다.

하여 증권에 투자하는 집합투자기구이다.

㉡ **부동산 집합투자기구** : 집합투자재산의 100분의 50의 비율을 초과하여 부동산에 투자하는 집합투자기구이다.

㉢ **혼합자산 집합투자기구** : 집합투자재산을 운용함에 있어서 증권 · 부동산 · 특별자산 집합투자기구 규정의 제한을 받지 않는 집합투자기구이다.

㉣ **특별자산 집합투자기구** : 집합투자재산의 100분의 50의 비율을 초과하여 증권 및 부동산을 제외한 투자대상자산인 특별재산에 투자하는 집합투자기구이다.

㉤ **단기금융 집합투자기구** : 집합투자재산 전부를 단기금융상품에 투자하는 집합투자기구로서 증권을 대여하거나 차입하는 등의 방법으로 운용되는 집합투자기구이다.

④ 펀드의 종류

㉠ **공모펀드** : 공개적으로 특정하지 않은 많은 투자자로부터 자금을 모으는 펀드의 형태를 말한다. 공모펀드는 사모펀드와 달리 펀드규모의 10% 이상을 한 주식에 투자할 수 없고 주식 외 채권 등 유가증권에도 한 종목에 10% 이상 투자할 수 없는 제약을 받는다.

㉡ **사모펀드(PEF ; Private Equity Fund)** : 소수의 투자자로부터 자금을 모아 주식, 채권 등에 운용하는 펀드를 말한다. 사모펀드는 공모펀드와는 달리 운용대상에 제한이 없는 만큼 자유로운 운용이 가능하여, 투자 대상이 기업의 경영권이 될 수도 있으며 기업 인수합병(M&A)처럼 여러 가지 전략을 펼칠 수 있다.

㉢ **헤지펀드(Hedge Fund)** : 100명 미만의 투자자에게서 개별적으로 자금을 모집하여 조세회피지역 등에 거점을 확보하고 자금을 운용하는 것을 뜻한다. 주식과 채권 등 기본적인 금융상품과 파생금융상품, 아울러 원유와 같은 1차 상품까지도 그 대상에 포함된다. 시장이나 상품 간 재정거래와 투기적 거래를 통해 자금을 운용하고 펀드자산을 담보로 자금을 차입해 재투자하는 방식으로 위험을 감수하는 대신 수익률을 극대화하는 것이다. 시장의 효율성 극대라는 긍정적인 측면도 있지만 국제금융시장 교란의 요인이 되기도 한다.

㉣ **뮤추얼펀드(Mutual Fund)** : 주식회사 방식으로 운영되는 펀드를

불완전판매

은행, 증권사 등 펀드 판매자가 금융상품의 기본 내용 및 원금 손실 여부 등 투자위험에 대해 고객에게 충분히 설명하지 않고 판매하는 행위를 말하며 투자 과정에서 고객이 손실을 입었을 때 그 원인이 금융회사의 불완전판매에 있을 경우 고객은 손실에 대해 보상받을 권리가 있다.

채권형 펀드와 주식형 펀드

펀드의 상품 분류는 맡긴 돈을 주식에 얼마만큼 투자하느냐에 따라 주식형, 혼합형, 채권형으로 구분되는데, 주식과 채권에 각각 60% 이상 투자하면 주식형 · 채권형으로, 이도 저도 아니면 혼합형으로 구분된다. 즉 '채권형 펀드'는 운용대상에 주식(주식관련 파생상품 포함)이 포함되지 아니하고 채권 및 채권관련 파생상품에 신탁재산의 60% 이상을 투자하는 상품이며 '주식형 펀드'는 주식 및 주식관련 파생상품(주가지수 선물, 옵션)에 신탁재산의 60% 이상을 투자하는 상품인데, 주식형 펀드는 채권형과 달리 원금을 날릴 수도 있는 위험이 있다. 반대로 주식부문에서 수익률이 크게 나면 높은 수익률을 올릴 수 있는 상품이다. '혼합형 펀드'는 주식편입비율에 따라 주식혼합형(주식편입비율 최고 50%), 채권혼합형(50% 미만), 기타혼합형으로 세분화된다.

적립식 펀드

일정기간 동안 원하는 펀드 한 가지를 선택하여 투자하는 것으로 은행의 정기적금과 같이 일정기간 동안 적립하고 만기에 목돈을 찾는 형태의 상품으로 생각할 수 있다. 따라서 일시에 주식에 투자하는 것보다는 위험 발생을 최소화할 수 있다. 하지만 투자원금이 보장되지 않으며, 운용실적에 따라 원금에 손실이 발생할 위험이 있다.

뜻한다. 뮤추얼펀드는 회사형이기 때문에 투자자들의 자금으로 회사가 설립되고 투자자들은 이 회사의 주식을 소유하게 된다. 개방형으로 주식 소유자의 요청이 있으면 언제든지 회사가 순자산가격으로 주식을 매입함으로써 투자자의 가입과 탈퇴가 자유롭고 주식 수도 수시로 변한다.

ⓜ 해외펀드 : 투자대상 종목이 해외의 주식, 채권 및 부동산인 펀드로 국내 자산운용사에서 운용하고 원화로 투자하는 역내펀드(On-Shore Fund)와 해외투자운용회사가 해외에서 운용하는 역외펀드(Off-Shore Fund)로 나뉘어진다. 해외펀드는 운용하는 지역에 따라 브릭스(BRICs) 펀드, 차이나 펀드, 태평양 펀드, 이머징마켓 펀드 등으로 구분할 수 있다.

ⓑ 상장지수펀드(ETF ; Exchange Traded Fund) : 펀드 자체를 증시에 상장하고 펀드를 근거로 주식을 발행하여 투자자에게 배분한 뒤 증권시장에서 매매가 가능하게 한 펀드를 말한다. ETF는 증시에 상장되어 있기 때문에 증권처럼 매매가 간편하다는 특징이 있다.

⑤ 펀드 지표

ⓐ 젠센지수(Jensen's Ratio) : 펀드의 성과를 평가하는 지표로 특정한 펀드에 대해 기대하는 수익률과 실제로 달성한 수익률의 차이를 나타내는 지수이다.

ⓑ 샤프지수(Sharpe Ratio) : 펀드에 대한 위험도를 나타내는 지수이다. 샤프지수는 성과를 분석하는 데 활용하며 똑같은 수익률을 낸 펀드가 있을 경우 표준편차를 구해 비교하는데, 수익의 기복이 심한 펀드와 안정적인 수익을 낸 펀드가 동시에 똑같은 수익률을 낸 경우 미래에 투자를 어떻게 할지 결정하는 데 쓰인다.

ⓒ 트레이너지수(Treynor Ratio) : 시장위험도에 대한 초과 수익률을 나타내는 지수로서 이 지수가 높을수록 펀드 운용 성과가 우수하다는 것을 나타낸다.

펀드 오브 펀드(Fund of Fund)

고객들이 한 펀드에 투자한 자금을 다시 다양한 펀드에 재투자해 위험을 분산하고 투자 기회를 극대화한 펀드 상품이다. 부동산이나 채권 등 일정 상품에 직접 투자하는 일반 펀드와는 달리 투자 대상이 펀드라는 점에서 모태 펀드라고도 한다.

브릭스 펀드(BRICs Fund)

브릭스는 브라질, 러시아, 인도, 중국의 영문 머리글자를 따서 만든 용어로 2000년대 이후 신흥경제대국으로 성장하고 있는 브릭스 4개국의 주식이나 채권에 투자하는 해외투자 펀드를 말한다.

한국 기업지배구조개선 펀드(KCGF ; Korea Corporate Governance Fund)

한국 기업지배구조의 개선을 통해 기업가치를 높이고 소액주주를 보호하는 것을 목표로 삼는 펀드이다. 소액주주운동을 주도하며 재벌개혁 논의를 전개한 경제학자 장하성 교수가 고문으로 참여하여 장하성 펀드라는 별칭으로 흔히 불린다. 이 펀드의 목적은 잘못된 지배구조로 인해 시장에서 주가가 저평가된 기업의 주식을 사들인 후 사외이사와 감사를 파견하여 배당을 늘리라고 요구하는 등의 방법을 통해 소액주주들의 기업경영에 적극적으로 개입하여 기업지배구조를 개선시킴으로써 기업 가치를 높이고 투자수익을 얻는 것이다.

⑥ 펀드의 형태별 분류

형태별 구분	형태	주요내용
조직형태	계약형	수익자, 위탁자, 수탁자 등 3당사자 계약형태
	회사형	증권투자를 목적으로 하는 주식회사를 설립하여 투자자가 그 주식에 투자, 투자자가 주주가 되는 형태(뮤추얼펀드)
환매판매 가능여부	개방형	신탁 계약기간 내에 환매가 가능한 형태
	폐쇄형	신탁 계약기간 내에 환매가 불가능한 형태
추가설정 가능여부	추가형	펀드의 추가적인 매각이 자유롭고 투자자의 증가에 따라 펀드의 규모가 증가
	단위형	일정기간 모집에 의해 펀드를 설정하고 추가적으로 설정하지 않은 형태
투자대상	주식형	신탁재산총액의 60% 이상을 주식에 투자
	채권형	주식이 포함되지 아니하고, 신탁재산총액의 60% 이상을 채권에 투자
	혼합형	주식형, 채권형 이외의 경우로서 주식 및 채권에 배분(주식혼합형, 채권혼합형)
	MMF	자산을 주로 단기성 자산으로 운용
위험도	성장형	주식편입비율 70% 이상(고위험, 고수익)
	안정성장형	주식편입비율 30% 초과 ~ 70% 미만
	안정형	주식편입비율 30% 이하
투자기간	장기형	투자기간이 1년 이상

엄브렐러 펀드(Umbrella Fund)

투자자가 시장상황에 따라 다른 펀드로 자유롭게 전환할 수 있는 펀드로서 하나의 약관 아래 여러 개의 하위(sub) 펀드가 있는 모양이 마치 우산 같다고 해서 이름 붙여진 것으로, 장세변화에 따라 탄력적 운용이 가능하다.

랩어카운트(Wrap Account)

'포장하다'라는 뜻의 'wrap'과 '계좌'를 의미하는 'account'가 결합된 용어로 주식과 채권, 펀드 및 파생상품 등 여러 금융상품 중에서 투자자의 기호에 맞는 상품을 골라 하나의 계좌를 통해 전문가가 운용해 주는 종합 자산관리계좌로 투자자의 성향에 맞추어 구성하고 운용한다.

확인문제

2. 일반투자자들에게 주식을 발행해 자금을 마련한 뒤 이 자금을 펀드 매니저가 주식과 채권 등에 투자하는 방식은?

① Mutual Fund
② Vulture Fund
③ Spot Fund
④ Hedge Fund

해 ② Vulture Fund는 저평가된 부동산을 싼 가격으로 매입하기 위해 운용되는 자금으로 상대적으로 위험이 높지만 잠재적으로 큰 이익을 보장받을 수 있다.
③ Spot Fund는 주식시장에서 인기주로 부활할 가능성이 있는 특정한 테마군의 주식들을 소규모로 묶어 단기간의 고수익을 노릴 수 있도록 고안된 주식형 수익증권이다.
④ Hedge Fund는 100명 미만의 투자자에게서 개별적으로 자금을 모집하여 조세회피지역 등에 거점을 확보하고 자금을 운용하는 것을 뜻한다.

답 2. ①

01 **자본시장에 대한 내용으로 틀린 것은?**

① 기업이 필요로 하는 공장의 설비나 부지를 구입하기 위한 자금거래가 이루어지는 시장을 자본시장이라 한다.
② 자본시장은 자금공급방식에 따라 증권시장과 채권시장으로 구분한다.
③ 자본시장은 단기금융시장이라고도 한다.
④ 증권시장 중에서 유가증권을 발행, 인수, 모집하는 단계의 시장을 발행시장이라 한다.

해 자본시장은 상환기간이 1년이 넘는 장기자산이 거래되는 시장을 말하는 것으로 장기금융시장이라고도 한다.

자본시장(Capital Market)
상환기간이 1년이 넘는 장기자산이 거래되는 시장을 말하는 것으로 기계나 설비의 구입이나 공장 건설 등 기업이 필요로 하는 자본을 조달하기 위한 시장을 말한다. 기업은 이윤을 늘리기 위해 투자를 필요로 하는 반면, 여유자금이 있는 사람은 투자를 하여 이익을 늘리고자 하는데 이러한 수요와 공급이 만나 금융거래가 이루어지는 시장을 자본시장이라 한다. 자본시장(장기금융시장)은 자금공급방식에 따라 크게 증권시장과 채권시장으로 구분된다. 증권시장은 유가증권을 발행, 인수, 모집하는 단계의 '발행시장'과 일단 발행한 증권을 매매하는 단계인 '유통시장'으로 나눌 수 있다. 유통시장은 증권거래소와 같이 눈에 보이는 시장이지만, 발행시장은 거래가 이루어지기 전의 추상적 개념의 시장이다.

02 **주식회사가 자본금을 마련할 목적으로 여러 투자자로부터 자본금을 모집하고 일정한 형식을 기재하여 발행하는 증서는?**

① 주식　　② 채권
③ 어음　　④ 수표

해 주식회사는 자본금을 마련할 목적으로 여러 투자자로부터 자본금을 모집하고 일정한 형식을 기재한 증서를 발행하는데 이를 주식이라 한다.

답 01. ③ 02. ①

[서울특별시도시철도공사]

03 주가를 1주당 순이익으로 나눈 값으로 수익에 비해 주가가 몇 배인지 표시한 지표는?

① PER
② CMA
③ DR
④ CD

해 주가수익률(PER ; Price Earning Ratio)에 대한 설명이다. 현 주가를 주당이익으로 나눈 것으로 주가수준이 어느 정도인가를 판단하는 기준이 되며 낮을수록 저평가된 것을 의미한다.

[대구도시철도공사]

04 기업 규모가 크고 경영실적도 좋아 증권시장을 이끌어 간다는 평가를 받는 주식을 뜻하는 것은?

① 블루칩
② 옐로칩
③ 블랙칩
④ 밀레니엄칩

해 ① 블루칩(Blue Chip)이란 위험이 작고 가치 하락 가능성이 낮은 우량 투자 종목으로 주로 오랫동안 안정적인 이익창출과 배당지급을 실행해 온 기업의 주식을 말한다.
② 옐로칩(Yellow Chip)이란 중저가 우량주를 말한다. 보통 블루칩에 비해 가격이 낮고 업종 내 위상도 블루칩에 못 미치는 종목군으로, 블루칩보다는 시가총액이 작지만 재무구조가 안정적이고 업종을 대표하는 우량종목들로 구성된다.
③ 블랙칩(Black Chip)이란 탄광이나 석유 등과 관련된 종목을 의미하는 것으로 석탄이나 금광을 개발하는 종목 또는 석유를 원자재로 쓰거나 탐사하는 업체가 블랙칩에 해당하며 최근에는 개념을 확장하여 에너지 관련 종목들을 통칭하기도 한다.
④ 밀레니엄칩(Millennium Chip)이란 21세기를 주도해나갈 대표적인 기업의 주식을 말한다. 인터넷과 디지털기술을 가진 기업들과 컴퓨터, 반도체, 네트워크 장비 등으로 연결된 수많은 첨단 관련 산업들이 포함된다.

05 **근원이 되는 기초자산인 주식, 채권, 금, 유가 등으로부터 갈려 나와 생긴 상품으로 새로운 현금흐름을 가져다주는 증권은?**

① 화폐 ② 스왑
③ 파생금융상품 ④ 펀드

해 파생금융상품(Financial Derivatives)이란 근원이 되는 어떠한 기초자산(예 주식, 채권, 금, 유가 등)으로부터 갈려 나와 생긴 상품으로 새로운 현금흐름을 가져다주는 증권을 의미한다. 주식과 채권 등은 주가와 환율, 물가, 경제에 크게 영향을 받기 때문에 위험도가 높으므로 이러한 위험을 회피하기 위한 목적의 파생상품이 나타나게 된 것이다. 즉, 파생금융상품이란 주식과 채권 등 현물금융자산에 옵션과 선물, 스왑이라는 조건을 만들어 수익을 내는 것을 말한다.

06 **환율하락으로 인한 환차손해 위험을 줄이기 위해 수출기업과 은행 간 맺는 일종의 계약인 파생상품으로 기업과 은행이 환율의 상한과 하한선을 정해 지정된 환율로만 거래를 하는 상품은?**

① KIA ② KIKO
③ APEC ④ NNI

해 키코(KIKO ; Knock-In Knock-Out)에 대한 내용이다. 키코란 환율하락으로 인한 환차손해 위험을 줄이기 위해 수출기업과 은행 간 맺는 일종의 계약인 파생상품을 말한다. 즉, 기업과 은행이 환율의 상한과 하한선을 정해 지정된 환율로만 거래를 하는 것이다. 우리나라의 경우 미국발 금융위기로 환율이 폭등하여 가입자인 중소기업들이 막대한 손해를 입은 경험이 있다.

답 03. ① 04. ① 05. ③ 06. ②

07 한국거래소(KRX)의 역할로 보기 어려운 것은?

① 증권의 상장에 관한 업무를 담당한다.

② 증권 및 장내파생상품의 매매에 관한 업무를 담당한다.

③ 외국과의 교섭과 대외경제에 관한 업무를 수행한다.

④ 상장법인의 신고와 공시에 관한 업무를 담당한다.

해 ③은 외교부에서 관할하는 업무이다.

한국거래소(KRX)의 업무

- 유가증권시장(코스피시장) · 코스닥시장 및 파생상품시장의 개설 · 운영에 관한 업무
- 증권 및 장내파생상품의 매매에 관한 업무
- 증권의 매매거래 및 파생상품거래에 따른 청산 및 결제에 관한 업무
- 증권의 상장에 관한 업무
- 장내파생상품 매매의 유형 및 품목의 결정에 관한 업무
- 상장법인의 신고 · 공시에 관한 업무
- 시장감시, 이상거래 심리 및 회원의 감리에 관한 업무
- 증권의 경매업무
- 유가증권시장 · 코스닥시장 및 파생상품시장 등에서의 매매거래와 관련된 분쟁의 자율조정에 관한 업무
- 시장정보의 제공 및 판매에 관한 업무
- 시장과 관련된 전산시스템의 개발 및 운영에 관한 업무
- 부동산 및 전산장비 임대업무
- 외국거래소 및 증권파생상품관련기관과의 제휴 · 연계 · 협력 등에 관한 업무
- 외국거래소 및 증권파생상품관련기관 등에 대한 시스템 수출 · 업무자문 등에 관한 업무

08 펀드의 종류 중 공개적으로 특정하지 않은 많은 투자자로부터 자금을 모으는 펀드의 형태로 여러 가지 제약이 따르는 펀드는?

① 공모펀드　　② 사모펀드

③ 헤지펀드　　④ 뮤추얼펀드

해 공모펀드란 공개적으로 특정하지 않은 많은 투자자로부터 자금을 모으는 펀드의 형태를 말한다. 공모펀드는 사모펀드와 달리 펀드규모의 10% 이상을 한 주식에 투자할 수 없고 주식 외 채권 등 유가증권에도 한 종목에 10% 이상 투자할 수 없는 제약을 받는다.

09 **증권시장은 유가증권을 발행, 인수, 모집하는 단계의 '발행시장'과 일단 발행한 증권을 매매하는 단계인 '유통시장'으로 나눌 수 있다. 다음 중 발행시장과 유통시장에 대한 내용으로 잘못된 것은?**

① 유통시장은 발행시장을 통해 발행한 증권을 투자자들이 상호 간에 매매하는 시장이다.

② 유통시장은 제2차 시장이라고도 불린다.

③ 발행시장에서는 이미 설립된 회사의 자본금을 확충하여 사업을 확장하기 위한 방법으로 주식을 추가로 발행할 수 없다.

④ 유통시장에는 공인중개소인 한국거래소(KRX)가 운영하는 코스피(KOSPI)시장과 코스닥(KOSDAQ)시장이 있으며 장외시장인 프리보드(Freeboard)가 있다.

해 발행시장이란 주식회사가 처음으로 주식을 발행하는 시장이다. 주식회사는 설립할 당시 자본금을 마련하기 위해 주식을 발행하며 이미 설립된 회사의 자본금을 확충하여 사업을 확장하기 위한 방법으로 주식을 추가로 발행하기도 한다.

[한국산업인력공단]

10 **수익률은 높지만 신용도가 취약하여 정크본드라 불리는 고수익, 고위험 펀드는?**

① 브릭스 펀드 ② 하이일드 펀드

③ 헤지 펀드 ④ 불독 본드

해 하이일드 펀드(High Yield Fund)란 수익률은 매우 높은 반면 신용도가 취약해 정크본드로 불리는 고수익 · 고위험 펀드이다. 채권의 신용등급이 투자부적격인 채권을 주로 매입하여 운용하는 펀드로 발행자의 채무불이행 위험이 정상채권에 비해 상당히 높다. 따라서 투자를 잘할 경우 고수익을 낼 수 있지만 잘못하면 원금을 손실할 가능성이 큰 펀드이다.

답 07. ③ 08. ① 09. ③ 10. ②

11 **다음 중 미국의 나스닥(NASDAQ)시장을 본떠 만든 것으로 우리나라의 벤처기업들이 상장된 곳은?**

① 다우존스 ② 아멕스
③ 코스닥시장 ④ 코스피시장

해 코스닥시장(KOSDAQ ; KOrea Securities Dealers Automated Quotation)에 대한 내용이다. 첨단 기술주 중심인 미국의 나스닥(NASDAQ)시장을 본떠 만든 것으로 첨단기술을 가지고 벤처기술을 연구하고 생산하는 기업군들을 상장시킨 시장을 말한다.

12 **다음 중 발행시장과 유통시장의 구분이 올바르게 된 것은?**

	발행시장	유통시장
①	1차적 시장	2차적 시장
②	추상적 시장	1차적 시장
③	2차적 시장	1차적 시장
④	구체적 시장	추상적 시장

해 발행시장은 1차적 시장, 추상적 시장이며 유통시장은 2차적 시장, 구체적 시장이다.

13 **금융투자협회가 운영하는 장외시장으로 증권 유통에 필요한 최소한의 형식적 요건만 갖추면 진입이 가능하고 거래의 편의성이 높은 반면 위험성이 큰 것은?**

① 코스피시장 ② 나스닥시장
③ 코스닥시장 ④ 프리보드

해 프리보드(Freeboard)에 대한 내용으로 유가증권시장(코스피시장)이나 코스닥시장처럼 정규 증시에 상장되지 않은 비상장 주권의 매매거래를 하기 위해 금융투자협회가 운영하는 장외시장을 말한다.

14 상장이란 기업이 증권을 발행하여 유가증권시장이나 코스닥시장에서 매매할 수 있도록 자격을 부여하는 것을 말한다. 이러한 상장을 심사하는 기관은?

① 한국거래소
② 기획재정부
③ 금융위원회
④ 금융감독원

해 상장(Listing)이란 기업이 증권을 발행하여 유가증권시장이나 코스닥시장에서 매매할 수 있도록 자격을 부여하는 것을 말한다. 주식회사라고 해서 모든 회사가 주식을 공매해 자본금을 마련할 수 있는 것이 아니라 건실한 기업만이 상장할 수 있도록 자격요건이 까다로운데, 그 이유는 유통시장의 건전성과 안정성을 위함이며 한국거래소(KRX)에서 심사를 하고 있다.

15 다음 중 코스닥시장의 상장종목이 아닌 것은?

① 벤처기업
② 관리종목
③ 투자유의종목
④ 투자회사

해 투자회사는 유가증권시장(코스피시장) 상장종목 분류로, 투자사업을 목적으로 하는 회사가 발행한 종목을 따로 분류해놓은 것을 말한다.

코스닥시장 상장종목 분류

벤처기업	정부로부터 벤처인증을 받은 기업이 상장한 종목을 말한다.
일반기업	일반적 기업이 발행한 종목을 말한다.
관리종목	유가증권 관리종목처럼 경영상의 하자로 인하여 따로 분류된 항목을 말한다.
투자유의종목	투자 시 유의가 당부되는 종목으로 벤처기업과 일반기업으로 분류한 것을 말한다.
뮤추얼펀드	뮤추얼펀드 형태의 투자회사가 발행한 종목을 말한다.

답 11. ③ 12. ① 13. ④ 14. ① 15. ④

16 다음 보기가 설명하는 채권의 종류는?

> 자국 통화가치의 안정과 투기적인 외화유출입에 따른 외환시장의 혼란을 방지하려는 목적으로 정부가 외환시장에 개입하는 데 사용하는 기금을 의미한다.

① 외국환평형기금채권
② 양곡채권
③ 국민주택채권
④ 특수채권

해 외국환평형기금채권(Foreign Exchange Stabilization Bond)에 대한 내용으로 줄여서 '외평채'라고도 한다. 외국환평형기금이란 자국 통화가치의 안정과 투기적인 외화유출입에 따른 외환시장의 혼란을 방지하려는 목적으로 정부가 외환시장에 개입하는 데 사용하는 기금을 말하며 이 기금을 마련하기 위해 정부가 발행한 채권을 외국환평형기금채권이라 한다.

17 예금보험공사와 한국전력공사처럼 특별법에 의해 설립된 법인이 발행하는 채권을 뜻하는 용어는?

① 금융채
② 특수채
③ 법인채
④ 신용채

해 특수채(Specific Laws Bond)에 대한 내용이다. 특수채란 예금보험공사와 한국전력공사처럼 특별법에 의해 설립된 법인이 발행하는 채권으로 한국가스공사채권, 한국도로공사채권, 한국전력공사채권 등이 있으며 여신전문기관이 발행하는 리스채, 신용카드채 등도 특수채에 해당한다.

18 다음 중 연결이 올바른 것은?

① 전환사채 – 주식회사 자본금을 늘리기 위해 새로운 주식을 발행하는 경우 다른 투자자들보다 선취득을 할 수 있게 하는 채권

② 신주인수권부사채 – 주식 등 유가증권으로 교환할 수 있는 사채로 채권발행사가 가진 다른 증권과 교환할 수 있는 권리를 가진 사채

③ 교환사채 – 일단 채권으로 발행되었으나 일정기간이 지난 경우 주식으로 바뀌는 것을 약정하는 권리를 포함한 채권

④ 이익참가부사채 – 채권을 가진 자가 회사채 이율에 따른 이자 외에 주식과 같이 이익배당을 요구할 수 있는 권리를 포함한 사채

해 ① 전환사채(CB ; Convertable Bond) : 일단 채권으로 발행되었으나 일정 기간이 지난 경우 주식을 바뀌는 것을 약정하는 권리를 포함한 채권이다.
② 신주인수권부사채(BW ; Bond with Subscription Warrant) : 주식회사 자본금을 늘리기 위해 새로운 주식을 발행하는 경우 다른 투자자들보다 선취득을 할 수 있게 하는 채권을 말하며, 이 채권을 가진 사람은 일정기간이 지나면 신주배정을 청구할 수 있는 권리를 갖게 된다.
③ 교환사채(EB ; Exchange Bond) : 주식 등 유가증권으로 교환할 수 있는 사채로서 채권발행사가 가진 다른 증권과 교환할 수 있는 권리를 가진 사채를 말한다.

19 다음 보기가 뜻하는 펀드는?

고객들이 한 펀드에 투자한 자금을 다시 다양한 펀드에 재투자해 위험을 분산하고 투자 기회를 극대화한 펀드 상품이다. 부동산이나 채권 등 일정 상품에 직접 투자하는 일반 펀드와는 달리 투자 대상이 펀드라는 점에서 모태 펀드라고도 한다.

① 펀드 오브 펀드　　② 브릭스 펀드
③ 이머징 펀드　　④ 엔 캐리 트레이드

해 보기의 내용은 펀드 오브 펀드(Fund of Fund)에 대한 설명이다.

답 16. ① 17. ② 18. ④ 19. ①

20 회사채 중에서 일반사채가 아닌 것은?

① 보증사채　　② 무보증사채
③ 담보부사채　　④ 전환사채

해 전환사채는 특수사채 중에서 주식연계사채에 해당한다.

회사채(Corporate Bonds)의 구분

일반사채(보통사채)	보증사채	
	무보증사채	
	담보부사체	
특수사채	주식연계사채	전환사채
		교환사채
		신주인수권부사채
		이익참가부사채
	비주식연계사채	자산유동화사채
		옵션부사채

21 다음 보기가 의미하는 사채는?

> 금융기관이 보유하고 있는 자산을 담보로 발행된 증권을 가리키는 용어이나 최근에는 대출채권이나 외상매출채권 등과 관련된 금융자산을 기반으로 발행되는 증권을 주로 지칭한다.

① 자산유동화사채　　② 옵션부사채
③ 교환사채　　④ 이표채

해 자산유동화사채(ABS ; Asset-Backed Security)에 대한 내용이다.

22 파생금융상품이란 주식과 채권 등 현물금융자산에 옵션과 선물, 스왑, 선도라는 조건을 만들어 수익을 내는 것을 말한다. 다음 중 설명이 잘못된 것은?

① 옵션이란 어떤 상품을 현재 정해진 가격으로 미래의 정해진 시점(만기)에 매매하기로 하는 계약을 의미한다.

② 옵션에서 살 수 있는 권리가 부여된 옵션을 콜옵션(Call Option)이라 한다.

③ 스왑(Swap)이란 두 명의 당사자가 따로 지니고 있는 미래의 서로 다른 자금 흐름을 일정기간 동안 서로 교환하기로 계약하는 거래를 말한다.

④ 파생상품은 거래 장소에 따라 장외파생상품과 장내파생상품으로 구분한다.

해 선도(Forward)거래는 어떤 상품을 현재 정해진 가격으로 미래의 정해진 시점(만기)에 매매하기로 하는 계약으로, 현재시점은 계약시점이고 만기시점은 계약의 집행시점이 되는 것을 말한다. 옵션(Option)이란 미리 정한 가격으로 특정자산을 사거나 팔 수 있는 권리를 말하는데, 옵션은 미래 일정시점에 정해진 가격으로 특정자산을 거래하기로 한 계약이라는 점에서 선도 및 선물과 유사한 성격을 가진다고 볼 수 있지만 옵션은 자신에게 유리할 경우에만 계약을 이행한다는 점에서 큰 차이가 있다.

23 주가연계 파생상품 중에서 ELS란 무엇을 뜻하는가?

① 주가연계예금 ② 주가연계증권

③ 주가연계펀드 ④ 주식워런트증권

해 **주가연계 파생상품**

- 주가연계예금(ELD ; Equity Linked Deposit) : 만기해제할 경우 원금은 보장되면서 주가지수 등에 따라 금리가 결정되는 예금으로 은행에서 취급하는 상품이다. 정기예금처럼 가입 시에 금리가 확정되는 것이 아니라 지수변동에 따라 금리가 결정되는 특징을 가지고 있으며 예금자보호대상이 된다.
- 주가연계증권(ELS ; Equity Linked Securities) : 증권회사가 발행하는 상품으로 특정한 주권의 가격이나 주가지수의 변동에 따라 투자수익률을 배분하는 증권을 말한다. ELS는 예금자 보호대상이 되지 않으며 원금손실의 가능성이 있기 때문에 신중한 판단을 요한다.
- 주식워런트증권(ELW ; Equity Linked Warrant) : 장외파생상품의 거래를 인가받은 증권회사가 특정주식이나 주가지수를 기초자산으로 하는 옵션을 뜻한다. 즉, 특정한 주식을 미리 정해놓은 시기에 미리 정해 놓은 가격으로 사거나 팔 수 있는 권리를 뜻한다.
- 주가연계펀드(ELF ; Equity Linked Fund) : 자산운용회사가 운용하는 상품으로 채권과 주식 등 기초자산과 옵션(Warrant)을 조합하여 다양한 형태의 수익이 가능한 금융상품을 말한다. ELF는 이자 또는 원금이 주가등락에 연동되며 주가지수에 연계하여 고수익을 추구하는 상품이다.

답 20. ④ 21. ① 22. ① 23. ②

24 **엔화 등 저금리 통화를 빌려 미국과 유럽 등 고금리 국가의 통화와 자산에 투자해 이익을 얻는 금융기법은?**

① 적립식 펀드 ② 와타나베 부인
③ 트리클 다운 ④ 엔 캐리 트레이드

해 엔 캐리 트레이드(Yen Carry Trade)에 대한 내용으로 엔화 등 저금리 통화를 빌려 미국과 유럽 등 고금리 국가의 통화와 자산에 투자하여 이익을 얻는 금융기법이다. 헤지펀드가 주로 활용하는 투기성 금융거래로, 일본의 엔화를 싼 이자에 빌려 전 세계 주식과 채권시장에 투자해 이익을 창출하는 것을 말한다.

25 **다음 보기가 설명하는 펀드의 지표는?**

펀드의 성과를 평가하는 지표로 특정한 펀드에 대해 기대하는 수익률과 실제로 달성한 수익률의 차이를 나타내는 지수이다.

① 젠센지수 ② 샤프지수
③ 항셍지수 ④ 트레이너지수

해 보기는 젠센지수(Jensen's Ratio)에 대한 내용이다.
② 샤프지수(Sharpe Ratio) : 펀드에 대한 위험도를 나타내는 지수이다. 샤프지수는 성과를 분석하는 데 활용하며 똑같은 수익률을 낸 펀드가 있을 경우 표준편차를 구해 비교하는데, 수익의 기복이 심한 펀드와 안정적인 수익을 낸 펀드가 동시에 똑같은 수익률을 낸 경우 미래에 투자를 어떻게 할지 결정하는 데 쓰인다.
④ 트레이너지수(Treynor Ratio) : 시장위험도에 대한 초과 수익률을 나타내는 지수로서 이 지수가 높을수록 펀드 운용 성과가 우수하다는 것을 나타낸다.

답 24. ④ 25. ①

2 관련 제도와 법규

관련 법규

(1) 자본시장과 금융투자업에 관한 법률(자본시장통합법)

① 목적 : 자본시장에서의 금융혁신과 공정한 경쟁을 촉진하고 투자자를 보호하며 금융투자업을 건전하게 육성함으로써 자본시장의 공정성 · 신뢰성 및 효율성을 높이기 위해 제정된 법률로 여러 개로 나누어져 있던 금융시장 관련 법률을 하나로 통합하였다.

② 주요내용

㉠ **한국거래소(KRX) 설립** : 증권 및 장내파생상품의 공정한 가격 형성과 그 매매, 그 밖의 거래의 안정성 및 효율성을 도모하기 위하여 한국거래소의 설립을 규정하고 있다. 또한 거래소에서 거래하는 상품시장을 유가증권시장, 코스닥시장, 파생상품시장으로 구분하고 있다.

㉡ **금융투자업의 인가와 등록** : 금융투자업의 인가를 받지 않고는 투자자문업과 투자일임업을 제외한 금융투자업을 할 수 없도록 하여 투자자 보호를 강화하였다.

㉢ **증권의 발행 및 유통 신고** : 국채증권과 지방채증권, 특수채 등 투자자 보호가 이루어지고 있는 증권을 제외한 일반 증권에 대한 신고를 의무화하도록 하였다.

㉣ **불공정 거래의 규제** : 대표적 불공정 거래인 내부자 거래를 억제하기 위해 주권상장법인 임직원의 미공개중요정보를 통한 이용행위와 시세조종행위를 금지하도록 하였다.

㉤ **집합투자기구 등록** : 집합투자기구란 법률상 집합투자를 수행하기 위한 기구를 말하며 통상적으로 이 집합투자기구를 펀드라고 지칭한다. 펀드는 투자자로부터 모은 자금을 자산운용회사가 주식 및 채권 등에 대신 투자하여 운용한 후 그 결과를 투자자에게 돌려주는 간접투자상품으로, 자본시장통합법에서 이 집합투자기구에 대한 법적 설립요건과 등록사항 등을 규정하였다.

㉥ **금융 관계 기관 근거 마련** : 한국금융투자협회와 한국예탁결제원, 증권금융회사, 종합금융회사, 자금중개회사, 단기금융회사,

슬로 파이낸스(Slow Finance)

자본시장에서 미국의 리먼브라더스 사태와 2011년 그리스 사태와 같은 금융위기가 고조되는 가운데 탄생한 용어로, 재정상태가 양호하며 지속적인 성장이 가능한 기업에 투자하는 방식을 가리키는 말이다. 금융위기가 도래한 이후 세계경제가 저성장에 돌입하면서 투자자들 사이에 복잡하고 위험한 곳에 투자하기보다 안정되고 내실 있는 기업을 찾아 투자한다는 의미의 신조어이다.

한국거래소(KRX) 상장증권의 종류

주식(지분증권), 외국주식예탁증권(DR), 채무증권, 상장지수집합투자기구 집합투자증권(ETF), 주식워런트증권(ELW), 신주인수권증권, 신주인수권증서, 수익증권

투자자 보호

자본시장통합법이 제정되기 전까지 과거 증권거래법은 금융상품에 대한 투자는 투자자 자신의 책임으로 하는 자기책임의 원칙을 기본원리로 하였지만 금융의 세계화, 자산의 증권화, 금융공학의 발전으로 고도로 복잡하고 다양한 금융상품이 제공되고 있어 일반투자자가 가지고 있는 정보나 지식만으로는 정확한 투자판단을 하는 것이 매우 어려워지고 있다. 이에 따라 자본시장통합법에서는 투자자 보호를 강화하기 위해 금융투자업자의 '고객 파악 의무' 및 '적합성을 원칙'으로 하는 투자권유 규제를 도입하였다.

명의개서대행회사 등의 설립과 업무관할 등을 규정하였다.

(2) 금융 관련 기관

① 한국금융투자협회(KOFIA ; Korea Financial Investment Association)

㉠ 목적 : 새로운 금융환경에서 금융투자산업이 차세대 신성장산업으로 발전할 수 있는 토대를 마련하는 역할과 채권시장 선진화 및 활성화 유도, 프리보드의 활성화를 담당하고 있다.

㉡ 업무

- 회원 간의 건전한 영업질서 유지 및 투자자 보호를 위한 자율규제업무
- 회원의 영업행위와 관련된 분쟁의 자율조정에 관한 업무
- 투자권유자문인력, 조사분석인력, 투자운용인력의 주요직무 종사자의 등록 및 관리에 관한 업무
- 장외파생상품을 신규로 취급하는 경우 그 사전심의업무
- 증권시장에 상장되지 아니한 주권의 장외매매거래에 관한 업무
- 금융투자업 관련제도의 조사 · 연구에 관한 업무
- 투자자 교육 및 이를 위한 재단의 설립 · 운영에 관한 업무
- 금융투자업 관련 연수업무

② 한국예탁결제원(KSD ; Korea Securities Depository)

㉠ 목적 : 유가증권을 집중 예탁받아 매매거래에 따른 결제서비스 등의 업무를 수행하는 증권중앙예탁결제기관으로 증권회사를 비롯해 은행과 보험, 집합투자기구, 선물회사 등의 예탁결제와 파생상품에 대한 서비스를 제공하는 역할을 하고 있다.

㉡ 업무

- 증권 등의 집중예탁업무
- 증권 등의 계좌 간 대체업무
- 증권시장에서의 증권의 매매거래에 따른 증권인도와 대금지급 및 결제이행 · 불이행결과의 거래소에 대한 통지에 관한 업무
- 증권시장 밖에서 매매거래에 따른 증권 등의 인도와 대금의 지급에 관한 업무
- 예탁결제원과 유사한 업무를 영위하는 외국 법인과의 계좌설정을 통한 증권 등의 예탁, 계좌 간 대체 및 매매거래에 따른 증권 등의 인도와 대금의 지급에 관한 업무

금융투자협회 분쟁조정위원회

금융분쟁이 발생하였을 경우 금융투자협회 분쟁조정위원회의 자율조정제도를 통해 분쟁을 해결할 수 있다. 신청인이 금융투자협회에 분쟁조정신청서를 제출함으로써 시작되며 당사자 간에 합의가 성립하지 않은 경우 협회가 분쟁조정위원회에 사건을 회부하며 위원회는 심의하여 조정 또는 각하결정을 하게 된다. 다만, 분쟁조정신청 취하서가 접수되거나 수사기관의 수사진행, 법원에의 제소, 신청내용의 허위사실 등 일정한 사유에 의한 경우 위원회에 회부하지 않고 종결처리 할 수 있다.

기업내용공시(Disclosure)

주주와 채권자, 소비자 등 기업의 이해관계자에게 기업과 관련된 정보를 전달함으로써 이들이 기업가치를 평가하고 판단하는 자료를 제공하게 하는 것을 말한다. 기업정보의 공개는 기업의 사회적 책임이 강조됨에 따라 더욱 부각되고 있으며, 이는 기업이 대규모화하게 됨에 따라 사회적 힘이 더욱 강해지고 이로 인한 이해관계자의 범위가 더욱 커졌기 때문이다. 공시제도에는 정확성과 신속성, 내용 파악의 용이성, 정보전달의 공평성이 강조된다.

치앙마이 이니셔티브(Chiang Mai Initiative)

동남아국가연합(ASEAN)과 한국, 중국, 일본이 함께 외환위기 발생을 방지하기 위해 체결한 통화교환협정을 의미한다. 1997년 아시아 외환위기를 거치면서 역내 국가들은 위기관리를 IMF에만 의존해서는 안된다는 판단하에 위기재발방지를 위한 역내 금융협력체제의 구축을 위해 2000년 5월 태국 치앙마이에서 열린 제2차 ASEAN+3 재무장관회의에서 역내 상호자금 지원체계를 수립하는 치앙마이 이니셔티브(CMI ; Chiang Mai Initiative)에 합의하였다.

- 증권의 명의개서대행업무
- 증권 등의 보호예수업무

③ **증권금융회사** : 증권시장 및 파생상품시장에서의 매매거래에 필요한 자금 또는 증권을 청산기관인 거래소를 통하여 대여하는 업무, 증권을 담보로 하는 대출 업무 등을 수행하는 회사로, 상법에 따른 주식회사여야 하며 20억 원 이상의 자기자본을 갖추어야 설립할 수 있다.

④ **종합금융회사**

㉠ **정의** : 과거 종합금융회사에 관한 법률에 따라 종합금융회사의 인가를 받은 회사를 말하며 우리나라에는 우리종합금융과 메리츠종합금융증권, 동양종합금융이 있다. 종합금융회사는 말 그대로 업무 범위가 매우 넓은데 일반예금과 보험 업무를 제외한 거의 대부분의 활동을 할 수 있다.

㉡ **업무**

- 1년 이내에서 대통령령으로 정하는 기간 이내에 만기가 도래하는 어음의 발행 · 할인 · 매매 · 중개 · 인수 및 보증
- 설비 또는 운전자금의 투융자
- 증권의 인수 · 매출 또는 모집 · 매출의 중개 · 주선 · 대리
- 외자도입, 해외 투자, 그 밖의 국제금융의 주선과 외자의 차입 및 전대
- 채권의 발행
- 기업의 경영 상담과 기업인수 또는 합병 등에 관한 용역
- 지급보증

⑤ **자금중개회사** : 금융기관 간의 자금거래 중개업무를 주 업무로 하는 회사를 말하며 상법상의 주식회사이어야 하고 10억 원 이상의 자기자본금을 갖추어야 한다.

⑥ **단기금융회사** : 1년 이내에 만기가 도래하는 어음의 발행 · 할인 · 매매 · 중개 · 인수 및 보증업무를 단기금융업무라 한다. 단기금융회사는 은행, 그 밖에 대통령령으로 정하는 금융기관으로 200억 원 이상의 자기자본을 갖출 것을 규정하고 있다.

(3) 증권선물위원회

① **소속** : 금융위원회의 소속하에 자본시장의 불공정 사항을 조사 · 감

확인문제

1. 아시아 외환위기를 거치면서 역내 국가들은 위기관리를 IMF에만 의존해서는 안 된다는 판단하에 위기재발방지를 위한 역내 금융협력체제의 네트워크 구축을 위한 협정으로 태국 치앙마이에서 맺은 협정은?

① CMI
② ASEAN
③ SWARF
④ Credit Default Swap

해 1997년 아시아 외환위기를 거치면서 역내 국가들은 위기관리를 IMF에만 의존해서는 안 된다는 판단하에 위기재발방지를 위한 역내 금융협력체제의 구축을 위해 2000년 5월 태국 치앙마이에서 열린 제2차 ASEAN+3 재무장관회의에서 역내 상호자금 지원체계를 수립하는 치앙마이 이니셔티브(CMI ; Chiang Mai Initiative)에 합의하였다. 이에 따라 ASEAN 및 한국, 중국, 일본 3개국 간에 통화스왑(Bilateral Swap Agreements)과 ASEAN 통화스왑(ASEAN Swap Agreement)으로 이루어진 역내 국가 간 외화유동성 지원을 위한 네트워크를 구축하였다.

토빈세(Tobin Tax)

토빈세는 노벨 경제학상을 수상한 예일대학교의 제임스 토빈(James Tobin)이 주장한 것으로 외환거래에 세금을 매기는 것을 의미한다. 국제적 투기자본인 핫머니(Hot Money)를 규제하기 위해 주장된 세금으로 아직까지 활성화되지 않고 있다.

버핏세(Buffett Rule)

워런 버핏(Warren Buffett) 버크셔 해서웨이 회장의 이름을 딴 것으로 '부유층 대상 세금'을 의미한다. 오바마 전 미국 대통령의 고소득층 증세 방안도 여기에서 힌트를 얻었으며 이러한 버핏세는 임금과 물가 상승, 소득 양극화 등의 현실을 반영하여 조세 정의를 실현하기 위해 만들어진 것으로 해석된다.

답 1. ①

독하기 위해 증권선물위원회를 설치하도록 하고 있다.

② 업무

㉠ 자본시장의 불공정거래 조사

㉡ 기업회계의 기준 및 회계감리에 관한 업무

㉢ 금융위원회 소관사무 중 자본시장의 관리 · 감독 및 감시 등과 관련된 주요사항에 대한 사전심의

㉣ 자본시장의 관리 · 감독 및 감시 등을 위하여 금융위원회로부터 위임받은 업무

㉤ 기타 다른 법령에서 증권선물위원회에 부여된 업무

③ 증권선물위원회의 구성

㉠ 증권선물위원회는 위원장 1인을 포함한 5인의 위원으로 구성하며, 위원장을 제외한 위원 중 1인은 상임으로 한다.

㉡ 증권선물위원회 위원장은 금융위원회 부위원장이 겸임하며, 증권선물위원회 위원은 다음에 해당하는 자 중 금융위원회 위원장의 추천으로 대통령이 임명한다.

- 금융 · 증권 · 파생상품 또는 회계분야에 관한 경험이 있는 2급 이상의 공무원 또는 고위공무원단에 속하는 일반직공무원 직에 있었던 자
- 대학에서 법률학 · 경제학 · 경영학 또는 회계학을 전공한 자로서 대학이나 공인된 연구기관에서 부교수 이상 또는 이에 상당하는 직에 15년 이상 있었던 자
- 기타 금융 · 증권 · 파생상품 또는 회계분야에 관한 학식과 경험이 풍부한 자

(4) 시장감시위원회

① 목적 : 거래소(KRX) 내에 증권시장과 파생상품시장에서의 시세조종 등과 같은 불공정거래행위를 예방 및 감독하여 건전한 시장질서를 유지하기 위해 설치한 것으로 자본시장통합법상 설치 · 운영된다.

② 업무

㉠ 시장감시, 이상거래의 심리 및 회원에 대한 감리

㉡ 유가증권시장 · 코스닥시장 및 파생상품시장 간의 연계감시

㉢ 이상거래의 심리, 회원에 대한 감리, 유가증권시장 · 코스닥시장 및 파생상품시장 간의 연계감시의 결과에 따른 회원에 대한 징

미세조정 (Smoothing Operation)

정부가 정책적으로 시장에 개입하여 시장의 충격이 오기 전에 이를 조절해 나가는 것을 가리키는 용어이다. 자유환율변동제도에서 환율은 시장의 수요와 공급에 의해 결정되지만 해외 단기 투기자본이 유입될 경우 환율이 큰 영향을 받아 국내 경제에 영향을 크게 미치기 때문에 정부가 인위적으로 환율시장에 개입하여 환율이 안정되도록 하는 조치를 의미한다.

확인문제

2. 정부가 정책적으로 시장에 개입하여 시장의 충격이 오기 전에 조절해 나가는 것은?

① Smoothing Operation
② Disclosure
③ Tobin Tax
④ Bear Market

해 미세조정(Smoothing Operation)에 대한 내용으로 정부가 정책적으로 시장에 개입하여 안정화하는 조치를 의미한다.

이중대표소송제

자(子)회사의 부정행위가 드러났는데도 모(母)회사가 자회사 이사의 책임을 추궁하지 않을 때 모회사 주식의 1% 이상을 보유한 주주가 직접 자회사 이사들을 상대로 손해배상을 요구할 수 있는 제도를 말한다. 대기업 집단이나 재벌총수 일가가 비상장 자회사를 이용해 저지를 수 있는 편법, 불법과 주주 이익 침해 행위를 견제할 수 있다는 장점이 있으나, 외국기업이 국내기업과의 합작을 기피하고 기업들이 위험을 회피하기 위해 소극적인 경영을 할 가능성 등의 단점도 있다.

답 2. ①

계 또는 관련 임직원에 대한 징계요구의 결정
㉣ 분쟁의 자율조정에 관한 업무
㉤ 시장감시규정 및 분쟁조정규정의 제정 · 변경 및 폐지

③ 시장감시위원회의 구성
㉠ 시장감시위원회 위원장
㉡ 금융위원회 위원장이 추천하는 2인
㉢ 협회가 추천하는 2인

관련 제도

(1) 증시 관련 제도

① 사이드카(Side Car)

㉠ 정의 : 사이드카는 파생상품시장에서 선물가격이 급등락할 경우 프로그램 매매가 주식시장(현물시장)에 미치는 충격을 완화하기 위해, 주식시장 프로그램 매매호가의 효력을 일시적으로 정지하는 제도를 말한다.

㉡ 발동 시기 : 매수와 매도의 구분 없이 1일 1회에 한해 발동되며, 장 개시된 시점부터 5분을 발동기준으로 계산하므로 실제로는 오전 9시 6분부터 발동될 수 있다.

㉢ 발동 효과 : 상승의 경우에는 프로그램 매수호가, 하락의 경우에는 프로그램 매도호가의 효력이 5분 동안 정지된다.

㉣ 사이드카 해제
- 프로그램 매매호가의 효력정지시점에서 5분이 경과한 경우
- 장이 종료되기 40분 전인 경우
- 프로그램 매매호가의 효력정지시간 중 주식시장 매매거래중단(Circuit Breakers) 또는 임시 정지되었다가 매매거래가 재개된 경우

② 서킷 브레이커(Circuit Breakers)

㉠ 정의 : '매매거래중단제도'라고도 하며 전기회로에서 과열된 회로를 차단하는 장치인 서킷 브레이커에서 유래된 용어이다. 즉, 서킷 브레이커란 주가가 급락할 경우 주식거래를 일시정지함으

스캘퍼(Scalper)

고성능 컴퓨터를 이용해 짧은 기간에 수차례 주문을 내는 주식거래기법을 초단타매매라고 하는데 이러한 초단타매매를 전문적으로 하는 투자자를 스캘퍼(Scalper)라고 한다. 스캘퍼들은 주가의 흐름을 포착하여 순간의 차익을 남기는 방법을 통해 이익을 창출한다. 하지만 초단타매매로 인한 증시 변동성이 위험 수준을 넘어서 국제금융위기의 원인 가운데 하나로 지목됨에 따라 이를 규제대상으로 보고 있다. 국내에서도 초단타매매 거래를 하는 스캘퍼에게 증권사 내부 전산망을 제공하고 일반 투자자보다 앞서 시세정보를 제공하는 등 부정한 수단을 제공하는 부정행위가 빈번해 사회적 문제가 되고 있다.

로써 시장을 안정시키는 제도를 말하며, 1987년 10월 블랙 먼데이 이후 뉴욕증권거래소에서 처음 도입했다. 1989년 10월 뉴욕증시 폭락을 소규모로 막아낸 뒤 효과를 인정받아 세계 각국에서 이를 도입하여 운영하고 있다.

ⓛ **발동 시기** : 종합주가지수가 전일 대비 10% 이상 하락한 상태가 1분 이상 지속될 경우 투자자 보호를 위해 서킷 브레이커가 30분간 발동되는데 처음 20분 동안은 주식의 매매거래가 아예 중단되고, 나머지 10분 동안은 호가만 접수해 단일가격으로 거래를 체결한다. 장이 시작된 뒤 5뷴 후부터 마감 40분 전까지 발동하며 하루에 한 번만 발동된다.

(2) 유가증권위 · 변조죄

① **정의** : 행사를 목적으로 유가증권을 위조 · 변조 또는 허위작성하거나 위조 · 변조 · 허위작성한 유가증권을 행사 · 수입 또는 수출함으로써 성립하는 범죄를 말한다. 우리 사회에서 널리 통용되는 유가증권에 관한 법적 거래의 신용과 안전을 보호하기 위해 형법에 규정된 범죄이다.

② **대상** : 우리나라 공채 및 외국의 공채증서와 그 밖의 유가증권을 대상으로 한다.

③ **처벌** : 행사의 목적으로 대한민국 또는 외국의 공채증서, 그 밖의 유가증권을 위조 또는 변조한 자는 10년 이하의 징역에 처하도록 하고 있으며 허위의 유가증권을 작성하거나 유가증권에 허위사항을 기재한 자는 7년 이하의 징역 또는 3천만 원 이하의 벌금에 처하고 있다.

플래시 크래시(Flash Crash)

2010년 5월 7일 미국을 중심으로 세계 주식과 선물 및 외환시장에서 엄청난 폭락을 기록한 것에서 비롯된 말이다. 미국의 다우지수와 나스닥지수, S&P500지수는 10% 넘게 폭락했고 이 영향으로 유럽과 아시아 시장도 주가가 폭락하였다. 플래시 크래시는 순식간에 섬광을 비춘다는 의미의 'Flash'와 주식 시장의 붕괴를 나타내는'Crash'를 조합하여 만든 용어로 주식 대폭락을 의미한다.

확인문제

3. '매매거래중단제도'라고도 하며 전기회로에서 과열된 회로를 차단하는 장치에서 유래된 용어는?

① 사이드카 ② 서킷 브레이커
③ 스톡 옵션 ④ 블루 슈머

해 서킷 브레이커(Circuit Breakers)에 대한 내용으로 주가가 급락할 경우 주식거래를 일시정지해 시장을 안정시키는 제도를 말한다.

형법의 죄의 분류

형법에서 보호하는 법익(침해가 금지되는 개인이나 공동체의 이익과 가치)은 크게 개인적 법익과 사회적 법익, 국가적 법익으로 나뉜다.

- **개인적 법익** : 개개인의 인격과 재산권 등을 보호하는 것을 목적으로 하며 이와 관련한 죄로 살인죄, 강도죄, 절도죄, 강간죄 등이 있다.
- **사회적 법익** : 사회도덕과 공중의 건강, 공공의 신용을 보호하는 것을 목적으로 하며 이와 관련한 죄로 통화와 우표에 관한 죄, 유가증권위조죄, 도박죄 등이 있다.
- **국가적 법익** : 국가의 안전과 국가기밀의 보호, 민주적 기본질서의 보호 등을 목적으로 하며 이와 관련한 죄로 간첩죄, 무고죄, 내란죄 등이 있다.

답 3. ②

01 **'자본시장과 금융투자업에 관한 법률'에 관한 내용으로 틀린 것은?**

① 여러 개로 나누어져 있던 금융시장 관련 법률을 하나로 통합하였다.
② 한국거래소(KRX)를 설립하도록 규정하였다.
③ 증권의 발행 및 유통 신고를 자율에 맡기도록 하여 공정한 경쟁을 촉진하도록 하였다.
④ 대표적 불공정 거래인 내부자 거래를 억제하기 위해 시세조종행위를 금지하도록 하였다.

해 국채증권과 지방채증권, 특수채 등 투자자 보호가 이루어지고 있는 증권을 제외한 일반 증권에 대해 신고를 의무화하도록 하여 투자자 보호를 강화하였다.

02 **다음의 역할을 담당하는 기관은 어느 곳인가?**

- 장외파생상품을 신규로 취급하는 경우 그 사전심의업무
- 증권시장에 상장되지 아니한 주권의 장외매매거래에 관한 업무
- 투자자 교육 및 이를 위한 재단의 설립 · 운영에 관한 업무
- 금융투자업 관련 연수업무

① 한국예탁결제원
② 한국거래소
③ 한국금융투자협회
④ 종합금융회사

해 한국금융투자협회(KOFIA ; Korea Financial Investment Association)는 새로운 금융환경하에서 금융투자산업이 차세대 신성장산업으로 발전할 수 있는 토대를 마련하는 역할과 채권시장 선진화 및 활성화 유도, 프리보드의 활성화를 담당하고 있다.

답 01. ③ 02. ③

03 일반예금과 보험 업무를 제외하고 거의 대부분의 활동을 할 수 있는 금융기관으로 과거 외환위기의 원인으로도 지목되어 대부분 폐지된 금융 관련 기관은?

① 주식금융회사
② 종합금융회사
③ 투자일임회사
④ 투자신탁회사

해 종합금융회사에 대한 내용이다. 과거 종합금융회사에 관한 법률에 따라 종합금융회사의 인가를 받은 회사를 말하며 우리나라에는 우리종합금융과 메리츠종합금융증권, 동양종합금융이 있다. 종합금융회사는 말 그대로 업무 범위가 넓은데 일반예금과 보험 업무를 제외한 거의 대부분의 활동을 할 수 있다. 해외에서 싼 금리에 돈을 빌려 국내에서 비교적 높은 금리로 빌려주는 일에 치중하였고 좁은 국내 시장에서 30개 이상의 회사가 경쟁적으로 난입하면서 도덕적 해이가 심각했으며, 해외로의 과다한 차입금 상환부담을 가져와 외환위기를 초래한 원인의 하나가 되어 대다수의 종합금융회사는 정리되었다.

04 종합금융회사의 관할 업무가 아닌 것은?

㉠ 증권 등의 집중예탁업무 ㉡ 외자도입 ㉢ 설비 또는 운전자금의 투융자 ㉣ 채권의 발행

① ㉠
② ㉡
③ ㉢
④ ㉢, ㉣

해 ㉠은 한국예탁결제원(Korea Securities Depository)에서 수행하는 업무이다.

종합금융회사의 업무

- 1년 이내에서 대통령령으로 정하는 기간 이내에 만기가 도래하는 어음의 발행 · 할인 · 매매 · 중개 · 인수 및 보증
- 설비 또는 운전자금의 투융자
- 증권의 인수 · 매출 또는 모집 · 매출의 중개 · 주선 · 대리
- 외자도입, 해외투자, 그 밖의 국제금융의 주선과 외자의 차입 및 전대
- 채권의 발행
- 기업의 경영 상담과 기업인수 또는 합병 등에 관한 용역
- 지급보증

05 금융위원회의 소속하에 자본시장의 불공정 사항을 조사 · 감독하는 기관은?

① 증권선물위원회　　② 공정거래위원회
③ 금융위원회　　④ 조정위원회

해 금융위원회의 소속하에 자본시장의 불공정 사항을 조사 · 감독하기 위해 증권선물위원회를 설치하도록 하고 있다.

06 증권선물위원회에 대한 내용으로 틀린 것은?

① 증권선물위원회는 위원장 1인을 포함한 5인의 위원으로 구성한다.
② 금융위원회의 소속이다.
③ 자본시장의 불공정거래를 조사한다.
④ 증권선물위원회 위원장은 금융위원회 위원장이 겸임하여 운영한다.

해 증권선물위원회 위원장은 금융위원회 부위원장이 겸임하도록 되어 있다.

07 거래소(KRX) 내의 증권시장과 파생상품시장에서의 시세조종 등과 같은 불공정 거래행위를 예방하고 감독하기 위해 자본시장통합법에 의해 설치된 기관은?

① 시장감시위원회　　② 증권선물위원회
③ 권익위원회　　④ 카르텔감시국

해 시장감시위원회에 대한 내용으로 거래소(KRX) 내에 증권시장과 파생상품시장에서의 시세조종 등과 같은 불공정 거래행위를 예방 및 감독하여 건전한 시장질서를 유지하기 위해 설치한 것으로 자통법상 설치 · 운영된다.

답 03. ② 04. ① 05. ① 06. ④ 07. ①

08 **파생상품시장에서 선물가격이 급등락할 경우 프로그램 매매가 주식시장(현물시장)에 미치는 충격을 완화하기 위해, 주식시장 프로그램 매매호가의 효력을 일시적으로 정지하는 제도는?**

① 레버리지 ② 서킷 브레이커
③ 스톡옵션 ④ 사이드카

해 사이드카(Side Car)에 대한 내용이다. 사이드카는 매수와 매도의 구분 없이 1일 1회에 한해 발동되며, 장이 개시된 시점부터 5분을 발동기준으로 계산하므로 실제로는 오전 9시 6분부터 발동될 수 있다.

09 **사이드카가 해제되는 이유가 아닌 것은?**

① 프로그램 매매호가의 효력정지시점부터 5분이 경과한 경우
② 장이 종료되기 40분 전인 경우
③ 프로그램 매매호가의 효력정지시간 중 주식시장 매매거래중단(Circuit Breakers) 또는 임시 정지되었다가 매매거래가 재개된 경우
④ 오전 9시 5분일 경우

해 ④는 사이드카 해제사유에 해당하지 않는다.

10 **유가증권위조죄는 형법상 어느 법익을 침해한 것인가?**

① 개인적 법익 ② 사회적 법익
③ 국가적 법익 ④ 공익적 법익

해 유가증권위조죄는 유가증권에 대한 법적 거래와 신용안전을 보호하는 사회적 법익에 해당한다.

답 08. ④ 09. ④ 10. ②

3 국제증시

국제 증권 시장

(1) 국제증시의 중요성

① **우리나라 산업 구조** : 우리나라 경제는 해외무역 의존도가 80%를 넘는 구조로, 그중 미국에 대한 의존도가 가장 크기 때문에 미국발 금융위기가 발생했을 때 그 직격탄을 맞을 수밖에 없는 구조이다. 그렇기 때문에 우리나라는 대외의존도를 낮추고 국제경쟁력을 기르기 위해 저탄소 녹색성장 등과 같은 첨단 기술산업을 육성하는 것이 필요하다.

② **미국의 증시**

㉠ **다우지수(Dow Jones)** : 다우지수는 미국의 뉴욕증권거래소(NYSE ; New York Stock Exchange)에 상장된 종목을 나타내는 지수로, 우리나라의 코스피시장처럼 우량 종목의 주가를 나타낸다. 다우지수는 '다우존스방식'을 통해 지수를 산출하는데 다우존스방식이란 거래가 활발한 몇 개의 대표적인 종목만을 골라 지수를 산정하는 방식이다.

㉡ **나스닥지수(NASDAQ ; National Association of Securities Dealer's Automated Quotation System)** : 나스닥지수는 벤처기업과 첨단 기술을 가진 기업들의 종합 시세를 나타내는 지수로 우리의 코스닥지수와 같은 기능을 한다.

㉢ **아메리칸 증권거래소(AMEX ; American Stock Exchange)** : 아메리칸 증권거래소(아멕스)는 뉴욕증권거래소와 나스닥에 비해 상대적으로 규모가 작은 중소기업을 대상으로 상장한 것이며 과거에는 커브 마켓이라고 불렀다. 뉴욕증권거래소 바로 곁의 도로상에서 비상장증권을 매매하던 옥외시장이 아멕스의 시초이다.

㉣ **S&P500지수(Standard&Poor's 500 index)** : 국제적인 신용평가사인 스탠더드앤푸어스(S&P)가 작성하는 주가지수로 지수의 종류에는 종합지수와 공업주와 운수주, 공공주, 금융주의 그룹별 지수가 있다. S&P500 종합주가지수는 선물거래의 대상이 되고 있다.

녹색성장

- **정의** : 에너지와 자원을 절약하고 효율적으로 사용하여 기후변화를 방지하고 환경훼손을 줄이며, 청정에너지와 녹색기술의 연구개발을 통하여 새로운 성장동력을 확보하고 새로운 일자리를 창출해 나가는 등 경제와 환경이 조화를 이루는 성장을 의미한다. 정부에서는 '저탄소 녹색성장 기본법'을 통해 에너지 · 환경문제뿐만 아니라 일자리와 성장동력 확충, 기업 경쟁력과 국토 개조, 생활혁명을 포괄하는 종합적 국가비전을 제시하여 교통, 건축, 문화 등 모든 사회 · 경제활동과 사회 시스템의 패턴을 변화시키는 녹색성장에 박차를 가하고 있다.
- **추진 배경**
  - 지구온난화에 따른 환경위기 심화
  - 화석연료에 대한 높은 수입의존도
  - 기존 경제 성장 패러다임의 한계에 직면
- **주요 내용**
  - 기후변화 · 에너지 · 자원문제의 해결, 성장동력 확충, 기업의 경쟁력 강화, 국토의 효율적 활용 및 쾌적한 환경 조성 등을 포함하는 종합적인 국가발전전략을 추진한다.
  - 시장기능을 최대한 활성화하여 민간이 주도하는 저탄소 녹색성장을 추진한다.
  - 녹색기술과 녹색산업을 경제성장의 핵심 동력으로 삼고 새로운 일자리를 창출 · 확대할 수 있는 새로운 경제체제를 구축한다.
  - 성장잠재력과 경쟁력이 높은 녹색기술 및 녹색산업 분야에 대한 중점 투자 및 지원을 강화한다.
  - 사회 · 경제 활동에서 에너지와 자원 이용의 효율성을 높이고 자원 순환을 촉진한다.
  - 자연자원과 환경의 가치를 보존하면서 국토와 도시, 건물과 교통, 도로 · 항만 · 상하수도 등 기반시설을 저탄소 녹색성장에 적합하게 개편한다.

③ 일본 증시

㉠ 닛케이지수(NIKKEI) : 미국의 다우지수와 같은 방식으로 주요 종목 225개를 선정하여 만든 일본의 종합주가지수를 말한다. 닛케이지수는 일본증권시장의 대표적인 주가지수로 폭넓게 사용되고 있으나 현재는 일본 산업구조의 변화를 정확히 반영하지 못하고 있으며 일부 비싼 종목에 의해 좌우되고 있다는 비판을 받고 있기도 하다.

㉡ 도쿄증권거래소(TSE ; Tokyo Stock Exchange) : 1878년 설립된 일본의 거래소로 가부토쵸에 위치해 있다. 1969년 이래 도쿄주가지수를 나타내고 있으며 미국의 월가처럼 도쿄증권거래소 소재지 역시 국제적 증권시장을 상징한다.

④ 홍콩 증시

㉠ 항셍지수(Hang Seng Index) : 홍콩 주식시장의 기준 지수 중 하나로 홍콩상하이은행(HSBC)의 자회사인 항셍은행(HangSeng Bank)이 산출하는 지수를 말한다. 지수산출방식은 시가총액방식으로 홍콩증권거래소 전체 거래량의 80% 이상을 차지하는 33개 종목을 채용하고 있다.

㉡ 항셍중국기업지수(HSCEI ; Hang Seng China Enterprises Index) : 홍콩증권거래소에 상장되어 있는 중국기업주식 대표우량주 34개로 구성되어 있는 지수로 타 지수들에 비해 상대적으로 투명성이 높고 에너지와 산업소재 등의 업종이 차지하는 비중이 높아서 중국 경제의 성장동력을 가장 잘 반영하고 있는 지수이다.

⑤ 영국지수(FTSE 100 ; Financial Times Stock Exchange 100) : 영국의 대표 지수이자 런던 증권거래소에 상장되어 있는 주식 중에서 시가총액 순서대로 100개 기업의 주가를 지수화한 종합주가지수로서 영국 파이낸셜타임스와 런던증권거래소가 공동 설립한 FTSE인터내셔널이 발표한다.

⑥ 인도 뭄바이증권거래소(BSE ; Bombay Stock Exchange) : 1875년에 설립된, 아시아에서 가장 오래된 증권 거래소로 상장기업 수만도 4,700여 개에 달하는 큰 규모의 거래소이다. 1995년 봄베이(Bombay)가 뭄바이(Mumbai)로 바뀌면서 뭄바이증권거래소로 개칭되었다.

다우존스주가평균(Dow Jones Average)

다우존스주가평균(Dow Jones Average)은 1884년 최초로 발표되었으며, 1896년 12개의 산업별 대표기업의 주가를 평균하여 다우공업주 주가평균(Dow Jones Industrial Average)으로 발전하였고, 1928년부터 지금과 같은 30종목으로 확대하여 오늘에 이르고 있다.

빅맥지수(Big Mac Index)

맥도날드 햄버거인 빅맥 햄버거의 도시별 가격을 지수화한 것으로 전 세계 대도시의 대체적인 물가수준을 쉽게 비교할 수 있다. 1986년부터 이코노미스트지에 발표되기 시작하였다.

이마트지수

2009년 4월부터 발표하기 시작한 것으로 국내의 대표적인 대형 할인매장인 신세계의 이마트에서 고객의 소비형태를 분석하여 발표하는 지수이다. 경기를 예측하기보다는 실제 소비자들의 장바구니 물가와 심리를 알아보는 방법의 하나로 쓰인다.

(2) 채권 시장

① 글로벌 국채지수(WGBI ; World Government Bond Index) : 씨티그룹(City Group)이 작성하는 채권지수로 미국과 영국, 일본과 같은 선진국의 정부채권을 바탕으로 작성하기 때문에 '선진국 국채지수'라고도 한다.

② 국제채권 종류

㉠ 양키본드(Yankee Bond) : 미국에서 비거주자의 발행으로 유통되는 달러화 표시 채권을 말한다.

㉡ 불독본드(Bulldog Bond) : 영국의 파운드 표시외채를 지칭하는 것으로 이에 대응하는 개념인 미국의 양키본드, 일본의 사무라이본드 등이 있다.

㉢ 쇼군본드(Shogun Bond) : 일본 채권시장에서 비거주자가 엔화 이외의 통화표시로 발행하는 채권을 가리킨다.

㉣ 아리랑본드(Arirang Bond) : 미국의 양키본드, 일본의 사무라이본드, 영국의 불독본드 등과 같이 외국인이 특정 국가의 채권시장에서 해당 국가의 통화로 발행하는 채권의 일종으로, 외국인이 국내에서 우리나라 통화인 원화로 발행하는 채권을 말한다. 1995년 아시아개발은행(ADB)이 800억 원 규모의 원화 채권을 발행할 때 당시 주간사였던 한국산업증권이 일반인 공모에서 사용한 것을 시작으로 이 채권을 아리랑본드라고 부르기 시작했다.

㉤ 판다본드(Panda Bond) : 외국기업의 중국 위안화 표시 채권을 가리킨다.

㉥ 김치본드(Kimchi Bond) : 외국기업들이 국내에서 발행하는 외화표시 채권이다.

㉦ 딤섬본드(Dimsum Bond) : 외국정부나 외국기업이 홍콩에서 자금을 조달하기 위해 위안화로 발행한 채권을 말한다.

KOSPI 지수 (Korea Composite Stock Price Index)

유가증권시장을 대표하는 KOSPI 지수는 우리나라 주식시장을 대표하는 지수로서 1980년 1월 4일을 기준일로 잡고 기준지수를 100으로 하여 비교시점의 주가변동을 시가총액방식으로 계산하여 만든 것이다. 주식시장뿐만 아니라 국내 주요 경제지표로서의 역할도 담당하고 있다.

글로벌본드(Global Bond)

특정 국가가 아닌 미국, 유럽, 아시아 등 세계 주요 금융시장에서 함께 발행되어 유통되는 국제채권을 말한다. 미국의 양키본드, 유럽의 유로달러본드, 일본의 사무라이본드 등을 동시에 발행하는 효과가 있다. 대규모 기채가 가능하고 유동성도 높은 것이 장점이다. 대부분이 고정금리이고 보통 10억 달러 이상의 거액자금이 필요할 때 발행되기 때문에 주로 각국 정부나 세계은행(IBRD)에서 발행한다.

신디케이트(Syndicate)

주식이나 공사채 등의 유가증권을 발행할 경우 그 인수를 위하여 결성되는 인수단을 말한다. 신디케이트의 구성원들은 발행되는 유가증권의 인수와 모집 등을 책임지며 모집에 잔액이 발생한 경우에는 잔액인수비율을 서로 의결하고 인수하는 절차를 거친다.

적중문제

01 녹색성장에 대한 내용으로 틀린 것은?

① 대외의존도를 낮추기 위해 저탄소 녹색성장 등과 같은 첨단 기술산업의 육성이 필요하다.
② 화석연료에 대한 수입의존도가 높은 것이 녹생성장의 원인이 되기도 한다.
③ 기후변화 · 에너지 · 자원 문제의 해결을 할 수 있으나 개인의 일자리나 노동 문제의 대안이 되지 않는다.
④ 기존 경제성장 패러다임의 한계에 직면하여 새로운 성장산업을 개발하기 위해 녹색성장이 도입되었다.

해 녹색성장이란 에너지와 자원을 절약하고 효율적으로 사용하여 기후변화를 방지하고 환경훼손을 줄이며, 청정에너지와 녹색기술의 연구개발을 통하여 새로운 성장동력을 확보하며 새로운 일자리를 창출해 나가는 등 경제와 환경이 조화를 이루는 성장을 의미한다.

02 다음 중 연결이 잘못된 것은?

① 불독본드 – 영국의 파운드 표시외채를 지칭하는 것으로, 이에 대응하는 개념으로 미국의 양키본드와 일본의 사무라이본드 등이 있다.
② 쇼군본드 – 일본 채권시장에서 비거주자가 엔화 이외의 통화표시로 발행하는 채권을 가리킨다.
③ 아리랑본드 – 외국기업들이 국내에서 발행하는 외화 표시 채권이다.
④ 게이샤본드 – 유로채의 일종으로 일본에서 달러로 발행된 채권을 가리키며 쇼군본드라고도 한다.

해 아리랑본드(Arirang Bond)란 미국의 양키본드, 일본의 사무라이본드, 영국의 불독본드 등과 같이 외국인이 특정 국가의 채권시장에서 해당 국가의 통화로 발행하는 채권의 일종으로 외국인이 국내에서 우리나라 통화인 원화로 발행하는 채권을 말한다. 1995년 아시아개발은행(ADB)이 800억 원 규모의 원화 채권을 발행할 때 당시·주간사였던 한국산업증권이 일반인 공모에서 사용한 것을 시작으로 이 채권을 아리랑본드라고 부르기 시작했다. 외국기업들이 국내에서 발행하는 외화 표시 채권은 김치본드(Kimchi Bond)이다.

03 상대적으로 규모가 작은 중소기업을 대상으로 상장한 것으로 과거 커브 마켓이라 불렸으며, 뉴욕 증권거래소 바로 곁의 도로상에서 비상장증권을 매매하던 옥외시장을 가리키는 것은?

① AMEX
② S&P500
③ 나스닥시장
④ 코스피시장

해 아메리칸 증권거래소(AMEX ; American Stock Exchange)에 대한 것으로 아메리칸 증권 거래소(아멕스)는 뉴욕증권거래소와 나스닥에 비해 상대적으로 규모가 작은 중소기업을 대상으로 상장한 것으로 과거 커브 마켓이라 불렸으며, 뉴욕증권거래소 바로 곁의 도로상에서 비상장증권을 매매하던 옥외시장이 아멕스의 시초이다.

04 글로벌 국채지수를 의미하는 약자는?

① WGBI
② IBCA
③ NTB
④ DDA

해 글로벌 국채지수(WGBI ; World Government Bond Index)란 국제 채권시장의 현황을 나타내는 지수로서 씨티그룹(City Group)이 작성하는 채권지수로, 미국과 영국, 일본과 같은 선진국의 정부채권을 바탕으로 작성하기 때문에 '선진국 국채지수'라고도 한다.

05 다음 중 미국의 주가지수가 아닌 것은?

① 다우지수
② 나스닥지수
③ S&P500
④ FTSE 100

해 FTSE 100(FTSE 100 ; Financial Times Stock Exchange 100)은 영국의 대표지수이다. 런던 증권거래소에 상장되어 있는 주식 중에서 시가총액 순서대로 100개 기업의 주가를 지수화한 종합주가지수로서 영국 파이낸셜타임스와 런던증권거래소가 공동 설립한 FTSE인터내셔널이 발표한다.

답 01. ③ 02. ③ 03. ① 04. ① 05. ④

CHAPTER 05

은 행

CHAPTER 05

은행

1 수신 업무

수신 업무

(1) 은행

① **은행** : 은행은 가계나 기업 등 일반 국민으로부터 예금과 신탁을 받거나(수신) 채권을 발행하여 조달한 자금을 자금수요자에게 대출해 주는 업무(여신)를 주로 취급하는 대표적인 금융기관이다. 은행은 크게 일반은행과 특수은행으로 구분하며 일반은행은 시중은행, 지방은행, 외국은행 국내지점으로 구분한다.

우리나라 은행의 종류

일반은행	시중은행	KB국민은행, 신한은행, 외환은행, 우리은행, 스탠다드차타드은행, 한국씨티은행, 하나은행
	지방은행	대구은행, 부산은행, 광주은행, 제주은행, 전북은행, 경남은행
	외국은행 국내지점	중국공상은행(ICBC), 바클레이즈은행, 맥쿼리은행, 골드만삭스인터내셔날은행, 모간스탠리은행 등 총 39개 지점
특수은행	한국산업은행(KDB), 한국수출입은행, IBK기업은행, 농협중앙회 신용사업부문, 수협중앙회 신용사업부문	

※ 일반은행은 영업지역 범위에 따라 시중은행과 지방은행, 외국은행 국내지점으로 구분한다.

② **수신(예금) 업무** : 수신이란 자금을 조달받는 것으로 은행에서 수신의 가장 많은 비중을 차지하는 것은 예금과 적금이다. 예금을 취급하는 곳으로 '금융편'에서 전술했던 비은행 예금취급기관도 있다. 비은행 예금취급기관이란 은행 외의 다른 저축기관으로서 은행예금과 유사한 금융상품을 취급하는 금융기관을 말한다. 비은행 예금취급기관에는 종합금융회사, 상호저축은행, 신용협동조합, 새마을금고, 우체국예금 등이 있다.

EMEAP(Executives' Meeting of East Asia and Pacific central bank)

동아시아 대양주 지역 중앙은행 간 협력체로 1991년 설립되었다. 초기에는 회원국 간 협력증진 및 정보교환을 위한 임원회의 중심의 비공식적 모임이었으나 급변하는 세계금융환경 속에서 금융위기의 사전예방과 확산방지를 위해서는 중앙은행 간 긴밀한 정책협조가 필요하다는 공감대가 형성됨에 따라 최근에는 실질적인 정책협의체로의 발전을 도모하고 있다.

그라민 은행(Grameen Bank)

가난한 빈민들에게 담보 없이 소액대출을 제공하는 방글라데시 은행으로 무하마드 유누스(Muhammad Yunus)에 의해 설립된 소액대출(Microcredit)은행이다. 방글라데시의 빈민들이 돈을 빌리려 해도 은행에서는 담보를 요구하여 대출이 어렵고 또한 사채업자에게 빌릴 경우 고이율의 이자 때문에 가난이라는 굴레에서 벗어나기 힘들다는 것에 착안하여 담보 없이 돈을 빌려주는 은행을 만들었다. 1983년 방글라데시 전역을 상대로 활동하는 은행이 되었으며 전 세계의 수백 개 미소금융(Microcredit)은행 설립에 영향을 주었다. 설립자인 무하마드 유누스는 2006년 빈민들에게 무담보 소액대출 운동을 전개하여 빈곤퇴치의 공로를 인정받아 노벨평화상을 수상하였다.

예금 취급기관의 종류

구분		금융기관의 종류
은행	일반은행	시중은행, 지방은행, 외국은행 국내지점
	특수은행	한국산업은행, 한국수출입은행, IBK기업은행, 농협중앙회 신용사업부문, 수협중앙회 신용사업부문
비은행 예금취급기관		상호저축은행, 신용협동기구(신용협동조합, 새마을금고, 상호금융), 우체국예금 등

㉠ **약관** : 약관이란 계약의 당사자 일방이 정형적인 계약의 내용을 미리 정하여 놓은 계약조항으로 예금계약 시 반드시 교부해야 한다. 약관은 은행에 비치하여 고객이 알 수 있도록 명시해야 하며, 은행은 고객에게 약관의 내용을 설명해야 하는 의무를 가진다. 약관을 변경할 경우 그 내용을 1개월 동안 영업점이나 인터넷 홈페이지 등에 게시하여 고객의 불이익을 방지해야 한다.

㉡ **예금의 법적 성질**

- **소비임치계약** : 소비임치계약이란 수취인이 보관받은 예금을 취득하여 이를 소비한 후 그와 같은 종류의 예금으로 반환할 수 있는 것을 의미한다.
- **요물계약** : 당사자의 합의 외에 물건의 인도가 있어야 성립할 수 있는 계약을 요물계약이라 하며 예금계약은 예금자가 예금의 의사표시를 하면서 은행에 돈을 제공한 다음 그 의사에 따라 돈을 받고 확인하여 성립되는 계약이다.
- **상사계약** : 은행은 상인이므로 은행과의 계약은 상사임치계약이다.
- **부합계약** : 부합계약이란 계약의 형식을 가지고 있지만 내용은 미리 한쪽 당사자가 결정하고 상대방은 이에 따를 수밖에 없는 계약으로 은행이 예금거래기본약관 등을 정하고 이를 예금계약의 내용으로 하고 있다.

㉢ **예금의 종류** : 예금은 입출금이 자유로운 예금과 거치식 예금, 적립식 예금으로 구분한다.

휴면예금

휴면예금은 휴면예금관리재단의 설립을 통한 예금자보호, 서민생활의 안정 및 복지 향상 등을 위해 효율적으로 사용되고 있는 예금을 말한다. 휴면예금관리재단의 설립 등에 관한 법률에 의하면 휴면예금 원권리자가 재단, 금융기관 또는 전국은행연합회, 생명보험협회, 손해보험협회, 상호저축은행중앙회 등의 법인이나 기관·단체를 통하여 컴퓨터 등의 정보통신망으로 자료를 조회할 수 있도록 해야 하며 휴면예금이 재단에 출연한 후 5년이 경과하는 날까지 휴면예금 원권리자의 지급 청구가 있는 경우에는 휴면예금에 갈음하는 금액을 해당 휴면예금 원권리자에게 지급해야 한다.

Chapter 05

금융

확인문제

1. 다음 중 휴면예금에 대한 설명으로 틀린 것은?
① 휴면예금은 휴면예금관리재단에 의해 운용된다.
② 휴면예금은 예금자보호, 서민생활의 안정에 이용된다.
③ 휴면예금 원권리자는 필요할 경우 휴면예금관리재단에 자료를 신청할 수 있다.
④ 휴면예금이 재단에 출연된 후 3년이 경과하는 날에 원권리자의 지급 청구가 있는 경우에는 원권리자에게 지급하지 않아도 된다.

해 휴면예금이 재단에 출연된 후 5년이 경과하는 날까지 휴면예금 원권리자의 지급 청구가 있는 경우에는 원권리자에게 지급해야 한다.

답 1. ④

예금의 종류

(1) 입출금이 자유로운 예금(요구불 예금)

입출금이 자유로운 예금이란 예금주의 청구가 있으면 언제든지 지급해야 하는 예금으로 보통예금, 저축예금, 별단예금, 당좌예금 등이 있다. 예치금액의 한도가 없으며, 일정기간이 지나도 입출금이 없는 경우 거래중지계좌로 편입된다.

① **보통예금** : 아무 제한 없이 자유롭게 가입하여 거래하는 요구불 예금이나, 입출금이 자유롭기 때문에 거치식 예금이나 적립식 예금과 같이 높은 이자를 받을 수 없다.

② **저축예금** : 보통예금처럼 예치금액이나 예치기간 등에 아무런 제한이 없고 입출금이 자유로우면서도 보통예금보다 높은 이자를 받을 수 있는 예금이다. 가계우대성 금융상품으로 가계의 여유자금을 초단기로 예치하거나 입출금이 빈번한 자금을 운용하기에 적합한 상품이다.

③ **기업자유예금** : 기업자유예금은 사업자등록번호를 받은 자 또는 고유번호를 부여받은 단체가 대상이며 1998년 12월 금리자유화 조치 당시 법인 등이 일시적인 여유자금을 운용하는 수단을 제공하기 위해 도입한 것으로 수시 입출금이 가능하다.

④ **별단예금** : 별단예금이란 은행업무의 수행과정에서 발생한 미결제 및 미정리 자금, 기타 다른 예금계정으로 처리하기 곤란한 자금 등을 업무처리의 편의를 위하여 일시적으로 보관하는 계정으로 후에 다른 계정으로 대체되는 일시적인 예금이다. 별단예금은 거래 약관이 없으며 증서를 발행하지 않는다.

⑤ **가계당좌예금** : 가계수표를 발행할 수 있는 개인용 당좌예금이며 무이자인 일반 당좌예금과 달리 이자가 지급되는 가계우대성 요구불 예금이다. 가입대상은 일정 자격요건을 충족하는 개인이나 자영업자로 제한된다. 가계당좌예금은 일반인들의 은행이용도를 높여 신용사회의 기반을 조성하고 가계저축을 증대하기 위해 도입되었다.

⑥ **시장금리부 수시입출금식 예금(MMDA ; Money Market Deposit Account)** : 시장실세금리가 적용되고 입출금이 자유로운 단기상품으로 통상 500만 원 이상의 목돈을 1개월 이내의 초단기로 운용할

세율

현재 우리나라에서는 세금감면혜택이 없는 일반저축상품에서 발생한 금융소득에 대해서는 소득세(14%)와 주민세(1.4%)를 합하여 15.4%의 세금이 부과되고 있다. 그러나 국민들의 재산형성을 지원하고 저축을 장려하기 위한 비과세저축상품에 대해서는 세금이 부과되지 않으며, 세금우대저축상품에 대해서는 이자소득세(9%)와 농어촌특별세(0.5%)를 합쳐 9.5%의 세율이 적용되고 있다.

금융소득 종합과세

개인별 연간 금융소득(이자 · 배당 및 연금소득)이 2,000만 원 이하일 경우에는 원천징수(15.4%)하고, 2,000만 원을 초과하는 소득은 근로소득 · 사업소득 · 일시재산소득 · 기타소득 등 다른 소득과 합산하여 누진세율을 적용하여 종합과세하는 제도이다.

예금의 성립시기

입금방법	성립시기
현금으로 입금한 경우	은행이 확인한 때
현금으로 계좌이체를 한 경우	예금원장에 입금 기록이 확인 된 때
증권으로 입금한 경우	은행에 그 증권을 교환에 돌려 부도반환시한이 지나고 결제를 확인한 때

때 유리하며 각종 공과금, 신용카드대금 등의 자동이체용 결제통장으로도 활용할 수 있는 예금이다. MMDA는 종합금융회사의 어음관리계좌(CMA)와 투자신탁회사의 단기금융상품펀드(MMF) 등과 경쟁하는 상품으로 수시입출금이 가능하며 은행별로 금리가 다르게 적용되고 금리가 수시로 변경된다.

(2) 거치식 예금

일정기간 동안 예금을 인출할 수 없는 예금을 말한다. 따라서 은행은 고객의 청구에 의한 지급준비금을 준비하지 않아도 되기 때문에 안정적으로 자금을 운용할 수 있으며 예금자는 예치기간 동안 일정한 이자를 받기 때문에 목돈 운용에 적합한 예금이라고 할 수 있다. 거치식 예금에는 일반정기예금, 양도성예금증서(CD), 표지어음, 환매조건부채권(RP) 등이 있다.

① **정기예금** : 계약 시 저축기간과 금리를 미리 정하여 일정금액을 예치하는 장기 저축성예금이다. 약정기간이 길수록 높은 확정이자가 보장되므로 여유자금을 장기간 안정적으로 운용하기에 적합하며 매월 이자를 지급받을 수도 있는 금융상품으로 목돈을 맡겨 놓고 이자로 생활하고자 하는 경우에도 적합한 상품이다. 즉, 저축기간 동안 예금자는 일정한 이자를 받는 한편 은행은 예금이 인출될 가능성이 적기 때문에 자금을 안정적으로 운영할 수 있다.

② **정기예탁금** : 은행의 정기예금과 유사한 상품으로 상호금융, 새마을금고, 신용협동조합 등 신용협동기구들이 취급하고 있는 상품으로 비과세 혜택이 있으며 은행권보다 상대적으로 높은 금리를 지급하므로 일반 서민들의 목돈 운용에 적합한 저축수단이다.

③ **양도성예금증서(CD ; Certificate of Deposit)** : 양도성예금증서란 정기예금에 양도성을 부여한 것으로 은행이 무기명식으로 발행한 정기예금증서를 말한다. 양도성예금증서는 목돈을 단기적으로 운용하기에 적합한 수단으로 예치한도에 제한이 없으며 예금자보호법의 대상이 아니다. 중도해지가 불가하지만 유통시장에 매각하여 현금화할 수 있다.

④ **환매조건부채권(RP ; Repurchase Agreements)** : 금융기관이 보유하고 있는 국공채 등 채권을 고객이 매입하면 일정기간이 지난 뒤 이자를 가산하여 고객으로부터 다시 매입하겠다는 조건으로 운용되

머니마켓펀드 (MMF ; Money Market Fund)

머니마켓펀드란 자산운용회사가 고객이 투자한 자금을 모아 주로 양도성예금증서(CD)나 기업어음(CP), 잔존만기 1년 이하의 국채 및 통화안정증권 등 금융자산에 투자하여 얻은 수익을 고객에게 배당하는 채권투자 신탁상품을 의미한다. MMF에는 최저 가입금액의 제한이 없고, 환금성이 높으며 시중 실세금리 수준의 수익을 올릴 수 있어서 소액투자는 물론 언제 쓸지 모르는 단기자금을 운용하는 데 유리한 저축수단으로 이용된다.

는 단기 금융상품이다. 투자금액과 기간을 자유롭게 선택할 수 있는 시장금리연동형 확정금리상품으로 단기여유자금을 운용할 때 유리한 저축수단이다.

⑤ **표지어음** : 금융기관이 기업으로부터 매입 후 보유하고 있는 상업어음이나 외상매출채권을 다시 여러 장으로 쪼개거나 한데 묶어 액면금액과 이자율을 새로이 설정해 발행하는 어음이다. 은행 및 저축은행의 대표적인 단기상품 중 하나로 3개월 이상 6개월 이내의 단기 여유자금 운용에 유리한 상품이다.

(3) 적립식 예금

목돈마련에 적합한 예금으로 미리 정한 금액을 일정 기간 동안 납부하면 만기일에 일정한 이자를 납부금액에 더한 금액을 지급받는 것을 말한다. 적립식 예금의 종류로는 자유적금, 정기적금, 장기주택마련저축 등이 있다.

① **정기적금** : 매월 일정금액을 정기적으로 납입하고 만기일에 원리금을 지급받는 예금으로 푼돈을 모아 목돈을 마련하는 데 적합하며 가장 보편적인 장기 금융상품이자 예금자가 계약금액과 계약기간을 정해 일정금액을 정기적으로 납입하면 만기일에 계약금액을 지급받는 적립식 예금이다. 정기적금을 담보로 적금대출이나 적금담보대출을 받을 수 있다.

② **자유적금** : 자유적금이란 가입자가 여유자금이 있을 경우 금액이나 횟수에 상관없이 입금할 수 있는 상품으로 가입대상과 적립한도는 제한이 없지만 일반적으로 월별 1천만 원 정도의 입금한도를 두어 운영한다.

세금우대종합저축

세금우대란 일정한 조건을 가진 자에 한하여 이자소득세금인 15.4%를 9.5%로 감면해주는 것을 말한다. 금융기관이 취급하는 적립식 또는 거치식 저축으로 계약 기간은 1년 이상이고, 은행과 증권, 투신사 등 전 금융기관이 취급하며, 1인당 가입한도는 원금 기준 1천만 원이다. 이와 별도로 세금우대저축이 있는데 이자소득에 부과하는 일반예금 세율인 15.4%(소득세 14% + 주민세 1.4%)가 면제되고 1.4%의 농특세만 부과되는 저축상품으로 저축금액의 합계가 3천만 원 한도로 운영되는 상품이다.

(4) 주택청약 관련 예금

주택청약 관련 예금은 주택을 분양받으려는 사람이 분양주택의 종류에 따라 지역별, 평형별 예치금액을 금융기관에 정기예금 또는 저축으로 예치하여 일정한 입주자격을 갖추기 위한 목적으로 운용된다. 주택청약 관련 예금의 종류로는 청약저축, 주택청약예금, 주택청약부금, 주택청약종합저축, 장기주택마련저축 등이 있다.

① **청약저축** : 월부금을 일정기간 납입하면 국민주택이나 전용면적

60㎡ 초과 ~ 85㎡ 이하의 민간건설 중형국민주택을 분양 또는 임대받을 수 있는 청약권이 주어지는 정기적금 형태의 저축을 말한다.

② **주택청약예금** : 주택청약예금은 민영주택 또는 민간건설 중형주택을 분양받고자 하는 자에 대하여 분양 우선순위를 부여하기 위해 가입하는 목적부 정기예금을 말한다.

③ **주택청약부금** : 분양받고자 하는 주택 규모에 맞추어 매달 저축하면 거래기간과 저축실적에 따라 주택 관련 자금을 대출받을 수 있고, 납입금액이 지역별 청약가능 예치금액 이상이면 전용면적 85㎡ 이하의 민영주택 또는 60㎡ 초과 ~ 85㎡ 이하의 민간건설 중형국민주택 청약권이 주어지는 저축을 말한다. 월 입금횟수는 제한이 없지만 총 입금횟수는 해당 계약기간의 월수를 초과할 수 없다.

④ **주택청약종합저축** : 2009년 5월부터 출시된 금융상품으로 주택 소유나 가구주 여부에 관계없이 누구나 가입할 수 있고, 공공 · 민영주택에도 청약할 수 있는 저축을 말한다.

⑤ **장기주택마련저축** : 무주택자 또는 소형주택을 소유한 서민의 주택마련을 돕기 위한 자유적립식 장기금융상품으로 일정요건을 갖추면 비과세혜택이 주어지고 주택구입이나 신축자금을 장기로 대출받을 수 있는 특별우대 상품이다.

예금 관련 업무

(1) 예금자보호

① **정의** : 금융기관이 영업정지나 파산 등으로 인해 고객의 예금 등을 지급하지 못하게 될 경우 해당 예금자는 물론 전체 금융제도의 안정성에도 큰 타격을 입게 되는데, 이러한 사태를 방지하고자 예금자보호법을 통해 고객들의 예금 등을 보호하는 제도를 예금자보호제도라 한다.

② **원리** : '동일한 종류의 위험에 노출된 사람들이 평소에 기금을 적립하여 만약의 사고에 대비한다'는 보험의 원리를 이용하여 예금자를 보호하는 제도이다. 즉, 예금자보호법에 의해 설립된 예금보험공

저축은행 건전성 판단

국내 저축은행 영업정지 사태로 저축은행에 대한 불신이 커진 가운데 저축은행의 재무 건전성을 판단하는 기준으로 크게 4가지를 들 수 있다. 자본적정성(Capital Adequacy), 자산건전성(Asset Quality), 수익성(Earnings), 유동성(Liquidity) 등 4개 부문을 종합적으로 고려하여 재무 건전성을 판단할 수 있다.

사가 평소에 금융기관으로부터 예금보험료를 받아 예금보험기금을 적립한 후 금융기관이 예금을 지급할 수 없게 되면 금융기관을 대신하여 예금을 지급하는 원리이다.

③ **보호한도** : 예금자보호법상의 금융기관이 영업정지, 인가취소 등의 사유로 파산할 경우, 원금과 소정의 이자를 합하여 1인당 최고 5천만 원까지 예금을 보호하는데 이는 예금자도 부실 금융기관을 선택한 것에 대한 책임을 져야 한다는 취지에서 예금보호한도를 책정한 것이라고 할 수 있다.

(2) 원천징수(Tax Withholding)

① **정의** : 소득금액 또는 수입금액을 지급할 때, 지급받는 자가 부담할 세액을 지급자가 국가를 대신하여 미리 징수하는 것이다. 예를 들어 은행에 돈을 예치하고 일정기간이 지나 이자가 붙게 됐을 때 이자를 전부 지급하는 것이 아니라 일정비율을 공제하고 나머지 금액을 지급하도록 한다. 즉, 이자를 지급하는 은행이 그 이자에 대한 원천징수액을 차감한 뒤 잔액을 예금자에게 지급하고 원천징수한 세액을 정부에 납부하는 것이 원천징수이다. 이때 은행은 공제한 금액을 징수하여 국가에 납부하는 원천징수의무자이며 예금자는 납세의무자가 된다.

② **원천징수 목적** : 원천징수의무자가 정부를 대신하여 징수를 하게 되어 징수비용이 절약되고, 납세자의 입장에서도 세금의 부담이 줄어들며 미리 징수를 하기 때문에 탈세를 방지하는 역할을 한다.

③ **원천징수 시기** : 원천징수의무자가 이자소득 또는 배당소득을 지급할 때 그 지급금액에 원천징수세율을 적용하여 계산한 소득세를 원천징수한다. 즉, 원칙적으로 이자 등을 지급할 때 징수한다.

(3) 자금세탁방지제도(Anti-Money Laundry)

① **정의** : 금융기관으로부터 범죄(마약, 밀수, 조직범죄 등)와 관련된 의심스러운 금융거래를 분석하여 검은돈의 자금세탁 방지와 외화의 불법적인 해외유출을 막기 위해 금융위원회 산하 금융정보분석원(KoFIU ; Korea Financial Intelligence Unit)을 설립하여 자금세탁방지제도를 수행하고 있다.

② 자금세탁방지제도의 구성

㉠ **고객알기제도(KYC ; Know Your Customer)** : 고객확인제도와 비슷한 개념으로 금융기관이 고객의 신원과 목적 등을 파악하여 자금세탁 등을 방지하는 제도이다.

㉡ **고액현금보고제도(CTR ; Customer Transaction Report)** : 하루 동안 2천만 원 이상의 현금을 입금하거나 출금한 경우 거래자의 신원과 거래일시, 거래금액 등의 객관적 사실이 전산으로 자동 보고되는 제도이다.

㉢ **혐의거래보고제도(STR ; Suspicious Transaction Report)** : 원화 1천만 원 또는 외화 5천 달러 상당 이상의 거래로서 금융재산이 불법재산이거나 금융거래 상대방이 자금세탁행위를 하고 있다고 의심되는 합당한 근거가 있는 거래에 대해 보고하는 제도이다.

㉣ **고객확인제도(CDD ; Customer Due Diligence)** : 거래 시 고객의 성명과 실지명의 이외에 주소, 연락처 등을 추가로 확인하고, 자금세탁행위 등의 우려가 있는 경우 실제 당사자 여부 및 금융거래 목적을 확인하는 제도로 거래를 통해 자금이 자금세탁으로 흘러드는 것을 방지하기 위한 제도이다.

㉤ **강화된 고객확인제도(EDD ; Enhanced Due Diligence)** : 고위험 고객 중 범죄 목적이 뚜렷한 자에게 금융서비스를 제공하지 않도록 하는 제도이다.

자금세탁 위험 분류

- **국가위험** : 특정국가의 금융거래 환경에 자금세탁이 발생할 여지가 있는 상태를 의미하며 공신력이 있는 기관의 보고를 토대로 평가하고 있다.
- **고객위험** : 고객위험이란 금융거래 고객의 특성에 따라 발생하는 다양한 자금세탁의 종류를 말하며 고객의 직업과 거래 유형, 거래빈도 등을 통해 간접적으로 파악이 가능하다.
- **상품 및 서비스 위험** : 금융회사 등이 고객에게 제공하는 상품 및 서비스가 자금세탁에 이용될 가능성을 의미한다. 이는 상품과 서비스의 종류, 유통 경로 등을 통해 파악할 수 있다.

FATF 비협조 국가 (Non-Cooperative Countries and Territories)

금융대책기구(FATF ; Financial Action Task Force on Money Laundering) 비협조 국가란 FATF의 권고사항을 이행하지 않거나 불충분하게 이행하는 국가들로, 자금세탁방지제도의 부재 또는 미흡 등으로 인하여 FATF 권고사항을 충실히 이행하는 국가에 비하여 자금세탁에 노출될 위험이 높다. 금융기관 등은 FATF 비협조 국가의 자금세탁 위험을 지속적으로 모니터링하고, 이를 평가 · 관리하여야 한다.

적중문제

01 다음 중 우리나라의 은행 중 외국은행의 국내지점이 아닌 것은?

① 중국공상은행
② 바클레이즈은행
③ 한국씨티은행
④ 모간스탠리은행

해 한국씨티은행은 일반 시중은행이다.

우리나라 은행 종류

일반은행	시중은행	KB국민은행, 신한은행, 외한은행, 우리은행, 스탠디드차디드은행, 한국씨티은행, 하나은행
	지방은행	대구은행, 부산은행, 광주은행, 제주은행, 전북은행, 경남은행
	외국은행 국내지점	중국공상은행(ICBC), 바클레이즈은행, 맥쿼리은행, 골드만삭스인터내셔날은행, 모간스탠리은행 등 총 39개 지점
특수은행	한국산업은행(KDB), 한국수출입은행, IBK기업은행, 농협중앙회 신용사업부문, 수협	

02 수신 업무에 대한 내용으로 옳지 않은 것은?

① 수신이란 자금을 조달받는 것을 말한다.
② 은행에서 자금을 조달받는 것 중 가장 많은 비중을 차지하는 것은 대출이다.
③ 비은행 예금취급기관에는 종합금융회사, 상호저축은행, 신용협동조합, 새마을금고, 우체국예금 등이 있다.
④ 은행뿐만 아니라 비은행 예금취급기관도 예금업무를 하고 있다.

해 수신 업무에서 가장 많은 비중을 차지하는 것은 예금과 적금이다.

03 예금계약의 법적 성질이 아닌 것은?

① 소비임치계약 ② 상사계약

③ 부합계약 ④ 낙성계약

해 낙성계약이란 요물계약과 반대되는 개념으로 당사자 간에 의사표시 합치만으로 성립하는 계약을 말한다.

예금의 법적 성질

- 소비임치계약 : 소비임치계약이란 수취인이 보관받은 예금을 취득하여 이를 소비한 후 그와 같은 종류의 예금으로 반환할 수 있는 것을 의미한다.
- 요물계약 : 당사자의 합의 외에 물건의 인도가 있어야 성립할 수 있는 계약을 요물계약이라 하며 예금계약은 예금자가 예금의 의사표시를 하면서 은행에 돈을 제공하고 그 의사에 따라 돈을 받아 확인함에 성립되는 계약이다.
- 상사계약 : 은행은 상인이므로 은행과의 계약은 상사임치계약이다.
- 부합계약 : 부합계약이란 계약의 형식을 가지고 있지만 내용은 미리 한쪽 당사자가 결정하고 상대방은 이에 따를 수밖에 없는 계약으로 은행이 예금거래기본약관 등을 정하고 이를 예금계약의 내용으로 하고 있다.

04 고위험 고객 중 범죄 목적이 뚜렷한 자에게 금융서비스를 제공하지 않도록 하는 제도로 '강화된 고객확인제도'를 뜻하는 용어는?

① EDD ② STR

③ CTR ④ KYC

해 ① 강화된 고객확인제도(EDD ; Enhanced Due Diligence)
② 혐의거래보고제도(STR ; Suspicious Transaction Report)
③ 고액현금보고제도(CTR ; Customer Transaction Report)
④ 고객알기제도(KYC ; Know Your Customer)

답 01. ③ 02. ② 03. ④ 04. ①

05 **은행업무의 수행과정에서 발생한 미결제 및 미정리 자금, 기타 다른 예금계정으로 처리하기 곤란한 자금 등을 업무처리 편의를 위하여 일시적으로 보관하는 예금은?**

① 별단예금 ② 정기예금
③ 신탁예금 ④ 주택부금

해 별단예금이란 은행업무의 수행과정에서 발생한 미결제 및 미정리 자금, 기타 다른 예금계정으로 처리하기 곤란한 자금 등을 업무처리 편의를 위하여 일시적으로 보관하는 계정을 말한다. 후에 다른 계정으로 대체되는 일시적인 예금으로, 거래 약관이 없으며 증서를 발행하지 않는다.

06 **시장실세금리가 적용되고 입출금이 자유로운 단기상품으로 통상 500만 원 이상의 목돈을 1개월 이내의 초단기로 운용하는 예금으로 종합금융회사의 어음관리계좌와 투자신탁회사의 단기금융상품펀드 등과 경쟁하는 상품은?**

① CMA ② MMDA
③ MMF ④ CD

해 시장금리부 수시입출금식 예금(MMDA ; Money Market Deposit Account)에 대한 내용이다. 시장실세금리가 적용되고 입출금이 자유로운 단기상품으로 통상 500만 원 이상의 목돈을 1개월 이내의 초단기로 운용할 때 유리하며 각종 공과금, 신용카드대금 등의 자동이체용 결제통장으로도 활용할 수 있는 예금이다. MMDA는 종합금융회사의 어음관리계좌(CMA)와 투자신탁회사(MMF) 등과 경쟁하는 상품으로 수시입출금이 가능하며 은행별로 금리가 다르게 적용되고 수시로 금리가 변경된다.

07 **입출금이 자유로운 예금(요구불 예금)이 아닌 것은?**

① 보통예금 ② 저축예금
③ 별단예금 ④ 정기예금

해 입출금이 자유로운 예금이란 예금주의 청구가 있으면 언제든지 지급해야 하는 예금으로 보통예금, 저축예금, 별단예금, 당좌예금 등이 있다. 정기예금은 거치식 예금으로 일정기간 동안 예금을 인출할 수 없는 예금을 말한다.

08 **일정기간 동안 예금을 인출할 수 없는 예금으로 목돈 운용에 적합한 예금은?**

① 거치식 예금
② 적립식 예금
③ 보통예금
④ 신탁예금

해 거치식 예금이란 일정기간 동안 예금을 인출할 수 없는 예금을 말한다. 따라서 은행은 고객의 청구에 의한 지급준비금을 준비하지 않아도 되기 때문에 안정적으로 운용할 수 있으며 예금자는 예치기간 동안 일정한 이자를 받기 때문에 목돈 운용에 적합하다고 할 수 있다.

09 **다음 중 거치식 예금의 종류가 아닌 것은?**

① 양도성예금증서
② 표지어음
③ 장기주택마련저축
④ 환매조건부채권

해 거치식 예금의 종류로는 일반정기예금과 양도성예금증서(CD), 표지어음, 환매조건부채권(RP) 등이 있다. 장기주택마련저축은 목돈마련에 적합한 적립식 예금이다.

10 **다음 (　　) 안에 들어갈 알맞은 용어는?**

정기예금에 양도성을 부여한 것으로 은행이 무기명식으로 발행한 정기예금증서로 (　　　　)(이)라 한다. 예금자보호법의 대상이 아니며 중도해지가 불가하지만 유통시장에 매각하여 현금화할 수 있다.

① 양도성예금증서
② 단기금융상품펀드
③ 환매조건부채권
④ 표지어음

해 양도성예금증서(CD ; Certificate of Deposit)란 정기예금에 양도성을 부여한 것으로 은행이 무기명식으로 발행한 정기예금증서를 말한다. 양도성예금증서는 목돈을 단기적으로 운용하기에 적합한 수단으로 예치한도에 대한 제한은 없으며 예금자보호법의 대상이 아니다. 중도해지가 불가하지만 유통시장에 매각하여 현금화할 수 있다.

답 05. ① 06. ② 07. ④ 08. ① 09. ③ 10. ①

11 **예금자보호에 대한 내용으로 틀린 것은?**

① 금융기관이 영업정지나 파산 등으로 고객의 예금 등을 지급하지 못하게 될 경우를 대비한 것이라고 할 수 있다.

② 원금과 소정의 이자를 합하여 1인당 최고 5천만 원까지 예금을 보호한다.

③ 예금자보호법에 의해 설립된 예금보험공사가 평소에 예금자로부터 예금보험료를 받아 예금보험기금을 적립하는 것이다.

④ 동일한 종류의 위험에 노출된 사람들이 평소에 기금을 적립하여 만약의 사고에 대비한다는 보험의 원리를 응용한 것이다.

해 예금자보호법에 의해 설립된 예금보험공사가 평소에 금융기관으로부터 예금보험료를 받아 예금보험기금을 적립한 후 금융기관이 예금을 지급할 수 없게 되면 금융기관을 대신하여 예금을 지급하는 원리이다.

12 **자금세탁방지제도(Anti–Money Laundry)에 대한 내용으로 옳지 않은 것은?**

① 금융기관으로부터 범죄와 관련된 의심스러운 금융거래를 분석하여 검은돈을 차단하기 위한 제도이다.

② 불법적인 외화의 해외유출은 자금세탁방지법에 해당하지 않는 내용이다.

③ 마약과 밀수, 조직범죄 등이 대상 범죄에 해당한다.

④ 금융위원회 산하 금융정보분석원(KoFIU ; Korea Financial Intelligence Unit)을 설립하여 자금세탁방지제도를 수행하고 있다.

해 자금세탁방지제도(Anti–Money Laundry)란 금융기관으로부터 범죄(마약, 밀수, 조직범죄 등)와 관련된 의심스러운 금융거래를 분석하여 검은돈의 자금세탁과 불법적인 외화의 해외유출을 막기 위한 제도로, 금융위원회 산하 금융정보분석원(KoFIU ; Korea Financial Intelligence Unit)을 설립하여 수행하고 있다.

13 원천징수에 대한 내용으로 틀린 것은?

① 수입금액을 지급할 때 지급받는 자가 부담할 세액을 지급자가 국가를 대신하여 미리 징수하는 것을 말한다.
② 원천징수는 탈세를 방지하는 역할을 한다.
③ 납세자 입장에서는 세금의 부담이 늘어난다.
④ 원천징수의무자가 정부를 대신하여 징수를 하게 되어 징수비용이 절약된다.

해 원천징수의무자가 정부 대신 징수를 하게 되어 징수비용이 절약되고, 납세자의 입장에서도 세금의 부담이 줄어들며 미리 징수를 하기 때문에 탈세를 방지하는 역할을 한다.

14 고액현금보고제도(CTR ; Customer Transaction Report)에서 보고해야 하는 고액현금액은?

① 1천만 원　② 2천만 원
③ 3천만 원　④ 5천만 원

해 고액현금보고제도(CTR ; Customer Transaction Report)에서 하루 동안 2천만 원 이상의 현금을 입금하거나 출금한 경우 거래자의 신원과 거래일시, 거래금액 등의 객관적 사실이 전산으로 자동 보고되는 제도이다.

15 혐의거래보고제도(STR ; Suspicious Transaction Report)란 의심스러운 행위가 있다고 판단될 경우 보고하도록 되어 있는 것으로 보고의 기준이 되는 외화 금액은?

① 1천 달러 이상　② 2천 달러 이상
③ 4천 달러 이상　④ 5천 달러 이상

해 혐의거래보고제도(STR ; Suspicious Transaction Report) : 원화 1천만 원 또는 외화 5천 달러 상당 이상의 거래로서 금융재산이 불법재산이거나 금융거래 상대방이 자금세탁행위를 하고 있다고 의심되는 합당한 근거가 있는 거래에 대해 보고하는 제도이다.

답 11. ③　12. ②　13. ③　14. ②　15. ④

2 여신 업무

여신 일반

(1) 여신 업무

① **여신의 정의** : 수신을 통해 조달된 자금을 빌려주고 수익을 얻는 것을 여신이라 한다. 일반적으로 여신이란 대출을 의미하며, 대출에는 어음대출과 증서대출, 당좌대출, 카드론 등이 있다. 넓은 의미의 여신이란 대출업무를 비롯하여 은행에 직접적인 자금부담이 없는 지급보증과 같은 개념을 포함한다.

② **여신의 분류**

㉠ **담보여신** : 담보물건을 맡기고 담보물건의 감정가액 범위 내에서 취급되는 여신을 말한다.

㉡ **보증여신** : 보증여신이란 은행이 고객으로부터 담보물건을 취득하였으나 담보물건가액보다 요구하는 자금이 더 많은 경우, 또는 담보물건 없이 보증인을 내세워 취득하는 여신을 말한다.

㉢ **신용여신** : 담보가 없거나 보증인이 없는 경우 본인의 직업과 자산 등의 신용조건을 통해 자금을 조달받는 여신을 말한다. 신용여신은 신용평점시스템(CSS ; Credit Scoring System)을 이용하여 종합 평가 후 실행하게 된다.

③ **여신약관**

㉠ **정의** : 여신도 수신업무와 마찬가지로 은행과 다수의 고객 간의 계약이기 때문에 약관을 통해 계약이 이루어지게 된다. 여신약관은 여신에 관한 모든 거래에 공통적으로 적용되는 일반적인 사항을 기입한 것으로, 여신이 신규일 경우는 물론 보증계약과 담보권설정계약, 근저당권설정계약과 같은 경우에도 채무자와 연대보증인, 담보제공자 등 관련인에게 반드시 약관을 교부해야 한다. 여신약관은 기업용과 가계용으로 구분하여 사용되고 있다.

㉡ **기한 전 변제의무** : 여신약관에는 이자와 보증료, 수수료 등에 대한 지급방법과 지급시기 등을 규정하고 있으며 담보의 제공과 기한 전 채무변제의무 등에 대한 사항을 포함하고 있다. 기한 전

여신 업무 취급절차

여신상담 → 여신승인신청 → 여신의 실행 → 여신의 회수

대위변제

대위변제란 채권자가 가지고 있던 채권에 관한 권리가 변제자에게 이전되는 것으로 쉽게 말하자면 채무자가 지고 있는 빚을 제3자가 대신 갚아주는 것이다. 따라서 제3자가 빚을 대신 갚아주면 나중에 채무자에게 변제한 금액을 요구할 수 있는데 이를 '구상권'이라 한다.

헷갈리기 쉬운 용어

- **채무자와 채권자** : 채권자란 채권을 보유한 자로 예컨대 은행이 집을 담보로 돈을 대출해주었다면 은행이 채권자이며 집을 담보로 자금을 취득한 자는 채무자가 된다.
- **수탁과 신탁** : 신탁이란 믿고 맡긴다는 뜻으로 일정한 목적에 따라 재산의 관리와 처분을 남에게 맡기는 일을 말하며, 수탁이란 다른 사람의 의뢰나 부탁을 받는 것 또는 남의 물건 따위를 맡는 것을 말한다.

채무변제의무란 일정한 사유가 발생하여 은행에게 즉시 채무를 갚아야 하는 것을 말한다. 즉, 채무계약을 하게 될 경우 채무자는 채무기간 동안 담보를 제공하고 안정적으로 자금을 사용할 수 있는 이익을 누리게 되지만 담보로 제공한 물건이 강제집행 등의 절차로 압류될 경우에는 그러한 이익을 상실하여 즉시 채무를 갚아야 하는 의무를 지게 된다.

④ 금리

㉠ **정의** : '금융편'에서 설명한 것처럼 여신업무도 은행과 고객 간의 자금의 거래이기 때문에 그 금전에 대한 사용료, 즉 금리(Interest Rate)를 부과하게 된다. 자금을 대출할 경우 대출해주는 은행은 차용하는 고객에게 사용료를 부과하며 이 외에도 대출에 소요되는 각종 비용과 위험부담을 위한 위험료 등을 부과한다. 대출 후 일정한 기간 동안 수수되는 금리의 원금에 대한 비율을 이자율이라 하며 1년에 대한 이자비율을 연리, 1개월에 대한 비율을 월리라 한다.

㉡ **대출금리의 결정** : 대출금리는 최우량 고객에게 적용하는 우대금리(Prime Rate)와 고객의 거래 기여도와 대출의 회수위험도에 따라 차등적용되는 고객평점별 가산금리를 합산하여 결정된다.

⑤ **채권회수** : 연체 또는 부도발생 등으로 정상적인 회수가 불가능한 경우가 발생했을 때 채권자인 은행이 법적 절차를 착수하는 업무를 채권회수라 한다. 채권정리업무는 채권보전조치인 가압류와 채무명의 취득을 위한 소송업무 등이 있다.

⑥ 신용정보

㉠ **정의** : 여신업무에서는 수신업무보다 더욱 까다롭게 개인신용정보를 요구하게 되는데 만약 대출 대상자가 과거 채무불이행자였거나 신용불량자였을 경우 은행에서는 대출심사가 리스크를 평가하는 데 도움이 되기 때문이다. 이러한 신용정보는 공적 집중기관과 사적 집중기관으로 이원화되어 관리되고 있다. 비영리법인인 전국은행연합회는 영리를 목적으로 하는 신용정보업자(CB ; Credit Bureau)와 달리 법률에 의해 등록된 공적 집중기관으로 금융기관으로부터 금융거래 등 상거래와 관련된 신용정보를 집중 관리하고 있다. 또한 신용정보업자는 통신사업자, 유통업자, 중소기업 등으로부터도 이동통신요금 체납정보, 백화점카

우대금리(Prime Rate)

은행이 대출금 조달비용과 인건비, 시설운영비, 적정수익 등을 고려하여 최고 우량한 고객에게 대출할 때 적용하는 금리를 말한다. 우대금리는 대출금리의 기준이 되므로 예금과 신탁의 금리 변동으로 인해 조달금리가 변경되어 우대금리가 변동하면 대출금리도 변동할 수 있다.

신용정보

- 특정 신용정보주체를 식별할 수 있는 정보
- 신용정보주체의 거래내용을 판단할 수 있는 정보
- 신용정보주체의 신용도를 판단할 수 있는 정보
- 신용정보주체의 신용거래능력을 판단할 수 있는 정보

드대금 연체정보, 상거래채권 연체정보 등의 신용정보를 자체적으로 수집하여 DB를 구축하고, 수집한 정보를 금융기관 등에 판매하고 있다.

㉡ **신용정보수집 근거** : 신용정보의 이용 및 보호에 관한 법률에 의거해 개인의 신용도와 신용거래능력 등을 판단할 때 필요한 정보를 수집하고 있다. 이 법률에 따라 신용정보회사 등에게 개인신용정보 수집 · 조사 및 처리의 제한, 개인신용정보의 적정한 관리의무, 개인신용정보 및 개인식별정보 제공 · 활용에 대한 신용정보주체의 동의 획득 의무, 개인신용정보 누설금지의무, 폐업 시 보유하고 있는 개인신용정보 파기 의무 및 상거래거절근거 신용정보의 고지 의무 등을 부담하도록 하고 있다.

수집 · 조사 및 처리의 제한 정보

- 국가의 안보 및 기밀에 관한 정보
- 기업의 영업비밀 또는 독창적인 연구개발 정보
- 개인의 정치적 사상, 종교적 신념, 그 밖에 신용정보와 관계없는 사생활에 관한 정보
- 확실하지 않은 개인신용정부
- 다른 법률에 따라 수집이 금지된 정보 · 국가의 안보 및 기밀에 관한 정보

(2) 여신의 종류

① 신용여신

㉠ **정의** : 담보가 없거나 보증인이 없는 경우 본인의 직업과 자산 등의 신용조건을 통해 자금을 조달받는 여신을 말한다. 이때 신용평점시스템에서 여신부적격자로 판단되면 신용취급대상에서 제외된다.

㉡ **신용평점시스템(CSS ; Credit Scoring System)** : 신용평점시스템이란 고객의 정보를 항목별로 점수화하여 대출가능 여부와 가능 금액을 판단하는 시스템을 뜻한다. CSS는 이미 선진국의 은행들이 사용하는 신용평가시스템으로 모든 대출고객에게 동일한 기준을 적용함으로써 대출승인의 투명성과 객관성을 높일 수 있고, 심사의 정확성을 높임에 따라 연체율을 개선하는 장점이 있다. CSS는 신청평점시스템(ASS ; Application Scoring System)과 행동평점시스템(BSS ; Behavior Scoring System)으로 구성되어 있다.

신청평점시스템(ASS ; Application Scoring System)

신청평점시스템은 신청자의 정보를 종합하여 미래의 신용상태를 예측하는 시스템으로 해당 건별로 시스템을 시행하며 신용평점 등급에 따라 우량도를 산출한다.

행동평점시스템(BSS ; Behavior Scoring System)

대상자의 과거 이력에 대한 종합적인 평가를 통해 미래의 부실위험성을 측정하는 것이다.

② 보증여신

㉠ **정의** : 보증여신이란 은행이 고객으로부터 담보물건을 취득하였으나 담보물건가액보다 요구하는 자금이 더 많은 경우, 또는 담보물건 없이 보증인을 내세워 취득하는 여신을 말한다. 여신 취급 시 신용과 자산이 확실한 1인 이상을 연대보증인으로 세워야 하며, 유효담보가액 범위 내에서 채권 보전에 지장이 없다고 인

정할 경우 연대보증을 생략할 수 있다.

ⓛ 보증의 종류

- **특정채무보증** : 채무자가 채권자에 대하여 부담하는 특정된 채무만을 보증하는 것으로 그 채무가 연기 · 재취급 또는 다른 여신으로 변경될 경우에는 보증책임을 지지 않는다.
- **근보증** : 계속적 보증이라고도 하며 계속적 계약관계로부터 발생하는 현재와 장래의 불특정의 불확정한 채무에 대하여 일정한 시기의 결산을 통해 확정되는 주채무를 위한 보증을 의미한다. 근보증은 한정근보증과 포괄근보증으로 나누어 진다.
  - 한정근보증 : 당좌대출거래와 같은 특정한 종류의 거래에 대하여 이미 맺어져 있거나 앞으로 맺게 될 거래 계약으로부터 현재 발생되어 있거나 앞으로 발생하게 될 채무를 모두 보증하는 것을 말한다.
  - 포괄근보증 : 채무자가 채권자에게 부담하는 현재 및 장래의 모든 채무를 보증하므로 그 책임범위가 광범위하다. 보증의 범위가 가장 넓기 때문에 주의를 요한다.

확인문제

1. 은행 등 금융기관들이 경영상태나 재무구조가 우수하여 신용도가 높은 기업에 대출할 경우 적용하는 우대금리를 뜻하는 것은?

① 콜론
② 프라임 레이트
③ 옵션
④ 플래그십

해 프라임 레이트(Prime Rate)에 대한 내용이다. 프라임 레이트란 은행 등 금융기관들이 경영상태나 재무구조가 우수하여 신용도가 높은 기업에 대출할 경우 적용하는 우대금리를 의미하며, 금융기관 대출금리의 기준이 되기 때문에 기준금리라고도 한다. 신용도가 제일 높은 기업은 일반 대출금리 중 가장 싼 프라임 레이트를 적용받지만 신용 등급이 낮은 기업은 일정금리가 가산된 금리를 적용받는다. 따라서 프라임 레이트는 일반 대출금리의 하한선이 된다.

여신상품의 종류

(1) 담보유무에 의한 구분

① **담보대출** : 일정한 조건의 담보물을 제공하고 대출을 받는 것을 말한다. 대출을 해준 금액은 미래의 회수 가능성을 확정하기 어렵기 때문에 대출의 조건으로 담보를 요구하는 것이다. 담보물로는 부동산(아파트, 주택, 건물, 임야 등)과 동산(채권, 주식 등 유가증권), 주택금융보증서 등이 있으며 담보대출은 신용대출에 비해 대출금리가 2~3% 정도 낮은 편이다.

② **신용대출** : 신용대출이란 담보나 보증인 없이 본인의 신용으로 대출을 받는 것으로 대상자의 직업과 소득, 거래실적, 인적사항 등의 신용을 통해 대출을 받는 것이다. 직업과 재산상태가 불리하더라도 주거래 은행을 정하여 성실하게 납부를 한 경우 신용등급을 올릴 수 있다.

주택담보대출비율
(LTV ; Loan To Value ratio)

집을 담보로 은행에서 돈을 빌릴 때 집의 자산가치를 얼마나 인정해주는지를 비율로 표시한 것을 말한다.

총부채상환비율
(DTI ; Debt To Income ratio)

주택을 구입하려는 고객이 주택담보대출을 할 경우 미래에 얼마나 돈을 잘 갚을 수 있을지를 소득으로 따져서 대출한도를 정하는 것이다. LTV의 경우 해당 주택의 담보가치에 초점을 맞추기 때문에 소득이 없는 사람도 거액의 대출을 할 수 있다는 문제점이 있어, 소득에 따라 대출한도를 정하는 DTI가 도입되었다.

답 1. ②

(2) 계정과목에 의한 분류

① **가계당좌대출** : 가계당좌예금 거래고객에게 해당 계좌의 약정 범위 한도 내에서 대출해주는 상품을 말한다.

② **일반자금대출** : 일반적인 대출을 말하는 것으로 대출금 계정과목이 정해진 것이 없는 대출을 의미한다.

③ **장기주택자금대출** : 부동산을 담보로 주택저당증권(MBS ; Mortgage Backed Securities)을 발행해 장기주택자금을 대출해주는 제도이다. 즉, 모기지론(Mortgage Loan)을 말한다.

④ **신탁대출** : 은행이 수탁받은 신탁재산은 신탁법상에 의해 일반예금과는 달리 따로 분리하여 관리하는데 이 신탁재산을 재원으로 취급하는 대출을 말한다. 신탁을 맡긴 고객에게 은행예금 이자보다 높은 수익률을 지급하기 위하여 일반대출에 비해 금리가 높다.

⑤ **서민형 안심전환대출** : 서민 · 실수요자가 보유한 변동금리 · 준고정금리 주택담보대출을 최저 1%대 저금리의 고정금리 상품으로 변경할 수 있는 상품이다. 최저 연 1%대 금리의 대출로 전체 금융권에서 취급된 변동금리 또는 준고정금리 주택담보대출을 대상으로 한다.

코픽스
(COFIX ; Cost of Fund Index)

은행들이 기준금리에 자금 조달 비용을 반영해 산출하는 주택담보대출 금리로 은행연합회가 매달 한 번씩 국내 9개 은행의 정기 예 · 적금, 상호부금, 주택부금, 양도성예금증서(CD), 환매조건부채권 금리 등을 가중평균해서 산출한다.

모기지론(Mortgage Loan)

은행과 같은 금융기관이 대출을 할 경우 담보물인 부동산에 저당권을 설정하는 것을 모기지(Mortgage)라고 부르는데 우리나라에서는 보통 주택을 담보로 10년 이상의 장기간 대출을 해주는 제도라는 의미에서 '장기주택담보대출'이라고 부르고 있다. 이 제도를 이용할 경우 주택구입자금 일부를 먼저 내고 나머지는 장기간에 걸쳐 상환하면 되기 때문에 목돈 없이 내 집마련을 할 수 있는 장점이 있다.

01 다음이 설명하는 여신의 종류는?

담보가 없거나 보증인이 없는 경우 본인의 직업과 자산 등의 신용조건을 통해 자금을 조달받는 여신

① 담보여신
② 신용여신
③ 보증여신
④ 증서대출

해 신용여신에 대한 내용으로 담보가 없거나 보증인이 없는 경우 본인의 직업과 자산 등의 신용조건을 통해 자금을 조달받는 여신을 말한다. 신용여신은 신용평점시스템(CSS ; Credit Scoring System)을 이용하여 종합 평가하여 실행하게 된다.

02 여신에 대해 잘못 설명한 것은?

① 여신이란 수신을 통해 조달된 자금을 빌려주어 수익을 얻는 것을 말한다.
② 일반적으로 여신이란 대출을 말한다.
③ 담보여신이란 담보물건을 맡기고 담보물건의 감정가액 범위 내에서 취급되는 여신을 말한다.
④ 여신 업무는 여신승인신청 → 여신상담 → 여신의 실행 → 여신의 회수 순서로 진행된다.

해 여신 업무 취급절차는 여신상담 → 여신승인신청 → 여신의 실행 → 여신의 회수 순서로 진행한다.

답 01. ② 02. ④

03 여신 상담 시의 검토사항으로 적절하지 않은 것은?

① 신청인의 본인 여부 확인

② 채무자 등 채무관계인의 행위능력자 유무

③ 자금용도의 적합성 확인

④ 서신 및 전화상담 거절

해 여신 업무에서는 고객으로부터 면담, 서신, 전화 등의 방법을 통해 여신 상담이 이루어진다. 따라서 여신 상담 시의 검토사항으로 보기는 어렵다.

04 여신약관에 관한 내용으로 틀린 것은?

① 은행과 다수의 고객 간의 계약이기 때문에 약관을 통해 계약이 이루어지게 된다.

② 여신이 신규일 경우에만 약관을 작성하여 교부한다.

③ 여신약관은 기업용과 가계용이 있다.

④ 여신약관은 여신에 관한 모든 거래에 공통적으로 적용되는 일반적인 사항을 기입한 것이다.

해 여신이 신규일 경우는 물론 보증계약과 담보권설정계약, 근저당권설정계약과 같은 경우에도 채무자와 연대보증인, 담보제공자 등 관련인에게 반드시 약관을 교부해야 한다.

05 일정한 사유가 발생하여 은행에 즉시 채무를 갚아야 하는 것을 뜻하는 것으로 채무자가 채무기간 동안의 이익을 상실하여 즉시 갚아야 하는 의무는?

① 검색의 항변권 ② 분별의 이익

③ 기한 전 변제의무 ④ 연대의 항변권

해 ③ 기한 전 변제의무에 대한 내용이다. 여신 약관에는 이자와 보증료, 수수료 등에 대한 지급방법과 지급시기 등을 규정하고 있으며 담보의 제공과 기한 전 채무변제의무 등에 대한 사항을 포함하고 있다. 기한 전 채무변제의무란 일정한 사유가 발생하여 은행에게 즉시 채무를 갚아야 하는 것을 말한다. 즉, 채무계약을 하게 될 경우 채무자는 채무기간 동안 담보를 제공하고 안정적으로 자금을 사용할 수 있는 이익을 누리게 되지만 담보로 제공한 물건이 강제집행 등의 절차로 압류될 경우에는 그러한 이익을 상실하여 즉시 채무를 갚아야 하는 의무를 지게 된다.

① 검색의 항변권 : 채권자가 보증인에 대하여 채무의 이행을 청구한 경우 먼저 주채무자에 대하여 집행할 것을 요구할 수 있는 보증인의 항변권을 뜻한다. 채권자가 주채무자에 대하여 채무이행의 최고를 하고 나서 보증인에 대한 이행을 청구한 경우에도 보증인은 다시 주채무자에게 변제의 자력이 있다는 사실 및 그 집행이 용이함을 증명하여 먼저 주채무자의 재산에 대하여 집행할 것을 청구할 수 있는 것이다. 검색의 항변권은 보증채무의 보충성에 기인한다. 따라서 보충성을 갖지 않는 연대보증일 경우 검색의 항변권이 인정되지 않는다.

② 분별의 이익 : 동일한 채무를 공동으로 보증한 보증인들은 전체 보증채무를 보증인 수로 나눈 금액만큼만 변제하면 보증책임을 면하는 것을 말한다.

06 대출금리의 결정요소는?

① 변동금리 + 연체금리

② 연체금리 + 조달금리

③ 우대금리 + 신용가산금리

④ 조달금리 + 우대금리

해 대출금리는 최우량 고객에게 적용하는 우대금리(Prime Rate)와 고객의 거래 기여도와 대출의 회수위험정도에 따라 차등 적용되는 고객평점별 가산금리를 합산하여 결정된다.

답 03. ④ 04. ② 05. ③ 06. ③

07 다음 중 신용정보에 대한 내용으로 틀린 것은?

① 수신업무에서보다 여신업무에서 개인의 고객신용정보가 더욱 까다롭게 요구된다.

② 신용정보는 공적 집중기관과 사적 집중기관으로 이원화되어 관리되고 있다.

③ 전국은행연합회는 영리를 목적으로 신용정보를 수집관리한다.

④ 신용정보업자는 통신사업자, 유통업자, 중소기업 등으로부터도 이동통신요금 체납정보, 백화점 카드대금 연체정보, 상거래채권 연체정보 등의 신용정보를 자체적으로 수집한다.

해 비영리법인인 전국은행연합회는 영리를 목적으로 하는 신용정보업자(CB ; Credit Bureau)와 달리 법률에 의해 등록된 공적 집중기관으로 금융기관으로부터 금융거래 등 상거래와 관련된 신용정보를 집중 · 관리하고 있다.

신용정보

여신업무에서는 수신업무에서보다 더욱 까다로운 개인신용정보를 원하게 되는데 왜냐하면 대출 대상자가 과거 채무불이행자였거나 신용불량자였을 경우 은행에서는 대출심사가 리스크를 평가하는 데 도움이 되기 때문이다. 이러한 신용정보는 공적 집중기관과 사적 집중기관으로 이원화되어 관리되고 있다. 비영리법인인 전국은행연합회는 영리를 목적으로 하는 신용정보업자(CB ; Credit Bureau)와 달리 법률에 의해 등록된 공적 집중기관으로 금융기관으로부터 금융거래 등 상거래와 관련된 신용정보를 집중 · 관리하고 있다. 또한 신용정보업자는 통신사업자, 유통업자, 중소기업 등으로부터도 이동통신요금 체납정보, 백화점카드대금 연체정보, 상거래채권 연체정보 등의 신용정보를 자체적으로 수집하여 DB를 구축하고, 수집한 정보를 금융기관 등에 판매하고 있다.

08 신용여신을 평가하는 데 필요한 시스템은?

① 신용평점시스템

② 신용등급시스템

③ 배드뱅크시스템

④ 쿠르노시스템

해 신용평점시스템(CSS ; Credit Scoring System)이란 고객의 정보를 항목별로 점수화하여 대출가능 여부와 가능 금액을 판단하는 시스템을 뜻한다. CSS는 이미 선진국의 은행들이 사용하는 신용평가시스템으로 모든 대출고객에게 동일한 기준을 적용함으로 대출승인의 투명성과 객관성을 높일 수 있고, 심사의 정확성을 높임에 따라 연체율을 개선하는 장점이 있다. CSS는 신청평점시스템(ASS ; Application Scoring System)과 행동평점시스템(BSS ; Behavior Scoring System)으로 나누어 구성되어 있다.

09 **채무자가 채권자에게 부담하는 현재 및 장래의 모든 채무를 보증하여 그 책임범위가 광범위하므로 주의를 요하는 보증은?**

① 포괄근보증
② 한정근보증
③ 특정채무보증
④ 근보증

해 ② 한정근보증 : 당좌대출거래와 같은 특정한 종류의 거래에 대하여 이미 맺어져 있거나 앞으로 맺게 될 거래 계약으로부터 현재 발생되어 있거나 앞으로 발생하게 될 채무를 모두 보증하는 것을 말한다.
③ 특정채무보증 : 채무자가 채권자에 대하여 부담하는 특정된 채무만을 보증하는 것으로, 그 채무가 연기 · 재취급 또는 다른 여신으로 변경될 경우에는 보증책임을 지지 않는다.
④ 근보증 : 계속적 보증이라고도 하며 계속적 계약관계로부터 발생하는 현재와 장래의 불특정의 불확정한 채무에 대하여 일정한 시기의 결산을 통해 확정되는 주채무를 위한 보증을 의미한다. 근보증은 한정근보증과 포괄근보증으로 나누어진다.

10 **여신의 구분 중 담보 유무에 의한 구분으로 옳은 것은?**

① 담보대출, 신용대출
② 신용대출, 가계여신대출
③ 기업여신대출, 담보대출
④ 담보대출, 신탁대출

해 담보 유무에 의한 구분으로는 대출을 받기 위해 일정한 조건의 담보물을 제공하고 대출을 받는 담보대출과, 담보나 보증인 없이 본인의 신용으로 대출을 받는 신용대출로 구분한다.

답 07. ③ 08. ① 09. ① 10. ①

3 신탁 업무

신탁

(1) 신탁 일반

① **신탁(Trust)의 정의** : 신탁법상 신탁이란 신탁설정자(위탁자)와 신탁을 인수하는 자(수탁자)의 특별한 신임관계에 의하여 위탁자가 수탁자에게 특정 재산권을 이전하거나 기타 처분을 하고 수탁자로 하여금 일정한 자(수익자)의 이익과 특정 목적을 위하여 그 재산권을 관리, 처분하게 하는 법률관계를 말한다.

② 신탁의 원칙

㉠ **분별관리 원칙** : 위탁자가 맡긴 신탁재산은 수탁자의 고유재산 또는 다른 신탁재산과 구별하여 관리하여야 한다.

㉡ **실적배당 원칙** : 수탁자는 신탁재산 관리 · 운용에 따라 발생한 수익을 신탁재산에 귀속시켜 배당하여야 한다.

㉢ **선관의무 원칙** : 수탁자는 신탁의 본지에 따라 선량한 관리자의 주의로서 신탁재산을 관리 또는 처분하여야 한다.

㉣ **평등비례배당 원칙** : 실적배당을 하는 경우 신탁금액과 기간에 따라 평등하고 균등하게 배당하여야 한다.

③ 신탁의 종류

㉠ **금전신탁** : 금융기관이 고객으로부터 금전을 맡아 일정기간 동안 법규의 범위 내에서 운용한 후 원금과 수익을 수익자에게 지급하는 방식을 말한다.

㉡ **재산신탁** : 위탁자가 가지고 있는 주식과 채권 같은 유가증권, 부동산 등을 은행이 수탁받고 신탁계약내용에 따라 관리 · 운용한 후 신탁종료 시 신탁재산의 운용현상 그대로 수익자에게 교부하는 것을 말한다.

㉢ **투자신탁** : 전문투자기관인 투자신탁회사가 일반투자자로부터 자금을 모집하여 대규모의 공동투자기금인 펀드를 조성한 후 투자를 통해 그 수익을 투자자들에게 나누어주는 신탁을 의미한다.

선관의무(민법 제324조)

- 유치권자는 선량한 관리자의 주의로 유치물을 점유하여야 한다.
- 유치권자는 채무자의 승낙 없이 유치물의 사용, 대여 또는 담보제공을 하지 못한다. 그러나 유치물의 보존에 필요한 사용은 그렇지 않다.
- 유치권자가 위 규정을 위반한 때에는 채무자는 유치권의 소멸을 청구할 수 있다.

특정금전신탁

금융기관이 아닌 고객이 직접 투자성향과 기간을 정하여 신탁재산의 운용방법을 지정하는 형태로 돈을 맡긴 사람이 직접 운용하는 것과 투자자문회사에 운용지시를 위탁하는 것으로 나눌 수 있다.

불특정금전신탁

은행이 여러 고객들로부터 자금을 모아 투자하여 수익금을 나눠주는 실적 배당상품으로 이 경우 고객은 신탁재산 운용방법에 어떠한 관여도 하지 않으며 수탁자가 임의적으로 운용하게 된다.

구분	은행신탁	은행예금
재산관리	신탁재산(신탁계정)	고유재산(은행계정)
계약관계인	위탁자, 수익자, 수탁자(3면 관계)	예금주, 은행(2면 관계)
계약의 성질	신탁행위(계약, 유언) : 신탁법	소비임치계약 : 민법
수탁/예수 자산	금전, 동산, 부동산, 유가증권, 금전채권, 무체재산권 등	금전
운용방법	위탁자가 운용방법을 선택하거나, 수탁자에게 운용을 지시할 수 있음	예금주는 운용방법에 관여하지 않음
이익분배(금리)	실적배당	약정이자
원본 및 이익보전	원칙적으로 없음	원리금 지급 의무
특약	가능	불가능
상품성격	투자상품	저축상품
법률관계	신탁법, 자본시	은행법

(2) 신탁 관련 법률

① **신탁법** : 신탁에 관한 일반적인 사법적 법률관계 규율을 목적으로 1961년 12월 30일에 제정되어 시행 중인 법률이다. 신탁법에서는 신탁재산의 의미와 신탁자와 수탁자 간의 의무, 공익신탁 등에 대해 규정하고 있다.

② **신탁법 주요 내용**

㉠ **신탁설정** : 신탁은 위탁자와 수탁자 간의 계약 또는 위탁자의 유언에 의하여 설정할 수 있음을 선언하고 있다.

㉡ **신탁의 제한** : 신탁은 선량한 풍속, 그 밖의 사회질서에 위반하는 사실을 목적으로 할 수 없으며 목적이 위법 또는 불능한 때에는 무효임을 규정하고 있다. 또한 탈법을 목적으로 하는 신탁과, 소송을 목적으로 하는 신탁을 금지하고 있다.

㉢ **사해신탁 금지** : 사해신탁이란 채무자(신탁자)가 채권자를 해함을 알고 신탁을 설정하는 것으로, 이 경우에 수탁자는 선의일지라도 채권자가 민법상 취소 및 원상회복을 청구할 수 있도록 규정하고 있다.

㉣ **신탁재산의 강제집행 금지** : 신탁하기 전의 원인으로 발생한 권리 또는 신탁사무의 처리상 발생한 권리에 의한 경우를 제외하

신탁법상 금전의 관리방법

신탁재산에 속하는 금전의 관리는 신탁행위로 특별한 정함이 있는 경우를 제외하고는 다음의 방법에 의하여야 한다.

- 국채, 지방채 및 특별법에 의하여 설립된 회사의 사채의 응모, 인수 또는 매입
- 국채 기타 전호의 유가증권을 담보로 하는 대부
- 우편저금
- 은행에의 예금

고 원칙상 신탁재산에 대하여 강제집행 또는 경매를 할 수 없도록 하고 있다.

ⓜ **수탁자의 손해배상 의무 부과** : 수탁자가 관리를 적절히 하지 못하여 신탁재산의 멸실, 감소, 그 밖의 손해를 발생하게 한 경우 또는 신탁의 본지에 위반하여 신탁재산을 처분한 때에는 위탁자, 그 상속인, 수익자 및 다른 수탁자는 그 수탁자에 대하여 손해배상 또는 신탁재산의 회복을 청구할 수 있도록 하고 있다.

ⓗ **신탁의 해지** : 위탁자가 신탁이익의 전부를 향수하는 신탁은 위탁자 또는 그 상속인이 언제든지 해지할 수 있다.

③ **신탁의 종료** : 신탁행위로 정한 사유가 발생한 때 또는 신탁의 목적을 달성하였거나 달성할 수 없게 된 때에 신탁을 종료한다.

신탁의 종류

(1) 재산신탁

① 재산신탁의 종류

㉠ **금전채권신탁** : 금전채권신탁은 위탁자가 보유하는 양도 가능한 채권을 신탁하여 위탁자의 자금조달과 추심, 관리, 처분 및 재무구조 개선을 목적으로 한다. 위탁자는 금전채권신탁계약에서 발생할 수익권에 따라 발행된 수익권증서를 수익자변경 또는 타인에게의 양도 등을 통하여 채권이 변제될 때까지 회수할 수 없는 자금을 유동화할 수 있다.

㉡ **유가증권신탁** : 고객소유의 유가증권을 신탁재산으로 수탁하여 유가증권의 보관, 이자배당금 · 상환금의 수령, 증자대금의 불입, 담보제공, 대여 등 유가증권을 관리 · 처분운용하고 신탁종료 시 신탁원본 및 수익을 운용 현상대로 교부하는 재산신탁을 말한다.

㉢ **부동산신탁** : 은행이 고객 소유의 부동산을 수익자의 이익 또는 신탁계약에서 정한 바에 따라 관리와 개발을 목적으로 수탁받아 운용하고, 신탁 종료 시 현 상태로 교부하는 신탁상품을 말한다. 부동산신탁을 할 경우 신탁에 따른 부동산 관리의 편리성이 큰 이점으로 작용한다.

신탁의 감독

신탁사무에 대해서는 법원이 감독하도록 규정하고 있다. 따라서 법원은 이해관계인의 청구에 의하여 또는 직권으로서 신탁사무 처리의 검사, 검사역의 선임, 그 밖의 필요한 처분을 명할 수 있도록 하고 있다.

부동산투자회사 (REITS ; Real Estate Investment Trusts)

부동산 투자를 통한 수익을 투자자에게 돌려주는 부동산 간접투자기구인 회사로 리츠라고도 하며 부동산투자회사법의 적용을 받는다. 리츠는 일반 국민이 부동산에 투자할 수 있는 기회를 확대하고 부동산에 대한 건전한 투자를 활성화하기 위해 만들어졌으며 자기관리 부동산투자회사와 위탁관리 부동산투자회사, 기업구조조정 부동산투자회사의 세 가지로 구분하고 있다.

(2) 금전신탁 종류

① **특정금전신탁** : 신탁자금의 운용방법을 신탁계약으로 특정하는 금전신탁을 말하며 최근에는 불특정금전신탁보다 특정금전신탁이 다양한 자산을 운용하면서 더욱 활성화되고 있는 추세이다. 국공채, 회사채 위주의 특정금전신탁상품이 많으나 그 외에도 주식이나 실물자산 등 운용범위가 확대되고 있다.

② **불특정금전신탁** : 신탁자금의 운용방법을 특별히 정하지 않은 금전신탁을 말한다. 일반불특정금전신탁, 가계금전신탁, 개인연금신탁, 연금신탁, 퇴직신탁, 부동산투자신탁, 유언신탁 등의 종류가 있으며 과거에는 금전신탁이 은행에서 예금과 더불어 많이 활성화되었으나, 현재는 연금신탁 등 일부상품 위주로 활성화되어 있다.

③ **퇴직연금신탁** : 사용자가 근로자의 퇴직급여를 적립하고 사용자 또는 가입자의 운용지시에 따라 적립금을 운용하여 가입자의 퇴직 시 연금 또는 일시금으로 지급하는 신탁을 말한다. OECD는 퇴직금제도를 연금제도로 강제 전환하여, 연금시스템의 2차적 소득대체 역할을 담당하도록 권고하고 있다.

퇴직연금 종류

- **확정기여형(DC ; Defined Contri-bution)** : 사업주와 근로자가 매달 일정액을 납부하고 금융기관의 운용실적에 따라 원리금을 돌려받는 상품으로 운용결과에 따라 연금액이 달라질 수 있다.
- **확정급여형(DB ; Defined Benefit)** : 근로자 명의로 퇴직금 지급액을 확정하고 이를 매달 계산하여 납부하는 상품으로 회사명의 계좌에 예치한다. 확정급여형은 운용이익이 사업주에 귀속되기 때문에 연금급여수준에 대한 책임을 진다.
- **개인퇴직계좌(IRA ; Individual Retirement Account)** : 개인별로 관리하는 퇴직계좌로 10인 미만 사업장에 적용 가능하며 근로자가 계약과 운용의 주체로 직장을 변경하더라도 계속적으로 운영된다.

적중문제

01 다음 중 신탁의 원칙으로 볼 수 없는 것은?

① 분별관리 원칙　　② 실적배당 원칙
③ 선관의무 원칙　　④ 대수의 법칙

해 대수의 법칙은 보험의 원리에 해당한다.

신탁의 원칙

- 분별관리 원칙 : 위탁자가 맡긴 신탁재산은 수탁자의 고유재산 또는 다른 신탁재산과 구별하여 관리하여야 한다.
- 실적배당 원칙 : 수탁자는 신탁재산 관리 · 운용에 따라 발생한 수익을 신탁재산에 귀속시켜 배당하여야 한다.
- 선관의무 원칙 : 수탁자는 신탁의 본지에 따라 선량한 관리자의 주의로서 신탁재산을 관리 또는 처분하여야 한다.
- 평등비례배당 원칙 : 실적배당을 하는 경우 신탁금액과 기간에 따라 평등하고 균등하게 배당하여야 한다.

02 전문투자기관인 투자신탁회사가 일반투자자로부터 자금을 모집하여 대규모의 공동투자기금인 펀드를 조성한 후 투자를 통해 그 수익을 투자자들에게 나누어주는 신탁은?

① 투자신탁　　② 재산신탁
③ 금전신탁　　④ 부동산 신탁

해 ① 투자신탁이란 전문투자기관인 투자신탁회사가 일반투자자로부터 자금을 모집하여 대규모의 공동투자기금인 펀드를 조성한 후 투자를 통해 그 수익을 투자자들에게 나누어주는 신탁을 의미한다.

② 재산신탁이란 위탁자가 가지고 있는 주식과 채권 같은 유가증권, 부동산 등을 은행이 수탁받고 신탁계약내용에 따라 관리 · 운용한 후 신탁종료 시 신탁재산의 운용현상 그대로 수익자에게 교부하는 것을 말한다.

③ 금전신탁이란 금융기관이 고객으로부터 금전을 맡아 일정기간 동안 법규의 범위 내에서 운용한 후 원금과 수익을 수익자에게 지급하는 방식을 말한다.

④ 부동산신탁은 은행이 고객 소유의 부동산을 수익자의 이익 또는 신탁계약에서 정한 바에 따라 관리와 개발을 목적으로 수탁받아 운용하고, 신탁 종료 시 현 상태로 교부하는 신탁상품을 말한다. 부동산신탁을 할 경우 신탁에 따른 부동산 관리의 편리성이 큰 이점으로 작용한다.

03 신탁법에 대한 내용으로 옳지 않은 것은?

① 신탁법은 신탁에 관한 일반적인 사법적 법률관계를 규율하고 있다.
② 신탁은 위탁자와 수탁자 간의 계약으로만 할 수 있다고 규정되어 있다.
③ 신탁은 선량한 풍속, 그 밖의 사회질서에 위반하는 사실을 목적으로 할 수 없다.
④ 탈법을 목적으로 하는 신탁과 소송을 목적으로 하는 신탁을 금지하고 있다.

해 신탁은 위탁자와 수탁자 간의 계약 또는 위탁자의 유언에 의하여 설정할 수 있음을 선언하고 있다.

04 신탁을 종료해야 하는 경우가 아닌 것은?

① 신탁행위로 정한 사유가 발생한 때
② 수탁자가 관리를 적절히 하지 못하여 신탁재산을 멸실한 경우
③ 신탁의 목적을 달성한 경우
④ 신탁의 목적을 달성할 수 없게 된 경우

해 수탁자가 관리를 적절히 하지 못하여 신탁재산의 멸실, 감소, 그 밖의 손해를 발생하게 한 경우 또는 신탁의 본지에 위반하여 신탁재산을 처분한 때에는 위탁자, 그 상속인, 수익자 및 다른 수탁자는 그 수탁자에 대하여 손해배상 또는 신탁재산의 회복을 청구할 수 있도록 하고 있다.

05 재산신탁에 대한 내용으로 잘못된 것은?

① 재산신탁에는 금전신탁, 부동산신탁, 유가증권신탁이 있다.
② 금전채권신탁이란 수익자의 이익 또는 신탁계약에서 정한 바에 따라 고객 소유의 부동산을 관리와 개발을 목적으로 수탁받아 운용하는 것을 말한다.
③ 유가증권 신탁이란 고객소유의 유가증권을 신탁재산으로 수탁하여 유가증권을 보관하거나 이자 배당금 · 상환금을 수령하는 것을 말한다.
④ 부동산신탁을 할 경우 신탁에 따른 부동산 관리의 편리성이 큰 이점으로 작용한다.

해 고객 소유의 부동산을 수익자의 이익 또는 신탁계약에서 정한 바에 따라 관리와 개발을 목적으로 수탁받아 운용하는 것은 부동산신탁에 대한 내용이다.

답 01. ④ 02. ① 03. ② 04. ② 05. ②

4 방카슈랑스

방카슈랑스

(1) 방카슈랑스의 정의

① 방카슈랑스(Bancassurance) : 방카슈랑스란 프랑스어 Banque(은행)와 Assurance(보험)의 합성어로 은행에서 보험을 판매할 수 있도록 한 제도를 의미한다. 보험사와 제휴한 은행 등의 금융기관이 은행창구에서 보험상품도 함께 판매를 하도록 하는 서비스이기 때문에 보험사는 대규모의 은행점포망을 통한 판매 채널을 쉽게 확보할 수 있으며, 은행은 각종 수수료 수입을 가지는 시너지(Synergy) 효과가 있다.

② 방카슈랑스 종류

㉠ 은행이 보험회사를 설립 : 은행이 보험회사를 설립한 다음 계열회사로 만드는 형태로 은행의 강점을 살리고 잠재적 시너지 효과를 얻을 수 있는 판매 전략을 세울 수 있는 장점이 있다.

㉡ 은행이 보험회사를 인수 또는 합병 : 은행이 기존의 보험회사를 인수 · 합병하는 것으로 시너지 효과를 극대화할 경우 추진하는 방법이다.

㉢ 조인트 벤처 형태 : 은행과 보험회사가 공동으로 투자하여 신규 보험회사를 설립하는 것으로, 보험의 전문성이 떨어지는 은행이 적은 자본으로 보험회사를 설립할 수 있는 장점이 있다.

㉣ 판매제휴 방식 : 우리나라에서 쓰이는 방법으로 은행과 보험회사가 단순한 판매제휴를 맺고 판매하는 방식이다.

보험(Insurance)의 종류

- **생명보험** : 위험보장을 목적으로 사람의 생존 또는 사망에 관하여 약정한 금전 및 그 밖의 급여를 지급할 것을 약속하고 대가를 수수하는 계약을 뜻한다.
- **손해보험** : 위험보장을 목적으로 우연한 사건에 의해 발생하는 손해에 관한 금전 및 그 밖의 급여를 지급할 것을 약속하고 대가를 수수하는 계약으로 자동차보험, 해상보험, 화재보험 등이 이에 속한다.
- **제3보험** : 위험보장을 목적으로 사람의 질병 · 상해 또는 이에 따른 간병에 관하여 금전 및 그 밖의 급여를 지급할 것을 약속하고 대가를 수수하는 계약을 말한다.

환업무

(1) 외국환업무

① 정의 : 환(Exchange)이란 거래에서 채권채무관계가 발생하는 경우 직접 현금으로 계산하지 않고 금융기관의 중개를 통해 결제하는 수

단을 뜻하는데 외국환이란 외국환은행을 통해 외국통화로 표시된 환을 이용하여 결제하는 제도와 수단을 말한다. 외국환에서 실제 사용되는 수단에는 '외국환거래법'에서 규정하고 있는 외화증권, 외화채권이 있다.

② 외국환업무의 특징

㉠ 국제간의 거래로 환율이 개입한다.

㉡ 외환매매 차익이 발생한다.

㉢ 결제구조가 다소 복잡하다.

㉣ 외국환업무를 일종의 상품으로 본다.

③ 외국환업무

㉠ **당발송금** : 국내의 송금인이 외국에 거주하는 자에게 외화자금을 지급할 목적으로 송금하는 것을 말한다. 외국에 대한 송금은 외국환거래규정을 따르도록 하고 있으며 일부 거래에는 지정거래외국환은행에서만 보낼 수 있도록 하고 있다.

㉡ **타발송금** : 해외 외국환은행이나 국외지점 은행이 국내 은행을 지급은행으로 지정하여 보내오는 송금업무로 전신송금, 송금수표, 우편송금 등이 있다.

㉢ **여행자수표(T/C ; Traveller's Check) 판매** : 여행자수표란 해외여행자가 여행 중에 현금 대신 사용할 수 있는 수표로 주로 해외여행자의 여비 휴대 편의를 도모하고 현금을 휴대함으로써 발생 가능한 위험을 줄이기 위해 사용한다. 본인 이외에는 사용할 수 없으며 분실 시 수표구매자의 확인을 거쳐 재발급받거나 환불받을 수 있다.

㉣ **외화예금** : 외국환은행에 외국통화를 예치하거나 인출할 수 있는 예금을 말한다.

④ 외국환거래법

㉠ **정의** : 외국환거래와 그 밖의 대외거래의 자유를 보장하고 시장기능을 활성화하여 대외거래의 원활화 및 국제수지의 균형과 통화가치의 안정을 도모하기 위해 제정된 법률이다.

㉡ **외국환평형기금** : 외국환거래를 원활하게 하기 위하여 외국환평형기금을 설치 운용하고 있다. 외국환평형기금은 기획재정부장관이 운용 · 관리하고 있으며 정부로부터의 출연금 및 예수금, 외국환평형기금 채권의 발행으로 조성된 자금, 외국정부, 외국

환율(Foreign Exchange Rate)

국가 간의 화폐교환 비율을 말한다. 예를 들어 우리나라의 원화와 필리핀의 페소는 국제적으로 인정하는 화폐가 아니기 때문에 달러와 같은 기축통화로 바꿔야 하는데, 이때 달러와 그 나라의 화폐를 바꿀 경우에 적용되는 비율을 환율이라고 한다. 환율에는 자국통화표시법과 해외통화표시법이 있다. 자국통화표시법은 외국통화를 수취하기 위해 지불해야 하는 자국통화의 크기를 표시한 것을 말하며, 해외통화표시법은 자국통화로 지불할 경우 수취할 수 있는 외국통화의 크기를 표시한 것을 말한다.

세계은행 간 금융데이터통신협회 (SWIFT ; Society for Worldwide Inter-bank Financial Tele-communication)

SWIFT는 국제간의 대금결제 등에 관한 데이터통신 연결망을 기획하고 운영하는 것을 목적으로 설립된 국제협회이다. 전 세계의 은행지분으로 조직된 SWIFT는 은행 간 통신수단으로 그 메시지는 회원은행만이 이용할 수 있도록 고안된 서비스를 운영한다. 이 서비스를 이용할 경우 외국환은행 간 외화자금매매, 해외거래은행의 계정잔액 및 대차내역을 쉽게 확인할 수 있으며 우편송금, 전신송금 등 송금업무와 신용장 발행, 환어음통지 등의 국제무역결제를 할 수 있다.

중앙은행, 그 밖의 거주자 또는 비거주자로부터의 예수금 또는 일시차입금 등으로 외국환평형기금을 조성한다.

(2) 내국환업무

① **정의** : 내국환이란 멀리 떨어져 있는 국내 지역 간에 행해지는 지불이나 징수를 금융기관이 중개하는 것을 말한다. 즉, 추심거래나 은행 내에서 본점과 지점 간의 자금 이전과 같은 전금을 내국환업무라고 할 수 있다.

② **내국환업무 종류**

㉠ **대금추심** : 넓은 의미로는 채권추심에 관한 행위를 뜻하지만 은행업무에서 대금추심이란 고객의 편리를 위하여 어음과 수표, 국공채의 원리금, 주식의 배당금을 찾아주는 것을 의미한다. 따라서 은행은 대금추심의 업무를 통해 수수료를 받아 수행을 하는데, 지급할 사람과 추심은행이 같은 지역에 있는 경우는 당지추심이라 하고 다른 지역일 경우 타지추심이라 하며 추심수수료가 각각 다르다.

㉡ **전금** : 업무상의 자금이체, 직원상호 간의 송금처럼 주로 은행 내에서 본점과 지점 간의 자금 이전을 위한 내국환 업무를 의미한다. 전금은 사고와 분쟁의 원인이 되기 쉽기 때문에 취급을 제한하는 편이다.

㉢ **타행환 공동망** : 금융결제원의 전산센터와 참가은행의 전산망을 연결하여 타행환 공동업무 규약에 따라 참가은행에 개설된 예금계좌로 송금하는 것 등의 온라인 거래를 의미한다. 타행환 공동업무로는 현금송금, 자기앞수표 조회 등이 있다.

③ **금융결제원(KTFC ; Korea Financial Telecommunications & Clearings Institute)** : 효율적인 금융공동망을 구축하여 자금결제 및 정보유통을 원활하게 함으로써 건전한 금융거래의 유지 · 발전과 금융기관 이용자의 편의제고 등 금융산업의 발전에 기여하기 위해 설립된 기관이다.

금융결제원의 업무

- 금융공동망의 구축 · 운영에 관한 업무
- 어음교환소의 설치 · 운영 등에 관한 업무
- 지로제도에 관한 업무
- 금융기관 공동전산업무의 개발추진 및 전산처리
- 금융기관의 전산업무 지원 또는 대행

전자금융 업무

(1) 전자금융(Electronic Finance)

① 정의 : 금융업무에 컴퓨터 및 정보통신기술을 적용하여 자동화 및 전자화를 구현하는 것을 전자금융이라고 한다. 주로 홈뱅킹과 펌뱅킹 등의 PC뱅킹과 폰뱅킹이 이용되어 왔으나 현재에는 각종 전자금융서비스의 개발에 따라 시간적 · 공간적인 제약을 받지 않고 금융서비스를 이용할 수 있게 되었다.

② 전자금융의 장점

㉠ 이용의 편리함
㉡ 고객만족의 극대화
㉢ 시간적 · 공간적인 제약 없이 사용 가능
㉣ 가격 대비 효율성
㉤ 인적 · 물적 비용의 감소

③ 전자금융의 단점

㉠ 개인정보의 유출 가능성
㉡ 전자화폐 등의 위조 · 변조 위험성 증대

④ 전자금융의 종류

㉠ 텔레뱅킹(Telebanking) : 텔레뱅킹이란 전화를 통한 은행거래를 의미한다. 잔고조회나 송금, 공과금 등에 대한 자동이체 신청, 해지 등을 전화로 할 수 있어 활용성이 뛰어나다. 각 은행의 텔레뱅킹센터에 전화가 연결되면 음성자동응답시스템에 따라 진행되어 컴퓨터가 자동으로 처리한다. 다만, 출금계좌로 지정하기 위해 본인의 온라인 예금계좌를 가지고 있어야 한다.

㉡ 인터넷뱅킹(Internet Banking) : 인터넷을 통해 은행업무를 처리하는 금융시스템으로, 은행과 사용자 간의 전용회선으로 연결된 PC뱅킹보다 발전한 시스템이다. 전 세계 사람들을 고객으로 삼아 영업을 하여 활동영역을 넓힐 수 있다는 장점이 있다. 24시간 서비스를 제공하며 업무처리 비용과 시간이 절약되지만 해킹과 전산장애의 위험성이 있어 보안장치와 암호화 장치가 필요하다.

㉢ 펌뱅킹(Firm Banking) : 기업과 금융기관이 컴퓨터 시스템을 통신회선으로 연결하여 온라인으로 처리하는 은행업무를 말한다. 기

금융공동망

금융 이용고객이 거래은행에 가지 않고도 현금인출, 계좌이체, 송금 및 금융거래정보 조회 등 각종 지급결제서비스를 편리하게 이용하게 하는 전자 금융정보 지급결제시스템을 말한다. 금융공동망을 통해 오프라인, 장표 위주의 결제 관행을 개선하여 전자적 결제수단 이용을 확산시키는 역할을 하며 금융결제원에서 수행하고 있는 시스템이다.

전자금융공동망

전자금융공동망은 고객이 전화, 인터넷 등을 통하여 계좌이체, 각종 조회 등을 할 수 있게 하는 네트워크를 말한다. 전자금융공동망을 통하여 이루어지는 서비스에는 대고객서비스와 홈 · 펌뱅킹 중계서비스가 있다.

- **대고객서비스** : 언제 어디서나 각종 금융정보를 조회할 수 있는 서비스를 의미한다.
- **홈 · 펌뱅킹 중계서비스** : 금융기관의 인터넷뱅킹, 모바일뱅킹 등을 통하여 다른 금융기관으로 계좌이체 등을 할 수 있는 서비스이다.

업의 자금이체나 수납 및 거래 내역 등을 즉시 파악할 수 있어 자금관리가 용이하다. 또한 시간과 경비를 절약할 수 있고 현금의 분실과 도난을 방지할 수 있다.

㉣ 모바일 뱅킹(Mobile Banking) : 인터넷이 가능한 휴대전화를 통해 언제 어디서나 은행거래를 할 수 있는 금융서비스를 말한다. 보안이 적용된다는 점에서 텔레뱅킹과 구분되며 이동 중에도 사용이 가능하다는 장점이 있어 현대생활에 유용한 수단으로 통한다. 인터넷뱅킹 이용자도 쉽게 사용이 가능하다.

㉤ 스마트 뱅킹(Smart Baking) : 스마트폰을 이용하여 은행거래를 할 수 있는 금융서비스를 말한다. 스마트폰이 보편화됨에 따라 발달하였으며, 스마트폰에 은행 어플리케이션을 다운로드하여 이용할 수 있다. PC에서 스마트폰으로 공인인증서 내보내기를 하여 예금 가입, 계좌 조회, 이체 등의 은행 업무를 편리하게 이용할 수 있다.

㉥ 오픈뱅킹(Open Banking) : 핀테크 기업과 은행권이 공동으로 이용할 수 있는 공동결제시스템으로, 스마트폰에 설치한 응용프로그램(앱)을 통해 모든 은행 계좌에서 결제를 비롯한 잔액 조회, 거래내역 조회, 계좌실명 조회, 송금인 정보조회, 입금입체, 출금이체 등의 금융서비스를 실시간으로 이용할 수 있다. 2019년 10월부터 은행권 시범 운영을 거쳐 당해 12월 정식 가동되었으며 일반은행 16곳과 카카오뱅크와 케이뱅크 등 인터넷전문은행 2곳까지 총 18개 은행에 접근이 가능하다.

(2) 전자금융거래법

① 목적 : 전자금융거래의 법률관계를 명확히 하여 전자금융거래의 안전성과 신뢰성을 확보함과 아울러 전자금융업의 건전한 발전을 위한 기반을 조성함으로써 국민의 금융편의를 꾀하는 것을 목적으로 제정된 법률이다.

② 주요내용

㉠ 전자화폐 : 전자금융거래법에서는 전자화폐를, 이전 가능한 금전적 가치가 전자적 방법으로 저장되어 발행된 증표 또는 그 증표에 관한 정보로 정의하고 있다. 전자화폐의 요건에는 현금 또는 예금과 동일한 가치로 교환되어 발행될 것, 발행자에 의하여

전자증권제도

유가증권의 실물 없이도 네트워크상에서 증권시장의 거래가 가능하도록, 증권을 전자화하여 발행하고 관리하는 제도이다. 유가증권과 관련된 발행, 등록, 양도, 상환 등의 모든 과정이 실물 발행 없이 이뤄지도록 되어 있어 고유등록번호가 필요없으며, 위변조 사고, 탈세, 음성거래 등을 방지할 수 있다. 금융의 전자화가 보편화되어 사이버를 통한 증권거래를 하는 증권투자자들이 늘어감에 따라 유가증권을 실물로 발행해야 할 필요성이 없다는 의견이 나왔는데, 이를 바탕으로 1983년 덴마크에서 최초로 전자증권제도를 도입하였다.

핀테크(FinTech)

금융(Finance)과 기술(Technology)의 합성어로 모바일을 통한 결제, 송금, 대출, 자산관리, 크라우드펀딩 등 각종 금융 서비스와 관련된 기술을 말한다. 금융 창구에서 행해지던 업무가 인터넷뱅킹, 모바일뱅킹, ATM 등 전자금융 서비스로 대체되는 것 등이 여기에 포함되며 핀테크를 활용하면 전통적 금융 업무보다 비용이 절감되고 개인별 맞춤 업무를 볼 수 있는 등 양질의 서비스를 제공할 수 있게 된다.

테크핀(Techfin)

핀테크의 앞뒤를 바꾼 용어로 핀테크가 금융회사 주도 하의 기술에 의한 금융서비스를 이른다면 테크핀은 정보기술(IT)업체가 주도하는 기술에 금융을 접목한 개념이다. 즉 기술 기반으로 설립된 회사가 선보이는 금융 서비스를 일컬으며 카카오의 카카오뱅크, 간편 송금 서비스인 토스 등이 대표적이다. 테크핀이 활성화되는 이유는 금융사가 IT를 도입하는 것보다 IT기업이 금융업에 진출하는 속도가 더 빠르고 파급효과도 더 크기 때문이다.

현금 또는 예금으로 교환이 보장될 것 등이 있다.

ⓛ **전자문서 사용** : 전자금융거래를 할 경우 종이문서가 아니라 전자문서를 통해 거래가 이루어지도록 규정하고 있다.

ⓒ **전자금융거래의 안전성 확보장치** : 금융기관 · 전자금융업자 및 전자금융보조업자는 전자금융거래가 안전하게 처리될 수 있게 전자금융거래의 기록보존 의무와 약관을 교부하도록 명시되어 있다.

ⓔ **전자금융거래 감독** : 금융감독원은 금융위원회의 지시를 받아 금융기관 및 전자금융업자에 대한 준수 여부를 감독하도록 하고 있다.

> K-Cash(Korea Cash)
>
> 1998년 한국은행과 금융결제원 및 전국의 은행들이 참여하여 개발한 우리나라의 전자화폐로, 실명계좌로 전자화폐를 구매하여 상품을 구매할 수 있는 결제수단을 말한다. 전자금융거래법에 의해 공인된 전자화폐로 물품 구매, 신용카드 기능, 모바일 뱅킹 업무 기능 등이 있다.

확인문제

1. K-Cash에 대한 설명으로 잘못된 것은?

① K-Cash는 IC(Integrated Circuits)칩이 내장된 카드이다.

② 한국은행과 금융결제원 및 전국의 은행들이 참여하여 개발한 우리나라의 전자화폐이다.

③ 상법에 의해 공인된 전자화폐이다.

④ 가맹점 단말기, 은행 창구에서 충전하여 사용할 수 있다.

해 전자금융거래법에 의해 공인된 전자화폐로 물품 구매, 신용카드 기능, 모바일 뱅킹 업무 기능 등이 있다. K-Cash는 IC(Integrated Circuits)칩이 내장된 카드에 일정액의 화폐가치를 전자기호 형태로 저장하였다가 물품 구매 및 용역의 대가로 지급하는 현금 대체 지급수단이다. 이용고객은 은행에서 K-Cash 카드를 발급받아 CD/ATM, 인터넷 홈페이지(www.kcash.or.kr), 가맹점 단말기, 은행 창구에서 충전하여 사용할 수 있다.

답 1. ③

01 방카슈랑스에 대한 내용으로 틀린 것은?

① 방카슈랑스는 프랑스어인 Banque(은행)와 Assurance(보험)의 합성어로 은행에서 보험을 판매할 수 있도록 한 제도를 뜻한다.

② 금융기관이 보험사와의 제휴를 통해 은행창구에서 보험상품도 함께 판매를 하도록 하는 서비스이다.

③ 보험사는 대규모의 은행점포망을 통해 판매 채널을 쉽게 확보할 수 있다는 장점이 있어 많이 이용하고 있다.

④ 우리나라에서는 은행이 보험회사를 설립하여 계열회사로 만드는 형태로 운영하는 것이 일반적인 형태이다.

해 우리나라에서는 은행과 보험회사가 단순한 판매제휴를 맺고 판매하는 방식이 널리 쓰인다.

02 다음 중 외국환업무의 특징으로 보기 어려운 것은?

① 국제간의 거래로 환율이 개입한다.

② 결제구조가 다소 복잡하다.

③ 외환매매 차익이 발생한다.

④ 전자화폐 등의 위조와 변조 위험성이 있다.

해 ④는 전자금융의 단점에 해당하는 내용이다.

외국환업무의 특징

- 국제간의 거래로 환율이 개입한다.
- 외환매매 차익이 발생한다.
- 결제 구조가 다소 복잡하다.
- 외국환업무를 일종의 상품으로 본다.

03 다음 중 외국환업무가 아닌 것은?

① 당발송금
② 타발송금
③ 여행자수표 판매
④ 전금

해 ④ 전금은 업무상의 자금이체나 직원 상호 간의 송금처럼 주로 은행 내에서 본점과 지점 간의 자금 이전을 위한 내국환 업무를 의미한다. 전금은 사고와 분쟁의 원인이 되기 쉽기 때문에 취급을 제한하는 편이다.

① 당발송금이란 국내의 송금인이 외국에 거주하는 자에게 외화자금을 지급할 목적으로 송금하는 것을 말한다.
② 타발송금이란 해외 외국환은행이나 국외지점 은행이 국내 은행을 지급은행으로 지정하여 보내오는 송금업무로 전신송금, 송금수표, 우편송금 등이 있다.
③ 여행자수표란 해외여행자가 여행 중에 현금 대신 사용할 수 있는 수표로, 주로 해외여행자의 여비 휴대 편의를 도모하고 현금을 휴대함으로 인해 발생 가능한 위험을 줄이기 위해 사용한다.

04 환율을 표시하는 방법 중에서 외국통화를 수취하기 위해 지불해야 하는 자국통화의 크기를 표시한 것은?

① 자국통화표시법
② 해외통화표시법
③ 국제거래법
④ 통상표시법

해 자국통화표시법은 외국통화를 수취하기 위해 지불해야 하는 자국통화의 크기를 표시한 것을 말한다.

환율(Foreign Exchange Rate)
국가 간의 화폐교환 비율을 말한다. 예를 들어 우리나라의 원화와 필리핀의 페소는 국제적으로 인정하는 화폐가 아니기 때문에 달러와 같은 기축통화로 바꿔야 하는데 이때 달러와 그 나라의 화폐를 바꿀 때 적용되는 비율을 환율이라고 한다. 환율에는 자국통화표시법과 해외통화표시법이 있는데 자국통화표시법은 외국통화를 수취하기 위해 지불해야 하는 자국통화의 크기를 표시한 것을 말하며, 해외통화표시법은 자국통화로 지불할 경우 수취할 수 있는 외국통화의 크기를 표시한 것을 말한다.

답 01. ④ 02. ④ 03. ④ 04. ①

05 다음 중 전자금융의 장점이 아닌 것은?

① 이용의 편리함
② 개인정보 유출
③ 가격 대비 효율성
④ 물적 비용 감소

해 개인정보 유출은 단점에 해당한다.

전자금융의 장점	전자금융의 단점
• 이용의 편리함 • 고객만족의 극대화 • 시간적 · 공간적 제약 없이 사용 가능 • 가격 대비 효율성 • 인적 · 물적 비용의 감소	• 개인정보의 유출 가능성 • 전자화폐 등의 위조 · 변조 위험성 증대

06 다음 보기에서 설명하고 있는 전자금융은?

> 인터넷이 가능한 휴대전화를 통해 언제 어디서나 은행거래를 할 수 있는 금융서비스로 보안이 적용된다는 점에서 텔레뱅킹과 구분된다.

① 인터넷 뱅킹
② 펌 뱅킹
③ 모바일 뱅킹
④ 원격 뱅킹

해 보기는 모바일 뱅킹(Mobile Banking)에 대한 내용이다. 모바일 뱅킹이란 인터넷이 가능한 휴대전화를 통해 언제 어디서나 은행거래를 할 수 있는 금융서비스를 말한다. 보안이 적용된다는 점에서 텔레뱅킹과 구분할 수 있으며 이동 중에도 사용이 가능하여 현대생활에 유용한 수단으로 통한다. 인터넷 뱅킹 이용자도 쉽게 사용 가능하다.

07 우리나라의 전자화폐로서 실명계좌로 전자화폐를 구매하여 상품을 구매할 수 있는 결제수단은?

① J-Cash ② K-Cash
③ L-Cash ④ P-Cash

해 K-Cash(Korea Cash)를 말한다. K-Cash는 1998년 한국은행과 금융결제원 및 전국의 은행들이 참여하여 개발한 우리나라의 전자화폐로, 실명계좌로 전자화폐를 구매하여 상품을 구매할 수 있는 결제수단이다. 전자금융거래법에 의해 공인된 것으로 물품구매, 신용카드 기능, 모바일 뱅킹 업무 기능이 있다.

08 전자금융거래에 대한 내용으로 틀린 것은?

① 전자금융거래란 금융기관 또는 전자금융업자가 전자적 장치를 통하여 금융상품 및 서비스를 제공하는 것을 말한다.
② 전자금융거래를 이용할 경우 이용자는 금융기관 또는 전자금융업자의 종사자와 직접 대면하거나 의사소통을 하지 않고 자동화된 방식으로 금융서비스를 이용하게 된다.
③ 전자금융업자가 이용자와 전자금융거래의 계약을 체결할 경우 약관을 명시하고 설명해야 할 의무는 없다.
④ 금융감독원은 금융위원회의 지시를 받아 금융기관 및 전자금융업자에 대하여 준수 여부를 감독하도록 하고 있다.

해 금융기관 또는 전자금융업자가 이용자와 전자금융거래의 계약을 체결할 경우에는 약관을 명시하고 설명해야 할 의무가 있으며 이용자의 요청이 있으면 거래내용을 서면으로 발급해야 한다.

답 05. ② 06. ③ 07. ② 08. ③

09 전자금융 이용자가 전자금융거래에 오류가 있음을 안 경우에는 그 금융기관 또는 전자금융업자에게 이에 대한 정정을 요구할 수 있으며, 정정요구를 받은 금융기관 또는 전자금융업자는 이를 즉시 조사해서 처리한 후 정정요구를 받은 날부터 (　　) 이내에 그 결과를 이용자에게 알려야 한다. 이때 (　　) 안에 들어갈 알맞은 기간은?

① 1주　　② 2주

③ 3주　　④ 4주

해 전자금융거래의 오류정정 요구를 받은 금융기관 또는 전자금융업자는 이를 즉시 조사해서 처리한 후 정정요구를 받은 날부터 2주 이내에 그 결과를 이용자에게 알리도록 하고 있다.

10 전자금융 거래 시 유의사항으로 틀린 것은?

① 비밀번호는 철저히 관리해야 한다.

② 피싱 사이트인지를 확인해야 한다.

③ 공인인증서는 USB 등 이동식 저장장치에 보관하지 말아야 한다.

④ SMS를 적극 이용해야 한다.

해 공인인증서는 인터넷뱅킹에서 신원확인 및 거래사실 증명 등을 위해 사용되는 전자 인감이다. 따라서 공인인증서를 해킹 위험에서 예방하고 보다 안전하게 이용하기 위해서는 USB, CD 등과 같은 이동식 저장장치에 저장해야 하며, 전자우편 보관함과 같이 공동으로 사용하는 포털사이트, 웹하드 등에는 절대로 공인인증서를 보관해서는 안 된다.

답 09. ② 10. ③

CHAPTER 06

경 영

CHAPTER 06

경영

1 산업

산업의 종류

(1) 산업

① 정의 : 산업이란 인간이 생계를 유지하기 위하여 일상적으로 종사하는 생산적 활동이라고 할 수 있다. 산업의 분류 방식에는 산업을 1차 산업, 2차 산업, 3차 산업으로 나누는 클라크(Clark)식 분류와, 생산재 산업, 소비재 산업으로 나누는 호프만(Hoffman)식 분류가 있다.

② 클라크식 분류 : 영국의 경제학자 클라크는 산업을 1차와 2차, 3차 산업으로 분류하여 제1차 → 제2차 → 제3차 산업으로 발달한다는 이론을 정립하였다.

㉠ 제1차 산업 : 토지와 바다 등의 자연환경을 이용하여 필요한 물품을 얻거나 생산하는 산업으로 농업과 축산업, 목축업 등이 있다.

㉡ 제2차 산업 : 제1차 산업에서 얻은 생산물이나 천연자원을 가공하여 인간생활에 필요한 물건이나 에너지 등을 생산하는 산업으로 건설업, 광업, 제조업 등의 가공산업을 말한다.

㉢ 제3차 산업 : 제1, 2차 산업에서 생산된 물품을 소비자에게 판매하거나 각종 서비스를 제공하는 산업을 말하며 상업과 운수업, 금융업, 통신업 등의 서비스산업을 총칭한다.

③ 한국표준산업기술분류 (KSIC ; Korean Standard Industrial Classification)

㉠ 정의 : 통계청에서 업종 관련 통계자료의 정확성을 확보하기 위하여 작성한 것으로 유엔의 국제표준산업분류(ISIC ; International Standard Industrial Classification)에 기초하여 만들어진 통계자료이다. 이 분류를 통해 국내의 산업구조 및 기술변화를 파악할 수 있으며, 분류기준은 현재 수행하고 있는 산업 활동을 그 유사성에 따라 유형화한 것으로 일반행정과 산업 관련 정책의 기본 토대로 이용된다.

산업구조의 고도화

경제가 발전하고 국민 소득이 증대하여 제3차 산업, 제2차 산업, 제1차 산업 순으로 생산량과 종업원의 수가 늘어나는 현상을 산업구조의 고도화라고 한다.

제4차 산업과 제5차 산업

산업의 구조와 형태가 기하급수적으로 늘어나고 발달하며 세분화됨에 따라 제3차 산업을 재구분한 것이다. 제4차 산업은 정보 · 의료 · 교육 · 서비스산업 등의 지식집약형 산업을 말하며, 제5차 산업은 취미 · 패션 · 오락 등 문화적 요소를 생산하는 산업을 말한다.

녹다운 방식 (KD ; Knock Down System)

완성품이 아닌 부품, 반제품의 형태로 수출한 것을 현지에서 조립하여 판매하는 형식으로 자동차 산업에서 흔히 볼 수 있는 방식이다. 완성품을 이용하는 것보다 운임이나 관세가 싸고 현지의 값싼 노동력을 이용할 수 있다는 장점이 있다.

산업공동화(Deindustrialization)

제조업의 해외 생산 등 해외 직접투자가 진전되면 해외에서의 고용은 늘어나지만 그만큼 국내에서의 생산이 줄어 고용이 줄어들게 된다. 이는 국내의 생산능력 저하로 이어지는데 이를 산업공동화(産業空洞化)라고 한다.

㉡ 분류 기준
- 산출물(생산된 재화 또는 제공된 서비스)의 특성
- 산출물의 물리적 구성 및 가공단계
- 산출물의 수요처
- 산출물의 기능 및 용도
- 투입물의 특성
- 원재료, 생산 공정, 생산기술 및 시설 등
- 생산활동의 일반적인 결합형태

(2) 여러 가지 형태의 산업

① **기간산업** : 한 나라 산업의 기본 토대가 되는 기초산업을 말한다. 금속공업, 동력공업, 기계공업, 중화학공업, 교통산업 등으로 국민경제발전에 중추적인 역할을 한다.

② **리스산업** : 기업에 필요한 기계설비를 장기간 빌려주고 그 대가로 사용료를 받는 산업으로, 시설임대산업이라고 한다.

③ **실버산업** : 고령자를 대상으로 한 상품을 제조·판매하거나 제공하는 것을 목적으로 하는 영리사업으로, 최근 유망산업으로 중시되고 있다. 현재 우리나라의 고령화가 급속도로 진행되어 고령자 인구가 급증하고, 고령자의 경제력이 전체적으로 높아져 구매력이 상승했으며, 자녀수의 감소로 인하여 고령자의 수요가 늘어난 것이 원인이라고 할 수 있다.

④ **정맥산업** : 산업쓰레기를 해체·재생·재가공을 하는 산업으로 농업폐기물을 다시 플라스틱이나 세제 등으로 만드는 재생산업을 말한다.

⑤ **5S 서비스** : 금융, 호텔, 병원, 수송 등 종래의 전통적인 서비스업 외에 새로 개발된 5가지 서비스산업을 말한다.

㉠ **서브스티튜트(Substitute) 서비스** : 대리자란 의미의 'substitute'에서 파생된 용어로 기업과 개인의 업무를 대행하는 서비스를 말한다.

㉡ **소프트웨어(Software) 서비스** : 컴퓨터 시스템의 사용과 유지관리, 프로그램 등의 서비스를 말한다.

㉢ **시큐리티(Security) 서비스** : 개인, 기업의 안전, 생명, 재산보호를 위한 서비스를 말한다.

확인문제

1. 산업을 제1·2·3차 산업으로 분류하고 산업이 제1·2·3차 산업 순으로 발전한다고 주장하고 각 나라의 경제통계에서 이를 실증적으로 입증한 학자는?

① 클라크 ② 케인즈
③ 호프만 ④ 애덤스

해 영국의 경제학자 클라크는 산업을 제1차와 제2차, 제3차 산업으로 분류하여 제1차 → 제2차 → 제3차 산업 순으로 발달한다는 이론을 정립하였다.

마이스 산업(MICE)

회의(Meeting), 여행관광(Incentive), 컨벤션(Convention), 전시(Exhibition)의 머리글자를 딴 것으로 국가적 차원의 종합 서비스 산업으로 발전시키기 위해 폭넓게 정의한 전시와 컨벤션 산업을 말한다. 대표적인 고부가가치 관광 상품으로 큰 고용효과와 경제발전, 국가 이미지 제고에 미치는 파급효과가 크며 마이스 산업 관련 방문객이 소비하는 관광비용도 일반 관광객보다 월등이 높아 경기 침체기에 실업과 비정규직 문제 해결에 도움이 된다.

6T 산업

미래 유망산업으로 우리나라에서 앞으로 주력할 차세대 산업이다. 정보통신기술(IT ; Information Technology), 생명공학기술(BT ; Bio Technology), 나노기술(NT ; Nano Technology), 환경공학기술(ET ; Environment Technology), 우주항공기술(ST ; Space Technology), 문화콘텐츠기술(CT ; Culture Technology) 산업들을 말한다.

답 1. ①

㉣ **소셜(Social) 서비스** : 복지사업 등에 의한 사회보장 확립을 위한 서비스를 말한다.

㉤ **스페시픽(Specific) 서비스** : 변호사, 의료, 시설학원 등에 의한 특수 서비스를 말한다.

> **라이선스 생산(License production)**
>
> 다른 기업이나 개인이 개발하였거나 소유하는 제품 제조에 대한 신기술 · 신제조법 · 노하우 등을 소유하거나 소유자의 허가를 받아서 생산하는 방식을 말한다.

지적산업권

(1) 공업소유권(Industrial Property Right)

① **특허권** : 공업상의 물품 및 그 제조방법을 최초로 발명한 사람에게 주어지는 권리를 말한다. 특허요건은 산업상 이용할 수 있는 발명으로서 독창적이어야 하며 특허권을 갖기 위해서는 설정등록을 해야 한다. 특허권의 존속기간은 특허권의 설정등록이 있는 날부터 특허출원일 후 20년이 되는 날까지이다.

② **실용신안권** : 실용신안이란 산업상 이용할 수 있는 물품의 형상 · 구조 또는 조합에 관한 고안을 말하는 것으로 공업상의 물품에 있어 그 형상 · 구조 또는 조합에 관한 실용성 있는 신규의 고안이 한 사람에게 주어지는 권리를 말한다. 다만, 실용신안이라 하더라도 공공의 질서 또는 선량한 풍속을 문란하게 하거나 공중의 위생을 해할 염려가 있는 고안일 경우 실용신안권을 취득할 수 없다. 실용신안권의 존속기간은 실용신안권 설정등록을 한 날부터 실용신안 등록출원일 후 10년이 되는 날까지이다.

③ **디자인권** : 디자인보호법에 의해 보호되는 권리로 과거 의장권에서 디자인권으로 명칭이 바뀌었다. 디자인이란 물품의 형상 · 모양 · 색채 또는 이들을 결합한 것으로서 시각을 통하여 미감을 일으키게 하는 것을 말하며 이러한 의장을 등록한 사람에게 주어지는 권리를 디자인권이라 한다. 디자인권의 존속기간은 디자인권의 설정등록이 있는 날부터 15년으로 되어 있다.

확인문제

2. 유해폐기물의 국가 간 이동을 금지하는 것을 목적으로 제정한 협약은?
① 바젤협약 ② GATT
③ 람사르협약 ④ 비엔나협약

해 ① 바젤협약은 지구환경보호를 위해 유해폐기물의 국가 간 이동을 금지하는 것을 목적으로 제정되었다.
② GATT는 관세와 무역에 관한 일반 협정을 말한다.
③ 람사르협약은 물새 서식지로 중요한 습지 보호에 관한 협약을 말한다.
④ 비엔나협약은 오존층 파괴 원인 물질의 규제에 대한 것을 주요 내용으로 하는 협약을 말한다.

특허괴물(Patent Troll)

상품의 제조와 판매를 통해 수익을 창출하는 것이 아니라 보유한 특허들을 바탕으로 다른 제조업체들을 공격해 사용료를 받아내는 특허 전문 관리회사를 의미한다. 특히 사용료는 어마어마한 이윤을 창출하기 때문에 세계 유수의 기업들이 펀드를 조성하여 특허괴물을 만들었으며 특허권을 침해한 기업에 소송을 제기하여 막대한 이익을 창출하고 있다.

답 2. ①

④ **상표권** : 상표란 상품을 생산 · 가공 · 증명 또는 판매하는 것을 업으로 영위하는 자가 자기의 업무에 관련된 상품을 타인의 상품과 식별되도록 하기 위하여 사용하는 것으로 자기상품을 표시하기 위하여 등록하고 전용하는 권리를 상표권이라 한다. 상표권의 존속기간은 상표권의 설정등록이 있는 날부터 10년으로 하되 상표권의 존속기간은 상표권의 존속기간갱신 등록신청에 따라 10년마다 갱신할 수 있어 사실상 영구적으로 보호받을 수 있다.

확인문제

3. 공업소유권에 해당하지 않는 것은?
① 특허권
② 상표권
③ 상호권
④ 실용신안권

해 공업소유권(Industrial Property Right)에는 특허권, 실용신안권, 디자인권, 상표권이 있다.

(2) ISO 9000 시리즈

① **정의** : 제품의 생산 및 유통과정 전반에 걸쳐 국제규격을 제정한 소비자 중심 품질보증제도를 말한다. 우리나라 중소기업의 ISO 인증은 중소기업인증센터, 한국능률협회, 한국생산성본부 등의 기관에서 1992년부터 시행하고 있으며 총 5개로 구성되어 있다.

② **ISO 9000 분류**

㉠ 9001 : 제품의 디자인 및 개발과 생산, 서비스 등을 내용으로 하는 가장 광범위한 적용범위를 가진 규격이다.

㉡ 9002 : 디자인 개발 또는 서비스에 대해 공급자의 책임이 없는 경우 적용되는 규격이다.

㉢ 9003 : 디자인과 설치 등이 문제가 되지 않는 극히 단순한 제품일 경우 적용되는 규격이다.

㉣ 9004 : 품질관리시스템을 개발하고 실행하기 위한 일반지침이다.

㉤ 9000 : 위 네 가지의 규격 안내서이다.

부메랑 효과(Boomerang Effect)

선진국이 개발도상국에 경제적 또는 기술적 원조와 자본을 투자하였을 때 개발도상국의 현지생산이 나중에는 오히려 선진국에 역수출이 되어 선진국의 해당산업과 경쟁을 벌이는 현상을 이르는 말로, 던지면 다시 제자리로 돌아오는 부메랑 같다고 하여 붙여진 이름이다. 광복 이후 우리나라에는 미국을 비롯한 여러 선진국들이 자본이나 기술 등의 투자를 하였고 그에 따라 여러 산업 분야가 발전하게 되었으며 현재에는 여러 전자제품, 공업제품 등이 역수출되는 것을 예로 들 수 있다.

인증규격 국제표준화기구 (ISO ; International Organization for Standardization)

상품 및 서비스의 국제적 교환을 촉진하고, 지적, 과학적, 기술적, 경제적 활동 분야에서의 협력 증진을 위하여 세계의 표준화 및 관련 활동의 발전을 촉진하기 위해 설립된 국제기구로 우리나라에서는 기술표준원(KATS ; Korean Agency for Technology and Standards)이 정회원으로 활동 중이다.

(3) 품질인증마크

① **정의** : 제품의 품질을 향상시키고 소비자에게 좋은 품질의 제품을 제공할 목적으로 정부나 공신력 있는 기관이 제품 품질을 일정한 기준으로 검사하여 그 우수성을 인정해주는 제도이다.

② **품질인증마크 분류**

㉠ **KC마크** : 중복 인증에 따른 기업의 경제적 부담을 줄이고 소비자들이 하나의 인증마크만을 확인해 좋은 제품을 고를 수 있게 하기 위해 2009년 도입된 국가통합인증마크이다. 총 13개의 법정의무인증마크가 하나로 통합되었다.

답 3. ③

ㄴ KS마크 : 우리나라 산업 제품의 품질 개선이나 판매, 사용 등에 관한 기술적 사항을 통일하고 단순화하기 위해 정해진 규격으로, 산업표준심의회에서 심사하여 합격된 제품에 부여한다.

ㄷ 전(電)마크 : 전기를 사용하는 제품 중 전기용품안전관리법에 따라 감전, 화재 등 사고가 일어날 가능성에 대한 안전시험을 통과한 제품에 부여한다.

ㄹ Q마크 : 제조업체가 원해서 임의로 부착하는 마크이다. 해당 분야의 민간시험소에 신청하여 품질기준에 합격해야 하고 각종 품질인증 중 유일하게 환불보상제가 보장되어 제품이 불량이거나 제품에 하자가 발생하면 현품으로 바꿔주거나 100% 현금으로 보상받을 수 있다.

ㅁ 열마크 : 열을 사용하는 기자재의 열효율과 안전도 등을 검사하여 에너지관리공단이 부여하는 합격증으로, 열사용 기구는 이 표시가 없으면 제조, 판매할 수 없다.

ㅂ GD마크 : 산업디자인진흥법에 따라 상품의 외관, 기능, 재료, 경제성 등을 종합적으로 심사하여 디자인의 우수성이 인정된 상품에 부여하는 마크이다.

ㅅ GP마크 : 포장이 뛰어난 상품에 부여하는 마크이다.

ㅇ EMI마크 : 가전제품에서 발생하는 유재전자파를 억제하는 장치가 부착되었다는 표시이다.

ㅈ 환경마크 : 재활용품을 원료로 사용하였거나 폐기할 때 환경을 해치지 않는 상품에 환경부가 부여하는 마크이다.

ㅊ 태극마크 : 한국귀금속 감정센터가 일정 품질 이상의 귀금속이라고 평가하여 우수한 공장에 주는 마크이다.

ㅋ LOHAS마크 : 생산과정에서 건강과 환경을 고려한 제품에 한국표준협회가 부여하는 마크이다.

ㅌ HACCP마크 : 식품의 원료 관리 및 제조, 가공, 조리, 유통의 전 과정에 걸쳐 유해요소를 차단하도록 중점 관리하고 이를 제대로 시행하고 있는 제품에 부여하는 마크이다.

ㅍ GR마크 : 품질이 우수한 재활용품에 부여되는 마크이다.

ㅎ EMI마크 : 가전제품에서 발생하는 유해전자파를 억제하는 장치가 부착되었다는 표시이다.

K-OHSAS 18001 인증

한국인정원(KAB)이 국내 기업의 안전보건경영시스템 도입을 촉진하고 작업장의 안전보건경영의 효율성을 제고하고자 'OHSAS 18000'을 바탕으로 만든 인증제도이다. 조직 구성원의 안전과 보건을 확보하고 산업재해를 예방하기 위해 조직 활동이 내재되어 있는 위험요인을 파악하며 이를 지속적으로 관리하기 위한 요구사항을 정한 규격으로, 세계 유수의 표준화 및 인증기관들의 합의에 의해 1999년에 제정된 표준이다.

NEP(New Excellent Product)

국내에서 최초 개발된 신기술 또는 이를 대체할 수 있는 기술을 적용하여 개발된 신제품을 대상으로 한 인증제도이다. 정부 5개 부처에서 운영하던 신제품 인증제도를 통합, 정비하여 2006년부터 새롭게 시행하고 있다.

적중문제

[김포시시설관리공단]

01 폐기물과 같은 산업 쓰레기를 해체하고 가공하는 산업은?

① 정맥산업　② 제1차 산업
③ 골드산업　④ 정크사업

해 정맥산업이란 산업쓰레기를 해체 · 재생 · 재가공하는 산업으로 농업폐기물을 다시 플라스틱이나 세제 등으로 만드는 재생산업을 말한다.

[경기도교육청]

02 오락이나 패션 등의 산업은 몇 차 산업에 해당하는가?

① 제2차 산업　② 제3차 산업
③ 제4차 산업　④ 제5차 산업

해 제5차 산업은 취미 · 패션 · 오락과 같은 산업으로, 지식과 정보를 넘어 문화적인 요소를 생산하는 산업이다.

03 다음 중 생산의 3요소에 해당하는 것은?

① 노동, 자본, 토지
② 노동, 자본, 국가
③ 국가, 정부, 노동
④ 노동, 산업, 투자

해 생산의 3요소란 생산의 필수불가결한 요소인 토지, 노동, 자본을 말한다.

답 01. ① 02. ④ 03. ①

04 운수업, 금융업, 통신업 등의 서비스산업은 몇 차 산업에 속하는가?

① 제1차 산업 ② 제2차 산업
③ 제3차 산업 ④ 제4차 산업

해 제3차 산업은 제1, 2차 산업에서 생산된 물품을 소비자에게 판매하거나 각종 서비스를 제공하는 산업을 말하며, 상업과 운수업, 금융업, 통신업 등의 서비스산업을 총칭한다.

05 통계청에서 업종 관련 통계자료의 정확성을 확보하기 위하여 작성한 것으로 유엔의 국제표준산업분류(ISIC)에 기초하여 만들어진 통계자료는?

① ISO 9000 ② KSR
③ 한국표준산업기술분류 ④ RP

해 한국표준산업기술분류(KSIC ; Korean Standard Industrial Classification)에 대한 설명이다. 한국표준산업기술분류는 통계청에서 업종 관련 통계자료의 정확성, 비교성을 확보하기 위하여 작성한 것으로 유엔의 국제표준산업분류(ISIC ; International Standard Industrial Classification)에 기초하여 만들어진 통계자료이다. 이 분류를 통해 국내의 산업구조 및 기술변화를 파악할 수 있으며, 분류기준은 현재 수행하고 있는 산업 활동을 그 유사성에 따라 유형화한 것으로 일반행정과 산업정책 관련 정책의 기본 토대로 이용된다.

06 고령자를 대상으로 한 상품을 제조 · 판매하거나 제공하는 것을 목적으로 하는 영리사업은?

① 실버산업 ② 리스산업
③ 정맥산업 ④ 동맥산업

해 실버산업이란 고령자를 대상으로 한 상품을 제조 · 판매하거나 제공하는 것을 목적으로 하는 영리사업을 말한다. 실버사업은 최근 유망산업으로 중시되고 있는데, 현재 우리나라의 고령화가 급속도로 진행되어 고령자 인구가 급증하고, 고령자의 경제력이 전체적으로 높아져 구매력이 상승했으며, 자녀수의 감소로 인하여 고령자의 수요가 늘어난 것이 원인으로 볼 수 있다.

07 제조업의 해외 생산 등 해외 직접투자가 진전되면 해외에서 고용은 늘어나지만 그만큼 국내에서의 생산이 줄어 고용이 줄어드는 상황을 뜻하는 용어는?

① 부메랑 효과 ② 베블런 효과

③ 산업공동화 ④ 녹다운 현상

해 산업공동화(Deindustrialization)에 대한 내용이다. 제조업의 해외 생산 등 해외 직접투자가 진전되면 해외에서의 고용은 늘어나지만 그만큼 국내에서의 생산이 줄어 고용이 줄어들게 된다. 이는 국내의 생산능력 저하로 이어지는데 이를 산업공동화라고 한다. 산업공동화 논의는 미국 내의 보호주의가 고조되는 가운데 등장한 것으로, 기업이 국내생산보다 원가가 비교적 싼 해외로부터 부품과 제품을 조달하고 있기 때문에 미국경제에서 제조업이 차지하는 비율이 낮아지고 있다는 것을 지적하면서 비롯되었다.

Chapter 06

경영

08 다음 중 5S 서비스에 대한 설명이 잘못된 것은?

① 서브스티튜트(Substitute) 서비스 – 기업과 개인의 업무를 대행하는 서비스

② 소프트웨어(Software) 서비스 – 컴퓨터 시스템의 사용과 유지관리, 프로그램 등의 서비스

③ 시큐리티(Security) 서비스 – 개인, 기업의 안전, 생명, 재산보호를 위한 서비스

④ 스페시픽(Specific) 서비스 – 복지사업 등에 의한 사회보장 확립을 위한 서비스

해 스페시픽(Specific) 서비스란 변호사, 의료, 시설학원 등에 의한 특수 서비스를 말한다.

5S 서비스

5S 서비스란 금융, 호텔, 병원, 수송 등 종래의 전통적인 서비스업 외에 새로 개발된 5가지 서비스산업을 말한다.

- 시브스티튜트(Substitute) 서비스 : 대리자란 의미의 'substitute'에서 파생된 용어로 기업과 개인의 업무를 대행하는 서비스를 말한다.
- 소프트웨어(Software) 서비스 : 컴퓨터 시스템의 사용과 유지관리, 프로그램 등의 서비스를 말한다.
- 시큐리티(Security) 서비스 : 개인, 기업의 안전, 생명, 재산보호를 위한 서비스를 말한다.
- 소셜(Social) 서비스 : 복지사업 등에 의한 사회보장 확립을 위한 서비스를 말한다.
- 스페시픽(Specific) 서비스 : 변호사, 의료, 시설학원 등에 의한 특수 서비스를 말한다.

답 04. ③ 05. ③ 06. ① 07. ③ 08. ④

09 **공업상의 물품에 있어 그 형상 · 구조 또는 조합에 관하여 실용성이 있는 신규의 고안을 한 사람에게 주어지는 권리는?**

① 특허권 ② 지적재산권
③ 실용신안권 ④ 상표권

해 실용신안권에 대한 내용이다.

실용신안권
실용신안이란 산업상 이용할 수 있는 물품의 형상 · 구조 또는 조합에 관한 고안을 말하는 것으로 공업상의 물품에 있어 그 형상 · 구조 또는 조합에 관한 실용성 있는 신규의 고안이 한 사람에게 주어지는 권리를 말한다. 다만, 실용신안이라 하더라도 공공의 질서 또는 선량한 풍속을 문란하게 하거나 공중의 위생을 해할 염려가 있는 고안일 경우 실용신안권을 취득할 수 없다. 실용신안권 존속기간은 실용신안권 설정등록을 한 날부터 실용신안등록출원일 후 10년이 되는 날까지이다.

10 **공업소유권(Industrial Property Right)의 사용 존속기간이 틀린 것은?**

① 특허권 – 20년
② 실용신안권 – 10년
③ 디자인권 – 10년
④ 상표권 – 10년

해 디자인권은 디자인보호법에 의해 보호되는 권리로 과거 의장권에서 디자인권으로 바뀌었다. 디자인이란 물품의 형상 · 모양 · 색채 또는 이들을 결합한 것으로서 시각을 통하여 미감을 일으키게 하는 것을 말하며 이러한 의장을 등록한 사람에게 주어지는 권리를 디자인권이라 한다. 디자인권의 존속기간은 디자인권의 설정등록이 있는 날부터 15년으로 되어 있다.

11 **다음 중 공업소유권에 대한 내용으로 잘못된 것은?**

① 특허권은 공업상의 물품 및 그 제조방법에 관하여 최초로 발명한 사람에게 주어지는 권리를 말한다.

② 실용신안이라 하더라도 공공의 질서 또는 선량한 풍속을 문란하게 하거나 공중의 위생을 해할 염려가 있는 고안일 경우 실용신안권을 취득할 수 없다.

③ 상표란 상품을 생산 · 가공 · 증명 또는 판매하는 것을 업으로 영위하는 자가 자기의 업무에 관련된 상품을 타인의 상품과 식별되도록 하기 위하여 사용하는 것이다.

④ 디자인이란 산업상 이용할 수 있는 물품의 형상 · 구조 또는 조합에 관한 고안을 말하는 것이다.

해 디자인이란 물품의 형상 · 모양 · 색채 또는 이들을 결합한 것으로서 시각을 통하여 미감을 일으키게 하는 것을 말하며, 산업상 이용할 수 있는 물품의 형상 · 구조 또는 조합에 관한 고안을 말하는 것은 실용신안에 해당한다.

12 **인증규격 국제표준화기구(ISO)에서 인증하는 ISO 9000 시리즈에 대해 잘못 설명한 것은?**

① 9001 – 제품의 디자인 및 개발과 생산, 서비스 등을 내용으로 하는 가장 광범위한 적용범위를 가진 규격이다.

② 9002 – 디자인 개발 또는 서비스에 대해 공급자의 책임이 없는 경우 적용되는 규격이다.

③ 9003 – 디자인과 설치 등이 문제가 되지 않는 극히 단순한 제품일 경우 적용되는 규격이다.

④ 9000 – 품질관리시스템을 개발하고 실행하기 위한 일반지침이다.

해 9000은 9001, 9002, 9003, 9004의 규격 안내서이다.

인증규격 국제표준화기구(ISO ; International Organization for Standardization)

- ISO 9000 시리즈 : 제품의 생산 및 유통과정 전반에 걸쳐 국제규격을 제정한 소비자 중심 품질보증제도를 말한다. 우리나라 중소기업의 ISO 인증은 중소기업인증센터, 한국능률협회, 한국생산성본부 등의 기관에서 1992년부터 시행하고 있으며 총 5개로 구성되어 있다.
  - 9001 : 제품의 디자인 및 개발과 생산, 서비스 등을 내용으로 하는 가장 광범위한 적용범위를 가진 규격이다.
  - 9002 : 디자인 개발 또는 서비스에 대해 공급자의 책임이 없는 경우 적용되는 규격이다.
  - 9003 : 디자인과 설치 등이 문제가 되지 않는 극히 단순한 제품일 경우 적용되는 규격이다.
  - 9004 : 품질관리시스템을 개발하고 실행하기 위한 일반지침이다.
  - 9000 : 위 네 가지의 규격 안내서이다.

답 09. ③ 10. ③ 11. ④ 12. ④

2 기업

회사

(1) 회사의 형태

① **정의** : 회사란 상행위나 그 밖의 영리를 목적으로 설립한 법인을 의미하며 상법에 규정되어 있다. 기존에는 회사를 합명회사, 합자회사, 주식회사, 유한회사의 네 가지로 구분하였으나, 2012년부터 유한책임회사라는 개념이 도입되어 총 다섯 가지로 구분된다. 유한책임회사는 경직된 지배구조의 주식회사보다 신속하고 유연하며 탄력적인 지배구조를 가지고 있어 출자자가 직접 경영에 참여할 수 있으며 각 사원이 출자금액만 한도로 책임을 지는 회사이다.

② 회사의 종류

㉠ **합명회사** : 회사의 채무에 대해 무한책임을 지는 2인 이상의 무한책임사원으로 구성된 회사로 회사가 문을 닫을 경우 모두가 책임을 져야 하는 형태이다.

㉡ **합자회사** : 합자회사는 무한책임사원과 유한책임사원으로 조직된 회사로 1인 이상의 무한책임사원과 1인 이상의 유한책임사원으로 구성된 물적 · 인적 회사를 말한다. 즉, 합명회사와 유한회사가 합쳐진 형태로 볼 수 있다.

㉢ **주식회사** : 주식을 발행하여 여러 사람이 자본투자에 참여할 수 있는 회사로 유한책임사원으로 구성된 자본적 결합체를 말한다.

㉣ **유한회사** : 2명 이상 50명 이하의 유한책임사원으로만 구성되는 인적 · 물적 회사로 사원이 일정금액만 투자하여 투자금액에 대해서만 책임지는 회사를 말한다.

㉤ **유한책임회사** : 우리나라의 대부분 회사는 주식회사로 되어 있으나 설립요건이 까다롭고 지배구조가 경직되서 창조적인 아이디어를 가진 청년이나 벤처사업을 구상하는 사람들이 쉽게 회사를 설립할 수 없었다. 이에 2012년 시행된 개정 상법에서 사원의 유한책임을 인정하면서도 회사의 설립 · 운영과 기관 구성 등에서 사적 자치를 폭넓게 인정하는 유한책임회사를 도입하여 벤

지주회사

넓은 뜻으로는 지배관계의 유무에도 불구하고 타 회사에 대한 자본참가가 주목적인 회사를 말하는 것으로 증권투자회사 등도 속한다. 좁은 뜻의 지주회사, 즉 지배회사제도는 기업지배에 의한 독점수단으로서 19세기 말 미국에서 발생하여 발전하였는데, 피라미드형의 지배를 가능하게 하며, 소자본을 가지고도 거대한 생산과 자본에 대한 독점 지배망을 넓힐 수 있다.

MRO기업

'유지(Maintenance)', '보수(Repair)', '운영(Operation)'의 영문약자로, 기업에서 쓰는 소모성 자재인 필기구, 복사용지 등 사무용품을 비롯해 공구와 부품 등 원자재를 제외한 모든 소모성 자재 구매를 대행하는 기업이다. 일반 기업들의 경우 소모성 자재를 관리하려면 비용과 인력 소모가 많기 때문에 이를 대행하는 전문 업체가 바로 MRO기업들로, 이들 기업은 대량 구매를 통해 질 좋은 물품을 싸게 구입해서 납품비용이 저렴하다는 장점을 지니고 있다.

페이퍼 컴퍼니(Paper Company)

서류 형태로만 존재하면서 회사의 기능을 수행하는 회사를 말한다. 사업 활동에서 나오는 소득과 기타 합산 소득에 대한 세금을 절감하는 한편 기업활동 유지에 소요되는 제반경비를 절감하기 위해 설립한다. 세금절감 목적 때문에 영국령 섬인 케이맨 제도나 버진아일랜드 등 국제적으로 널리 알려진 조세피난처에 주로 설립된다.

처기업이나 1인 창조기업과 같은 회사를 쉽게 설립할 수 있도록 하였다.

> **1인 창조기업 육성에 관한 법률**
> - **목적** : 창의성과 전문성을 갖춘 국민의 1인 창조기업 설립을 촉진하고 그 성장기반을 조성하여 해당 기업을 육성하기 위해 제정되었다.
> - **정의** : 1인 창조기업이란 창의성과 전문성을 갖춘 1인이 상시근로자 없이 지식서비스업, 제조업 등을 영위하는 자를 의미한다.
> - **중소기업청의 관리** : 중소기업청장이 1인 창조기업을 육성하기 위하여 3년마다 1인 창조기업 육성계획을 수립하고 시행하도록 하며 1인 창조기업의 실태조사와 조사공표, 1인 창조기업지원센터를 설립 · 운영하도록 하고 있다.
> - **조세특례** : 국가와 지방자치단체는 1인 창조기업을 육성하기 위하여 1인 창조기업에 대한 조세특례제한법, 지방세특례제한법, 그 밖의 조세 관계 법률에서 정하는 바에 따라 소득세 · 법인세 · 취득세 · 재산세 및 등록면허세 등의 조세를 감면할 수 있도록 하고 있다.
> - **1인 사업 지원** : 지식 서비스 거래를 활성화하기 위하여 지식 서비스 지원, 교육훈련 지원 및 연계형 기술개발 지원, 사업 성공 가능성이 높은 아이디어를 가진 1인 창조기업을 선정하여 아이디어의 사업화를 위한 지원을 할 수 있다.

(2) 사회적 기업

① **정의** : 사회적 목적을 우선으로 추구하면서 영업활동을 수행하는 기업으로 취약계층인 저소득자나 고령자, 장애인, 새터민 등에게 일자리와 사회서비스를 제공하며, 수익이 발생하면 사회적 목적 실천을 위해 지역공동체에 다시 투자하는 기업이다. 1997년 외환위기 이후 급증한 실업률과 양극화, 고령화 및 저출산 문제의 심화로 지속가능한 양질의 일자리 창출의 필요성이 대두되면서 나타났고 현재 '사회적기업육성법'에 의해 고용노동부장관의 인증을 받은 기업이 활동 중이다.

② 의의

㉠ **지속가능한 일자리 제공** : 취약계층을 노동시장으로 통합하는 보람되고 좋은 일자리 확대

㉡ **지역사회 활성화** : 지역사회 통합, 사회적 투자확충을 통한 지역경제 발전

모듈기업(Module Corporation)

자기 회사 내에 생산시설을 일절 갖고 있지 않거나 최소한의 시설만을 갖추고 외부기업으로부터 부품이나 완제품을 조달하여 최종제품을 판매하는 기업을 말한다. 이렇게 하면 생산설비에 드는 비용을 디자인이나 마케팅 등 경쟁의 핵심요소에 집중투자하여 경쟁력을 키울 수 있다는 장점이 있다. 이러한 형태의 기업은 패션산업에서 최초로 시작되었는데 급변하는 패션 트렌드에 적응하기 위해서였다. 대표적인 모듈기업으로 나이키, 리복 등이 있으며 국내 기업으로는 이랜드가 있다.

벤처 캐피털(Venture Capital)

고도의 기술력과 장래성은 있으나 아직 경영기반이 약해 일반금융기관에서는 융자받기 어려운 벤처 비즈니스에 대해 주식취득 등의 형식으로 투자를 실시하는 기업, 또는 이러한 기업의 자본 자체를 가리키는 용어이다. 자금을 지원한 후 투자대상기업이 성장하면 보유주식을 매각하여 투자금을 회수하는데, 벤처기업의 경영성과에 따라 큰 수익을 올리기도 하지만 투자금을 회수할 수 없는 경우도 있다.

벤처 비즈니스(Venture Business)

모험기업이라고도 하며 신기술이나 노하우 등을 개발하고 이를 기업화함으로써 전문기술이나 노하우를 활용하여 사업을 하는 비교적 소규모의 창설적인 기업을 말한다.

컨글로머리트(Conglomerate)

자사의 업종과 관계가 없는 기업을 매수 · 합병하여 경영을 다각화하는 기업을 의미한다. 밀집하여 뭉친다는 뜻으로 복합기업이라고도 한다.

㉢ **사회서비스 확충** : 새로운 공공서비스 수요 충족, 공공서비스 혁신

㉣ **윤리적 시장 확산** : 기업의 사회공헌과 윤리적 경영문화 확산, 착한 소비문화 구성

③ **사회적 기업의 종류**

㉠ **일자리 제공형** : 사회적 취약계층의 자활을 돕기 위한 일자리 제공이 주목적이다.

㉡ **사회적 서비스 제공형** : 기업의 주 목적이 취약계층에 사회적 서비스를 제공하는 것이다.

㉢ **혼합형** : 일자리와 사회적 서비스 두 가지를 동시에 제공한다.

㉣ **지역사회 공헌형** : 지역사회 주민 삶의 질 향상에 기여한다.

㉤ **기타** : 사회적 목적의 실천여부를 고용비율과 사회적 서비스 제공비율 등으로 판단하기 곤란한 기업들이 속한다.

(3) 공정거래

① **카르텔(Cartel)** : 기업 상호 간의 경쟁의 제한이나 완화를 위해 다수의 동종 또는 유사 기업 간에 경쟁을 제한하고 시장을 독점적으로 지배하기 위한 기업형태로 협약에 의해 결합되기 때문에 기업의 자율성과 독립성이 보장된다. 우리나라에서는 공정거래위원회 카르텔 조사국에서 카르텔과 관련한 규제시책을 수립 · 운용하고 있다.

② **트러스트(Trust)** : 기업합동이라고 불리며 동일산업에 참가하고 있는 기업들이 경제적 독립성을 상실하여 새로운 기업으로 합동하는 기업결합방법이다. 이러한 트러스트는 기업 간 합병이나 주식의 매수 등을 통해 의결권을 획득함으로써 당해 시장에서 독점적인 시장행동을 취하고 기업 간의 경쟁을 배제하여 초과이윤을 얻게 되기 때문에 각국에서는 트러스트를 통제하고 있다. 트러스트는 가입 기업들이 독립성을 버리고 단일 기업으로 합동된 것이므로 카르텔보다 강력한 지배력을 갖게 된다.

③ **콘체른(Konzern)** : 법률상으로는 독립되어 있으나 경영상 실질적으로 결합되어 있는 기업결합형태를 의미한다. 즉, 콘체른은 법률상으로 독립성을 유지하면서 실질적으로는 출자 관계에 의해 하나의 기업으로 결합되는 기업결합형태이며 거대 기업이 여러 산업의 다수 기업을 지배할 목적으로 결성된다.

대규모 기업집단

동일 기업집단 소속 국내회사(계열회사)들의 직전 사업연도 재무상태표상 자산총액(금융, 보험회사는 자본금 또는 자본총액 중 큰 금액) 합계액이 5조원 이상인 기업집단이다. 이는 다시 공시대상 기업집단과 상호출자제한 기업집단으로 나뉘는데 공시대상 기업집단은 자산규모 5조원 이상으로 공시의무(기업집단 현황 공시, 비상장사 주요사항 공시, 대규모 내부거래 공시)와 특수관계인에 부당한 이익 제공 금지 등을 적용하며 상호출자제한 기업집단은 자산 규모 10조원 이상의 집단으로 공시대상 기업집단의 적용사항 이외에 추가적으로 상호순환출자금지, 채무보증금지, 금융보험사 의결권 제한 등을 적용받는다.

알고리즘 담합(Algorithm)

사업자 간 직접적 의사교환과 합의 없이 경쟁사끼리 동일한 수준으로 가격을 책정하도록 설정한 일종의 묵시적 담합을 말한다.

확인문제 대신증권

1. 다음 중 기업의 결합형태가 가장 강력한 것은?
① 콘체른
② 카르텔
③ 트러스트
④ 컨글로머리트

해 트러스트(Trust)는 수 개의 기업이 시장독점을 위해 공동지배 아래 더 큰 기업으로 합동하는 기업의 형태를 말한다. 카르텔보다 더 강력한 기업집중의 형태로 시장지배 목적은 카르텔과 동일하나 각 기업이 법률적 · 경제적인 독립성을 상실한다는 점에서 차이가 있다.

답 1. ③

④ **신디케이트(Syndicate)** : 동일 시장 내의 여러 기업이 출자하여 공동판매회사를 설립하고 제품을 판매하는 가장 고도화된 카르텔의 형태로 공동판매소를 두고 판매를 공동으로 한다.

> **셔먼법(Sherman Antitrust Act)**
> 1890년 미국 연방의회의 국내외 시장에서 독점 및 거래 제한을 금지하기 위해 제정한 미국 최초의 독점금지법이다. 시장 경쟁의 대헌장으로 불리는 셔먼법은 국내외 거래를 제한할 능력을 갖춘 기업 간에 이루어지는 어떤 형태의 연합도 불법이며, 미국에서 이루어지는 거래 또는 통상에 대한 어떠한 독점도 허용하지 않는다는 두 가지 핵심 조항을 담고 있다.

금산분리

(1) 금산분리(Seperation of Banking and Commerce)

① **정의** : 금산분리란 금융자본과 산업자본을 분리하는 것을 말한다. 금융자본과 산업자본 간에 일정 한도를 두어 대기업들이 금융기관을 소유할 수 없도록 하는 것이다.

㉠ **금산분리 제도 찬성** : 금융과 산업의 자본을 분리하자는 입장에서는 금융자본이 산업자본을 지배하거나 산업자본이 금융자본을 소유하게 될 경우 대기업이 금융기관에 예치된 국민의 저축예금 등을 마음대로 운용하기 때문에 시장의 공정성을 해치고 금융자본이 기업에 편중되어 금융의 부실화를 초래할 수 있다고 주장한다.

㉡ **금산분리 제도 완화** : 자본시장통합법에 따라 우리나라 금융의 국제경쟁력을 강화하기 위해서는 금산분리를 완화해야 한다는 주장이다. 산업자본(대기업)이 금융기관을 소유하게 되면 국제시장에서 해외자본의 영향력에서 벗어나 강력한 국가경쟁력을 가질 수 있다는 것이다. 예를 들어 우리 정부가 외환은행을 매각하려 했을 때 국내에서는 산업자본만이 인수에 나설 수 있었으나 미국계 펀드 '론스타'는 외환은행을 싼값에 사들이고 많은 차익을 남겨 우리 경제에 큰 타격을 입혔다. 이러한 경험을 통해

아마존효과(Amazon Effect)

아마존의 사업 확장으로 인해 업계에 파급되는 효과를 이르는 말로, 아마존이 해당 분야로 진출한다는 소식만 들려도 해당 산업을 주도하는 기업들의 주가가 추락하고 투자자들이 패닉에 빠지는 현상을 뜻한다. 아마존은 서적, 전자제품 판매에서 점차 소포, 음식 배달, 의류, 트럭, 의약품 판매, 부동산 중개 등 모든 영역으로 사업을 확장하면서 해당 분야의 기업들에게 공포를 안기고 있다.

더블 바텀 라인 (DBL ; Double Bottom Line)

사회적 목적과 경제적 수익을 동시에 충족하는 기업을 말한다. 이런 기업들은 결산서 맨 마지막 줄의 재무적 수익 부문(Bottom Line)만 신경 쓰는 일반 기업과 달리, 사회적 가치 창출이라는 두 번째 수익 부문(Double Bottom Line)을 함께 평가받는다. 일부 경영학자들은 재무적 가치와 사회적 가치를 함께 추구하는 더블 바텀 라인 기업들이 장기적으로 기업과 사회에 모두 안정적인 수익을 준다고 주장한다.

산업자본이 금융자본을 소유하는 것에 대한 규제를 완화해야 한다고 주장한다.

② **금융지주회사(Financial Holding Company)** : 금융지주회사란 주식 또는 금융업의 영위와 밀접한 관련이 있는 회사를 지배하는 것을 주된 사업으로 하는 회사를 뜻한다. 즉, 은행과 증권, 보험과 같이 분야가 다른 금융회사들의 주식을 사들여 자회사로 편입시키고 자회사도 다른 금융회사의 주식을 사들여 손자회사로 만드는 회사를 말한다. 우리나라에는 은행을 주축으로 하는 은행지주회사가 대부분이지만, 한국투자금융지주의 경우 자회사 중에 은행이 없으며 한국투자증권처럼 증권사를 주축으로 하는 증권지주사도 있다. 금융지주회사는 여러 자회사의 정보와 서비스를 활용하여 경영을 확대할 수 있어 수익을 더 많이 낼 수 있다.

(2) 합병

① **M&A(Merger and Acquisitions)** : 다른 회사의 경영권을 확보하기 위해 기업을 사들이거나 합병하는 것을 말한다. 기업합병(Merger)과, 다른 하나의 자산 또는 주식의 취득을 통해 경영권을 획득하는 기업인수(Acquisition)를 결합한 용어이다.

구분	신규설립	M&A
장점	• 초기사업 방향 선정 및 계획의 융통성 • 기업의 통제가 용이 • 투자금액의 결정 유통성 • 기존 기업이 지닌 문제점 제거	• 사업착수까지 시간 단축 • 인력과 노하우를 흡수 • 상품, 브랜드, 영업망 확보
단점	• 브랜드 및 영업기반 구축에 시간 필요 • 능력 있는 인재 채용의 어려움 • 투자의 안정성 결여와 기존 업체와 마찰 야기	• 막대한 인수자금 필요 • 이질적인 문화의 조기해소 어려움 • 절차의 복잡성

② **워크아웃(Workout)** : 기업의 재무구조 개선작업을 의미하는 용어로 미국의 GE(General Electric) 회장 잭 웰치에 의해 대중화되었으며 구조조정을 통한 경쟁력 강화의 의미로 사용된다. 워크아웃이란 문제해결을 위해 계획을 수립하고 실행에 옮기는 일련의 과정을 포괄하는 개념으로 기업과 관련하여 기업회생을 위한 각종 구조조정과

연결재무제표(Consolidated Financial Statements)

금융지주회사처럼 한 회사가 여러 회사에 투자하여 지배하고 있는 경우 지배당하고 있는 회사들의 재무제표를 합쳐서 하나로 만든 재무제표를 말한다. 연결재무제표는 연결재무상태표, 연결손익계산서, 연결자본변동표, 연결현금흐름표로 구성되어 있다.

나운사이징(Downsizing)

기구축소 또는 감원을 뜻하는 경영기법이다. 단기적인 비용절감이 아닌 장기적인 경영전략으로, 수익성이 없거나 비생산적인 부서 또는 지점을 축소·해체하고 단순화함으로써 관료주의적 경영체제를 지양하고 의사소통을 원활히 하여 신속하게 의사결정을 하는 것을 말한다.

아웃소싱(Outsourcing)

기업이 중심업무에만 집중하고 중요도가 떨어지는 업무는 외부에 위탁하는 것으로 현재 기업의 대부분의 업무분야에서 이루어지고 있다. 아웃소싱은 비용절감, 서비스 수준 향상 등의 이유로 기업에서 제공하는 일부 서비스를 외부에 위탁하기 위해 시행한다.

화의제도

경영난에 처한 회사와 채권자들이 법원의 감독 아래 협의를 통한 채무상환방법 등을 정해 파산을 면하는 제도이다. 법원은 화의신청이 타당하다고 판단되면 법정관리와 마찬가지로 재산보전처분 결정을 내려 채무이행을 동결시키고 부도를 막아주게 된다. 화의결정이 내려지면 경영권은 유지하면서 경영 정상화를 모색할 수 있다는 점에서, 법원이 법정관리인을 선정하고 기업경영까지 책임지는 법정관리와 큰 차이가 있다.

경영혁신활동을 의미한다. 기업의 회생 가능성을 판단하였을 때 생존 가능성이 있는 기업을 대상으로 채권금융기관과 기업 당사자가 긴밀히 협력하여 회생을 모색하는 작업이며 기업에 대한 실사 평가를 바탕으로 이루어진다.

③ **황금낙하산(Golden Parachute)** : 적대적 M&A를 방어하는 대표적인 전략으로 인수대상 기업의 경영진이 물러날 경우 거액의 퇴직금이나 보너스, 스톡옵션 등을 주도록 정관에 명시해 기업 인수비용을 높이는 것을 말한다.

④ **윔블던 효과(Wimbledon Effect)** : 세계 최고 권위를 지닌 윔블던 테니스 대회는 원래 영국 상류층들만이 즐기는 대회였으나, 점차 외국 선수들에게도 개방이 되자 영국 선수보다 외국 선수가 더 많이 우승하면서 영국이 외국 선수들의 경연장만 제공한 셈이 되었다고 비판한데서 유래되었다. 윔블던 효과는 국내에 유입된 외국자본과의 경쟁으로 인해 자국 기업의 경쟁력도 높아진다는 긍정적 효과의 반대로 자국 기업의 시장퇴출 및 내수불안을 야기한다는 부정적 효과를 함축하는 말이다. 금융시장 개방은 해외자본의 국내 유입을 통한 시장경쟁 활성화에 따라 국내 기업의 경쟁력을 높이는 데 유익한 긍정적 효과를 발휘하는 것도 사실이다. 하지만 외국계 거대자본이 국내 기업과 금융시장에서 시장지배력을 행사함으로써 적대적 M&A와 국부 유출뿐만 아니라, 국내 경제정책의 자율성이 훼손되는 부작용을 야기하기도 한다.

전략적투자자와 재무적투자자

기업의 M&A 또는 대형 개발 · 건설사업으로 대규모의 자금이 필요할 때 경영권 확보(경영참여)를 목적으로 자금을 지원하는 투자자를 전략적투자자(Strategic Investors)라고 하며 머리글자를 따서 'SI' 라고도 부른다. 보통 인수하는 기업과 업종이 같거나 상승효과를 낼 수 있는 기업이 전략적투자자가 된다. 한편 경영에는 참여하지 않고 배당금 · 원리금 형태의 수익만을 목적으로 자금을 지원하는 투자자는 재무적투자자(Financial Investors)라고 하는데 은행이나 증권사 · 보험사 · 자산운용사 등의 기관투자기관이 재무적 투자자가 된다.

적중문제

01 **개정 상법에 규정된 회사형태로 경직된 지배구조의 주식회사보다 신속하고 유연하여 탄력적인 지배구조를 가지고 있으며, 출자자가 직접 경영에 참여할 수 있고 각 사원이 출자금액만을 한도로 책임지는 새로운 형태의 회사는?**

① 유한회사
② 유한책임회사
③ 합명회사
④ 합자회사

해 유한책임회사에 대한 내용이다. 우리나라의 대부분의 회사는 주식회사로 되어 있으나 설립요건이 까다롭고 지배구조가 경직되어 있어 창소석인 아이디어를 가진 청년이나 벤처사업을 구상하는 사람들이 쉽게 회사를 설립할 수 없었으나 2012년 개정 상법에서 사원의 유한책임을 인정하면서도 회사의 설립 · 운영과 기관 구성 등에서 사적 자치를 폭넓게 인정하는 유한책임회사를 도입하여 벤처기업이나 1인 창조기업과 같은 회사를 쉽게 설립할 수 있게 되었다.

02 **다음 중 설명이 잘못된 것은?**

① 합명회사 – 회사의 채무에 대해 무한책임을 지는 1인 이상의 무한책임사원으로 구성된 회사
② 합자회사 – 무한책임사원과 유한책임사원으로 조직된 회사로 1인 이상의 무한책임사원과 1인 이상의 유한책임사원으로 구성된 물적 · 인적 회사
③ 주식회사 – 주식을 발행하여 여러 사람이 자본투자에 참여할 수 있는 회사로 유한책임사원으로 구성된 자본적 결합체
④ 유한회사 – 2명 이상 50명 이내의 유한책임사원으로만 구성되는 인적 · 물적 회사로 사원이 일정금액만 투자하여 투자금액에만 책임을 지는 회사

해 ① 합명회사는 회사의 채무에 대해 무한책임을 지는 2인 이상의 무한책임사원으로 구성된 회사로 회사가 문을 닫을 경우 모두가 책임을 져야 하는 형태이다.
② 합자회사는 무한책임사원과 유한책임사원으로 조직된 회사로 1인 이상의 무한책임사원과 1인 이상의 유한책임사원으로 구성된 물적 · 인적 회사를 말한다. 즉, 합명회사와 유한회사가 합쳐진 형태로 볼 수 있다.
③ 주식회사는 주식을 발행하여 여러 사람이 자본투자에 참여할 수 있는 회사로 유한책임사원으로 구성된 자본적 결합체를 말한다.
④ 유한회사는 2명 이상 50명 이하의 유한책임사원으로만 구성되는 인적 · 물적 회사로 사원이 일정금액만 투자하여 투자금액을 책임지는 회사를 말한다.

03 **서류 형태로만 존재하면서 회사기능을 수행하는 회사를 지칭하는 용어로 기업활동 유지에 소요되는 제반경비를 절감하기 위해 설립한 회사를 일컫는 용어는?**

① 합자회사
② 모듈회사
③ 벤처회사
④ 페이퍼 컴퍼니

해 페이퍼 컴퍼니(Paper Company)란 서류 형태로만 존재하면서 회사기능을 수행하는 회사이다. 사업 활동에서 나오는 소득과 기타 합산 소득에 대한 세금을 절감하는 한편 기업활동 유지를 위해 소요되는 제반경비를 절감하기 위해 설립한다. 세금절감 목적 때문에 영국령 섬인 케이맨 제도나 버진아일랜드 등 국제적으로 널리 알려진 조세피난처에 주로 설립된다.

04 **1인 창조기업 육성에 관한 법률에 대한 내용으로 틀린 것은?**

① 창의성과 전문성을 갖춘 국민의 1인 창조기업 설립을 촉진하기 위해 제정되었다.
② 1인 창조기업이란 창의성과 전문성을 갖춘 1인이 상시근로자 없이 지식서비스업, 제조업 등을 영위하는 자를 의미한다.
③ 대통령은 1인 창조기업을 육성하기 위하여 3년마다 1인 창조기업 육성계획을 수립해야 한다.
④ 국가는 1인 창조기업에 대하여 조세를 감면할 수 있도록 하고 있다.

해 대통령이 아니라 중소기업청장이 1인 창조기업을 육성하기 위하여 3년마다 1인 창조기업 육성계획을 수립해야 한다.

답 01. ② 02. ① 03. ④ 04. ③

05 **기업인수와 합병에 직접적인 관계가 없는 용어는?**

① 기업사냥꾼
② 주가지수옵션
③ 그린메일
④ 백기사

해 ② 주가지수옵션(Stock Index Option)이란 주식의 가격수준을 나타내는 주가지수를 장래에 사거나 팔 수 있는 권리를 뜻하며 우리나라에서는 1997년 7월 주가지수옵션시장이 개설되었다.
① 기업사냥꾼은 특정 목적을 위해 기업을 인수하거나 합병하는 투자가 또는 전문가를 말한다.
③ 그린메일은 경영권을 담보로 보유한 주식을 시가보다 비싸게 되파는 행위를 말한다.
④ 백기사는 매수대상기업의 경영자에게 우호적인 제3의 기업인수자로서 매수대상기업을 인수하거나 적대 세력의 공격을 차단해 주는 역할을 한다.

06 **경영난에 처한 회사와 채권자들이 법원의 감독 아래 협의를 통해 채무상환방법 등을 정하고 파산을 면하는 제도로 경영권을 유지하면서 경영 정상화를 모색할 수 있다는 점에서 법정관리와 큰 차이점을 보이는 제도는?**

① 아웃소싱
② 다운사이징
③ 화의제도
④ 빅브라더제

해 화의제도에 대한 내용이다. 화의제도란 경영난에 처한 회사와 채권자들이 법원의 감독 아래 협의를 통해 채무상환방법 등을 정해 파산을 면하는 제도이다. 법원은 화의신청이 타당하다고 판단되면 법정관리와 마찬가지로 재산보전처분 결정을 내리고 채무이행을 동결시켜 부도를 막아주게 된다. 화의결정이 내려지면 경영권은 유지하면서 경영 정상화를 모색할 수 있다는 점에서 법원이 법정관리인을 선정하고 기업경영까지 책임지는 법정관리와 큰 차이점이 있다.

07 동일 시장 내의 여러 기업이 출자하여 공동판매회사를 설립하고 상품을 판매하는 가장 고도화된 카르텔의 형태로 공동판매소를 두고 판매를 공동으로 하는 것은?

① 콘체른

② 신디케이트

③ 트러스트

④ 카르텔

해 신디케이트(Syndicate)란 카르텔에 가맹된 기업이 직접 판매를 하지 않고 공동판매소를 통해 가입 기업의 상품을 일괄판매하는 공동판매 카르텔로, 카르텔 중에서 가장 고도화된 형태이다.

08 다음 중 신규설립과 인수합병에 대한 내용 중 올바르지 않은 것은?

	인수합병	신규설립
①	사업착수까지 시간 단축	초기사업 방향 선정 및 계획의 융통성
②	상품, 브랜드, 영업망 확보	투자금액의 결정 유통성
③	막대한 인수자금 필요	브랜드 및 영업기반 구축에 시간 필요
④	능력 있는 인재 채용의 어려움	인력과 노하우를 흡수

해 ④는 내용이 뒤바뀌어 있다.

신규설립과 인수합병의 비교

구분	신규설립	인수합병
장점	• 초기사업 방향 선정 및 계획의 융통성 • 기업의 통제가 용이 • 투자금액의 결정 유통성 • 기존 기업이 지닌 문제점 제거	• 사업착수까지 시간 단축 • 인력과 노하우를 흡수 • 상품, 브랜드, 영업망 확보
단점	• 브랜드 및 영업기반 구축에 시간 필요 • 능력 있는 인재 채용의 어려움 • 투자의 안정성 결여와 기존 업체와 마찰 야기	• 막대한 인수자금 필요 • 이질적인 문화의 조기해소 어려움 • 절차의 복잡성

답 05. ② 06. ③ 07. ② 08. ④

09 다음 중 워크아웃에 대한 내용으로 틀린 것은?

① 워크아웃(Workout)이란 기업의 재무구조 개선작업을 의미하는 용어이다.

② 워크아웃이란 문제해결을 위해 계획을 수립하고 실행에 옮기는 일련의 과정을 포괄하는 개념으로 해석된다.

③ 기업의 회생 가능성 판단 결과 생존 가능성이 있는 기업을 대상으로 한다.

④ 기업 개선 방법으로 장기대출의 단기 전환 등의 구조조정을 추진한다.

해 기업개선 작업 방법으로 금융기관의 대출금 출자전환, 단기대출의 중장기 전환 등 대출 구조조정과 대상 기업의 감자, 자산매각 등이 있으며 이들을 병행하여 추진한다.

워크아웃(Workout)

기업의 재무구조 개선작업을 의미하는 용어로 미국의 GE(General electric) 회장 잭 웰치에 의해 대중화되었으며 구조조정을 통한 경쟁력 강화의 의미로 사용된다. 워크아웃이란 문제해결을 위해 계획을 수립하고 실행에 옮기는 일련의 과정을 포괄하는 개념으로 기업과 관련하여 기업회생을 위한 각종 구조조정과 경영혁신활동을 의미한다. 기업의 회생 가능성을 판단하였을 때 생존 가능성이 있는 기업을 대상으로 채권금융기관과 기업 당사자가 긴밀히 협력하여 회생을 모색하는 작업이며 기업에 대한 실사 평가를 바탕으로 이루어진다.

10 경영분야에서 M&A란 무엇을 의미하는가?

① 기업인수합병

② 기업이미지 통일화

③ 신경영분석기법

④ 경영자협회

해 M&A는 다른 회사의 경영권을 확보하기 위해 기업을 사들이거나 합병하는 것을 말한다.

답 09. ④ 10. ①

3 경영

경영관리

(1) 조직관리

① **라인조직** : 라인조직이란 명령일원화 원칙을 위한 조직으로 상위권자의 권한과 명령이 하의상달 방식으로 하급자에게 전달되는 조직구조를 뜻한다. 가장 단순하며 편성이 쉬운 조직으로 군대식 조직, 수직적 조직이라고도 한다.

② **기능식 조직** : 기능식 조직은 각 구성원이 수행하는 기능을 중심으로 편성된 조직 형태로 마케팅, 생산, 총무부서처럼 전문적인 지식과 재능에 따라 편성된다. 규모가 작은 분야에서 환경이 안정되고 고도의 전문화가 요구되는 사업에 적합한 형태로 분업화와 조직구성원의 전문화를 제고할 수 있는 장점을 지니고 있다.

③ **라인과 스태프 조직** : 조직의 본질적인 업무를 수행하는 라인과 이들을 원조하고 보조하는 스태프를 결합한 조직구조를 말한다. 즉, 라인에는 전문적인 지식을 가진 핵심 참모가 경영을 하고 스태프는 라인을 원조하기 위해 조언과 협력을 하는 구조이다.

④ **프로젝트 조직** : 기술의 발달이 빠르게 진행되고 이러한 발전된 기술을 선점하는 것이 기업의 경쟁력과 생명을 좌우하는 요소로 부각됨에 따라 동태적인 개방형 시스템을 도입하기 위해 구성된 조직 형태이다. 태스크포스(Task Force)팀이라고도 하며 신시장 개척, 신제품 개발처럼 특정한 사업계획을 추진하는 경우 형성하고 그 사업이 종료되면 해체되는 일시적인 조직이다.

⑤ **매트릭스 조직** : 프로젝트 조직과 기능식 조직을 결합한 형태로 종적인 조직을 기본으로 하고 특정 임무를 수행하는 구성원을 횡적으로 묶어 업무의 효율을 높인 다음 업무가 끝나면 다시 종적으로 복귀하는 특징이 있다.

(2) 조직 편성의 원리

① **계층제 원리** : 조직수행목적을 위한 구성원의 임무를 책임과 난이

경영정보시스템(MIS ; Management Information System)

기업의 경영관리에 필요한 정보를 기업의 각 부서에서 신고하고, 정보를 정확하게 수집하여 종합적으로 가공, 저축, 제공하는 전체 시스템과 그 네트워크를 뜻한다.

확인문제 해태

1. 경영에 관련된 정보를 체계적 · 조직적으로 수집 · 보관하였다가 경영의사결정 시 검색 · 전달하여 이용하는 정보시스템을 무엇이라 하는가?

① M&A
② EDPS
③ MIS
④ OA

해 경영정보시스템(MIS ; Management Information System)에 대한 설명이다.

벤치마킹(Benchmarking)

지속적인 개선을 달성하기 위해 기업내부의 활동과 기능, 그리고 관리능력을 외부기업과의 비교를 통해 평가하고 발전모형으로 삼을 수 있는 기업의 성과지표를 기준으로 목표를 설정한 후 이를 달성할 수 있는 구체적인 개선노력을 추구하며, 항상 정확한 정보에 입각한 객관적인 지표를 이용하여, 전략의 수행으로부터 구체적인 업무수행절차에 이르는 조직의 모든 활동을 대상으로 효과성과 효율성을 향상시키는 행위를 말한다.

답 1. ③

도에 따라 부여하여 위로 올라갈수록 권한과 책임이 무거운 임무를 수행하도록 편성하는 것을 말한다. 계층제를 확대할 경우 지휘계통을 확립하며 통일성을 확보할 수 있다는 장점이 있으나 의사소통 단계가 늘어나 업무의 흐름이 지연된다는 단점도 있다.

② **통솔범위 원리** : 통솔범위란 상관과 감독자가 효과적으로 통제할 수 있는 직원의 수를 의미한다. 관리자의 통솔능력한계를 벗어난 인원을 배치할 경우 지휘통솔에 문제가 발생하여 지시한 의도와 다르게 집행되는 문제가 발생할 수 있으므로 적정한 부하의 수가 어느 정도인지를 파악하는 것이 중요하다.

③ **분업의 원리** : 전문화의 원리라고도 하며 개인별 또는 기관별로 업무를 분담하는 원리를 뜻한다. 분업화를 세분화할 경우 업무 습득 시간은 줄어들지만 조정과 통합이 어려워질 수 있다.

④ **명령통일의 원리** : 조직의 모든 구성원은 오직 한 사람의 상관으로부터 명령을 받아야 한다는 원리이다. 둘 이상의 상관으로부터 지시나 명령을 받을 경우 모순된 지시 등으로 인해 업무에 혼선과 비능률이 발생할 수 있으므로 명령통일의 원리에 따르는 것은 중요하다고 할 수 있다.

⑤ **조정과 총합의 원리** : 분업과 명령통일 원리, 계층제, 통솔범위 원리는 모두 조직의 목적을 합리적이고 효율적으로 달성하기 위해 존재하는 원칙으로 서로 상충되는 부분이 있기 마련이다. 이러한 문제점을 조정하는 원리가 바로 조정과 통합의 원리이다.

(3) 재무관리

① **정의** : 재무관리란 기업의 가치를 극대화하기 위해 기업의 설립과 운영에 필요한 자본을 합리적으로 조달하여 경영활동에 유용하게 관리하는 활동이라고 정의할 수 있다. 재무결정을 하기 위해서는 현재와 미래의 시감차이를 고려하고 미래의 위험성을 예측하여 기업재무의 유동성과 재무구조의 안전성 등을 종합적으로 판단해야 한다.

② **재무관리의 목표**

㉠ 재무관리의 목표는 조직의 가치를 극대화하는 데 있다.

㉡ 주로 기업의 자금을 다룬다는 측면에서 조직의 목표와 일치한다.

확인문제 경찰 채용

2. 상관 또는 감독자가 효과적으로 직접 감독할 수 있는 부하의 수에 관한 원리는?

① 계층제 원리
② 전문화 원리
③ 조정과 통합의 원리
④ 통솔범위 원리

해 통솔범위란 상관과 감독자가 효과적으로 통제할 수 있는 직원의 수를 의미한다. 관리자의 통솔능력한계를 벗어나 인원을 배치할 경우 지휘통솔에 문제가 발생하여 지시한 의도와 다르게 집행되는 문제가 발생할 수 있으므로 적정한 부하의 수가 어느 정도인지를 파악하는 것이 중요하다.

재무제표

기업의 이해 관계자들에게 기업의 재무상태나 경영성과에 대한 회계정보를 제공하기 위하여 일정한 양식으로 작성한 보고서를 말한다. 상법에는 대차대조표(재무상태표), 손익계산서 및 이익잉여금처분계산서 또는 결손금처리계산서를 재무제표로 하고 있다.

연결재무제표

지주회사나 자회사, 본점이나 지점 등과 같이 법적으로는 개별 독립기업이지만 경제적으로는 동일 자본에 속하는 조직체로 간주하여 각각의 개별 재무제표를 종합 작성하는 재무제표이다.

재무상태표(Balance Sheet)

과거에는 대차대조표라고 불렀으나 K-IFRS 도입에 따라 명칭이 재무상태표로 바뀌었다. 일정 시점에 기업의 자산과 부채 및 자본의 상태를 표시하여 기업의 재정상태를 알 수 있게 한 것으로 '자산 = 부채 + 자본'이라는 등식이 성립되며 일반적으로 자산을 차변에, 부채와 자본을 대변에 기재하여 양자를 비교 · 대조하는 형식을 취한다.

답 2. ④

(4) 인사

① 인사관리

㉠ **정의** : 인사관리(Personnel Management)란 기업의 목적을 달성하기 위하여 필요한 인적자원(Human Resources)을 확보하고 이들의 현재적 또는 잠재적 능력을 최대한으로 계발시킴과 동시에 이를 경영활동에 효율적으로 활용하기 위한 계획적이고 조직적인 관리활동의 체계를 말한다. 즉, 조직 구성원들이 조직의 목적을 달성하는 데 자발적이고 적극적으로 참여하게 함으로써 조직의 발전과 개인의 발전을 아울러 달성하고자 하는 기법이라고 할 수 있다.

㉡ **인사관리 목표** : 인사관리의 목적은 근로자의 삶의 만족과 조직의 생산성 향상이라는 두 가지 측면을 조화롭게 달성하는 데 있다. 이러한 목적을 달성하기 위해서는 조직 구성원이 정신적, 육체적 노동에 자발적으로 참여할 수 있도록 구성원들의 근로 의욕을 북돋워 줌으로써 노동력을 충분히 발휘할 수 있게 해야 한다.

㉢ **인사관리 원칙**

- **적재적소의 원칙** : 업무 수행에 적합한 자격 요건을 갖춘 사람을 직무적성에 맞는 위치에 배치하여야 한다는 원칙이다.
- **공정한 평가의 원칙** : 공정한 인사 고과에 의해 이동, 배치, 승진, 상벌 등이 이루어져야 한다는 원칙이다.
- **보상의 원칙** : 신분의 보장과 공정한 보상이 이루어져야 한다는 원칙이다.

② **직무분석** : 직무분석이란 직무를 수행하는 데 요구되는 지식, 능력, 기술, 경험, 책임 등이 무엇인지를 과학적이고 합리적으로 파악하는 것으로 다양한 직업 요소를 이해하기 위한 과정이라고 할 수 있다.

③ **교육** : 기업은 구성원의 업무능력 향상과 인간 완성, 지식 배양 등의 목적으로 교육을 실시한다. 교육의 궁극적인 목적은 기업의 발전과 기업과 개인의 목표를 통합하는 것이라고 할 수 있다. 인적자원은 기업의 핵심요소이므로 기업의 발전을 위해 교육은 매우 중요하다.

㉠ **직장 내 교육(OJT ; On The Job Training)** : 직무를 수행하면서 실시하는 교육훈련을 말한다. 업무에 실제적으로 필요한 지식이나

손익 계산서

기업의 경영성과를 밝히기 위하여 일정기간 내에 발생한 수익과 비용을 대비하고 당해 기간의 순이익을 계산 · 확정하는 보고서를 말한다. 손익계산서는 기업의 목표달성정도를 측정하는 기준이며 경영정책의 수립과 방향 설정에 있어 가장 중요한 자료가 된다.

손익분기점(Break-Even Point)

일정 기간의 매출액과 그 매출에 소용되는 모든 비용이 일치하는 점을 말하며 투입된 비용을 완전히 회수할 수 있는 판매량이다. 매출액이 그 이하로 감소하면 손실이 나며 그 이상으로 증대하면 이익을 가져오는 기점이다.

$$\text{손익분기점 매출액} = \text{고정비} \div \left(1 - \frac{\text{변동비}}{\text{매출액}}\right)$$

자기자본이익률 (ROE ; Return On Equity)

기업의 자기자본에 대한 기간이익의 비율이자, 경영자가 기업에 투자된 자본을 사용하여 이익을 어느 정도 올리고 있는가를 나타내는 기업의 이익창출능력으로 자기자본수익률이라고도 한다. 산출방식은 기업의 당기순이익을 자기자본으로 나눈 뒤 100을 곱한 수치이다. 자기자본이익률이 높은 기업은 자본을 효율적으로 사용하여 이익을 많이 내는 기업이므로 주가도 높게 형성되는 경향이 있어 투자지표로 활용된다. 투자자 입장에서 보면 자기자본이익률이 시중금리보다 높아야 투자자금의 조달비용을 넘어서는 순이익을 낼 수 있으므로 기업투자의 의미가 있다. 시중금리보다 낮으면 투자자금을 은행에 예금하는 것이 더 낫기 때문이다.

빅브라더(Big Brother) 제도

군대의 사수와 부사수의 관계처럼 선배사원이 신입사원을 입사 후 6개월 동안 일대일로 보살펴주는 제도를 말한다. 신입사원들에게는 선배사원과의 친목도모로 조직적응력을 높여주고 기존 사원들에게는 사고의 전환을 가져다주는 장점이 있다.

기능을 배우는 과정으로 교육을 위해 특별한 시간을 할애할 필요가 없어 기업의 입장에서는 비용을 절약할 수 있다는 장점이 있지만, 교육을 담당하는 자의 입장에서는 일상업무와 교육을 동시에 담당하기 때문에 업무가 과중된다는 단점이 있다.

ⓛ **직장 외 교육(Off-JT ; Off The Job Training)** : 사내 및 사외의 전문가를 초빙하여 직무현장이 아닌 교실에서 강의식으로 교육하는 방식을 말한다. OJT와 달리 실습과정이 없으며 시간적으로 융통성을 발휘하기 어렵지만 일처리의 원리와 일반적 지식을 습득하는 데 유용하다.

ⓒ **자기개발교육(SD ; Self Development)** : 자기성장의욕에 의한 자기훈련을 말한다. 자기개발은 급변하는 환경과 삶의 질을 유지하고 향상시키기 위한 평생교육의 필요성에서 비롯되었다고 볼 수 있으며, 자기개발교육은 전 생애를 통해 이루어지는 것이라고 할 수 있다.

④ 인사고과

㉠ **정의** : 종업원의 직무수행상의 업적을 측정하는 제도로 승진과 교육훈련, 임금, 인사 이동을 위한 자료를 얻기 위해 종업원의 능력과 근무태도를 평가하는 것을 의미한다.

ⓛ **종류**

- **서열법** : 종업원의 능력과 성적을 기준으로 종합순위를 매겨 우선순위에 따라 인사고과에 반영하는 방법을 말한다. 서열법은 획일적인 평가로 비능률적이라는 단점이 있지만 시간이 단축되는 효과가 있다.
- **평가척도법** : 전형적인 인사고과의 방법으로서, 종업원의 자질을 평가하기 위해 사전에 마련된 척도를 근거로 평가요소를 제시하여 평정자로 하여금 종업원의 직무수행상 달성 정도를 체크할 수 있도록 하는 방법이다.
- **점수법** : 점수법이란 숙련도, 피로도, 책임감, 작업환경 등의 항목별로 평가점수를 매겨 인사고과에 반영하는 방법이다.
- **강제할당법** : 사전에 평가등급별 인원을 정해놓고 강제할당하는 방법으로 평가등급을 수, 우, 미, 양, 가처럼 나누고 평가를 강제할당시키는 것이다.

휘슬 블로어(Whistle Blower)

특정 집단의 구성원으로서 집단 내부에서 자행되는 부정부패와 비리를 외부에 알리고 공공의 안전과 권익을 지키는 도덕적인 행위를 하는 자를 뜻한다. 영국 경찰이 호루라기를 불어 시민의 위법행위와 동료의 비리를 경계한 데서 생겨난 용어이다.

X · Y이론

미국의 경영학자인 맥그리거(Mcgregor)가 1960년대에 주장한 관리 및 조직에 있어서 인간의 본성에 관한 이론이다.

- **X이론** : 전통이론에 따른 인간관에 입각한 것으로 인간은 본래 노동을 싫어하고 경제적인 동기에 의해서만 노동을 하며 명령 · 지시받은 일만 실행한다는 이론이다. 이 이론에 의하면 엄격한 감독과 명령 · 지시, 상부로부터의 지배를 특색으로 하는 관리와 조직이 생겨나게 된다.
- **Y이론** : 노동은 놀이와 마찬가지로 본래 바람직한 것이며 인간은 노동을 통해 자기의 능력을 발휘하고 자기실현을 하고자 한다는 이론이다. 인간은 타인에 의해 강제되는 것이 아니라 스스로 설정한 목표에 의해 행동하는 능동적인 존재로 스스로 노력한다는 것이 이 이론의 핵심이다. 이 이론에 의하면 구성원을 의사결정에 광범위하게 참여시키는 관리와, 부하가 문제해결의 주체가 되는 능동적인 조직이 나타나게 된다.

헤일로 효과(Halo Effect)

인사고과에 발생하는 현상으로 어떤 사람의 호의적 또는 비호의적 인상이나 특정 요소로부터 받은 인상이 다른 요소를 평가하는 데 중요한 영향을 미치는 것을 말하며, '후광효과'라고도 한다. 특히 신입사원 면접의 경우 이를 방지하기 위하여 면접관의 노력과 교육이 필요하다.

> **다면평가제**
>
> 상급자의 획일적인 인사고과 판단이 아니라 상사평가와 동료평가, 부하평가, 고객평가 등의 결과를 합산해 인사고과 점수를 산정하는 방식을 말한다. 인사고과에 대한 객관성을 높일 수 있고 평가결과에 대한 반발의 소지를 줄일 수 있다는 장점이 있지만, 시간이 오래 걸리며 평가자에 따라 평가 결과에 차이가 생기는 등 공정성과 정확성이 부족하다는 단점이 있다.

⑤ 노사관계

㉠ **정의** : 노사관계란 사용자와 노동자 간의 관계를 의미한다. 과거에는 노동자와 자본가와의 관계를 의미하였지만 현재에는 소유와 경영의 분리로 인한 전문경영인이 등장함에 따라 노사관계의 개념이 바뀌어 노동자와 경영자 사이의 관계를 의미하게 되었다.

㉡ **노동3권** : 노동권은 헌법에 보장된 권리로서 근로자는 근로조건의 향상을 위하여 자주적인 단결권 · 단체교섭권 및 단체행동권을 가진다고 규정되어 있다. 하지만 주요 방위산업체에 종사하는 근로자의 단체행동권은 제한하도록 하고 있으며 공무원의 경우 법률이 정하는 자에 한하여 단결권 · 단체교섭권 및 단체행동권을 가진다고 명시하여 예외적인 사항을 열거하고 있다.

- **단결권** : 근로자들이 자주적으로 노동조합을 설립할 수 있는 권리를 말한다.
- **단체교섭권** : 근로자의 근로조건을 유지 · 개선하기 위해 조합원이 단결하여 사용자와 교섭할 수 있는 권리를 말한다.
- **단체행동권** : 근로자가 사용자에게 근로조건에 관한 자기 측의 주장을 관철하기 위해 단결권을 통해 각종 쟁의 행위를 할 수 있는 권리를 말한다.

㉢ **노동조합 종류**

- **오픈 숍(Open Shop)** : 고용관계에 있어 노동조합의 가입 여부를 노동자의 자유의사에 따라 결정할 수 있는 제도로, 고용주는 비조합원인 노동자도 자유롭게 고용할 수 있어 고용주에 의한 조합 약화 수단이 되기도 한다.
- **클로즈드 숍(Closed Shop)** : 회사와 노동조합의 단체협약으로 종업원의 채용 · 해고를 노동조합의 통제하에 위탁하고 회사는 노

엽관주의

공직임용에 있어 능력과 자질을 기준으로 하기보다는 임용후보자의 충성심과 정치적 성향에 따라 인사행정을 하는 것을 의미한다. 즉, 정권이 변하게 되면 기존의 공무원은 경질되어야 한다는 것으로 미국의 자유민주주의 발전과정에서 도입되었던 인사제도이다. 국민의 지지를 받은 정당의 구성원이 관직에 임용이 되기 때문에 국민의 의사를 반영할 수 있지만 비전문가를 임용하면서 행정의 전문화를 저해할 수 있으며 공직의 공정성이 훼손된다는 비판이 있다.

실적주의

당파성이나 혈연, 지연을 배제하고 개인의 능력과 자질에 따라 인사행정을 펴는 것을 말한다. 실적주의를 시행할 경우 기회균등과 사회적 평등을 실현하며, 공무원의 정치적 중립성을 지킬 수 있다. 하지만 인사관리에서 비융통적인 정책으로 인한 형식화를 초래할 수 있으며 모든 인사처리가 기준에 귀속되어 인사행정권력의 집권화를 일으킬 수 있다.

확인문제

3. 엽관주의에 대한 내용으로 옳지 않은 것은?

① 공직임용에 있어 능력과 자질을 기준으로 하는 방식이다.
② 임용후보자의 충성심과 정치적인 성향이 중요한 요소이기도 하다.
③ 국민의 지지를 받은 정당의 구성원이 관직에 임용이 되기 때문에 국민의 의사를 반영할 수 있다.
④ 미국의 자유민주주의 발전과정에서 도입되었던 인사제도이다.

해 인사행정에서 당파성이나 혈연, 지연을 배제하고 개인의 능력과 자질에 따라 인사행정을 펴는 것은 실적주의이다.

답 3. ①

동조합 이외에서는 종업원을 채용하지 않으며 반드시 조합원 가운데 채용해야 하는 제도이다. 기업의 근로자 전원이 강제로 가입되는 클로즈드 숍은 노동조합의 권리와 단결을 지키는 데 필요한 제도이다.

- 유니언 숍(Union Shop) : 클로즈드 숍과 오픈 숍의 중간 형태로 고용주는 노동조합 조합원 이외의 노동자도 자유롭게 고용할 수 있으나 일단 고용된 노동자는 반드시 조합원이 되어야 하는 제도이다. 따라서 유니언 숍 협정이 있는 경우 고용된 근로자가 일정기간 내에 조합에 가입하지 않을 경우 그 근로자는 해고된다.

ⓡ 노동쟁의 종류

- 동맹파업(Strike) : 노동자들이 자기들의 요구를 관철하기 위해 작업을 전면 포기하는 것으로 사용자에게 손해를 입혀 사용자로 하여금 노동자의 요구를 받아들이도록 하기 위해 벌이는 쟁의 방법 중에서 가장 철저한 수단이다.
- 불매운동(Boycott) : 제품을 구매하지 않도록 배척하는 것으로 노동조합에 의한 쟁의 방법이다.
- 태업(Sabotage) : 직장을 이탈하지 않는 대신 불완전 노동으로 사용자를 괴롭히는 노동쟁의 방식을 말한다. 즉, 불완전 제품을 만든다든지, 원료와 재료를 필요 이상으로 소비한다든지 하는 방식을 통해 사용자에게 피해를 주어 자신들의 요구를 관철하기 위한 쟁의 방법이다.
- 피케팅(Picketing) : 동맹파업의 보조수단으로 배반자나 파업을 파괴하는 자를 막기 위해 직장 입구에 파수꾼을 두고 작업을 저지, 공중에게 호소하는 방법이다.
- 직장폐쇄(Lockout) : 노사 협상에서 사용자가 자신의 입장을 고취하기 위해 일정기간 동안 직장을 폐쇄하는 것으로 사용자가 취할 수 있는 유일한 쟁의행동이다. 직장폐쇄가 실행되면 노동자들은 직장에 출입이 금지되고 임금을 받지 못하며 노동자가 퇴거에 불응할 경우 형사적 처벌을 받게 된다.

3S 운동

직장이나 노동을 전문화하고 제품의 규격과 종류를 표준화해 제품이나 작업방법을 단순화하려는 생산성 향상 운동의 하나로 표준화(Standardization), 단순화(Simplification), 전문화(Specialization)의 머리글자를 따서 3S라고 부른다.

확인문제

4. 다음 중 생산합리화 운동인 3S 운동에 해당하는 것은?
① 표준화
② 무결점화
③ 비전문화
④ 복잡다기화

해 3S 운동은 직장이나 노동을 전문화하고 제품의 규격과 종류를 표준화해 제품이나 작업방법을 단순화하려는 생산성 향상 운동의 하나로 표준화(Standardization), 단순화(Simplification), 전문화(Specialization)의 머리글자를 따서 3S라고 부른다.

확인문제 해태, 한국전력공사

5. 피고용인이면 누구나 조합에 가입해야 하는 제도는?
① 클로즈드 숍
② 오픈 숍
③ 페더레이션 숍
④ 유니온 숍

해 클로즈드 숍(Closed Shop)에 대한 내용이다. 회사와 노동조합이 단체협약으로, 종업원의 채용·해고를 노동조합의 통제하에 위탁하고 회사는 노동조합 이외에서는 종업원을 채용하지 않으며 반드시 조합원 가운데 채용해야 하는 제도이다.

통상임금

근로자에게 정기적, 일률적, 고정적으로 소정근로 또는 총 근로에 대하여 지급하기로 정하여진 시간급, 일급, 주급, 월급 또는 도급금액을 말한다.

답 4. ① 5. ①

경영 가치

(1) 윤리경영

① 정의 : 윤리경영이란 법규준수는 물론 사회가 요구하는 윤리적인 기대를 기업의 경영활동에 반영하는 것을 의미한다. 기업의 가치기준을 기업의 제1차 목적인 이익추구보다 윤리규범에 두고 투명하고 공정한 경영을 통해 기업의 이해관계자인 주주와 고객, 직원과 사회가 함께 가치를 창출하는 바람직한 경영이다.

② 윤리경영의 필요성

㉠ 이익의 극대화 : 기업 내의 탈법적이거나 부당한 정책 등을 뿌리뽑아 잠재적으로 가지고 있는 위험을 제거할 경우 수익구조가 튼실해지기 때문에 이익을 극대화할 수 있다. 과거 미국 엔론(Enron)사의 분식회계처럼 성과주의 경영으로 인한 기업의 탈법행위와 주주들의 주식배당에 대한 집착이 결국 기업의 도산을 가져온 것을 볼 때, 기업은 윤리경영을 통해 이익을 창출해야 한다.

㉡ 회사 평가 향상 : 윤리경영을 천명할 경우 대외적으로 부패 없는 기업으로 이미지를 제고할 수 있으며 우수인재의 이직과 같은 효과 등도 나타난다.

> 가치창조경영(VBM ; Value-Based Management)
> 기업의 의사결정 기준을 회계상의 매출 이익 중심에서 벗어나 경제적 이익에 근거한 기업 가치를 중심으로 하는 사업관리기법으로 가치중심 경영이라고도 한다. 가치창조경영이 인기가 있는 것은 기존의 근시안적 관점에서 벗어나 장기적인 수익성을 기준으로 기업활동을 기획, 실행, 통제해 나가기 때문이다.

긴급조정
쟁의행위가 공익에 관한 경우 또는 국민경제를 위협하거나 일상생활을 위태롭게 할 수 있다고 판단될 경우 고용노동부장관이 직권으로 발동하는 긴급조치권이다. 긴급조정권이 발동되면 해당 노조는 30일간 파업 또는 쟁의행위가 금지되며 중앙노동위원회가 조정을 개시한다.

분식회계
기업이 고의로 기업의 자산이나 이익 등을 부풀리고 부채를 적게 꾸며 재무상태를 조작한 것을 말한다. 분식회계의 수단으로는 매출을 부풀리는 방법, 자산을 과대하게 책정, 부채를 적게 계상하는 방법을 쓰는데 분식회계는 회사의 신용도를 높여 자금의 조달을 쉽게 할 수 있기 때문에 불황기에 부실한 기업이 주로 사용한다.

마케팅과 관리기법

(1) 마케팅(Marketing)

① 정의 : 제품과 서비스, 아이디어를 개발하고 가격을 결정하며 이들에 관한 정보를 제공하여 그 대가로 자신에게 필요한 것을 얻는 행위를 마케팅이라 한다.

② 마케팅의 기능

㉠ 물적유통기능 : 제품의 물리적인 이동과 관련한 기능으로 저장과 같이 시간의 효용을 창출하거나 운송과 같이 장소의 효용을 창출하는 것을 말한다.

㉡ 교환기능 : 거래를 통해 물적 소유권이 이전되는 기능을 뜻한다.

㉢ 조성기능 : 교환기능과 물적유통기능을 촉진시키기 위한 시장정보 제공, 표준화 기능, 금융 등의 기능을 말한다.

③ 마케팅 믹스(Marketing Mix) : 마케팅을 효율적으로 달성하기 위하여 기업이 조정하고 통제하는 수단을 마케팅 믹스라 한다. 크게 네 가지의 구성 요소로 이루어져 있으며 이를 4P's라고 한다.

㉠ 제품(Product) : 고객의 필요와 요구를 만족시키는 재화와 서비스, 아이디어를 말한다.

㉡ 가격(Price) : 제품을 얻기 위해 지불하는 것을 말한다.

㉢ 유통(Place) : 다의적인 정의로 이루어져 있지만 대체적으로 소비자가 제품을 구입하는 장소를 뜻한다.

㉣ 촉진(Promotion) : 판매자와 구매자 간의 의사소통 수단을 말한다.

④ 관계마케팅 : 고객과의 관계를 유지하기 위한 마케팅의 개념으로 고객을 획득하고 유지하는 마케팅을 뜻한다. 과거에 이윤 추구만을 위해 고객을 끌어들이는 것에 중점을 두었던 것에서 탈피, 고객을 획득하고 획득한 고객과의 유대관계를 유지하는 것에 초점을 맞춘 마케팅이다.

⑤ 내부마케팅(Internal Marketing) : 제조업 기업이 제품에 투자하여 질을 높이는 것처럼 서비스업무를 하는 기업이 종업원의 자질을 향상시켜 성공적인 마케팅을 수행하기 위한 마케팅을 말한다. 즉, 내부적으로 종업원의 요구를 만족시킬 수 있는 직무를 수행하도록 하고 종업원의 자질을 개발하고 동기를 부여함으로써 이들 종업원들을 유지하고 보유하여 마케팅 수행 종업원들이 일하고 싶은 기업으로 만들고 궁극적으로 진실된 고객을 창조하는 데 그 목적이 있다.

⑥ 마케팅 신소비 용어

㉠ 머추리얼리즘(Maturialism) : 젊은 세대가 주도하는 기존 소비시장에 만족하지 못한 중년층이 자신의 삶을 적극적으로 가꾸기 위한 상품을 찾는 소비 패턴을 말한다(예 영화 〈실미도〉, 〈태극기 휘날리며〉, 뮤지컬 〈맘마미아〉 등의 주 관객층이 40~50대의

블루슈머(Bluesumer)

블루오션(Blue Ocean)과 컨슈머(Consumer)의 합성어로 경쟁자가 없는 시장의 새로운 소비자 그룹을 말한다.

그린컨슈머(Green Consumer)

환경문제에 관심과 책임감을 가지고 소비행동을 통해서 환경보전을 하려는 녹색의식의 소비자를 뜻하는 용어이다.

알파컨슈머(α-Consumer)

그리스어로 '첫째'를 뜻하는 알파(Alpha)와 고객을 뜻하는 영어의 컨슈머(Consumer)의 합성어로, 제품에 대한 단순 정보는 물론 체험 후기와 평가까지 함께 퍼뜨리는 '오피니언 리더'를 뜻한다.

확인문제

6. 그린컨슈머(Green Consumer)의 조건이 아닌 것은?
① Refuse
② Reduce
③ Reuse
④ Reorganization

해 그린컨슈머의 조건은 Refuse, Reduce, Reuse, Recycle이다.
- Refuse : 환경문제와 관련하여 기업을 지지하거나 상품을 거부하는 것
- Reduce : 상품 사용 시 행동에 관한 것으로 소비를 감소하는 것
- Reuse : 상품의 수명을 연장시키기 위해 재료나 제품을 재이용하는 것
- Recycle : 상품이 수명을 다하면 신제품을 만들기 위해서 가능한 한 상품을 회수하고 재이용하는 것

답 6. ④

중년 관객인 경우).

ⓛ **체리피커(Cherry Picker)** : 기업의 서비스 체계, 유통구조 등의 허점을 찾아내 실속만 챙기는 소비자를 말한다(예 신혼부부가 집들이를 위해 고가의 가구를 구입하였다가 트집을 잡아 집들이가 끝난 후 반품을 하는 경우).

ⓒ **매스클루시비티(Massclusivity)** : 소수만을 대상으로 한 생산 방식에 의해 제공되는 고급품 및 고급 서비스를 의미한다(예 의류업체인 퓨마가 BMW의 고가 스포츠카인 '미니쿠퍼' 운전자를 대상으로 한 맞춤생산 방식으로 100만 원대의 운전 전용 운동화를 출시한 경우나 VIP 개념을 뛰어넘어 VVIP(Very Very Important Person) 개념을 도입한 경우 등).

ⓔ **걸리시 소비자(Girlish Consumer)** : 성년이 된 이후에도 10대 소녀처럼 어려보이고 싶은 욕구가 늘어남에 따라 보다 더 여성스러움을 추구하는 여성 소비 계층을 의미한다.

ⓜ **메트로섹슈얼(Metrosexual)** : 쇼핑몰이나 미용실 등이 인접한 도시에 살면서 패션과 미용, 인테리어, 요리 등 여성적 라이프 스타일에 적극적인 관심을 기울이며 사는 남성을 가리킨다.

⑦ **카테고리 킬러(Category Killer)** : 1980년대 초 미국에서 처음 등장한 용어로 백화점이나 슈퍼마켓 등과 달리 상품 분야별로 전문매장을 특화해 상품을 판매하는 소매점을 의미한다. 우리나라의 대표적인 카테고리 킬러로는 농산물 전문매장인 농협의 하나로마트와 유아용품 전문매장인 맘스맘, 가전제품 전문매장인 하이마트 등이 있다.

⑧ **러브콜(Love Call)** : 단골고객을 상대로 하는 백화점의 편법세일을 지칭하는 용어이다. 바겐세일을 시작하기 전에 단골고객들에게 미리 연락하여 세일가격으로 쇼핑하도록 하고 대금결제는 세일기간에 이루어지도록 하여 세일기간 중에 판매한 것처럼 가장하는 방법이다.

⑨ **프로슈머 마케팅(Prosumer Marketing)** : 최근 기업들이 신제품 개발에 있어 고객 만족을 강조하고 있는데, 프로슈머 마케팅은 이 단계를 뛰어넘어 소비자가 직접 상품의 개발을 요구하며 아이디어를 제안하고 기업이 이를 수용하여 신제품을 개발하는 것으로 고객 만족을 최대화하는 전략이다. 국내에서도 컴퓨터 · 가구 · 의류 등의 분야에서 소비자 공모작품을 적극적으로 수용하고 있다.

확인문제 중앙일보

7. 카테고리 킬러(Category Killer)란?
① 가구 · 완구 등 특정제품만을 집중적으로 취급하는 전문 할인점
② 한 곳에서 여러 가지 다양한 물건을 싸게 파는 할인점 체인
③ 패션업계에서 보기 드문 히트 상품을 일컫는 말
④ 여러 가지 특징을 동시에 선전하는 광고기법

해 카테고리 킬러(Category Killer)란 1980년대 초 미국에서 처음 등장한 용어로 백화점이나 슈퍼마켓 등과 달리 상품 분야별로 전문매장을 특화해 상품을 판매하는 소매점을 의미한다.

확인문제 서울산업통상진흥원

8. 단골 고객을 상대로 하는 편법적인 세일을 지칭하는 용어는?
① 해피콜(Happy Call)
② 러브콜(Love Call)
③ 캐치 세일(Catch Sale)
④ 클로징 세일(Closing Sale)

해 러브콜(Love Call)에 대한 내용이다.

답 7. ① 8. ②

⑩ **임페리얼 마케팅(Imperial Marketing)** : 가격파괴와는 정반대의 개념으로 높은 가격과 품질로 소비자를 공략하는 판매 기법이다. 최근 주류업계에서 고급 소주나 막걸리의 개발 등에 활용되고 있다.

⑪ **풀마케팅(Pull Marketing)** : 업체의 광고 · 홍보 활동에 고객들을 직접 주인공으로 참여시키는 판매기법으로 고객의 마음을 끌어당겨 구매심리를 부추기는 효과를 사용하는 기법이다. 대량 생산된 상품을 소비자에게 강매하는 것이 기본방침인 '푸시마케팅(Push Marketing)'과 대별되는 개념이다.

⑫ **플래그십 마케팅(Flagship Marketing)** : 시장에서 성공을 거둔 특정 상품 브랜드를 중심으로 마케팅 활동을 집중하는 것이다. 이를 통해 다른 관련 상품에도 대표 브랜드의 긍정적 이미지를 전파, 매출을 극대화하는 전략으로 토털 브랜드(Total Brand) 전략과 상반되는 개념이다. 주로 초일류 이미지를 가진 회사와의 정면대결을 피하기 위해 구사하는 전략으로, 조선맥주가 하이트맥주로 회사 명칭을 변경한 것이 플래그십 마케팅의 대표적인 예이다.

⑬ **니치 마케팅(Niche Marketing)** : 마치 틈새를 비집고 들어가는 것과 같다는 뜻에서 붙여진 이름으로 특정한 성격을 가진 소규모의 소비자를 공략하는 판매기법이다. 시장 전체를 목표로 삼지 않는 대신 소비자의 다양한 기호와 개성에 딱 들어맞는 상품을 개발, 적재적소에 집중 공략한다.

⑭ **퍼플카우 마케팅(Purple Cow Marketing)** : 인상적(Remarkable)이고 계속 화제가 되는(Worth Talking About) 상품을 만들어 상품의 초기 소비자를 장악하는 것이 퍼플카우 마케팅의 핵심이다. 초기 소비자의 마음만 장악하면 이후의 마케팅은 초기 소비자들이 내는 소문만으로도 충분하기 때문이다. 이는 미국의 저명한 마케팅 전문가인 세스 고딘의 저서 《보랏빛 소가 온다》에서 차용한 개념이다. 저자는 만약 눈에 확 띄는 보랏빛 소가 존재한다면 사람들은 소를 주의깊게 계속 쳐다볼 뿐만 아니라 주변 사람들에게 보랏빛 소에 대한 이야기를 퍼뜨리고 다니게 되므로 "인상적인 제품을 창조하고 그런 제품을 열망하는 소수를 공략하라."고 주장한다.

⑮ **동시화 마케팅(Synchro Marketing)** : 불규칙적 수요상태에서 바람직한 수요의 시간패턴에 실제수요의 시간패턴을 맞추기 위한 마케팅 기법을 말한다. 주간에 폭주하는 전화수요를 평준화하기 위해 야간

물해전술

신제품을 출하할 때 짧은 기간 내에 큰 홍보효과를 거두기 위해 물량공세를 펴는 마케팅 방법으로, 신제품을 최종 소비자에게 무료로 나누어 주거나 큰 폭으로 할인해 제품을 홍보하는 것을 의미한다. 특히 국내 주류시장의 유통망처럼 신규업체가 기존 유통망을 활용하기 어려울 경우 최종 소비자에게 직접 호소하기 위한 방법으로 사용된다.

고객관계관리(CRM ; Customer Relationship Management)

고객과 관련된 기업의 내외부 자료를 분석, 통합한 후 고객 특성에 기초한 마케팅 활동을 계획하고 지원하며 평가하는 과정을 말한다. 기업의 고객과 관련된 내외부 자료를 이용하는 측면은 데이터베이스 마케팅과 일맥상통하지만 CRM의 경우 고객의 정보를 취할 수 있는 방법이 데이터베이스 마케팅에 비해 다양하고 이 다양한 정보의 취득을 전사적으로 행한다는 점에서 차이가 있다. CRM은 단순히 제품을 팔기보다 '고객과 어떤 관계를 형성해 나갈 것인가', '고객들이 어떤 것을 원하는가' 등에 중점을 둔다.

확인문제

9. 특정한 성격을 가진 소규모의 소비자를 공략하는 기법으로 마치 틈새를 비집고 들어가는 것과 같다는 뜻에서 이름 붙여진 이 기법은?
① 플래그십 마케팅
② 니치 마케팅
③ 퍼플카우 마케팅
④ 동시화 마케팅

해 니치 마케팅(Niche Marketing)에 대한 내용으로 마치 틈새를 비집고 들어가는 것과 같다는 뜻에서 붙여진 이름으로 특정한 성격을 가진 소규모의 소비자를 공략하는 판매기법이다. 시장 전체를 목표로 삼지 않는 대신 소비자의 다양한 기호와 개성에 딱 들어맞는 상품을 개발, 적재적소에 집중 공략한다.

답 9. ②

에 전화요금을 할인해 주는 제도가 여기에 속한다.

⑯ **버즈 마케팅(Buzz Marketing)** : 소비자들이 자발적으로 메시지를 전달하게 하여 상품에 대한 긍정적인 입소문을 내게 하는 마케팅기법으로 꿀벌이 윙윙거리는(buzz) 것처럼 소비자들이 상품에 대해 말하는 것을 마케팅으로 삼았으며 입소문마케팅 또는 구전마케팅(word of mouth)이라고도 한다.

⑰ **레트로 마케팅(Retro Marketing)** : 일명 복고마케팅으로, 과거의 제품이나 서비스를 현재 소비자들의 기호에 맞게 재해석하여 마케팅에 활용하는 것을 말한다. 복고는 오래된 것이라는 느낌을 줄 수 있지만, 당시를 향유하던 세대들에게는 향수를 불러일으키며 반가움과 위로를 줄 수 있고, 젊은 세대들에게는 새로운 문화를 접하는 듯한 신선함을 줄 수 있으며 현대적 감각을 가미한 새로운 트렌드로 소비자를 유혹하고 있다. 패션분야에서 상대적으로 적용되는 예가 많은데, 그 범위는 패션을 비롯하여 식품, 디자인, 음악, 방송, 영화 등 다양한 분야에서 바람을 일으키고 있다.

(2) 경영관리기법

① **TQC(Total Quality Control)** : 1970년 후반 일본에서 시작된 전사적 품질관리운동으로, 소비자의 입맛에 꼭 맞는 품질의 제품을 경제적이고 합리적으로 만들어내는 체계를 갖추기 위해 회사 전체가 노력하는 것을 말한다. 설계 → 제조 → 판매 → 고객으로 이어지는 흐름 가운데 상품과 직접 관계되는 단계뿐만 아니라 총무 · 인사 등 간접 부문까지도 포함하여 제품관리에 주력하는 종합적 품질관리운동이다.

② **JIT 방식(Just In Time Method)** : 생산공장에서 꼭 필요한 물품을 필요한 만큼, 필요한 장소에서 필요한 시간 안에 생산하는 것으로 적시생산시스템이라고도 하며 일본의 도요타 자동차에서 개발한 생산방식이다. 기아차는 세계 최고 자동차 기업인 도요타와 유일하게 경차에서 이익을 내는 스즈키를 벤치마킹해 JIT시스템을 도입하고 국내 최초로 정착시켜 효율적인 선진물류 시스템을 구축하였다. JIT시스템을 국내 자동차 생산환경에 맞도록 개량한 신(新)JIT 시스템을 신차종 모닝에 적용하여 생산한 바 있다.

데카르트 마케팅(Techart Marketing)

기술(Tech)과 예술(Art)의 합성어로 하이테크 기술을 바탕으로 생산된 제품에 예술적 디자인을 적용하여 소비자의 감성에 호소하고 브랜드 이미지와 품격을 높이는 마케팅 기법이다. 차가운 이미지를 주는 첨단기술에 감상적인 느낌의 예술을 접목하는 마케팅에서 시작되었으며 제품에 기존 예술 작품을 활용하거나 유명 예술가와 브랜드와의 협업, 제품 디자인 자체로 예술을 추구하는 방식 등으로 이뤄진다.

MOT 마케팅(Moment Of Truth)

소비자와 접촉하는 극히 짧은 순간들이 브랜드와 기업에 대한 인상을 좌우하는 극히 중요한 순간이라는 것을 강조하며 전개하는 마케팅으로 고객이 여러 번에 걸쳐 최상의 서비스를 경험했다 하더라도 단 한 번의 불만족스러움을 느낀다면 결국 전체 서비스에 대한 만족도를 0으로 만들어버린다는 곱셈의 법칙에 따라 고객과의 접점의 순간에서 최상의 서비스를 제공할 것을 강조한다.

③ ZD(Zero Defects) 운동 : QC(품질관리) 기법을 일반 관리 사무에까지 확대 적용하여 전사적으로 결점이 없는 일을 하자는 무결점 운동을 의미한다. 구체적으로는 전 종업원에게 경영참가의식을 갖게 하고 사기를 높임으로써 결점을 없앨 수 있도록 협력해 나가는 운동이다. 1960년대 한 미국기업이 미사일의 납기단축을 위해 "처음부터 완전한 제품을 만들자."는 운동을 벌인 것이 시초라고 할 수 있다.

> **6시그마(Sigma) 운동**
>
> 불량품이나 에러(Error)이 발생을 백만 개당 3~4개로 줄이자는 운동으로 미국의 모토롤라에서 시작되었지만 이것을 경영전반에 걸친 혁신기법으로 발전시킨 사람은 GE의 잭 웰치 회장이다.
>
> **게임스 맨(Games Man)**
>
> 현대 기업 경영인에게 가장 어울리는 인간 유형을 의미하는 용어이다. 게임스 맨은 변화를 좋아하고 새로운 역할을 적극적으로 떠맡는 타입으로 기업 내의 경쟁을 게임으로 간주하여 같이 일하는 사람을 격려하면서 경쟁에서 이기고 명성과 영광을 얻는 것을 삶의 보람으로 여기는 냉철한 두뇌를 가진 맹렬 기업경영인이라 할 수 있다.

④ 홀로닉 매니지먼트(Holonic Management) : 홀로닉은 생태학에서 나온 말로 개체와 전체의 유기적인 조화를 뜻한다. 홀로닉 매니지먼트는 조직과 개인을 일체화한 생물학적 경영원리로 기업 구성원 각자가 자율적으로 문제해결이나 사업구조 개혁에 참가하고 그것이 개인과 조직 전체의 발전을 위해 서로 조화와 균형을 이루는 경영을 말한다. 특히 중요한 것은 개인의 자율성과 창의성이 최대한 발휘되는 것이며 그러는 사이에 조직의 발전은 저절로 이루어지게 된다.

확인문제

10. "처음부터 완전한 제품을 만들자"라는 운동으로 전사적으로 결점이 없는 일을 하자는 것은 무엇인가?
① 헤일로 효과
② 물해 전술
③ 3S 운동
④ ZD 운동

해 ZD(Zero Defects) 운동 : QC(품질관리) 기법을 일반 관리 사무까지 확대 적용하여 전사적으로 결점이 없는 일을 하자는 무결점 운동을 의미한다.

폴사인제(Pole Sign System)

주유소가 특정 정유사의 이름을 표시해 놓고 그 제품만을 판매하는 제도로 주유소 상표표시제라고도 한다. 특정 정유사의 폴을 단 주유소에서 판매하는 상품의 품질을 해당 정유사가 책임진다는 취지하에 1992년 7월부터 시행된 제도이다. 그러나 사실상 소비자의 상품 선택권을 침해하고 국내 석유시장의 공정경쟁을 저해하며 주유소 업계의 경영부실화와 덤핑판매를 조장해 불량 유류 유통의 원인이 되었다는 비판을 받고 있다.

CI(Corporate Identity)

기업 이미지 통합계획으로 기업의 철학을 대내외적으로 표출하는 전략을 말한다. CI 전략으로는 기업의 상호변경이나 새로운 마크 제정 등 시각적인 수단을 주로 사용하지만 내면의 기업 이념이나 사원의 의식 변혁까지 포함하는 경영기법이다.

답 10. ④

01 프로슈머 마케팅(Prosumer Marketing)에 대한 설명으로 옳은 것은?

① 높은 가격과 좋은 품질로 소비자를 공략하는 판매기법
② 시장에서 성공을 거둔 특정 상품 브랜드를 중심으로 마케팅 활동에 집중하는 것
③ 소비자가 직접 상품의 개발을 요구하며 제안한 아이디어를 기업이 수용하는 것
④ 특정한 성격을 가진 소규모의 소비자를 공략하는 기법

해 ① 임페리얼 마케팅에 대한 설명이다.
② 플래그십 마케팅에 대한 내용이다.
④ 니치 마케팅에 대한 내용이다.

02 다음 중 기업들이 주변에서 뛰어나다고 생각되는 상품이나 기술을 선정, 자사의 생산방식에 합법적으로 응용하는 것을 무엇이라 하는가?

① 벤치마킹 ② 시뮬레이션
③ 텔레마케팅 ④ 토탈 시뮬레이션

해 벤치마킹은 기업이 특정 분야에서 뛰어난 업체의 제품이나 기술, 경영 방식을 면밀히 분석하여 자사의 경영과 생산에 응용하는 것을 의미한다.

03 경쟁자가 없는 시장의 새로운 소비자를 가리키는 말은?

① 트윈슈머 ② 체리피커
③ 블루슈머 ④ 메스클루시버티

해 블루슈머(Bluesumer)는 경쟁자가 없는 시장의 새로운 소비자를 가리키는 말로, 블루오션(Blue Ocean)과 컨슈머(Consumer)를 합성한 신조어이다.

답 01. ③ 02. ① 03. ③

04 다음이 뜻하는 조직은?

> 각 구성원이 수행하는 기능을 중심으로 편성된 조직 형태로 마케팅, 생산, 총무부서처럼 전문적인 지식과 재능에 따라 편성되는 조직이다.

① 라인과 스태프 조직　② 기능식 조직
③ 매트릭스 조직　④ 라인 조직

해 기능식 조직은 각 구성원이 수행하는 기능을 중심으로 편성된 조직 형태로 마케팅, 생산, 총무부서처럼 전문적인 지식과 재능에 따라 편성된다. 규모가 작은 분야에서 환경이 안정되고 고도의 전문화가 요구되는 사업에 적합한 형태로 분업화와 조직구성원의 전문화를 제고할 수 있는 장점을 지니고 있다.

05 다음 중 설명이 잘못된 것은?

① 라인 조직 – 명령일원화 원칙을 위한 조직으로 상위권자의 권한과 명령이 하의상달 방식으로 하급자에게 전달되는 조직구조
② 라인과 스태프 조직 – 조직의 본질적인 업무를 수행하는 라인과 이들 라인을 원조하고 보조적인 기능을 하는 스태프를 결합한 조직
③ 기능식 조직 – 각 구성원이 수행하는 기능을 중심으로 편성된 조직 형태
④ 매트릭스 조직 – 신시장 개척, 신제품 개발처럼 특정한 사업계획을 추진하는 경우 형성하고 그 사업이 종료되면 해체되는 일시적인 조직

해 신시장 개척, 신제품 개발처럼 특정한 사업계획을 추진하는 경우 형성하고 그 사업이 종료되면 해체되는 일시적인 조직은 프로젝트 조직이다. 프로젝트 조직은 기술의 발달이 빠르게 진행되고 이러한 발전된 기술을 선점하는 것이 기업의 경쟁력과 생명을 좌우하는 요소로 부각됨에 따라 동태적인 개방형 시스템을 도입하기 위한 목적으로 구성된 조직 형태이다.

06 다음 중 마케팅의 고유한 기능으로 보기 어려운 것은?

① 물적유통기능　　② 교환기능
③ 조성기능　　④ 부의 재분배 기능

해 마케팅의 기능은 크게 물적유통기능, 교환기능, 조성기능으로 나눌 수 있다.

마케팅의 기능
- 물적유통기능 : 제품의 물리적인 이동과 관련된 기능으로 저장과 같이 시간의 효용을 창출하거나 운송과 같이 장소의 효용을 창출하는 것을 말한다.
- 교환기능 : 거래를 통해 물적 소유권이 이전되는 기능을 뜻한다.
- 조성기능 : 교환기능과 물적유통기능을 촉진시키기 위해 시장정보 제공, 표준화 기능, 금융 등의 기능을 말한다.

07 마케팅 믹스의 구성 요소가 아닌 것은?

① Product　　② Price
③ Place　　④ Prompt

해 마케팅 믹스(Marketing Mix)란 마케팅을 효율적으로 달성하기 위하여 기업이 조정하고 통제하는 수단을 말하며 크게 네 가지의 구성 요소로 이루어져 있으며 이를 4P's라 한다.

마케팅 믹스(Marketing Mix)
마케팅을 효율적으로 달성하기 위하여 기업이 조정하고 통제하는 수단을 마케팅 믹스라 하며 크게 4가지의 구성 요소로 이루어져 있다.
- 제품(Product) : 고객의 필요와 요구를 만족시키는 재화와 서비스, 아이디어를 말한다.
- 가격(Price) : 제품을 얻기 위해 지불하는 것을 말한다.
- 유통(Place) : 다의적인 정의로 이루어져 있지만 대체적으로 소비자가 제품을 구입하는 장소를 뜻한다.
- 촉진(Promotion) : 판매자와 구매자 간의 의사소통 수단을 말한다.

답 04. ② 05. ④ 06. ④ 07. ④

08 조직 편성의 원리로 전문화의 원리라고도 하며 업무에 따라 개인별 또는 기관별로 업무를 분담하는 원리는?

① 계층화 원리 ② 통솔범위 원리

③ 명령통일의 원리 ④ 분업의 원리

해 분업의 원리에 대한 내용으로 전문화의 원리라고도 하며 업무에 따라 개인별로 또는 기관별로 업무를 분담하는 원리를 뜻한다. 분업화를 세분화할 경우 업무 습득시간은 줄어들지만 조정과 통합이 어려워질 수 있다.

09 젊은 세대가 주도하는 기존 소비시장에 만족하지 못한 중년층이 자신의 삶을 적극적으로 가꾸기 위한 상품을 찾는 소비 패턴을 가리키는 용어는?

① POS 시스템 ② 호머 노마드

③ 머추리얼리즘 ④ 메트로섹슈얼

해 머추리얼리즘(Maturialism)이란 젊은 세대가 주도하는 기존 소비시장에 만족하지 못한 중년층이 자신의 삶을 적극적으로 가꾸기 위한 상품을 찾는 소비 패턴을 말한다.

10 다음 보기에서 설명하는 마케팅 기법은?

> 제조기업이 제품에 투자하여 질을 높이는 것처럼 서비스업무를 하는 기업이 종업원의 자질을 향상시켜 성공적인 마케팅을 수행하기 위한 마케팅을 말한다.

① 관계 마케팅 ② 내부 마케팅

③ 풀 마케팅 ④ 플래그십 마케팅

해 내부 마케팅(Internal Marketing)에 대한 설명으로 제조기업이 제품에 투자하여 질을 높이는 것처럼 서비스업무를 하는 기업이 종업원의 자질을 향상시켜 성공적인 마케팅을 수행하기 위한 마케팅을 말한다. 즉, 내부적으로 종업원의 요구를 만족시킬 수 있는 직무를 통해 종업원의 자질을 개발하고 동기부여함으로써 이들 종업원들을 유지하고 보유하여 마케팅 수행 종업원들이 일하고 싶은 기업으로 만들어 궁극적으로 진실된 고객을 창조하는 데 그 목적이 있다.

11 성년이 된 이후에도 10대 소녀처럼 어려보이고 싶은 욕구가 늘어남에 따라 보다 더 여성스러움을 추구하는 여성 소비 계층은?

① CRM ② 매스커스터마이제이션
③ 걸리시 소비자 ④ 매스클루시비티

해 걸리시 소비자(Girlish Consumer)란 성년이 된 이후에도 10대 소녀처럼 어려보이고 싶은 욕구가 늘어남에 따라 보다 더 여성스러움을 추구하는 여성 소비 계층을 의미한다.

12 다음 중 재무제표의 종류가 아닌 것은?

① 재무상태표 ② 손익계산서
③ 이익잉여금처분계산서 ④ 원가관리표

해 재무제표란 기업의 이해 관계자들인 주주나 채권자 등에게 기업의 재무상태나 경영성과에 대한 회계정보를 제공하기 위하여 일정한 양식으로 작성한 보고서를 말한다. 상법에는 대차대조표(재무상태표), 손익계산서 및 이익잉여금처분계산서 또는 결손금처리계산서를 재무제표로 하고 있다.

13 다음 중 인사관리의 원칙으로 보기 어려운 것은?

① 적재적소의 원칙 ② 공정한 평가의 원칙
③ 명령통일의 원칙 ④ 보상의 원칙

해 명령통일의 원칙은 조직 편성의 원리에 해당한다.

인사관리 원칙

- 적재적소의 원칙 : 업무 수행에 적합한 자격 요건을 갖춘 사람을 직무 적성에 맞는 위치에 배치하여야 한다는 원칙이다.
- 공정한 평가의 원칙 : 공정한 인사 고과에 의해 이동, 배치, 승진, 상벌 등이 이루어져야 한다는 원칙이다.
- 보상의 원칙 : 신분의 보장과 공정한 보상이 이루어져야 한다는 원칙이다.

답 08. ④ 09. ③ 10. ② 11. ③ 12. ④ 13. ③

14 다음 ( ) 안에 들어갈 알맞은 용어는?

조직 편성의 원리는 모두 조직의 목적을 합리적이고 효율적으로 달성하기 위해 존재하는 원칙으로 서로 상충되는 부분이 있기 마련이다. 이러한 문제점을 조정하는 원리가 바로 (   )이다.

① 계층제 원리
② 명령통일의 원리
③ 조정과 통합의 원리
④ 통솔범위의 원리

해 조정과 통합의 원리에 대한 내용이다. 분업과 명령통일 원리, 계층제, 통솔범위 원리는 모두 조직의 목적을 합리적이고 효율적으로 달성하기 위해 존재하는 원칙으로 서로 상충되는 부분이 있기 마련인데, 이러한 문제점을 조정하는 원리가 바로 조정과 통합의 원리이다.

15 다음이 설명하는 교육은 무엇인가?

직무를 수행하면서 실시하는 교육훈련으로, 업무에 실제적으로 필요한 지식이나 기능을 배우는 과정에서 교육을 위한 특별한 시간을 할애할 필요가 없어 기업의 입장에서는 비용을 절약할 수 있다는 장점이 있지만 교육을 담당하는 자의 입장에서는 일상업무와 교육을 동시에 담당하기 때문에 업무가 과중된다는 단점이 있다.

① OJT
② Off-JT
③ SD
④ Big Brother

해 ① OJT는 'On The Job Training'의 약자로 보기는 직장 내 교육에 대한 설명이다.
② 직장 외 교육(Off-JT ; Off The Job Training)은 사내 및 사외의 전문가를 초빙하여 직무현장이 아닌 교실에서 강의식으로 교육하는 방식을 말한다.
③ 자기개발교육(SD ; Self Development)은 자기성장의욕에 의한 자기훈련을 말한다. 자기개발은 급변하는 환경과 삶의 질 유지 · 향상을 위한 평생교육의 필요성에서 비롯되었다고 볼 수 있다.
④ 빅브라더(Big Brother) 제도란 군대의 사수와 부사수의 관계처럼 선배사원이 신입사원을 입사 후 6개월 동안 일대일로 보살펴 주는 제도를 말한다.

16 직무를 수행하는 데 요구되는 지식, 능력, 기술, 경험, 책임 등이 무엇인지를 과학적이고 합리적으로 파악하는 것을 무엇이라 하는가?

① 직무교육　　② 직무분배
③ 직무분석　　④ 직무수급

해 직무분석이란 직무를 수행하는 데 요구되는 지식, 능력, 기술, 경험, 책임 등이 무엇인지를 과학적이고 합리적으로 파악하는 것으로 다양한 직업 요소를 이해하기 위한 과정이라 할 수 있다.

17 동료나 상사의 부정부패에 대하여 휘슬 블로잉(Whistle Blowing)과 정반대에 있는 입장은?

① 침묵의 규범　　② 도덕적 충고
③ 모럴 해저드　　④ 아노미 현상

해 휘슬 블로잉(Whistle Blowing)은 특정 집단의 구성원으로서 집단 내부에서 자행되는 부정부패와 비리를 외부에 알림으로써 공공의 안전과 권익을 지키는 도덕적인 행위를 뜻한다. 이와 반대로 침묵의 규범은 동료의 부정부패를 눈감아 주는 것을 말한다.

18 인사고과에 나타나는 현상으로, 어떤 사람의 호의적 또는 비호의적 인상이나 특정 요소로부터 받은 인상이 다른 요소를 평가하는 데 중요한 영향을 미치는 것은?

① 비지 바디니스　　② 헤일로 효과
③ 모럴 해저드　　④ 퍼블릭 인터리스트

해 ② 헤일로 효과란 인사고과에 발생하는 현상 중에서 어떤 사람의 호의적 또는 비호의적 인상이나 특정 요소로부터 받은 인상이 다른 요소를 평가하는 데 중요한 영향을 미치는 것으로 '후광효과'라고도 한다. 특히 신입사원 면접의 경우 이것을 방지하기 위해 면접관의 노력과 교육이 필요하다.
① 비지 바디니스(Busy Bodiness)란 다른 사람의 비행 행동에 대해 도덕적인 충고를 하는 것을 의미한다.

답 14. ③　15. ①　16. ③　17. ①　18. ②

19 인사고과의 종류에 대한 설명이 잘못된 것은?

① 강제할당법 – 모두에게 인사고과를 할 수 있도록 강제적으로 할당하는 방법

② 서열법 – 종업원의 능력과 성적을 기준으로 종합순위를 매겨 우선순위에 따라 인사고과에 반영하는 방법

③ 평가척도법 – 전형적인 인사고과의 방법으로서, 종업원의 자질을 평가하기 위해 사전에 마련된 척도를 근거로 평가요소를 제시하여 평정자로 하여금 종업원의 직무수행상 달성 정도를 체크할 수 있도록 하는 방법

④ 점수법 – 숙련도, 피로도, 책임감, 작업환경 등의 항목별로 평가점수를 매겨 인사고과에 반영하는 방법

해 강제할당법이란 사전에 평가등급별 인원을 정해놓고 강제할당하는 방법으로 수, 우, 미, 양, 가처럼 나누고 평가를 강제적으로 할당시키는 것이다.

인사고과의 종류

- 서열법 : 종업원의 능력과 성적을 기준으로 종합순위를 매겨 우선순위에 따라 인사고과에 반영하는 방법을 말한다. 서열법은 획일적인 평가로 비능률적이라는 단점이 있지만 시간이 단축되는 효과가 있다.
- 평가척도법 : 전형적인 인사고과의 방법으로서, 종업원의 자질을 평가하기 위해 사전에 마련된 척도를 근거로 평가요소를 제시하여 평점자로 하여금 종업원의 직무수행상 달성 정도를 체크할 수 있도록 하는 방법이다.
- 점수법 : 점수법이란 숙련도, 피로도, 책임감, 작업환경 등의 항목별로 평가점수를 매겨 인사고과에 반영하는 방법이다.
- 강제할당법 : 사전에 평가등급별 인원을 정해놓고 강제할당하는 방법으로 평가 등급을 수, 우, 미, 양, 가처럼 나누고 평가를 강제적으로 할당시키는 것이다.

20 인사행정에서 당파성이나 혈연, 지연을 배제하고 개인의 능력과 자질에 따라 인사행정을 펴는 것은?

① 서열주의 ② 평등주의

③ 실적주의 ④ 엽관주의

해 실적주의에 대한 내용으로 당파성이나 혈연, 지연을 배제하고 개인의 능력과 자질에 따라 인사행정을 펴는 것을 말한다. 실적주의를 시행할 경우 기회균등과 사회적 평등을 실현하며, 공무원의 정치적 중립성을 지킬 수 있다. 하지만 인사관리에서 비융통적인 정책으로 형식화를 초래할 수 있으며 모든 인사처리가 기준에 귀속되어 인사행정권력의 집권화를 일으킬 수 있다.

21 어떤 기업의 제품을 구매하지 않도록 조직적 · 집단적으로 배척하는 노동쟁의 방식은?

① 스트라이크 ② 사보타지

③ 보이콧 ④ 피케칭

해 ③ 불매운동(Boycott)에 대한 내용으로, 보이콧은 제품을 구매하지 않도록 배척하는 노동조합에 의한 쟁의 방법이다.

① 동맹파업(Strike)이란 노동자들이 자기들의 요구를 관철하기 위해 작업을 전면 포기하는 것으로 사용자에게 손해를 입혀 사용자로 하여금 노동자의 요구를 받아들이도록 하기 위해 벌이는 행동으로 쟁의 방법 중에서 가장 철저한 수단이다.

② 태업(Sabotage)이란 직장을 이탈하지 않는 대신 불완전 노동으로 사용자를 괴롭히는 노동쟁의 방식을 말한다.

④ 피케팅(Picketing)이란 동맹파업의 보조수단으로 배반자나 파업을 파괴하는 자를 막기 위해 직장 입구에 파수꾼을 두고 작업을 저지, 공중에게 호소하는 방법이다.

22 다음 중 파업(Strike)의 종류에 대한 설명이 잘못된 것은?

① 제네럴 스트라이크(General Strike)란 전 산업분야의 노동자가 전국적인 규모로 돌입하는 파업이다.

② 헝거 스트라이크(Hunger Strike)란 항의나 요구관철을 위해 단식 시위하는 것을 의미한다.

③ 와일드 캣 스트라이크(Wild Cat Strike)란 파업에 동물들을 풀어 물리적인 효과를 거두는 방식을 말한다.

④ 동정 스트라이크(Sympathetic Strike)란 노동자와 사용자 측 간에 분쟁은 없으나 다른 사업장의 노동쟁의를 지원하기 위해 자기들의 사용자와 벌이는 파업을 말한다.

해 와일드 캣 스트라이크(Wild Cat Strike)란 노동조합 지도부가 주관하지 않는 비공식 파업을 의미한다.

답 19. ① 20. ③ 21. ③ 22. ③

[한국전력공사]

23 8시간 노동제가 국제적으로 정식 선포된 것은?

① 와그너법
② 국제노동헌장
③ 제1인터내셔날
④ 태프트-하틀리법

解 국제노동헌장이라 부르는 베르사유조약 제13편의 '노동편'에서 8시간 노동제가 국제적으로 정식 선포되었다.

[해태, 한국석유공사]

24 다음 중 노동자가 할 수 없는 쟁의는?

① 직장폐쇄
② 사보타지
③ 보이콧
④ 동맹파업

解 노사협상에서 사용자가 자신의 입장을 관철하기 위한 방법으로 일정기간 동안 문을 닫아버리는 직장폐쇄는 노동자의 파업에 맞서는 사용자의 가장 강력한 쟁의행위이다. 우리나라에서 유일하게 인정되는 합법적인 권한으로 직장폐쇄기간에 노동자들의 작업장 출입은 제한되며 임금의 지급의무도 없다.

25 생산공장에서 꼭 필요한 물품을 꼭 필요한 만큼, 필요한 장소에서 필요한 시간 안에 생산하는 것으로 적시생산시스템이라고 부르는 것은?

① TQC
② JIT
③ Holonic Management
④ ZD

解 JIT 방식(Just In Time Method)에 대한 내용이다. 생산공장에서 꼭 필요한 물품을 꼭 필요한 만큼, 필요한 장소에서 필요한 시간 안에 생산하는 것으로 적시생산시스템이라고도 하며 일본의 도요타 자동차에서 개발한 생산방식이다.

답 23. ② 24. ① 25. ②

CHAPTER **07**

무 역

1. 무역
2. 무역 관련 제도

CHAPTER 07

무역

1 무역

무역

(1) 무역의 발생

① 절대 우위설(Theory of Absolute Advantage) : 영국의 경제학자 스미스(Adam Smith)가 주장한 이론으로 한 나라에서 시장의 한계를 극복하기 위해 다른 나라와 교환의 범위를 확대하는 경향이 무역을 촉진하게 되었다는 주장이다. 즉, 두 나라 사이에서 생산비가 가장 적게 드는 재화를 특성화하여 이를 상호 교환함으로써 이익을 얻게 되기 때문에 무역을 하게 된다는 것이다.

② 비교 우위설(Theory of Comparative Cost) : 영국의 경제학자 리카도(David Ricardo)가 주장한 이론으로 자국의 비교 우위에 있는 상품을 특화하여 수출하고, 상대적으로 열위에 있는 재화는 수입하여 이익이 생기기 때문에 무역이 발생한다는 주장이다.

③ 무역의 효과

㉠ 수출 : 내수경제는 수출을 통해 확대와 가속화가 진행되는데 방대한 해외시장을 대상으로 수출이 이루어져서 협소한 국내 시장을 넘어 생산이 증대되므로 '규모의 경제'를 실현할 수 있다. 생산 규모가 증대됨에 따라 기술개발이 자극되고 연쇄적으로 다른 산업에도 영향을 미쳐 타 산업의 발전에도 기여하게 된다.

㉡ 수입 : 우리나라처럼 천연자원이 부족한 국가는 수입을 통해 해외의 많은 자원들 즉, 석유, 원목과 같은 원료 자재를 들여와서 세2차 산업을 활성화할 수 있다. 원자재를 수입한다고 해서 외화를 낭비하는 것이 아니라 산업의 동력을 제공하는 발판이 되기 때문에 국내에서 생산한 제품을 수출할 수 있는 경쟁력을 강화하는 데 수입의 목적이 있다고 볼 수 있다.

(2) 무역 정책

① 자유무역주의(Free Trade) : 무역거래에 대한 수량제한이나 관세 및

확인문제 충북교육청

1. 우리나라가 세계시장 무대에 진출하려 할 경우 가장 이상적인 방법은?
① 기술 이전 ② 연구 개발
③ 고임금 정책 ④ 경제 동맹

해 우리나라의 현재 산업구조로 볼 때 연구개발에 투자를 해야 치열한 세계시장에서 경쟁력을 가지고 살아남을 수 있다.

펠리컨 경제(Pelican Economy)

부리 주머니에 먹이를 담아 자기 새끼에게 먹이는 펠리컨처럼 국내 대기업과 중소기업이 긴밀하게 협력해 한국의 소재, 부품, 장비 산업의 자립도를 높이는 것을 의미한다. 이와 반대되는 개념으로 '가마우지 경제'가 있는데 핵심 부품과 소재를 일본에서 수입해 다른 나라에 수출하는 한국 경제의 구조적 취약점을 말할 때 사용된다.

규모의 경제

생산 규모의 확대에 따라 생산의 평균비용이 장기적으로 계속 감소하는 현상으로, 기업의 규모가 어느 정도까지 커질수록 단위당 생산비용 단가가 낮아져 생산비가 낮아지므로 이익이 커진다는 것을 의미한다.

연쇄효과(Linkage Effect)

한 산업의 생산활동이 타 산업을 새롭게 창설하거나 확장을 가져오는 경제적 파급효과를 의미하며, 연관효과라고도 한다.

답 1. ②

수출보조금 등의 국가 간섭을 배제하고 자유롭게 수출을 하고자 하는 것을 의미한다. 즉, 민간의 무역활동을 국가가 일체 간섭하지 않고 자유롭게 방임할 경우 국제적으로 다같이 이익이 된다는 주장으로, 영국의 고전 경제학자인 애덤 스미스(Adam Smith)에 의해 제창되었다.

② **보호무역주의(Protective Trade)** : 18세기 말부터 19세기 전반에 자유무역주의에 대항하여 등장한 이론으로 국가가 무역거래에 대하여 관세나 비관세장벽에 의한 제한을 가함으로써 국내산업을 보호 · 육성하는 것을 의미한다. 보호무역의 방법에는 관세인상, 수입할당제, 수입담보금제 등이 있다.

③ **신보호무역주의(New Protectionism)** : 세계 각국의 자국산업이나 무역에 관한 국가의 보호조치가 전통적인 보호무역주의보다 더욱더 강력해진 새로운 형태의 보호주의를 의미한다. 고전적 보호무역주의는 주로 후진국의 개발과 관련하여 유치산업의 경쟁력 강화에 목적이 있었지만 신보호무역주의는 국제통화위기, 오일 쇼크와 같이 새롭게 등장한 문제점을 개선하기 위해 강대국들이 실시한다는 점에서 고전적 보호무역주의와 구별된다.

> **네거티브 시스템(Negative System)**
>
> 무역자유화의 폭을 넓히고 국내산업 체질을 개선하며 일반인의 소비생활을 향상시키기 위해 원칙적으로는 수입을 자유화하되 예외적으로 수입을 제한하여 수입금지 품목을 규정하는 무역제도를 말한다. 이때 금지되는 품목들을 네거티브 리스트라 한다. 반대로 개방이 가능한 부분만을 열거하고 점차적인 협상을 통해 개방가능한 부문을 늘려 나가는 방식을 포지티브 시스템(Positive System)이라 한다.

무역정책 수단

(1) 관세정책

① **정의** : 관세(Tariff)란 무역정책 수단 중 하나로, 일반적으로 수입품에 대해 가격의 일정 비율만큼을 할당하여 징수하는 세금을 말한다. 관세에는 수출관세와 수입관세가 있는데 이 중에서 수입관세가

구상무역(Compensation Trade)

두 나라 사이의 무역을 더욱 활발히 하기 위한 무역방식으로, 수출입액을 일정기간 내에 완전히 균등하게 하여 대차차액이 생기지 않도록 함으로써 차액결제를 위한 자금이 필요없게 하는 무역방식을 의미한다.

인코텀즈(Incoterms)

국제상업회의소가 제정하여 국가 간의 무역거래에서 널리 쓰이고 있는 무역거래조건에 관한 국제 규칙을 의미한다. 국제무역 거래 당사자들 간의 법률, 언어, 화폐, 보험에 적용하는 규정이 상이하기 때문에 일어나는 분쟁을 사전에 예방하기 위해 제정한 것으로 현재 일곱 번째로 개정된 인코텀즈 2010이 2011년 1월 1일 발효되어 시행되고 있다.

확인문제 기아자동차

2. 두 나라 사이의 무역을 상품별, 금액 또는 수량적으로 균형화시킬 수 있는 제도로, 자기 나라의 수출액을 한도로 상대국으로부터 수입을 허가하는 것으로 남북한 간에도 이루어진 이것은?

① 구상무역 ② 수입허가제
③ 할당제 ④ 링크제

해 구상무역에 대한 내용이다.

무역확장법 232조(Section 232 of the Trade Expansion Act)

외국산 수입 제품이 미국의 국가 안보에 위협이 된다고 판단될 경우, 그 제품의 수입을 긴급히 제한할 수 있도록 한 법을 말한다. 이 법은 1962년 제정된 이후 50여 년 동안 실제 적용된 사례가 2건에 불과할 정도로 사실상 사문화된 법이었지만 도널드 트럼프 미국 대통령이 보호무역주의 수단으로 부활시켰으며 이를 근거로 자국 안보 침해를 막는다며 미국으로 들어오는 철강과 알루미늄에 10~15% 관세를 부과하는 행정명령에 2018년 3월 8일 서명하고 이를 시행했다.

답 2. ①

무역통제수단으로 이용되어 왔다. 예전부터 관세는 자유무역을 제한하는 장벽으로 존재해 왔으며 재정수입에 큰 몫을 차지하기 때문에 경제정책을 수행하는 데 중요한 수단으로 자리매김하고 있다. 다만, 자유무역지대와 같은 곳에서는 경제협의에 따라 관세를 부과하지 않는 협정을 맺기도 한다.

② 종류

㉠ **재정관세(Revenue Duties)** : 재정수입의 확보를 위해 부과하는 관세를 의미한다. 개발도상국일수록 재정수입의 확보를 위해 재정관세에 중점을 둔다.

㉡ **보호관세(Protective Duties)** : 국내 산업을 보호하고 육성하는 것을 목적으로 거두는 관세를 말한다. 선진국일수록 자국산업의 보호를 위해 보호관세에 더 많은 의미를 두고 있다.

㉢ **국정관세(National Duties)** : 자국법에 의거해 독자적으로 부과하는 관세를 말한다.

㉣ **협정관세(Conventional Duties)** : 다른 국가나 국제기구와의 협정에 근거하여 부과하는 조세를 의미한다.

㉤ **차별관세(Differential Duties)** : 특정국가에 대해 차별적으로 적용하는 관세를 말한다.

㉥ **일반특혜관세(GSP ; Generalized System of Preferences)** : 선진국이 개발도상국의 공산품 수입에 부여하는 관세상의 특혜를 말한다.

㉦ **호혜관세(Reciprocal Duties)** : 통상협정에 의해 협정당사국 상호간의 관세를 인하하여 무역증진을 도모하려는 관세를 의미한다.

㉧ **덤핑방지관세(Anti-Dumping Duties)** : 재화를 수출하는 해외생산자가 부당하게 낮은 가격으로 수출할 경우 수출국의 국내가격과 수출가격의 차이를 관세에 추가하여 징수하는 것을 말한다.

(2) 비관세정책

① **정의** : 비관세정책이란 관세를 제외한 정책을 말한다. 무역에 영향을 주는 정부의 정책적인 수단으로 수입허가제와 수입할당제 등이 대표적인 비관세정책이다. 국제무역환경의 변화가 심화되면서 관세가 무역정책수단으로의 본래 역할을 수행하기 어렵게 되자 비관세정책이 대두되었다.

종량세(Specific Duties)

물품의 수량을 과세표준으로 하는 과세방법으로 수입물품의 개수와 중량, 치수 등을 확인하면 관세액을 쉽게 산출할 수 있다.

※ **종량세 산출공식** :
수량 × 단위수량 세액 = 세액

종가세(Ad Valorem Duties)

물품의 가격을 과세표준으로 하는 과세방법으로 동일물품에 대하여 동률의 과세를 부과하더라도 당해 물품의 가격이 상승하면 관세수입도 많아지며 가격이 하락하면 관세수입도 적어진다.

※ **종가세 산출공식** :
물품가격 × 세율 = 세액

신용장(L/C ; Letter of Credit)

수입업자의 거래은행이 수입업자의 신용을 보증하는 뜻에서 수출업자가 발행하는 일정기간, 일정금액의 환어음을 인수 · 지불하겠다고 약속하는 약정서를 말한다.

② 종류

㉠ **보조금** : 자국 산업의 보호를 위해 정부가 수출품에 보조금을 지급하는 것으로 생산보조금과 수출보조금이 있다.

- **수출보조금** : 수출을 장려하기 위해 정부가 지원하는 자금으로, 수출품에 보조금을 지급하면 그만큼 수출 가격이 하락하여 수출이 증가하므로 수입국의 소비자에게 상대적으로 혜택이 돌아가게 된다.
- **생산보조금** : 생산을 장려하기 위해 지원하는 정부의 자금으로, 생산과정에 자금을 제공하면 생산이 증가하여 국내 공급이 증대되므로 수입이 감소하거나 수출이 증가하는 효과가 있다.

㉡ **관세할당제(Tariff Quota)** : 수입할당량을 미리 지정해 놓고, 지정한 양보다 수입량이 많은 경우 높은 관세율을 적용하는 것으로 관세와 수입할당제를 병행하여 실시하는 것을 의미한다.

㉢ **수입할당제(Import Quota)** : 국가의 수입상품을 정해진 기준에 따라 수입대상 국가별 또는 수입업자별로 할당해 수입 수량 또는 금액을 제한하는 조치로서 수입쿼터제라고도 한다. 수입할당제는 통상 국내 유치산업의 육성과 기존 산업의 보호, 국제수지의 균형 유지를 목적으로 실시된다.

㉣ **정부 규제** : 국내 기업에게 유리하게 적용하는 정부구매정책이나 특정국에 대한 차별규제를 위한 원산지규정과 각종 행정규정책 등이 있다.

확인문제 대웅제약

3. 신용장(L/C)의 뜻을 올바르게 정의한 것은?

① 수출상의 거래은행이 수입상 앞으로 발행하는 서류
② 수출상품의 보증을 위하여 생산국을 증명하는 증서
③ 수입상이 상품수입을 위하여 수출상 앞으로 보내는 문서
④ 상품대금의 지급보증을 위하여 수입상의 거래은행이 발행하는 서류

해 신용장(L/C : Letter of Credit)이란 수입업자의 거래은행이 수입업자의 신용을 보증하는 뜻에서 수출업자가 발행하는 일정기간, 일정금액의 환어음을 인수 · 지불하겠다고 약속하는 약정서를 말한다.

(3) 국제수지(BOP ; Balance of Payments)

① **정의** : 타 국가를 상대로 이뤄진 국제거래를 수입과 수출로 기록한 것을 국제수지라 한다. 국제수지를 통해 한 국가의 나라살림과 대외경제에 대한 전반적인 자금 흐름을 한눈에 파악할 수 있다.

② **구성** : 국제수지는 크게 경상수지와 자본수지로 구분된다.

㉠ **경상수지(Current Account Balance)** : 외국과의 대외거래, 즉 상품과 서비스를 판매한 것을 나타낸 것으로 상품수지와 서비스수지, 소득수지, 경상이전수지로 구성되어 있는데 이 중 상품의 수출과 수입을 나타내는 상품수지가 가장 큰 비중을 차지한다.

㉡ **자본수지(Capital Account Balance)** : 외국과의 자본 거래를 나타내는 수지로 투자수지와 기타 자본수지로 구성되어 있다.

연불수출

수출대금의 선금만을 받거나 전액을 외상으로 공급하여 일정기간에 그 대금을 분할하여 결제하는 것을 말한다. 일반적으로 수출입무역은 신용장이 개설되고 약정품이 선적 또는 입하되면 대금을 결제하는 것이 정상적이다. 그러나 플랜트(Plant) 수출이나 선진국의 저개발국에 대한 수출에 있어서 선진국끼리 수출경쟁을 하게 될 때, 또는 저개발국의 지불능력을 고려한 수출증대를 도모하기 위하여 그 방식을 사용하는 것이다.

답 3. ④

적중문제

[한겨레신문]

01 다음 중 신자유주의 정책과 관계가 깊은 것은?

① 시장기능 축소 ② 관치경제 청산

③ 시장실패에 대한 시정 ④ 복지국가

해 신자유주의는 정부개입에 의한 사회불평등해소와 복지정책 구현을 핵심으로 한 수정자본주의가 1970년대 석유파동, 식민지 독립과 제3세계 형성, 지나친 정부 개입으로 인한 성장 둔화라는 '정부실패'와 함께 대두된 사상이다. 신자유주의는 자유방임을 주장한 고전적 자유주의와 달리 정부의 역할을 어느 정도 인정하긴 하지만 개인자유와 이윤 추구, 시장 자율과 같은 고전적 자유주이를 대부분 계승하고 있다.

02 수출과 수입에 대한 내용으로 잘못된 것은?

① 수입을 통해 '규모의 경제'를 실현할 수 있다.

② 수출을 통한 생산 규모가 증대됨에 따라 기술개발이 자극된다.

③ 우리나라처럼 천연자원이 부족한 국가는 수입을 통해 해외의 많은 자원들 즉, 석유, 원목과 같은 원료 자재를 들여와서 제2차 산업을 활성화할 수 있다.

④ 수입은 국내에서 생산된 제품을 수출할 수 있는 경쟁력을 강화하는 데 목적이 있다고 볼 수 있다.

해 수출을 통해 내수경제의 확대와 가속화가 진행되며 방대한 해외시장을 대상으로 수출이 이루어지기 때문에 협소한 국내시장을 넘어 생산이 증대되는 '규모의 경제'를 실현할 수 있다.

03 다음 보기에서 설명하고 있는 무역 정책은?

국가가 무역거래에 대해 관세나 비관세장벽에 의한 제한을 가함으로써 국내산업을 보호 · 육성하는 것으로 관세인상, 수입할당제, 수입담보금제 등의 방법이 있다.

① 자유무역주의 ② 보호무역주의
③ 배타경제주의 ④ 신자유무역주의

해 보기는 보호무역주의(Protective Trade)에 대한 설명이다.

04 다음 중 관세에 대한 설명이 잘못된 것은?

① 국정관세(National Duties) – 자국법에 의거해 독자적으로 부과하는 관세
② 일반특혜관세(GSP ; Generalized System of Preferences) – 국내 산업을 보호하고 육성하는 것을 목적으로 거두는 성격의 관세
③ 재정관세(Revenue Duties) – 재정수입의 확보를 위해 부과하는 관세
④ 호혜관세(Reciprocal Duties) – 통상협정에 의해 협정당사국 상호 간에 관세를 인하하여 무역증진을 도모하려는 관세

해 일반특혜관세(GSP ; Generalized System of Preferences)란 선진국이 개발도상국의 공산품 수입에 부여하는 관세상의 특혜를 의미한다.

05 우리나라와 가장 처음으로 FTA를 체결한 국가는?

① 멕시코 ② 싱가포르
③ 일본 ④ 칠레

해 국회는 2004년 2월 16일 본회의 통해 한국의 첫 번째 자유무역협정(FTA)을 칠레와 체결하는 비준동의안을 통과시켰다.

답 01. ② 02. ① 03. ② 04. ② 05. ④

2 무역 관련 제도

무역 관련법

(1) 대외무역법

① **목적** : 대외 무역을 진흥시키고 공정한 거래 질서를 확립하여 국제 수지의 균형과 통상의 확대를 도모하기 위해 제정된 법률로, 자유롭고 공정한 무역을 위해 헌법에 따라 체결·공포된 무역에 관한 조약과 일반적으로 승인된 국제법규가 정하는 바에 의하여 자유롭고 공정한 무역을 조장함을 원칙으로 한다.

② 주요내용

㉠ **무역진흥을 위한 조치** : 산업통상자원부장관은 무역의 진흥을 위하여 필요한 경우 무역의 진흥을 위한 자문, 지도, 대외 홍보, 전시, 연수, 상담 알선 등을 업으로 하는 자와 무역전시장이나 무역연수원 등의 무역 관련 시설을 설치·운영하는 자 등을 지원하도록 규정하고 있다.

㉡ **통상진흥 정책 수립** : 산업통상자원부장관은 무역과 통상을 진흥시키기 위하여 매년 다음 연도의 통상진흥 시책을 세우도록 하고 있다.

> **대외무역법상 통상진흥 정책 사항**
> - 통상진흥 시책의 기본 방향
> - 국제통상 여건의 분석과 전망
> - 무역·통상 협상 추진 방안과 기업의 해외 진출 지원 방안
> - 통상진흥을 위한 자문, 지도, 대외 홍보, 전시, 상담 알선, 전문인력 양성 등 해외시장 개척 지원 방안
> - 통상 관련 정보수집·분석 및 활용 방안
> - 원자재의 원활한 수급을 위한 국내외 협력 추진 방안

㉢ **수출입의 원칙** : 물품 등의 수출입과 이에 따른 대금을 받거나 지급하는 것은 이 법의 범위에서 자유롭게 하도록 하였으며 무역거래자는 대외신용도 확보 등 자유무역질서를 유지하기 위하여 자기 책임으로 그 거래를 성실히 이행하도록 하고 있다.

바터무역(Barter Trade)

물자의 수출과 수입을 하나의 교환방법으로 상호 결부시키는 무역방식을 말한다. 대표적으로 다음 세 가지의 방법이 있다.
- **백투백(Back to Back)** : 거래하는 양자가 동시에 신용장을 개설한다.
- **에스크로(Escrow)** : 먼저 수입한 측이 그 대금을 외환은행에 적립하고 후에 수입하는 측은 그 계정금액으로 결제에 충당한다.
- **토머스, 역토머스** : 일방이 수입신용장을 발부하는 데 대하여 상대방은 일정기간 내에 수입한다는 보증장을 발부한다.

무형무역(Invisible Trade)

비가시적인 서비스나 해상운임, 해상 보험료, 관광, 특허료, 여행비, 투자수익, 대리점수수료 등 넓은 의미의 서비스무역을 말한다. 상품의 수출입은 세관에서 통관절차가 이루어지며 무역통계에 표시되는 것이 일반적이나 화물운임, 관광객의 여비, 대외 투자의 이윤 등은 한 나라의 국제수지에는 포함되지만 세관에서의 통관절차가 불필요하기 때문에 수출입통계에는 표시되지 않는데 이렇게 형태가 없는 무역을 무형무역이라고 한다.

백색국가(White List)

각국 정부가 안보상 문제가 없다고 판단한 '안보 우방 국가'로 자국 제품 수출 시 허가 절차 등에서 우대를 해주는 국가를 말하는데 특히 무기 개발 등 안전보장에 위협이 될 수 있는 전략물자 수출과 관련해 허가신청이 면제되는 국가를 가리킨다. 통상적으로 해외로 수출되는 제품은 안보 문제없이 적절한 관리가 이뤄지는지 개별적으로 심사해야 하는데, 백색국가로 지정될 경우에는 절차와 수속에서 우대를 받는다.

㉣ **수출입 상품의 원산지 표시** : 공정한 거래 질서의 확립과 생산자 및 소비자 보호를 위하여 원산지를 표시하여야 하는 대상의 공고한 물품을 수출하거나 수입하려는 자는 그 물품 등에 대하여 원산지를 표시하여야 한다.

(2) 무역거래기반 조성에 관한 법률

① **목적** : 무역거래기반이란 전자무역체제, 무역정보, 무역전문인력 등 무역거래활동을 지원 · 촉진하는 시설 · 여건 · 정보 · 인력 등을 말한다. 이러한 무역거래의 기반을 효율적 · 체계적으로 조성하여 균형 있는 무역거래의 확대를 위해 제정된 법률이다.

② **주요내용**

㉠ **무역거래기반 조성계획 수립** : 산업통상자원부장관은 효율적 · 체계적인 무역거래기반을 조성하기 위하여 무역거래기반 조성에 관한 종합적인 기본시책을 마련하도록 하고 무역거래기반 조성사업을 하는 자 및 무역거래기반 조성과 관련된 기관의 장에게 기반조성계획의 효율적인 달성을 위하여 필요한 협조를 요청할 수 있게 하였다.

㉡ **전자무역거래기반 확충** : 전자무역거래기반을 확충하기 위해 중소기업에 대한 전자무역거래의 확산 및 지원과, 무역거래의 효율적이고 질서 있는 수행을 위한 전산관리체제의 개발 및 운영사업을 하도록 규정하고 있다.

㉢ **국제협력 촉진** : 산업통상자원부장관은 무역거래기반 조성과 관련된 국제협력을 촉진하기 위하여 무역 관련 국제협력에 관한 조사 · 연구와 무역전문인력과 무역정보의 국제교류 및 외국의 무역 관련 기관 · 단체의 국내유치와 국내의 무역 관련 기관 · 단체의 해외진출 촉진사업을 진행하도록 하였다.

㉣ **중소기업수출지원센터 운영** : 중소기업청장은 외국인 구매자의 발굴, 무역보험, 수출입금융, 기술 · 품질 및 디자인 개발 등 중소기업의 무역활동을 종합적으로 지원하기 위하여 중소기업수출지원센터를 설치 · 운영할 수 있다.

HS코드(Harmonized Commodity Descriptin and Coding System)

관세와 무역통계, 보험과 운송 등에 사용할 수 있게 만든 다목적 국제상품분류제도로 세계관세기구(WCO)에서 정한 국제통일상품분류체계협약에 의해 운영되는 방식을 의미한다. HS코드는 상품의 분류를 통일적으로 하기 때문에 국제무역을 원활히 하고 관세율을 일관성 있게 유지하는 역할을 한다. 6자리까지는 국제적으로 통용되는 코드이며 7자리부터는 각 나라에서 6단위 소호의 범위 안에서 세분화하여 10자리까지 사용할 수 있다. 우리나라에서는 HSK(HS of Korea)를 사용하고 있다.

보세제도

외국물품이 수입신고수리가 되지 않은 상태에서 장치, 전시, 제조, 가공, 건설, 판매 등을 할 수 있도록 허용한 관세법상의 제도를 말한다. 보세제도는 중계무역과 가공무역 등 수출진흥에 기여하고 수입물품에 대해서는 보다 안전하고 효율적으로 화물을 관리할 수 있으며 화주는 본인의 화물을 손쉽고 원활하게 통관할 수 있다. 보세구역은 효율적인 화물관리와 관세행정의 필요성에 의해 세관장이 지정하거나 특허한 장소로서 지정보세구역, 특허보세구역, 종합보세구역, 자율관리보세구역으로 구분한다.

> **종합인증우수업체(AEO ; Authorized Economic Operator)**
> 관세청에서 정하고 있는 법규준수여부와 내부통제시스템, 재무건전성, 안전관리 기준에 따라 공인된 우수업체를 말한다. 9 · 11 테러로 인해 미국 세관에서 자국의 안전을 강조하면서 통관이 지연되는 등 또 다른 비관세 장벽이 대두되자 세계관세기구(WCO ; World Customs Organization)에서 이 같은 문제점을 보완하기 위해 도입한 제도로 세계관세기구(WCO)가 작성한 '무역안전과 원활화에 관한 규범'을 수립하면서 새롭게 정비되었다. AEO로 공인이 되면 신속하게 통관을 할 수 있게 되며 국가로부터 인정받은 기업이 되기 때문에 검사비용, 무역거래에 소요되는 각종 비용을 절감하는 효과가 있어 우리나라에서는 2009년 4월부터 시행하고 있다.

(3) 대한무역투자진흥공사법

① 대한무역투자진흥공사(KOTRA ; Korea Trade Investment Promotion Agency) : 무역 진흥과 국내외 기업 간의 투자 및 산업 기술 협력을 지원, 해외 전문인력의 유치 지원 등에 관한 업무를 수행하기 위해 설립된 기관으로 비영리사업을 수행하는 법인이다.

② 주요 사업

㉠ 무역 진흥과 외국인투자 유치를 위한 해외시장 조사 · 개척 및 정보의 수집과 그 성과의 보급

㉡ 국내의 산업 · 상품과 외국인투자 환경의 해외 홍보 및 국가브랜드 제고 관련 지원

㉢ 무역거래, 국내외 기업 간 투자 협력과 산업기술 교류의 알선 및 국제개발협력 지원

㉣ 무역 및 투자에 관한 박람회 · 전시회의 개최 또는 참가 및 참가의 알선

㉤ 산업통상자원부장관이 정하는 수출 또는 수입

㉥ 외국인투자의 유치 및 국내기업의 해외투자(해외 자원 · 에너지 개발) 지원

㉦ 국제 경쟁력 강화를 위한 해외 전문인력의 유치 지원

㉧ 국내 기업을 대신한 구매국 정부와의 방산물자 등 수출에 관한 계약 시 당사자지위 수행

㉨ 방산물자 등과 산업 · 자원 및 투자 협력을 연계한 패키지 협상안의 작성과 금융지원방안 수립

확인문제

1. 다음 중 보세구역 중 물품의 관리와 세관의 감시에 지장이 없다고 인정된 보세구역으로 화물 관리인에게 자율적으로 위임하여 운영하는 지역은?
① 지정보세구역
② 특허보세구역
③ 종합보세구역
④ 자율관리보세구역

해 보세구역은 지정보세구역, 특허보세구역, 종합보세구역, 자율관리보세구역으로 구분한다. 자율관리보세구역은 물품의 관리와 세관의 감시에 지장이 없다고 인정된 보세구역으로 화물 관리인에게 위임하여 자율적으로 운영하도록 지정한 것으로, 세관의 직접적인 규제를 완화하고 관세행정의 효율적 수행과 질서유지가 가능하도록 하고 있다.

확인문제

2. 다음 중 종합인증 우수업체(AEO ; Authorized Economic Operator)에 대한 내용으로 틀린 것은?
① AEO 인증업체와 비인증업체는 차별적 대우를 받는다.
② 우리나라에서도 관세법에 규정되어 시행 중이다.
③ 과거 중세시대부터 사용되어진 제도이다.
④ AEO의 공인이 되면 신속하게 통관을 할 수 있는 장점이 있다.

해 예전부터 세계관세기구에서 국제물류에 관한 안전에 대해 논의해 왔으나 실질적으로 AEO가 도입된 것은 미국 9 · 11 테러 발생 이후라고 볼 수 있다.

답 1. ④ 2. ③

ⓧ 그 밖에 방산물자 등의 교역지원을 위하여 산업통상자원부장관 및 방위사업청장이 필요하다고 인정하는 업무

(4) 불공정무역행위 조사 및 산업피해구제에 관한 법률

① **목적** : 불공정한 무역행위와 수입의 증가 등으로 인한 국내산업의 피해를 조사·구제하는 절차를 정함으로써 공정한 무역질서를 확립하고 국내산업을 보호하며, 세계무역기구(WTO ; World Trade Organization) 설립을 위한 마라케쉬 협정 등 무역에 관한 국제협약을 이행하기 위해 제정되었다.

② **주요 내용**

㉠ **무역위원회 설치** : 불공정무역행위의 조사·판정, 수입 증가·덤핑·보조금 등으로 인한 국내산업 피해의 조사·판정, 산업경쟁력 영향조사 등에 관한 업무를 수행하기 위하여 산업통상자원부에 무역위원회를 둔다.

㉡ **특정 물품의 수입 증가로 인한 국내산업 피해의 조사신청** : 특정한 물품의 수입 증가로 같은 종류의 물품 또는 직접적인 경쟁관계에 있는 물품을 생산하는 국내산업이 심각한 피해를 입고 있거나 입을 우려가 있으면 해당 국내산업에 이해관계가 있는 자 또는 그 국내산업을 관장하는 관계 중앙행정기관의 장은 무역위원회에 해당 특정 물품의 수입이 국내산업에 미치는 피해를 조사하여 줄 것을 신청할 수 있도록 하여 국내산업의 보호가 주목적임을 서술하고 있다.

㉢ **세이프가드 조치** : 무역위원회는 국내산업이 심각한 피해를 입고 있거나 입을 우려가 있다고 판정하면 판정일부터 1개월 이내에 관세율 조정이나 수입물품의 수량의 제한과 같은 '세이프가드 조치' 기간을 설정하여 관계 중앙행정기관의 장에게 시행을 건의하도록 규정하고 있다.

(5) 세계무역기구협정의 이행에 관한 특별법

① **목적** : 세계무역기구 설립을 위한 마라케쉬 협정을 이행할 때 세계무역기구 회원국으로서의 우리나라의 권리와 이익을 확보하고 이 협정의 이행으로 인하여 발생할 수 있는 피해를 최소화를 하기 위해 제정된 법률이다.

BOP(Bottom Of Pyramid)

BOP는 경제 피라미드에서 맨 밑바닥에 있는 최하위 소득계층을 가리키는 용어이다. 1인당 소비는 많지 않지만 전체 규모가 커 막대한 잠재력이 있다는 평가를 받고 있어 새로운 시장으로 주목되고 있다. 아시아, 아프리카, 중남미 등에 걸쳐 무려 40억 명에 달하는 큰 규모의 시장으로 글로벌 기업들은 이미 아프리카나 중동, 인도 등에서 저가 판매 전략을 앞세워 현지 전략화에 힘쓰고 있다. 이러한 BOP 시장은 중국, 인도 등의 정부에서 빈부격차 해소를 위해 막대한 예산을 투자한다는 계획을 발표하면서 점차적으로 늘어날 것으로 보인다. 저소득계층의 소득이 늘어나고 생활편의에 대한 욕구가 증대되면 새로운 시장이 형성되거나 시장이 확대될 것으로 예상되기 때문이다.

② 주요 내용

㉠ **민족내부거래** : 남북한 간의 거래는 민족내부거래로서 협정에 따른 국가 간의 거래로 보지 아니한다.

㉡ **특별긴급관세** : 농림수산물의 수입물량이 급증하거나 국제가격이 뚜렷이 하락하는 경우에 정부는 협정에 따라 양허(다자간 협상을 통해 국제적으로 공인된 관세로 일정 세율 이상은 관세로 부과하지 않는 것)한 세율을 초과하고 특별긴급관세를 부과할 수 있도록 하여 양허관세에 대한 예외를 인정하고 있다.

㉢ **국민건강 보호** : 정부는 식품, 그 용기, 그 밖의 수입물품에 세균 · 병해충 또는 유해물질 등이 포함되어 있어 국민건강을 해칠 우려가 있을 경우에는 수입을 금지하거나 제한할 수 있다.

㉣ **수입기관의 지정** : 정부는 농림수산물의 수입으로 인하여 관련 국내 농림수산업이 위축될 위험이 큰 물품에 대하여는 협정과 관계 법령으로 정하는 바에 따라 정부 · 지방자치단체 · 공공기관 및 생산자단체 등으로 하여금 수입하게 할 수 있다.

㉤ **환경의 보호** : 특정 물품의 수입으로 인하여 사람 · 동물의 건강이나 식물의 성장을 해칠 환경오염의 위험이 있을 경우, 정부는 협정과 관계 법령으로 정하는 바에 따라 그 물품이나 이를 원료로 하여 제조 · 가공된 물품의 수입을 금지하거나 제한할 수 있다.

위생 및 식물위생조치 (Sanitary and Phytosanitory Measures)

동식물의 해충 또는 질병, 식품과 사료의 첨가제, 독소, 질병 등에 대해 시행되는 조치를 의미한다. 위생 및 식물위생조치(SPS)는 국민의 생명과 건강의 보호라는 공공정책목표를 달성하기 위한 것이므로 GATT 체제하에서도 일정한 조건하에 허용되는 조치이다. 그러나 이러한 조치들이 타당한 기준에 근거하지 않고 임의적으로 운영될 경우에는 부당하게 무역을 제한하는 보호주의적 수단으로 남용될 소지가 있는데, 실제로 GATT의 예외조항을 원용하여 위생 및 검역 조치를 농산물의 수입을 제한하는 수단으로 사용하는 사례가 증가해 왔으며, 이를 방지하기 위하여 UR을 통해 '위생 및 검역조치에 관한 협정'이 체결되기도 했다.

(6) 자유무역지역의 지정 및 운영에 관한 법률

① **목적** : 자유무역지역이란 관세법, 대외무역법 등 관계 법률에 대한 특례와 지원을 통하여 자유로운 제조 · 물류 · 유통 및 무역활동 등을 보장하기 위한 지역을 의미하는데 이러한 자유로운 제조 · 물류 · 유통 및 무역활동 등이 보장되는 자유무역지역을 지정 · 운영함으로써 외국인투자의 유치, 무역의 진흥, 국제물류의 원활화 및 지역개발 등을 촉진하기 위해 제정되었다.

② 주요 내용

㉠ **자유무역지역 설정** : 중앙행정기관의 장이나 특별시장 · 광역시장 · 도지사 또는 특별자치도지사는 관계 중앙행정기관의 장 및 관계 시 · 도지사와의 협의를 거쳐 산업통상자원부장관에게 자유무역지역의 지정을 요청할 수 있다.

㉡ **자유무역지역 구분** : 관리권자는 관리업무를 효율적으로 운영하

자유무역지역 지정 요건

- **산업입지 및 개발에 관한 법률에 따른 산업단지 – 관리권자** : 산업통상자원부장관
- **항공법에 따른 공항 및 배후지 – 관리권자** : 국토교통부장관
- **물류시설의 개발 및 운영에 관한 법률에 따른 물류터미널 및 물류단지 – 관리권자** : 국토교통부장관
- **항만법에 따른 항만 및 배후지 – 관리권자** : 국토교통부장관
- 도로 등 사회간접자본시설이 충분히 확보되어 있거나 확보될 수 있을 것
- 물품의 반입 · 반출을 효율적으로 관리하기 위하여 필요한 시설로서 통제시설이 설치되어 있거나 통제시설의 설치계획이 확정되어 있을 것.

기 위하여 자유무역지역을 기능 및 특성에 따라 생산시설지구, 지식서비스시설지구, 물류시설지구, 지원시설지구로 구분할 수 있다.

㉢ **교통유발부담금 면제** : 입주기업체의 공장 등에 대하여는 도시교통정비 촉진법에 따른 교통유발부담금을 면제하도록 하고 있다.

㉣ **법인세 등의 조세감면** : 외국인투자기업인 입주기업체에 대하여는 조세특례제한법에서 정하는 바에 따라 법인세, 소득세, 취득세, 등록면허세, 재산세, 종합토지세 등의 조세를 감면할 수 있다.

협정과 조약

(1) FTA

① **자유무역협정(FTA ; Free Trade Agreement)**

㉠ **정의** : FTA는 나라와 나라 간의 제반 무역장벽을 완화하거나 철폐하여 무역자유화를 실현하기 위한 양국 간 또는 지역 간에 체결하는 특혜무역협정으로 유럽연합(EU)이나 북미자유협정(NAFTA) 등 인접국가나 일정 지역을 중심으로 이루어져 흔히 지역무역협정(RTA ; Regional Trade Agreement)으로 불리기도 한다. 자유무역협정은 다양한 형태의 지역무역협정 중 가장 낮은 단계의 경제통합으로, 특징적인 것은 회원국 간의 관세 및 무역장벽을 철폐하되 비회원국에 대해서는 각각 다른 관세율을 적용한다는 것이다. 초기 협정 대상은 상품에 대한 관세와 비관세정책 철폐였으나 최근에는 서비스, 투자, 지적재산권, 정부조달 등 협상대상이 점차 확대되고 있는 추세이다.

㉡ **협정 단계** : FTA 체결은 추진위원회를 구성해 기본전략을 수립하는 등 체결 전 준비를 한 후 협상대표단을 구성해 협상을 시작하며, 협상이 타결된 경우 국회에 협상결과를 보고하고 국민에게 적절한 방법으로 이를 알리게 된다.

② **도하개발아젠다(DDA ; Doha Development Agenda)** : 2001년 11월 카타르 도하에서 개최된 제4차 WTO 각료회의에서 출범한 다자간무역협상을 말한다. 우루과이라운드 협상에 이어 제2차 세계대전이후 시작된 9차 다자간 무역협상이며, WTO 출범 이후 처음으로 시

스파게티볼 효과 (Spaghetti Bowl Effect)

각 나라마다 원산지 규정, 통관절차, 표준 등이 상이하기 때문에 동시에 여러 나라와 FTA를 맺을 경우 이들을 확인하기 위한 인력, 시간 등의 소모가 커짐으로써 본래 예상했던 거래비용 절감 효과가 떨어지는 것을 표현한 말이다. 따라서 FTA 체결국이 많아질수록 이런 부담은 증가하는데 이런 복잡한 상황이 스파게티 속의 국숫발이 얽혀 있는 모양과 비슷하다고 해서 붙여진 말이다.

우리나라의 FTA(2020년 2월 기준)

- **발효** : 칠레, 싱가포르, EFTA(4개국), ASEAN(10개국), 인도, EU, 페루, 미국, 터키, 캐나다, 호주, 중국, 베트남, 뉴질랜드, 콜롬비아
- **타결** : 니카라과, 엘살바도르, 온두라스, 코스타리카, 파나마, 영국, 이스라엘, 인도네시아
- **협상 중** : 한중일, RCEP(16개국), 에콰도르, MERCOSUR(4개국), 필리핀, 말레이시아, 러시아

행된 다자간 무역협상이다. 도하개발아젠다는 개발도상국의 개발 문제를 중점으로 하고 있으며 공산품 · 농산물 · 서비스 등 시장 전반의 추가적 개방, 반덤핑, 지역협정 등 기존의 WTO 국제규범의 개정, 지적재산권 분야, 분쟁해결절차, 전자상거래 등 광범위한 의제를 포괄하고 있다.

③ **북미자유무역협정(NATFA ; North American Free Trade Agreement)** : 1994년 1월에 발효된 것으로 멕시코, 미국, 캐나다 3개국이 역내의 교역 증진과 투자확대를 통해 고용과 성장을 늘리기 위하여 세계 최대의 무관세 자유무역지대를 창설한 협정이다. NAFTA는 국가 간의 무역장벽을 철폐하여 자유무역을 실현하고 공정한 경쟁여건을 조성하고자 한다.

④ **중국 아세안 자유무역협정(CAFTA ; China-ASEAN Free Trade Agreement)** : 중국과 아세안 10개국 사이에 체결된 협정으로 2010년 1월 전면 발효되었다. 협정의 내용은 7,445개의 품목에 대하여 점진적으로 관세를 인하 및 폐지하는 것으로 세계 인구의 3분의 1에 해당하는 중국-아세안 10개국의 19억 인구가 하나의 경제권으로 연결됨으로써 NAFTA와 EU에 이은 또 하나의 거대한 경제권이 탄생하였고 아세안 지역의 시장을 선점하려는 한중일 3국 사이의 경쟁에서 중국이 그 주도권을 선점하였다는 의미도 갖는다.

⑤ **자유무역협정(FTA)의 종류** : 자유무역협정은 체결국가 경제통화의 정도에 따라 다음과 같이 구분된다.

종류	내용
자유무역협정	체결국가 간의 무역자유화 조치에 따라 관세를 포함하여 무역장벽 철폐
관세동맹	체결국가 간의 무역자유화 이외에도 역외국가에 대해 공동관세율을 적용하여 대외적인 관세까지 공동의 관세를 취하는 형태
공동시장	관세동맹 수준을 넘어 무역정책 이외에도 체결국가 간에 노동과 자본 등의 생산요소의 자유로운 이동을 가능하게 하는 형태
경제동맹	체결국가 간 경제정책과 금융 등의 경제 관련 정책을 상호 조정하여 공동의 정책을 수립하는 형태
완전경제통합	자국의 경제정책을 폐지하고 체결국가 간에 경제통합을 위해 초국가적 기구를 설치하여 단일경제체제를 운영하는 형태

RCEP(Regional Comprehensive Economic Partnership)

동남아시아국가연합(ASEAN) 10개국과 한 · 중 · 일 3개국, 호주 · 뉴질랜드 · 인도 등 총 16개국의 관세장벽철폐를 목표로 하는 일종의 자유무역협정이다. 아태 지역 16개국 정상들은 2012년 11월 20일 캄보디아 프놈펜 평화궁전에서 열린 동아시아정상회의(EAS)에서 발표한 공동선언문에서 RCEP 협상을 2013년 개시해 2015년까지 타결한다는 데 합의했다. 그러나 이후 일정이 지연되면서 2015년 11월 22일 말레이시아 쿠알라룸푸르에서 열린 회의에서 2016년까지 RCEP를 타결하는 정상공동선언문을 채택했다. RCEP가 체결되면 역내 인구 34억 명, 무역규모 10조 1310억 달러, 명목 국내총생산 19조 7640만 달러에 이르는 자유무역지대가 성립된다. 이는 명목GDP 기준으로 북미자유무역협정(NAFTA, 18조 달러)과 유럽연합(EU, 17조 6000억 달러)을 능가하는 세계 최대 규모의 경제블록이다.

확인문제 대웅제약

3. 다음 중 우리나라와 FTA를 체결한 두 번째 국가는?

① 영국
② 아르헨티나
③ 칠레
④ 싱가포르

해 우리나라와 최초의 협정을 맺은 국가는 칠레로 2004년도에 체결하였으며 그 뒤로 싱가포르가 2006년에 두 번째로 FTA를 체결하였다.

답 3. ④

국제무역기구

(1) 국제경제협력기구

① GATT(General Agreement on Tariffs and Trade) : 관세와 무역에 관한 일반 협정으로 1948년 1월에 설립된 이래 1994년까지 세계 무역의 자유로운 발전을 가져오기 위해서 만들어진 다국간 협정과 그에 의거한 국제기관을 말하며 제네바관세협정이라고도 한다. GATT는 국가 간의 다자간 협상을 통한 완전한 자유무역을 실현하기 위해 총 8차례 다자간 무역협상을 개최하였고 동경라운드(Tokyo Round)와 우루과이라운드(UR ; Uruguay Round)를 진행하였다. 그러나 GATT는 정부 간의 행정적 협정에 불과하여 법적 구속력이 없어 많은 한계를 지니고 있었다. 이에 우루과이라운드 협상에서 GATT를 대신할 새로운 국제기구인 WTO(World Trade Organization)를 창설하게 되었다.

② WTO(World Trade Organization) : 세계무역기구라고 하며 세계무역질서를 주도해온 '관세와 무역에 관한 일반협정(GATT ; General Agreement on Tariffs and Trade)'을 흡수 · 통합하여 설립된 국제기구이다. 1995년 발족된 WTO는 세계무역질서를 세우고 우루과이라운드 협정 이행을 감시하는 역할을 하며 2년마다 회원국 전체 각료회의를 열어 통상문제를 협의한다. WTO의 기구로는 필요할 때마다 소집되는 총회와 2년마다 개최되는 각료회의, 무역위원회, 사무국이 있으며 본부는 스위스 제네바에 있다.

③ 유엔무역개발회의(UNCTAD ; UN Conference on Trade and Development) : 선진국과 후진국 간의 무역불균형 시정과 개발도상국의 경제개발 원칙과 정책을 수립하고 경제적 격차를 완화하기 위하여 설치된 세계적 기구로 총회와 무역개발이사회, 7개의 상설위원회로 구성되어 있으며 본부는 제네바에 있다.

④ 아시아-태평양 경제협력체(APEC ; Asia-Pacific Economic Cooperation) : 1989년 11월 호주의 캔버라에서 12개 나라가 모여 결성한 기구로 세계경제의 지역주의 및 보호주의에 대응하고 다자간 무역협상에 공동이익을 추구하기 위해 창설된 아시아-태평양 지역의 경제협력기구이다. 2005년 11월 부산에서 제13회 APEC 정상회의가 개최되었다.

그린라운드(Green Round)

환경규제기준을 마련하여 이를 위반한 환경파괴산업에 수출입 제한과 같은 무역제재를 가해야 한다는 것이다.

블루라운드(Blue Round)

노동기준을 무역문제에 연계하기 위한 선진국들의 무역정책을 의미한다.

경쟁라운드 (CR ; Competition Round)

공정한 경쟁풍토조성에 역행하는 불공정한 경쟁정책을 보완하여 기업관행, 시장구조를 국제적으로 표준화하자는 것이다.

테크노라운드(Techno Round)

국가마다 다른 기술지원정책을 국제적으로 표준화하려는 협상을 의미한다.

부패라운드(Corruption Round)

건전한 국제질서를 위해 OECD를 중심으로 체결한 해외뇌물방지협정을 의미한다.

⑤ **메르코수르(MERCOSUR)** : 남미공동시장이라고도 하며 1995년 1월 1일 출범한 것으로 남아메리카지역의 자유무역과 관세동맹을 목적으로 결성된 기구이다. 회원국은 아르헨티나, 브라질, 파라과이, 우루과이 등이며 칠레와 볼리비아, 페루, 콜럼비아 등이 준회원국으로 참가하고 있다.

⑥ **케언즈 그룹(Cairns Group)** : 1986년 호주 케언즈에서 결성된 나라들의 모임으로 우루과이라운드 협상에서 농산물자유화를 가장 강력하게 주장했던 수출국 그룹을 뜻한다. 회원국은 아르헨티나, 호주, 브라질, 필리핀, 태국 등 15개국이다.

확인문제 대웅제약

4. 다음 중 설명이 잘못된 것은?
① 부패라운드 – 해외뇌물방지협정
② 테크노라운드 – 불공정한 경쟁정책을 보완하여 국제적으로 기업관행, 시장 표준화
③ 블루라운드 – 노동기준을 무역문제에 연계하기 위한 선진국들의 무역정책
④ 그린라운드 – 환경규제기준협정

해 테크노라운드(Techno Round)란 국가마다 다른 기술지원정책을 국제적으로 표준화하려는 협상을 의미한다.

답 4. ②

01 국가 간의 자유로운 상품이동을 위해 모든 무역 장벽을 해소하는 협정은?

① WTO ② GATT
③ SOFA ④ FTA

해 자유무역협정(FTA ; Free Trade Agreement)에 대한 것으로 FTA는 나라와 나라 간의 제반 무역장벽을 완화하거나 철폐하여 무역자유화를 실현하기 위한 양국 간 또는 지역 간에 체결하는 특혜무역협정으로 유럽연합(EU)이나 북미자유협정(NAFTA) 등 인접국가나 일정 지역을 중심으로 이루어져 흔히 지역무역협정(RTA ; Regional Trade Agreement)으로 불리기도 한다.

02 호주에서 결성된 나라들의 모임으로 UR 협상에서 농산물교역자유화를 가장 강력하게 주장했던 수출국 그룹은?

① APEC ② 케언즈 그룹
③ 동북경제특구 ④ 중국경제특구

해 ① APEC : 아시아-태평양 경제협력체로, 세계경제의 지역주의 및 보호주의에 효율적으로 대응하고 특히 다자간 무역협상에 공동이익을 추구하기 위해 창설된 경제협력기구이다.
③ 동북경제특구 : 중국 정부가 선진기술과 경영기법을 도입하여 금세기 내로 새로운 공업 및 무역 중심지로 조성하기 위한 3개의 성(省)을 의미한다.
④ 중국경제특구 : 1979년부터 외국의 자본과 기술을 도입할 목적으로 중국 내에 설치된 특별구역을 말한다.

답 01. ④ 02. ②

03 다음 중 브라질이 속한 기구가 아닌 것은?

① MERCOSUR ② IBSA

③ NAFTA ④ BRICs

해 ③ NAFTA(North American Free Trade Agreements)는 북미자유무역협정으로 캐나다, 멕시코, 미국의 3개국이다.
② IBSA란 인도(India)와 브라질(Brasil), 남아프리카공화국(South Africa) 3국의 영문 머리글자를 딴 용어로 3개국 간 상호 FTA(자유무역협정)를 추진하기로 합의하면서 브릭스(BRICs)에 이은 신흥 고성장 개발국을 지칭할 때 쓰이는 용어이다.

04 선진국과 후진국 간의 무역불균형 시정과 개발도상국의 경제개발 원칙과 정책을 수립하고 경제적 격차를 완화하기 위하여 설치된 세계적 기구는?

① UNCTAD ② EU

③ NAFTA ④ ASEAN

해 유엔무역개발회의(UNCTAD ; UN Conference on Trade and Development)에 대한 설명으로 선진국과 후진국 간의 무역불균형 시정과 개발도상국의 경제개발 원칙과 정책을 수립하고 경제적 격차를 완화하기 위하여 설치된 세계적 기구로 총회와 무역개발이사회, 7개의 상설위원회로 구성되어 있으며 본부는 제네바에 있다.

답 03. ③ 04. ①